충연재充然齋 이정배의

한국적 생명신학을 論하다

충연재充然齋 이정배의
한국적 생명신학을 論하다

2016년 2월 1일 초판 1쇄 인쇄
2016년 2월 5일 초판 1쇄 발행

엮은이 | 기독교통합학문연구소
지은이 | 전현식 외 22인
펴낸이 | 김영호
펴낸곳 | 도서출판 동연
등　록 | 제1-1383호(1992. 6. 12)
주　소 | 서울시 마포구 월드컵로 163-3 2층
전　화 | (02)335-2630
전　송 | (02)335-2640
이메일 | yh4321@gmail.com

Copyright ⓒ 기독교통합학문연구소, 2016

ISBN 978-89-6447-301-6 03800

충연재充然齋 이정배의
한국적 생명신학을 論하다

기독교통합학문연구소 엮음
전현식 외 22인 함께 씀

동연

책을 펴내며

서창원

(감리교신학대학교 은퇴교수)

인생의 순례의 길에서 역사와 현실에 대한 성찰과 증언을 통해서 의미와 가치 있는 삶이 이루어질 수 있다. 하느님 앞에서 책임적 존재로 살아가는 그리스도인의 현존은 더욱 깊이 있는 실존적 자각과 역사적 참여를 요청받고 있다. 우리의 하느님의 경험은 시간적 또는 공간적으로 구체적인 현실에서 이루어지는 것이다.

역사적 인식을 정리하기 위해서 해를 중심으로 한 태양력과 달을 중심으로 한 월력을 사용한다. 양력이나 음력은 순환의 리듬을 제공하여 우리 생활의 방향과 세월의 느낌을 가늠하게 만들어 준다. 우리 생활에서 십이지간으로 순환되어 60을 채우면서 반복되면서 새로운 매듭으로 출발하게 하는 회갑의 순환이 얽혀 있다. 또 한 해의 절기와 세시풍습은 나그네의 순례의 길에서 더불어 즐기는 축제의 시기를 제공한다.

여기 한 신학자의 하느님 경험의 빛 아래 걸어온 신학적 발자취를 조명하며 이해하는 책 잔치가 있다. 이정배 교수의 회갑과 명예은퇴를 맞이하여 신학 공동체가 함께 나누며 동행하는 기쁨을 나누는 향연이다. 『충연재 充然齋 이정배의 한국적 생명신학을 論하다』라는 책을 발간하여 한 신학자가 걸어온 업적을 평가하고 그의 탁월한 신학적 추구를 격려하며 후원하는 기회를 나누는 것이다. 이정배 박사의 신학적 노정은 한국 개신교 신학의 이정표가 될 만큼 뚜렷한 발자취를 남기면서 뚜벅뚜벅 걸어 왔음을 바라볼 수 있다. 같은 학문공동체에서 충연재 이정배 교수의 신학의 방향을 지켜보면서 신학적 공명을 느낄 수 있었다. 토착화신학에서 생태영성 신학으로 그리고 생명신학으로의 물결은 다석 유영모 선생을 넘어 충연재로 확장되고 심화되는 신학적 파도의 너울처럼 느껴진다.

인생의 연륜이 묻어나면서 형이상학적 추상의 상상력이 춤추던 신학에서 언제부터인가는 거리의 신학자로 또 현장의 신학자로 변신해 가고 있다. 그리고 신학교의 강의 교단에서 이 박사의 무게는 작은 교회의 설교 강단으로 옮겨가고 있다. 도시 빌딩에 있는 연구실에서 숲속의 연구실로 옮겨가고 있다. 이제는 초롱초롱한 눈동자의 젊은 신학도를 청중으로 하던 원고지의 신학에서, 산속에서 새와 밭의 지렁이 그리고 강아지와 처마에 걸쳐 있는 거미 같은 가장 원초적 생명을 청중으로 하는 방외의 신학으로 옮겨가는 중이다. 이런 이정배 교수의 신학적 상상력과 담론의 춤사위에 감탄할 때가 자주 있다. 하나의 명인 연주자를 낳기 위해서는 함께 연주를 들을 수 있는 귀 명창이 필요하다는 판소리 대가의 가르침이 크게 들려온다.

이정배 박사를 종교다원주의 신학자로 더 나아가 다양한 이름을 붙여 배척의 대상인 타자로 선을 그어 소외 시키려는 불순한 움직임을 보면서 가슴 깊은 연민의 정을 느낀다. 기득권에 안주하려는 세력은 정치 경제적 계층에만 있는 것이 아니라, 학문의 세계인 신학계 그리고 하느님의 체험을 증언하며 예수 그리스도의 사람과 평화를 중언하는 교회 공동체에서도 막강한 세력을 이루고 있다.

그러나 오늘 60의 생과 30년의 학문의 길을 걸어온 충연재 이정배 박사의 삶과 학문은 창발적으로 아름답게 드러나고 있다. 그는 신학적 도상에서 길을 묻고, 새 길을 내고, 길에 앞장서 길손을 초대하고 동행하며, 오래된 길이야말로 새 길이라는 사실을 밝혀주고 있다. 그래서 이 신학비평 저서가 그를 정중하게 치하하는 우리의 박수임과 동시에 함께 나누는 공감의 지혜가 될 것임을 확신하며 여러분들을 초대하는 바이다.

이정배 교수, 우리는 당신을 사랑하며 당신과 함께 길을 걷는 것을 행복하게 생각합니다. 그리고 이 논문집이 당신의 새로운 출발을 후원하는 우리의 격려입니다.

차례

에세이편

교회와 세상, 그 너머의 신학자
이정배 교수님

전현식 박사
(연세대학교 신과대학 조직신학 교수)

몇 달 전 연세대학교 신과대학에서 생태문화융복합센터가 주관하는 학술강연회가 열렸다. 강사로 초빙된 이정배 교수님은 "교회 생태계의 변화와 작은 교회운동"이라는 제목으로 한국교회의 구조적 문제를 진단하고 목회의 새로운 패러다임을 제시해 주셨다. 강의실을 가득 메울 정도로 강연에 대한 관심이 매우 높았다. 사회자로서 강사를 소개하는 것은 의례적인 것이었지만, 그 때 강사 소개는 다른 때와 달랐다. 그 이유는 이정배 교수님과 나와의 밀접한 관계이기도 했지만, 무엇보다 그 강연 바로 전날, 이정배, 송순재 교수님이 감신사태의 정상화를 위한 최후의 결단을 선언했기 때문이었다. 감신대의 선임 교수인 이정배 교수님이 '하나님의 의가 사라진 곳에서 더 이상 학생들을 가르칠 자신이 없다'며 정년은퇴를 몇 해 앞두고 30년간의 교수직을 사퇴했다. 그 자리에 함께 했던 후배 교수, 동문 및 학생의 상기된 얼굴과 불거진 눈시울이 감신에 대한 애틋한 애정과 비통한 심정을 드러내 주었다.

감신 정상화를 위한 단식투쟁 등 오랜 기간의 저항으로 인하여, 몸과 마음이 지쳐있을 것으로 생각하니 강연을 부탁하기가 매우 송구스러웠다. 그러나 그날 나의 생각은 기우에 불과했다. 의외로 이정배 교수님은 몸은 좀 피곤한 듯하였으나, 표정은 매우 밝아 보였다. 교수님은 별도의 강사 소개가 필요가 없을 정도로 우리에게 너무 잘 알려진 분이었다. 하지만, 나는 강사를 이렇게 소개했다. "신학의 토착화와 정치화, 종교, 과학 및 생태의 학제 간 연구에 관한 수많은 저서와 논문들, 기독교와 이웃종교 간 대화, 교회의 사회적 책임을 몸소 실행한 그의 실천적 수행들은 이정배 교수님을 이론과 실천 분야에서 한국 신학계를 주도하는 대표적 신학자로 부르기에 부족함이 없다. 그는 감신대의 토착화신학의 학문적 상징이자, 살아있는 예언자적 양심이며, 신학의 공공성과 교회의 복음화를 수행하는 프락시스의 신학자로서 요즈음 일명 '거리의 신학자'로 불린다."

강사 소개가 끝나고, 이정배 교수님은 '자신의 과분한 소개에 걸 맞는 좋은 강연을 해야 할 텐데…'라고 운을 떼시며, 강연을 시작하였다. 교수님은 대형 교회를 탈주하여 작은 교회를 지향하는 탈/향의 패러다임 전환 안에서 작은교회운동을 탈 성장, 탈 성직, 탈 성별을 통해 질적 성숙, 평신도, 여성적 가치를 향하는 '언더그라운드 공동체운동'으로 정의하면서, 작은교회운동의 역사적 배경과 신학적 근거를 검토하였다. 그리고 작은교회박람회에 참석한 교회들을 탈 성장, 탈 성직, 탈 성별의 세 범주로 나눠 유형별로 분석하면서 작은교회운동의 구체적 사례들을 제시하였다. 참석자 모두 대형 교회를 넘어 작은 교회를 지향하는 한국교회와 목회의 패러다임 전환에 대해 함께 생각하고 공감하는 정말로 멋진 강연이었고 그리고 열띤 토론으로 이어졌다. 나의 교수생활 동안, 참석자들을 몰두시킬 정도로 내용의 적합성과 실천성 그리고 전달의 설득력과 효과성 면에서 이렇게 인상적인 강연을 경험해 본적이 거의 없었다. 한 마디로, 이정배 교수님의 30여 년 간의 연구, 강의 및 실천이 온전히 체화된 살아있는 훌륭한 강연이었다.

이정배 교수님도 자신의 강연에 대한 열띤 반응에 흡족한 모습이었다. 교수님은 자신의 강연이 이웃종교와의 대화의 장, 한신대와 연신원에서 매우 높은 관심을 갖는데 반해, 오히려 감신대에서는 그렇지 않다고 섭섭해 하시면서, 감신의 학문성과 실천성에 대한 실망과 염려를 드러내셨다. 선지자가 오히려 고향 땅에서는 마땅히 받아야할 대접을 못 받는 것일까?

감신의 학문성과 실천적 영성의 부재는 자본 권력과 종교권력에 종속된 감신 이사회와 중립적 위치에 선다며 자신의 욕망을 속이고 침묵하는 일부 교수와 동문 그리고 학생들에 있다. 윤리적 결단을 요구하는 위험을 무릅쓴 선택의 상황 하에서 중립을 지킨다며 침묵하는 자들은 하나님의 정의에 편에 서지 않는 믿음이 없는 자, 즉 위험에 처한 타자나 공동체의 상황은 무시한 채 자기애에 빠진 나르시시즘 환자에 다름 아니다. 또한 어느 편에도 개입하지 않고 중립을 지키는 것이 공동체를 위한 대타자의 큰 뜻이라고 여긴다면, 이것은 도착증 환자의 환상일 뿐이다. 그 어떤 것도 기독교 신앙과 아무런 관련이 없다.

기독교 신앙은 하나님의 사랑과 정의의 편에 서는 것이다. 이 세상의 어느 곳에도 중립적인 신앙과 삶은 없다. 예수의 십자가와 부활이 주는 신앙은 하나님의 사랑과 정의를 믿고 그 믿음으로 행위하며 사는 것이다. 기독교 신앙은 타자와 공동체의 선을 위해 자기 비움과 자기희생의 결단을 수행하는 것이다. 신앙은 이미 실천이고 행위이다. 그래서 이정배 교수님은 강연에서 '믿음 없는 행위'가 문제라고 지적하며 바울의 이신칭의以信稱義를 '행위를 수반한 믿음과 하나님의 정의를 강조한 것'으로 재독해하고 있는 것이 아닐까? 감신공동체가 어떻게 나르시시즘과 도착증에서 벗어나 신앙적 실천에 터하여 자랑스러운 감신의 역사와 전통을 회복할 수 있을까?

이제 육순을 넘어 흰 머리카락이 자아내는 시니어 교수의 중후함 안에서, 나는 30년 전 청년 이정배 교수의 젊음과 신앙과 비전을 다시 보게 된다. 나의 이정배 교수님과의 인연은 거의 30여 년 전으로 거슬러 올라간다. 나는 학부에서 문헌정보학을 전공하고 연구소에서 직장생활을 하다가, 서른 살의 늦은 나이에 감리교 신학대학 학부 3학년으로 편입하여 신학 공부를 시작하게 되었다. 뜨거운 믿음으로 시작한 나의 신학 공부가 감신의 자유로운 신학 풍토에서 고민과 갈등을 일으킨 것은 당연한 일이었다. 나의 기억에 신학을 시작한 1년간 신앙과 신학 사이에서 방황하던 때에, 변선환 학장님이 가르치신 '감리교 신학'의 열정적인 강의가 나의 신학 공부를 계속하게 하는 계기가 되었다.

신앙과 신학 사이에서 갈등하던 신학 초년생인 나에게 신학의 의미와 비전에 눈을 뜨게 해준 사람은 청년 이정배 교수였다. 당시 바젤대학에서 신학박사 학위를 마치고 귀국한 그가 캐주얼 차림에 감신 선지동산을 활기차게 오가며, 평화신학 및 생태신학을 강의했던 청년 이정배 교수의 모습이 지금도 눈에 선하다. 이정배 교수님과 나의 첫 번째 공식적 만남은 대학원 강의실에서였다. 내 기억으로 '노동신학의 기초'라는 제목으로 개설된 강의에서 서투른 독일어 실력으로 독일어 교재에 대한 발제를 준비하느라 대학원 도서관에서 상당히 애썼던 기억이 생생하다. 대학원 2년간, 생태신학, 유교와의 대화, 토착화신학 등 여러 강의를 통해 나의 현재의 신학적 전공과 방향이 정립되었다. 특히 1990년 서울에서 열린 JPIC(정의, 평화, 창조질서의 보전) 세계대회에 이정배 교수님과 함께 대학원 학생들이 참여하면서, 나의 생태신학적 여정이 시작되었다고 볼 수 있다.

대학원을 마치고 35세의 만학에 아내와 6개월 된 딸과 함께 SMU 유학 길에 올라, M Div 과정을 마치고, 개렛신학대학과 노스웨스턴대학교에서 박사 과정을 공부하기로 결정한 것도 세계적인 신학자인 로즈마리 류터 교수의 생태여성신학적 통찰과 비전을 높이 평가한 이정배 교수님의 제안에 힘입은 바 크다. 내가 박사 과정을 하는 동안 교수님을 에반스톤에서 두 번 뵐 기회가 있었던 것으로 기억된다. 한번은 보스톤에서 열린 종교학회에서 기독교와 유교에 관한 논문을 발표하기 위해 미국에 오셨을 때, 바쁜 일정 속에서도 시카고 지역에서 공부하는 제자들을 격려하기 위해 잠시 그곳에 들르셨다. 무엇보다 1996년 가을학기로 기억되는데 교수님은 개렛신학대학에서 가족들과 함께 안식년을 지내게 되었다. 그 때 많은 제자 및 후배 목회자들과 아파트에서, 개렛신학교 교정에서 그리고 캠프장에서 함께 나누었던 신학적 토론과 목회 경험과 정겨운 교제를 소중히 기억하고 있다. 그리고 박사 과정 종합시험을 마치고, 그해 나는 위스컨신

주의 작은 시골 마을, 로웰과 주노 미국감리교회로 파송 받아 목회와 새로운 삶을 시작하게 되었다. 그때, 이정배 교수님이 아내인 이은선 박사님 그리고 두 아들, 경성과 융화와 함께 차로 세 시간 거리인 새로운 목회지에 들러 함께 나눴던 즐거운 시간도 우리 가족의 소중한 기억으로 남아 있다. 언어와 문화가 다른 낯 선 목회지에서 그분들과의 만남과 친교는 우리 가족에게 큰 격려와 위로가 되었다. 특히 그 해 나의 목회지를 방문하기로 한 겨울 어느 날 눈보라를 뚫고 고속도로 곁길로 몇 번씩 미끄러져 빠지면서도 에반스톤 숙소로 돌아가지 않고, 거의 한 나절을 걸려 로웰 사택에 도착했다. 그 때 마침 겨울방학을 이용하여 메디슨 집에 머물던 정희수 박사님(현재 위스컨신 연회 감독) 가족과 함께 눈 속에 파묻힌 로웰 사택에서 함께 나누었던 식탁의 교제와 신학과 삶의 이야기는 결코 잊을 수 없는 아름다운 추억이다. 눈 덮인 시골의 조용한 마을에서 한 밤을 지내시고, 그 다음 날 아침 내가 사택 앞 눈을 치우고 있을 때, 언제 나오셨는지 눈을 함께 치우시며 나의 서투른 초년 목회를 몸소 몸으로 격려하시는 그 모습에서 나는 교수로서의 이정배의 제자에 대한 관심뿐만 아니라, 인간 이정배의 따뜻한 인격과 진실함을 느낄 수 있었다. 그곳에서 약 5년간 목회하는 동안 시간을 내어 로즈마리 류터의 저서인 『가이아와 하느님』을 번역 출판하고, 그 동안 틈틈이 준비한 에코페미니즘과 동학에 관한 박사 논문을 완성하는데 이정배 교수님의 지도와 격려가 큰 도움이 되었음은 말할 필요도 없다. 또한 이 교수님은 내가 박사 과정을 마치고 2001년 가을학기 귀국하여 연대, 감신, 이대 등에서 강의를 할 수 있도록 길을 열어 주셨다.

귀국해서 시간강사로 시작하여, 연세대 신과대학의 조교수로 임용되어, 학문의 영역과 실천의 영역에서 오늘의 내가 있기까지 때마다 적절하게 베푸신 이정배 교수님의 관심과 도움을 잊을 수가 없다. 내가 경험한 주요한 일들 몇 가지를 언급하여, 이 자리를 빌려 그 은혜에 감사한 마음을 표하고 싶다. 귀국한 학기에 감신통합학문 연구소 주최로 동학과 에코페미니즘에 관한 최초의 논문 발표 기회를 마련해 주신 것을 시작으로, 여러 곳에서 강사자리의 기회를 주선해 주시고, 연세대 교수로 임용되는 과정에서 귀한 추천서와 함께 여러모로 도움을 주셨으며, 조직신학회, 문화신학회 등에서 임원으로 추천하여 함께 일할 수 있는 기회를 주셔서, 그동안 연구소 소장과 학회 회장 등의 중책을 잘 수행할 수 있도록 길을 마련해 주셨다. 그리고 지금까지 연세대 신과대학에서 조직신학, 생태신학 분야에서 후학들을 길러내는 일을 보람 있게 할 수 있는 토대를 놓아주셨다.

얼마 전 이정배 교수님은 감신 정상화를 위한 교수직 사퇴 선언의 약속을 지키기 위해 학교 당국에 사직서를 제출하고 자신의 생명과도 같은 30년의 교수직을 스스로 내려놓았다. 모두에 언급한 대로, 지난 학기 연세대에서 했던 교수님의 "교회 생태계의 변화와 작은교회운동"이 현직교수로서 공식적으로 그분의 마지막 강연이었을 것이다. 참으로 안타깝고 서글프고 절망스런 일이다. 자랑스러운 감신 공동체는 어떻게 이런 지경이 되었을까? 이런 단어들의 공백을 무엇으로 채울 수 있을까? 나는 그 뜨거운 강연에서, 청년 이정배 교수의 젊음과 신앙과 비전을 보았다. 그리고 그때 그렇게 말했다. 이정배 교수님의 이런 멋진 강연이 계속해서 들려질 수 있도록 감신 공동체는 자본 권력과 종교권력의 종속으로부터 스스로 벗어나야 한다. 그러기 위해서, 감신 공동체에 속한 모든 구성원들은 요한 웨슬리의 신앙과 영성을 회복해야 한다. 웨슬리의 신앙과 영성은 다름 아닌 자기부정과 자기 비움이다. 존재와 공동체의 토대는 부정성의 힘, 즉 자기부정이다. 자기부정이 없는 존재와 공동체는 부패하기 마련이다. 그래서 기독교 신앙의 핵심은 자기 비움이다. 이런 자기부정과 자기 비움은 감신공동체의 자본 권력과 종교권력에 맞서는 대항적 생명의 힘이다. 그것 없이는 감신 정상화는 요원하다. 이정배 교수님은 그것을 알았고, 그것이 하나님의 정의라는 것을 믿었으며 그리고 믿음대로 행하였다. 이제 남은 것은 제자들, 후배 교수들, 목회자들의 신앙적 결단이다. 감신의 예언자적 공동체가 없으면, 감리교단도 없고, 나도 없고 우리도 없다. 다함께 감신 공동체의 정상화를 위해 자기 비움을 수행하는 길만이 남아있다. 어거스틴의 말을 빌리면, "오직 하나님을 사랑하고 네가 하고 싶은 것을 하여라." 라깡의 말대로, "우리의 욕망을 타협하지 말자." 그러나 어거스틴은 그 전제조건을 말한다. 우선 하나님을 사랑하여라. 그리고 자유롭게 너의 하고 싶은 것을 하여라. 30년 전 감신동산에서 보았던 청년 이정배 교수와 30년 후 마지막 강연에서 보았던 이정배 교수님, 30년간의 세월 동안 변하지 않은 것이 있다면, 바로 이것이다. 그는 하나님을 사랑하고 그가 하고 싶은 것을 하였다.

　　나는 그를 교회와 세상, 그 너머의 신학자라고 부르고 싶다. 교회 안에서 교회 너머 신학을 했고, 세상 안에서 세상 너머 살아왔다. 그래서 종종 불편한 진리를 선포하는 신학의 사명을 결코 마다하지 않았다. 하나님을 사랑하고 하나님의 정의를 굳게 믿었고, 그 너머의 신학과 삶이 그가 평생 하고 싶은 것이었기에. 그 분에게서 신앙의 고결함을 알았고, 신학의 공공성을 배웠고, 삶의 진실함을 경험했다. 그것에 진심으로 감사하고, 나도 '다른 세상은 가능하다'는 믿음을 갖고, 자기 비움의 신앙 안에서 '좋은 세상을 남기고 떠나는 일'에 그분과 함께 헌신하며 살고 싶다. 비록 이정배 교수님은 감신의 교수직은 사퇴했지만, 그분의 신앙과 신학은 교회와 세상 너머 새롭게 펼쳐질 것이다.

이정배의 한국적 생명신학에 대하여

김기석 박사

(성공회대학교 교수)

필자는 감리교신학대학교와는 직접적인 인연이 없는 과문한 사람이다. 그럼에도 불구하고 이런 사람이 과중한 과제를 맡게 되었다. 편집책임자로부터 원고를 요청받고 이런 저런 궁리를 하다가, 생전 쳐다보기도 싫은 필자의 박사학위 논문을 들춰보았다. 필자에게 원고를 요청한 이유는, 틀림없이 필자가 영국 버밍엄대학교에 제출한 박사학위 제목이 "한국적 상황에서 과학과 종교의 대화: 존 폴킹혼의 자연신학과 이정배의 생명신학 비교 연구"이기 때문이라는 생각이 들었기 때문이다. 그래서 논문을 다시 읽다보니, '아직 한 번도 한글로 옮기지 않은 텍스트 일부를 토대로 내용을 소개하는 것도 괜찮지 않을까' 하는 생각이 들었다.[1]

1. 생명신학자 되기(Becoming a Life Theologian)

이정배는 비기독교인 가정에서 태어났다. 그의 부친은 한국의 많은 가문이 그렇듯이 유교적 전통을 따르고 있었고, 그의 모친은 때로 무속적 신앙에 의지하기도 하였다. 기독교와의 첫 만남은, 그가 가족으로부터 떨어져 서울 유학시절에 기독교 계열의 고등학교에 다닐 때였다. 학교 교목

---

[1] 다음 글은 박사학위 논문 제 4장, 이정배의 생명신학을 소개하는 첫 부분의 내용이다. 다만, 그 내용과 순서를 일부 수정하였다.

의 영향 받아 마침내 기독교 신자가 된 그는, 고교 시절 마지막 순간에 감리교 신학대학에 진학하기로 선택하여, 이를 전혀 예상할 수 없었던 선생님과 친구들을 깜짝 놀라게 하였다. 또한 이 결정을 부모님께 솔직하게 알릴 수 없었기에 한동안 부모님께는 비밀로 할 수 밖에 없었다.

감리교 신학대학에서 변선환 교수와의 만남은 그의 일생의 신학여정에 있어서 결정적인 사건이었다. 그 당시 변선환 교수는 스위스 바젤대학에서 '기독교와 불교의 대화'를 주제로 신학 박사학위를 마치고 막 부임했을 때였다. 변선환 교수는 한국의 토착화신학의 분야에서 대단한 기여를 한 신학자이다. 변선환 교수의 가르침과 지도 아래 학부와 석사학위를 마친 이정배는 그의 스승을 따라 바젤 대학에서 유학할 기회를 얻게 되었다. 그가 선택한 박사학위 연구 주제는 스승의 조언대로 '유교와 기독교의 대화'였다. 그의 박사학위 논문의 제목은 "한국 기독교의 토착화론 관점에서 본 신유교와 프로테스탄티즘의 공통 구조와 문제"[2]였다.

마침내 1986년 교수의 신분으로 모교로 돌아왔을 때, 그는 자신의 신학적 책무가 곧 전통적인 한국의 토착화신학에 입각하여 생태학적 신학을 정초하는 것임을 깨달았다. 한국에 돌아오자마자 그는 '노동신학', '평화신학'에 관한 주제로 논문을 발표하였다.[3] 이러한 논문들은 그의 신학적 관심의 경계가 좁지 않고, 당대의 사회적 상황에 조응하는 더 넓은 주제들로 확장된다는 것을 보여준다. 하지만 결국 그가 천착해야할 가장 중요한 신학적 주제는 '생명'이어야 한다는 것을 보다 확고하게 인식하게 되었다. 아울러 '한국적 생명신학'이 당면한 생태적 주제와 토착화신학의 관점을 함께 아우르는 적합한 이름이란 것도 확신할 수 있었다. 마침내 1996년 그는 자신의 역작인『조직신학으로서의 한국적 생명신학』을 출간하게 된다. 이것은 한국 신학계에서 처음으로 조직신학적 방법론에 입각한 '생명신학'을 정초했다는 점에서 매우 중요한 업적으로 평가될 수 있

---

2 *"The Common Structure and Problem between Neo-Confucianism and Neo-Protestantism in the Perspective of the Indigenization of Korean Christianity"* (1986, Basel University).

3 초기의 신학적 작업들은『근대 이후와 기독교』(서울: 다산글방, 1993)에 실려 있다.

다. 이 책에서 그는 다음과 같이 자신의 신학적 여정과 목적지를 명시하고 있다.

"아마도 이 글이 실리는 본 책은 한국 신학계 내에 부족하나마 나 자신의 변화를 알리는 지표가 될 것이라 믿는다. 신학사적으로 보면 윤리적 신학, 실존주의적 신학, 구속사신학의 틀에서 우주 중심, 생명 중심의 신학으로, 이를 유교적 관점에서 말한다면 지금까지 '이(理)', '심(心)'의 개념으로부터 생겨난 성인, 군자, 윤리 중심의 해석학적 패턴에서 자연 및 기(氣) 중심의 세계관으로, 이것은 또한 나의 부모님의 영향의 빛에서 본다면, 부친의 유교적 영향력으로부터 어머니의 무교적 생명력에 대한 재평가, 곧 남성적 신학에서 여성적 신학에로의 모형변이를 뜻한다. 그리고 일반 학문과의 관계성 차원에서 말한다면, 사회과학, 역사학과 신학의 관련성을 넘어, 자연과학, 생물학과의 새로운 대화를 모색하려는 노력이기도 한 것이다. 마지막으로 조직신학적으로 재론할 때, 이것은 기독론 중심, 신론 중심의 신학체계를 넘어 성령론 중심의 신학에로의 전이를 의미한다고 볼 수 있겠다."[4]

2. 한국적 생태신학의 요지

이정배의 한국적 생명신학은 일종의 생태신학이다. 생명신학은 오늘날 인간에 의한 생태계 파괴로 인해 이 행성의 살아있는 생명들을 대량으로 멸종시킬 수 있다는 경고를 심각하게 받아들인다. 그것은 작금의 생태위기에 대해 적절하게 응답하기 위해서는, 신학과 인류학, 그리고 우주론에 있어서 근본적인 성찰이 필요하다고 주장한다. 이러한 인식에 기초하여 이정배는 선험적 모델로서의 맥락신학의 방법론에 의거하여 자신의

---

4 21-22.

신학을 구성하였다. 이렇게 구성된 그의 '한국적 생명신학'은 '궁극적인 기氣'를 뜻하는 '지기론至氣論'[5]에 기초하여 독창적인 한국적 생태신학을 제안하는데 목적이 있다. 한국적 생명신학이란 명칭 속에 포함되어 있는 '한국적' 그리고 '생명'이란 두 단어가 지시하듯이, 이정배의 신학은 두 가지 문제의식에서 출발한다. 하나는 "방법론적으로 어떻게 한국적 신학을 구성할 것인가"라는 질문이고, 다른 하나는 "내용적으로 어떻게 생명, 혹은 생태 중심의 신학을 제시할 것인가"라는 질문이다.

신학의 토착화(맥락화)

첫 번째 질문은 신학의 토착화indigenisation 혹은 맥락화contextualisation 담론에 관한 검토를 통해 다루어진다. 이것은 비그리스도교 지역에 그리스도교가 수용될 때의 형식이나 방법에 관한 것이다. 이정배는 한국적 생명신학을 구성하기에 가장 적합한 방법론으로 '선험적 모델로서 맥락화transcendental model of contextualisation'를 선택한다.

생명신학적 주제들 - 지기론의 관점

두 번째 질문은 생명신학의 관점에서 조직신학적 주제들을 재검토하는 것이다. 여기서 지기론志氣論이 한국적 생명-중심의 신학에 핵심적 개념이 된다. 이정배는 지기론이 바로 '한국적 하느님 이해'로서 당면한 생명의 위기에 응답할 수 있는 생태학적 영감을 풍성하게 포함하고 있다고 확신한다. 이정배는 지기론에 근거하여 신론, 성령론, 인간론, 그리고 자연관을 비판적으로 검토한 후 한국적 생명신학을 구성하였는바, 이는 지

---

5 '지기'란 문자적으로 '궁극적인 기'를 뜻한다. 이 개념은 동학에서 유래한다. 이정배는 지기를 '신성한 기운'이라는 의미로 사용하는데, 이는 '창조의 영'과 매우 흡사한 개념이라고 볼 수 있다. 『조직신학으로서의 한국적 생명신학』(서울: 감신, 1996), 136-142.

기론에 비추어 본 "하느님, 인간, 그리고 우주에 관한 재해석reinterpretation of God, humanity and the cosmos"이라고 말할 수 있다.

3. 저술과 연구 활동

1990년대 동안 이정배는 한국의 신학자 가운데 가장 활발하게 저술 활동을 펼친 신학자이다. 그 저술 목록을 살펴보면 다음과 같다.

『토착화와 생명문화』(서울: 종로출판사, 1991)

『포스트모더니즘과 기독교』(서울: 다산글방, 1993)

『생태학과 신학』(서울: 종로출판사, 1993)

『조직신학으로서의 한국적 생명신학』(서울: 도서출판 감신, 1996)

『하느님의 영은 불고 싶은 대로 분다』(서울: 대한기독교서회, 1998)

『신학의 생명화, 신학의 영성화』(서울: 대한기독교서회, 1999)

『선한 벗들과 신학하기: 철학, 과학, 종교 간의 간학문적 대화』(서울: 한들출
    판사, 2000)

이 목록들은 학자로서 이정배가 얼마나 성실하게 자신의 신학적 작업에 몰두했는지를 여실히 보여준다. 뿐만 아니라 외국 저서들의 번역 작업도 다음과 같이 활발하게 펼쳤다. 원서의 목록은 아래 각주에 적는다.[6]

---

6 1. Carl Friedrich von Weizsäcker, *Die Zeit Drängt* (Carl Hanser Verlag, 1986)

2. L. Rouner, *Nature: the Western and Oriental Meaning*

3. Chang Chun-shen(張春申), *Dann Sind Himmel und Mensch in Einheit* (Freiburg im Breisgau: Verlag Herder, 1984)

4. Jeremy Rifkin, *Biosphere Politics: A New Consciousness for a New Century* (Harpercollins, 1991)

5. Polkinghorne, *Belief in God in an Age of Science* (New York: Yale University Press,

1. 칼 바이첵커,『시간이 없다』(서울: 대한기독교서회, 1987)

2. L. 루너,『자연: 서양과 동양적 의미』(서울: 종로북스, 1989)

3. 장춘신,『하늘과 사람은 하나다』(왜관: 분도출판사, 1991)

4. 제레미 리프킨,『생명권 정치학』(서울: 대화출판사, 1996)

5. 존 폴킹혼,『과학 시대의 신론』(서울: 동명사, 1998)

6. 데이비드 린드버그, 로날드 넘버스 외,『신과 과학』(이화여대출판사: 1998)

7. 매튜 폭스, R. 셸드레이크,『자연적 은총: 창조, 어둠, 그리고 영혼에 관한 대화』(1999)

8. 제랄드 슈뢰이더,『신의 과학: 과학과 히브리 창조론의 조화』(서울: 범양 사, 2000)

아마 1990년대 약 십년 동안 총 15권의 저서와 번역서를 출판한 학자
는 찾아보기 어려울 것이다. 이러한 저술 활동은 당시 국내 신학교에서는
상당히 신선한 제목의 강의와 함께 진행되었는데, 대략의 강의 제목들을
헤아리면 다음과 같다: 기독교 사상사, 불교철학과 현대철학, 종교철학,
신학 독어강독, 종교현상학, 생태학과 종교, 생태학과 신학의 재구성, 여
성과 자연, 독일신학의 신론, 성령론 세미나, 기독교의 본질, 칸트철학과
칸트적 신학, 야스퍼스의 철학적 신앙, 한국종교 문화의 재조명, 독일경
건주의와 웨슬레신학, 개신교 신학사상사, 동·서 인간 이해와 구원론, 해

1998)

6. ed. David C. Lindberg and Ronald L. Numbers, *God and Nature, Historical Essays on the Encounter between Christianity and Science* (The Regents of the University of California, 1986)

7. M. Fox & R. Sheldrake, *Natural Grace: Dialogues on Creation, Darkness and the Soul in Spirituality and Science* (New York: Double day Press, 1966)

8. Gerald Schroeder, *The Science of God: The Convergence of Scientific and Biblical Wisdom* (New York: The Free Press, 1997)

석학과 신학, 슐라이에르마하 세미나, 종교사신학, 현대 사조와 평화의 문제 등이다. 이러한 강의 제목들 역시 철학, 종교, 문화, 과학, 생태학, 여성학을 두루 섭렵하며 다양한 주제에 관한 이정배의 치열한 신학적 탐구와 고민을 드러내고 있다.

4. 신학적 모티브

이정배는 한국적 생명신학을 구성하기까지 다양한 방향으로부터 영향을 받았다. '생명'이란 주제를 가장 중요한 신학적 주제로 붙잡기까지 칼 바이첵커, 로즈마리 류터, 프리초프 카프라 그리고 제레미 리프킨 등으로부터 영향을 받았다. 그중에서 바이첵커는 1990년 WCC가 처음으로 JPIC(정의 평화, 창조질서의 보전)를 주제로 채택하는데 큰 기여를 하였다. 이 대회가 열리기 3년 전에, 이정배는 바이첵커의 '실제적 종말'에 관한 긴박한 경고에 깊이 인상을 받고, 앞에 소개했듯이 이를 번역하였다. 바이첵커는 인간에 의한 대재앙의 징후를 세 가지 점에서 주장하였다. 첫째는 제1세계와 제3세계 간에 점증하는 경제적 불평등과 양극화로 인한 불의, 둘째는 동-서 강대국 간의 경쟁적인 핵무기 개발로 인한 세계평화의 위협, 셋째는 끊임없는 과학기술의 발전과 개발로 인한 창조질서의 파괴이다. 현재의 상황을 '실제적 종말'로 규정한 바이첵커의 예언자적 경고에 대해 이정배는 전적으로 공감하면서 자신의 신학적 동기로 삼게 되었다.

이정배는 또한 카프라의 총체적 위기에 관한 경고를 심각하게 받아들였다. 그는 생명의 청지기적 사명을 주장하기 위해, 카프라가 경고한 핵무장, 제3세계에서의 기아, 교육과 건강의 결핍, 환경파괴 현상을 인용하였다.7 카프라는 자신의 저서『문명의 전환』에서 오늘날 인류가 자연에서

---

7 프리초프 카프라, 이성범 · 구연수 옮김,『새로운 과학과 문명의 전환』(서울: 범양사, 1985), 22-25.

오는 직관적 깨달음, 영성, 협동, 존중 대신에 이성적 지식, 과학, 경쟁, 착취를 선호하는데 위기의 근원이 기인한다고 주장하였다.

이정배의 생태위기에 관한 문제의식의 출발은 바이첵커 때문이었지만, 생명신학의 주제들을 심화시키게 된 가장 결정적인 계기는 제레미 리프킨의 『생명권 정치학』을 만난 이후라고 고백하였다.8 그는 1992년 버클리의 GTUThe Graduate Theological Union에서 안식년을 보내면서 이 책을 알게 되었는데, 당시 그의 관심은 로즈마리 류터의 여성주의 생태신학에 집중되어 있었다. 그런데 류터가 펼치는 신학적 주장의 상당부분이 리프킨에 근거하여 전개하고 있음을 파악하게 되었다. 그리고 '생명권bio-sphere'이라는 개념을 통해 서구 문명 전체를 관통하여 존재하는 소위 '죽음의 본능instinct of death'이 곧 위기의 본질임을 명확하게 깨달을 수 있었다.9 리프킨은 세계를 단지 극복되어지고 정복해야 하는 대상으로만 간주하는 서구의 기계론적 세계관을 생태 위기의 근원이라고 지목하였다. 이정배는 리프킨에 동의하면서, 과도한 착취에 의해 상처받은 세계를 치유하고 화해하려면 인간의 의식이 생명권이라는 더 높은 단계로 고양되어야 하며, 나아가 모든 생명을 지닌 존재들이 거주할 수 있는 유일한 장소인 생명권 안에서 인간과 자연의 상호의존성과 일치에 이르러야 한다는 인식에 이르게 되었다. 이리하여 이정배는 한국적 생명신학의 필요성을 확신하게 되었다. 그리고 아시아 혹은 한국의 전통적 종교문화에서 발굴한 대안적 영감과 관점을 제시함으로서 세계의 생태학적 신학에 기여할 수 있다고 생각하였다. 한국적 생명신학은 기계론적 세계관 대신에, 모든 존재가 서로 연결되어 있고 상호의존적이라는 유기체적 세계관을 받아들인다. 이러한 관점은 필연적으로 자연과학과 관련성을 불러온다. 그리하여 과학과 신학 간의 학제적 연구는 이정배의 생명신학에서 중요성을 지닌다.

---

8 이정배, 『조직신학으로서의 한국적 생명신학』 (1996), 24.

9 Jeremy Rifkin, *Biosphere Politics: A New Consciousness for a New Century* (Harpercollins, 1991), 380, 463-474.

5. 후기

　이상의 내용은 "이정배의 한국적 생명신학"을 소개하는 필자 논문 중 4장의 첫 부분이고, 그 뒤로는 '방법론', 그리고 '지기론至氣論'과 신학적 함축 등의 내용으로 이어진다. 한편 신학자 이정배가 제출한 한국적 생명신학은 한국 신학의 맥락에서 보면, 민중신학과 토착화신학이라는 큰 두 강물이 합류하는 지점에서 '생명'이란 핵심 개념을 통하여 한국 신학의 양대 흐름을 아우르고자 하는 거대하고도 중요한 기획이었다.[10] 지난 1990년대 말에 시도된 이러한 기획은 새로운 천년을 맞아 일부 변화된 신학적 지형에서도 이어져야 한다고 생각한다. 세월호 현장에 모인 신학자들의 맨 앞에 서서 목청을 높여 외치는 신학자 이정배의 모습을 보면서, 과연 민중신학과 문화(토착화)신학의 합류가 실천 속에서 이루어지고 있음을 느낄 수 있었다.

---

10 이정배, 『조직신학으로서의 한국적 생명신학』 (1996), 84.

다리 놓기

염창선 박사

(호서대학교 교수)

  1987년 가을, 유광조 목사님 소개로 대학원 진학을 알아보기 위하여 "관회수교" 연구실에서 젊은(?) 교수님 한 분을 뵈었다. 그때 모교에 자리를 잡으신지 얼마 되지 않았던 선생님은 입시에 필요한 준비를 조언도 해주셨고, 독일어와 신학을 공부할 책 한권을 소개해주셨다. 그때는 그것이 어떤 책이었는지도 몰랐지만, 나중에 알고 보니, 클라우스 베스터만Claus Westermann을 비롯해서 6명의 저자가 6개 분야를 약술한 신학 수업의 길잡이였다. 선생님께서는 이 책을 10여년이 지난 1999년에 번역하여 『신학입문』이라는 이름으로 대한기독교서회를 통해서 세상에 내놓으셨다. 그때 나는 물론 독일 유학을 꿈에도 생각하지 못했으나, 신학 자료들을 더 많이 섭렵하겠다는 '어렴풋한' 생각에서 그 책의 내용을 꼼꼼히 정리하면서 신학 개념들을 익혀나갔고, 신학적으로 사고하는 법에도 점차 익숙하게 되었다.

  이듬해인 1988년, 올림픽 준비로 온 나라가 들떠있던 그해에 신학대학원에 첫발을 내디뎠다. 첫 두 학기를 신구약 총 6회 성경시험까지 합쳐서 학기당 25학점씩 이수하면서 정신없이 보냈다. 수업 시간도 과도하게 많았지만, 자연과학을 공부했던 나로서는 너무 낯선 개념들이 장벽이 되어 강의 내용을 제대로 파악하는데 허덕이고 있었다. 그러나 '과학적 사고'에서 새로운 '인문학적 사고'로 전이하는 과정에서 느끼는 강력한 호기심으로 인해서 신학 수업에 점차 깊이 매료되었고, 대학원 정문 양옆의 긴 돌판과 나무그늘은 갓 신학에 입문한 우리들의 어설프지만, 열띤 토론의 장이었다. 그때 그 토론의 장에 언제나 함께 앉아 있었던 친구는 지금도 여전히 나와 함께 같은 길을 동행하고 있다.

당시는 너무나 일찍 우리 곁을 떠나가신 고故 변선환 선생님께서 강의실에서 사자후를 토해내시던 때였다. 감리교 틀 안에서나, 신학이라는 울타리 안에서나, 아시아라는 지리적 한계 안에 갇혀 있기에는 학문적 보폭이 너무 넓고 컸던 그분은 기독교 신학사상을 축으로 꿰고 뚫는 달변으로 학생들을 사로잡으시는 동안, 이정배 선생님은 학문간 '다리를 놓는 작업'을 착실히 시작하고 계셨다. 당시 선생님의 신학적 관심은 유교와 신학 사이의 상관성 문제에서 시작해서 생태적 관점에서 신학적 문제를 바라보고, 신학적인 관점에서 생태문제를 재정립하고자 씨름하셨다. 사실 바젤에서 부리F. Buri 교수님을 만남으로서 유교와 불교 등 한국 종교사상을 기독교적 관점에서 통합해내려는 시도는 이미 싹트고 있었다. 지금 생각해보면, 그때는 국내에 생태신학이 아주 생소할 때였고, 지금도 그 문제를 다룰 때 우선 선생님을 언급하지 않을 수 없는 학문적 공간을 만들기 시작하셨던 시기였다.

1세기 팔레스티나에서 시작된 예수님의 사역과 말씀이 로마 제국이라는 시·공간을 거쳐 중세 유럽에 전파되는 동안 소위 "서구식" 사상과 문화의 틀에서 해석될 수밖에 없었던 것을 한국적 사상과 문화의 관점에서 다시 해석해내려는 아주 힘겨운 노력이었다. "힘겨운"이란 표현을 사용한 것은 고금을 막론하고 이런 시도에는 언제나 안팎으로 저항과 장애에 부딪히기 마련이기 때문이다. 그러나 그것은 과거의 유산과 현재의 문제를 잇는 고뇌에 찬 시도였으며, 동서양 사유의 원천과 그 결과들을 한껏 아우르려는 몸짓이었으니, 이름하여 "학문적 다리 놓기eine wissenschaftliche Überbrückung"라 부르는 것이 적당하다 싶다.

어원에 대한 의견이 분분한 라틴어 '폰티펙스fontifex'는 '다리 놓기' 또는 '다리를 놓는 사람' 정도로 번역된다. 아마도 샘/원천을 의미하는 "fons"와 제작/만듦을 의미하는 "ficere"의 합성어로 보는 것이 무방하다는 전제에서 비롯된 해석이다. 아무튼 일종의 도로건설 현장감독같은 자리인데, 이상하게도 '제의적' 성격도 띤다. 로마 제국의 사통팔달하는 도로망(cursus publica) 건설은 제국 발전의 기간이었는데, 단절된 계곡을 이어 다리를 놓는다는 것은 지금도 그렇겠지만, 그때의 기술과 장비로는 엄청나게 힘든 작업이었다. 밧줄과 나무로 건너편 계곡과 겨우 연결하나 싶으면, 와르르 무너지기 일쑤였고, 이런저런 사고로 인부들이 죽는 경우는 다반사였다. 그래서 다리 공사를 맡은 감독은 공사를 시작하기 전에 제의의식을 통해서 안전을 기원하고 두려워하는 일꾼들을 추스르곤 했다. 이런 로마 제국의 현실적인 문제로 인해서 건설현장 감독에 제의적 의미가 붙여지게 되었고, 나중에는 로마 황제가 자신을 '폰티펙스 막시무스'(Fontifex Maximus, '대제사장' 정도의 의미)라고 불렀고, 그 다음에는 교황도 그렇게 불렸다.

이것은 자신들이 신의 현현 그 자체(sol invictus)이거나, 신의 대리자(vicarius filii dei)라는 종교적-정치적 규정이었으며, 신과 인간 사이에 다리를 놓는 존재라고 규정해버린 셈이다. 그래서 이 개념은 직능적 또는 기능적 차원을 넘어서 존재론적 차원으로까지 확장되었다. 그러나 기독교의 전통에 따르면, 소원해진 하나님과 인간 사이를 제대로 연결한 다리 놓기는 예수 그리스도의 사역과 선포에서 나타났다고 고백한다. 그것은 예수님도 제사장처럼 하나님과 인간 사이를 잇는 중보자 일을 했으니, 당연히 제사장 중에 제사장이라는 표현에서 잘 드러난다.

그러나 신학자의 다리 놓기는 이렇게 거창하게 존재론적 차원이 아니라, 우선 학문의 방법론 차원에서 출발하여, 존재론적 차원으로 나아가는 작업이다. 그래서 신학자는 머리에서 시작된 사유와 지식이 평생에 걸쳐 손과 발로 내려가서 인간을 하나님의 마음으로 보듬고 돌보면서 스스로

성화되는 존재론적인 다리 놓기에 도달할 때까지 가던 걸음을 멈추지 않는 법이다. 신학자의 길은 단순히 탐구의 길이 아니라, 불의에 맞서며 하나님의 방식을 실현해내며, 속된 것을 거룩하게 만드는 "신학적으로 살아내는 길"인 것이다. 따라서 "다리 놓기"를 제대로 하신 분이 예수님이라면, 어찌 신학적 방법론에서 '다리 놓기'를 마다할 수 있겠는가? "학문적 다리 놓기"는 신학자라면 피해갈 수 없는 길인 것이며, "그때 거기서" 있었던 사건을 "오늘 여기에서" 재해석 하려는 시도도 결국은 시공간을 뛰어넘는 다리 놓기 작업일 뿐이다. 그래서 모든 신학자는 폰티펙스이고, 하나님과 세상을 연결하는 폰티펙스이어야 한다.

이야기가 잠시 곁길로 나간 듯하니, 다시 제자리를 잡고 생각해보면, 선생님의 "학문적 다리 놓기"는 신학을 중심에 놓고 다른 학문, 곧 전통 신학의 생경한 주제와의 다리 놓기를 통해서 근대 이후에 더 크게 벌어진 하나님과 인간 사이의 간극을 좁히고, 신학과 주변 학문을 소통하게 하는 거룩한 작업이라고 이해한다면, 너무 거창한 것일까? 게다가 요즘 유행하는 '학제 간 융합적 사고'라는 학문 경향도 새로운 것이 아니라, 감리교 신학자들에 의해서 이미 80년대 이루어지고 있었다면, 너무 강조한 것일까?

선생님은 잊으셨겠지만, 마음속에 남아있는 사건이 하나 있다. 내 기억으로는 1990년 2학기 개강한지 얼마 안 된 9월이었다. 아내는 오산에서 초등학교 선생님이었고, 나는 광림교회 교육국에서 사역하고 있었던 터라 오산천 변의 단독주택에 살고 있었다. 수요예배를 마치고 교회에 남아서 다음날 발제 준비를 마무리하고 있었는데, 밤 11시경에 "지금 폭우로 대피령이 내려서 인근 아파트로 간다"고 말하는 아내의 떨리는 목소리가 수화기를 타고 전해졌다. 그때는 통신도 교통도 지금과는 비교할 수 없던 시절이었고, 비록 발제 준비는 마쳤으나, 집에 갈 수도, 연락할 수도 없어 거의 뜬눈으로 그날 밤을 보냈다. 이른 아침에 선생님께 자초지종과 더불어 급히 집에 가야하니, 발제를 못하게 됐다고 말씀드렸다. 물론 흔쾌히 허락하셨지만, 당황스러우셨을 것이다. 그날 세미나가 어떻게 되었는지는 물론 나중에 들었다. 이미 온 동네는 물바다여서 다닐 수 없으니, 담과 담을 따라 겨우 집에 가보니 다행히도 차오르던 물은 거실 바닥까지 딱 1cm 남기고 멈추었다. 그렇게 경황없던 중에도 침수를 대비해서 모든 책장의 아래 칸을 깨끗이 비워놨던 아내는 잠시 후에 2살배기 아들과 함께 집으로 돌아왔다. 침수된 이리 동네는 무슨 아수라장이 따로 없었다. 집집마다 침수된 가재도구를 정리하던 사람들의 슬픔, 고인 웅덩이에서 미처 탈출하지 못했던 잉어를 맨손으로 잡았다고 좋아하던 사람들의 웃음… 그렇다, 우리가 사는 세상에는 이렇게 웃음과 눈물이 공존하는 것이 현실이다. 그래서 인간에 대한 깊은 이해와 따뜻한 사랑이 없다면, 누구의 눈엔들 눈물이 마를 날이 있으랴…. 감신동산에서 선생님들부터 배운 바는 원래 차가운 이성과 따뜻한 감성이었다.

지금도 사정이 생겨서 발제를 못하는 학생들을 볼 때마다, 그때 일이 떠오르는데, 그게 벌써 26년 전 일이다. 사랑과 이해심이 많으신 선생님은 아마 그 세미나를 빵구 낸 일을 예전에 잊으셨겠지만, 제 발이 저린 도둑은 여기에 다시 털어놓는다.

결국 시간은 흘러 대학원 과정의 끝자락에서 선생님의 학문적 결과를 소중한 받아들인 "기계론에서 전일론으로의 패러다임 변화 연구"라는 석사논문은 인간 이성을 중심으로 과학기술문명에 대한 비판과 통전적이고 유기체적인 세계관의 변화를 큰 틀에 담아보려던 어설픈 시도의 흔적이었다. 선생님의 지도로 석사논문을 쓰는 과정은 역설적이게도 나의 학문의 깊이가 일천하고 지식의 한계가 분명함을 점차 깨달아가는 시기였다. 선생님의 치열한 학문적 노력과 성과에 비하면, 3년이란 대학원 기간은 흩어진 낱알 같았던 지식들이 한 가지로 통합되어 충분히 뿌리를 내리고 줄기를 뻗기에는 턱없이 짧은 시간이었으니, 나의 학문이라는 것이 감히 알량하나마 무슨 열매 따위를 맺을 수가 없었다. 캄캄한 밤에 사방이 벽으로 막힌 공간에 나 홀로 내던져진 느낌이었다. 그러다가 찾아낸 한 줄기 빛은 더 공부하여 선생님처럼 학자의 길을 가는 것이었고, 결국 김포에서 독일행 비행기에 몸을 실었다.

불트만R. Bultmann이 강단을 지켰던 마르부르크Marburg대학에서 유학 생활을 시작했고, 거기서 동문 심은주 선배님도 만났다. 원래 선생님은 한스 요나스Hans Jonas를 연구해보라고 조언하셨는데, 그분은 교사 양성을 위한 사범대학 같은 곳에서 가르치고 계셔서, 외국인은 아예 들어갈 수조차 없을 뿐만 아니라, 논문 지도조차도 불가능하다는 통보를 받았다. 사실 독일에서 생태신학을 공부한다는 것 자체가 매우 힘들었다. 조직신학자들과 윤리신학자들도 가끔씩 여는 세미나를 통해서 생태신학을 주로 윤리적 차원에서 다루고 있었다. 오히려 전통 신학의 거대한 유산 속에 살아가는 독일인들에 대한 경험, 도서관 천장까지 닿는 초대교회 자료들의 방대한 학문적 결과에 압도되어 점차 교부학 쪽으로 기울던 차에 오리게네스 전문가이신 비너트Wolfgang A. Bienert 교수님께서 박사 과정에 들어올 것을 권고하셨던 터라 매우 고민이 되었다. 이 갈등의 기로에서 주변의 모든 이들이 그런 조건이라면, 교부학을 선택하라고 조언했고, 그래서 나는 결국 교부학자가 되었다.

그러나 기독교 사상의 뿌리를 공부하는 교부학을 배우면서도 마음 한구석에 개운하지 않은 무엇인가가 남아 있었다. 그 짐은 중세 고딕양식으로 지은 도미니칸 수도회 건물의 높은 계단을 오르내리는 것도, 헬라어와 라틴어에 능통하기 위해 고전어에 엄청난 시간을 쏟아 부어야하는 것도 아니었다. 사전보다도 더 큰 장서들이 가득한 도서관에서 미녜J. P. Migne의 교부학 시리즈(MPG, MPL)의 흐릿하고 깨알 같은 글씨들을 읽어내는 일도 아니었다. 그것은 전공을 바꾸었다는 것, 선생님의 학문적 작업을 이어가지 못하게 되었다는 점, 송구스런 마음이었다. 지금도 뵐 때마다

여운처럼 남아있는 마음의 빚 같은 것도 그 때문이다. 그런데도 그 빚진 마음을 별로 갚아드린 기억이 없다. 오히려 아량과 사랑이 많으신 선생님은 기꺼이 좋아하셨고, 언제나 학문적인 동기를 부여해주셨다. 그러나 학문의 길이라는 것이 끝이 없어서 가도 가도 새로운 길이 나온다. 마치 손에 잡을 듯 가까운 산을 오르면, 더 높은 산이 보이고, 다시 그 산을 겨우 오르면, 더 높은 산이 나타나는 것과 마찬가지라고나 할까?

그렇게 해서 결국 교부학 공부를 끝내고 돌아온 제자에게 선생님은 언제나처럼 따뜻하셨지만, 이미 세월은 흘러 반백의 머리를 휘날리시는 모습으로 변해 있었다. 인자한 웃음과 형형한 눈매는 원숙한 학자의 풍모와 위엄을 갖추고 계셨다. 그 무렵 선생님은 윤성범, 변선환 같은 신학자들뿐만 아니라, 함석헌, 유명모 같은 큰 어른들이 남기신 한국의 사상적 유산을 기독교적으로 해석해내시려고 몸부림치고 계셨으며, 그것은 인간의 현실적 삶을 꿰뚫는 통찰에서부터 시작하여 불교와 유교라는 한국적 토양에서 새로운 "기독교 언어개발"과도 같은, 학문적 다리 놓기 작업의 더 구체화된 모습을 통해서 무르익어가고 있었다. 바로 2011년 동연에서 출판한 『빈탕한데 맞혀놀이』는 그런 다리 놓기 작업의 결정체 중에 하나로서 다석 유영모 선생님(多夕)의 사상을 생生, 화和, 통通과 같은 관점에서 읽어내고 계셨다. 이렇게 평생을 학문적 다리 놓기 작업을 통해서 살림과 살아냄의 본을 보이신 선생님께 감사드린다.

본디 선비는 학문을 출세와 공명을 위한 수단으로만 여기는 것을 누구이 경계해왔다. 생계와 생존의 수단으로서 학문을 했던 자들이 사회와 국가를 어지럽혔던 역사는 동서고금을 통해 헤아릴 수 없이 많으나, 학문을 스스로 터득한 진리를 체득하는 삶의 과정으로 이해한 진정한 지식인들로 인해서 엉클어진 사회와 쪼개진 공동체가 바로 세워졌던 역사도 다함이 없다. 멀리 가지 않아도 우리나라의 근대사가 말해주고 있고, 독일의 마틴 루터의 종교개혁이 그랬으며, 예수 그리스도 사역과 가르침이 그러했다. 그래서 학문하는 길은 생명의 길을 가는 것이지 죽음이나 죽임의 길을 가는 것은 아니다. 그래서 선비는 올곧을 수밖에 없고, 이익을 위해 불의를 눈감지 않는 법이다. 결국 역사는 언제가 그 기억을 다 토해해내고 만다.

30년 넘는 선생님의 학자의 길, 목사의 길 그리고 참된 그리스인의 길에 한없는 존경과 박수를 보내며….

영원한 재학생이 드리는 글

배성권 목사

(파주, 한사랑감리교회)

    1983년 봄 감신동산에 첫발을 디딘 후부터 나는 학부 4년과 대학원 2년 과정을 거치면서 여러 훌륭하고 좋은 교수님들을 통해 귀하고 많은 가르침들을 받았다. 그분들 가운데 이정배 교수님은 다른 어느 교수님들 이상으로 내게 참으로 필요하고 또한 소중했던 가르침들을 오랫동안 베풀어 주시고, 보여 주신 분이다. 지난 거의 30년에 이르는 기간 동안 내가 교수님과 시간을 같이하며 배운 일은 크게 3번의 시기들로 구분할 수 있다. 첫 번째는 1988년 내가 대학원에 다닐 때에 봄과 가을학기 두 학기에 걸쳐서 교수님의 강의를 들은 일이었고, 두 번째는 1995년이나 되어서야 비로소 나는 충북 진천지방 가산교회에 목회 첫발을 내딛을 수 있게 되었는데, 그 다음 해인 1996년 5월부터 2005년까지 거의 10년 동안에 걸쳐서 교수님이 이끌고 계셨던 '기독교통합학문연구소' 공부 모임에 다닌 것이었다. 그리고 마지막 세 번째로는 올해(2015년)에 있었던 일로 지난 봄 학기에 매주 수요일마다 감신동산에 와서 이정배 교수님의 수업을 청강한 일이었다. 이와 같은 세 번에 걸친 교수님과의 만남과 배움의 시간을 통해서 나는 나 나름대로의 생각의 골자를 세우고 신학 학문의 시야를 넓힐 수 있었고, 더 나아가 그러한 것들이 바탕이 되어서 지금까지의 나의 목회 여정과 삶이 크게 방향을 잃지 않을 수 있었고, 나의 목회 여정에서 정신적이고 영적인 풍성함 마저 누릴 수 있었다고 여겨진다. 이 글은 이렇듯이 크게 세 번에 걸친 교수님과의 소중했던 만남의 과정들을 나의 기억을 더듬어 가며 기술하는 글이 될 것이다.

　내가 처음으로 이정배 교수님을 뵙게 된 때는 아마도 1987년 10월쯤
인 것으로 여겨지는데 교수님은 아마도 이 사실을 전혀 모르고 계실 것이
다. 그 해는 내가 학부를 졸업하고도 목회를 나가지도 아니하였고, 그렇다
고 교육전도사를 하거나 대학원에 다니지도 아니한 해였다. 그 때 같이
공부하고 졸업한 동기들은 이미 교회 개척을 하든 혹은 이미 마련된 임지
에 부임하든, 어쨌든 이곳저곳으로 각자의 목회를 찾아나가고 있었는데
비해 나는 그 어떤 길도 찾지도, 마련하지도 못한 채 그저 집에 있었다.
그러면서 당시 학부 4학년 때 수업을 들어서 알게 된 김흥호 목사님께서
이화여자대학교 내 대학교회에서 연경반을 통해 성경과 다른 고전들을
강의하고 계신 것을 알고서, 그 강의들을 즐겁게 들으면서 그곳에서 예배
를 드리고 있던 때였다. 그러던 나는 그해 8월 말쯤에 나의 아버지의 고향
친구이신 고 유세열 목사님이 우리 집에 오셔서 당시에 목사님이 사역하
고 계셨던 십정감리교회 교육전도사로 불러 주셔서 그 해 9월부터 나는
십정감리교회의 파트 타임의 교육전도사 일을 하기 시작하였다. 그러던
중 나는 대학원 과정을 밟고자 하는 마음을 갖게 되어 대학원 시험 준비로
독일어를 공부하고자 했는데, 마침 이정배 교수님이 학부에서 성서독일
어를 가르치고 계신 것을 알고서 몰래 청강을 하였다. 그때 멀리서 교수님
이 독일어 성서를 읽으시고 가르치시던 것을 뵈었던 것이 처음 교수님을
뵙게 된 일이었다. 그 때 교수님이 사용한 교재가 아마도 로마서나 아니면
갈라디아서였던 것으로 기억된다. 독일어 성서를 읽어 나가시던 중에 독
일어로 된 노래 한 곡을 칠판에 가득 적어놓고 노래를 부르시기도 하셨는
데 별과 관련된 제목의 노래로 그 후렴에 이르러 '바이터 바이터 게헨' 하
면서 맑은 목소리로 노래를 부르셨던 것이 기억난다. 그 때 나는 그 수업
을 딱 한번만 그 청강을 하고 대학원 시험을 치렀는데, 영어는 어떻게 통
과했지만 독일어가 부족해서 조건부로 합격을 하여 간신히 그 다음 해인
1988년 봄 학기부터 대학원 과정을 밟을 수 있게 되었다.

이때부터 교수님과 나의 실제적인 만남이 시작되었다. 그 봄 학기에 내가 교수님께 수강한 과목은 '현대 독일신학의 신론'이라는 과목이었다. 대학원 건물 2층에서 세미나 형식으로 수업을 하였는데 그때 소개된 학자들로서는 위르겐 몰트만이나 하인리히 오트 그리고 융엘과 같은 신학자들이었다. 그 첫 강의시간은 우리말로 하는 강의였는데도 수업시간 내내 나는 도무지 무슨 말인지 전혀 알아들을 수 없었던 일이 기억된다. 비록 나에게 그 강의 내용이 쉽지 않아서 따라가기 매우 어려운 부분이 있었지만 나는 시간가는 줄도 모르고 그 수업을 잘 들었고, 교수님은 나의 대학원 전 과정을 통틀어 최고 점수인 88점을 주셨다. 전적인 은혜였다고 여겨진다. 결국 그 수업으로 인해 나는 이정배 교수님의 학문적인 열정과 그분의 인간됨에 매료되어서 가을학기에도 또다시 교수님의 수업을 수강하게 되었다. 그때의 강의 제목은 '칸트철학과 칸트적 신학'이라는 과목으로 슐라이에르마허로부터 시작해서 리츨, 헤르만, 트뢸치와 같은 신학자들에 대해서 배우는 시간이었다. 봄 학기 때와 마찬가지로 그 수업에서도 나는 내게 맡겨진 발제를 하게 되었는데, 그 발제물의 내용도 부실하고 구성도 매우 형편이 없었음이 분명한데도 교수님께서 야단치지 않으시고 너그럽게 받아주신 것으로 기억된다. 그리고 학기를 다 마치고 종강을 하는 날에는 교수님께서 수강생들을 다 데리고 학교 근처나 광화문으로 데리고 가서 분위기 좋은 레스토랑에서 맛있는 점심을 사 주셨는데 그 시간들이 내게는 매우 신선하고도 귀하게 다가왔던 것으로 기억된다. 이렇게 해서 나의 교수님과의 첫 만남이 시작되었고 사실상 이 해의 만남이 오늘의 '나'라는 목회자로 그리고 신학 공부를 행하는 신학도로 살아가도록 한 귀한 출발점이 된 것이다. 그리고 그 시절에 내가 교수님과 잠깐 스쳤던 또 한 가지 이야기는 내가 독일어 조건부 합격으로 들어왔기에 어떻게 해서든 학기 중에 독일어 시험을 치러서 통과했어야 했는데 두 번인가를 떨어진 후 세 번째 시험을 치렀을 때 교수님이 나를 보시고 "이번 시험은 잘 봤네"라고 말씀해 주셨다. 그러고서야 나는 겨우 그 어학시험을 통과해서 다음 학기로 나아갈 수 있었던 있었다.

그 해가 가고 1989년에 접어들면서 나는 대학원을 1년간 휴학하게 되어 교수님과의 관계는 더 이상 이어지지 않았다. 그리고도 많은 시간이 흘러서 1995년이 되어서야 겨우 나는 충북 진천지방 가산교회에 서리담임자로 파송을 받아서 첫 목회를 시작하게 되었다. 그런데 그 다음 해인 1996년 5월에 또다시 교수님과의 두 번째의 만남이 시작되었다. 그때 교수님이 이미 시작하신 '기독교통합학문연구소'의 독서 및 연구모임이 있었는데 학부시절부터 함께 신학을 한 당시 이덕균 전도사가 그 모임을 내게 소개해 주어서 나는 매주 금요일마다 충북 진천에서부터 차를 몰고 냉천동에 와서 학교 안의 장소나 혹은 그 근처에 있던 변선환아키브에서 모이는 그 공부모임에 참여하였고, 이때부터 나는 계속해서 이정배 교수님을 좀 더 가까이서 뵈면서 오랫동안 배울 수 있는 복을 누리게 되었다. 1996년 충북 진천에서부터 다시 이어진 교수님으로부터의 이러한 나의 배움의 과정은 1998년 1월에 지금의 목회지인 파주 한사랑교회에 부임하고서까지도 계속되어서 파주에 온 나는 좀 더 편하게 그 연구모임에 나갈 수 있었고 결국 2005년까지 그 배움의 과정이 이어져서 무려 10여 년간이나 교수님으로부터 좀 더 많은 배움을 얻을 수 있었던 것이다. 이 결코 짧지 않은 시간 동안에 내가 그 연구모임의 다른 학우들과 함께 읽은 책은 상당히 많았다. 외국 학자의 책으로는 켄 윌버의 *Sex, Ecology, Spirituality*, 에드먼드 리치의 『성서의 구조인류학』, 레비나스의 『시간과 타자』 등과 같은 책을 보았고, 우리나라 학자의 책으로는 김흥호 교수님의 『원각경 강해』, 길희성 교수님의 『마이스터 에크하르트의 영성사상』, 김승혜 수녀님의 『논어의 그리스도교적 이해』 등과 같은 좋은 책들을 볼 수 있었다. 그 공부모임에 가면 아예 공부할 책도 주셨고, 또 수업을 마치고 나면 어김없이 그 근처의 식당에서 맛있는 점심이나 저녁을 사주셔서 그 시절에 나는 일주일에 한 번씩 영육 간에 강건하여져서 집과 교회로 돌아올 수 있었다. 특히 1996년의 일로 기억되는데 '진화의 영'이라는 부제가 붙은 켄 윌버의 *Sex, Ecology, Spituality*라는 책은 그 내용도 결코 쉽지 않았고 또 분량도 5백 페이지가 넘는 원서인지라 그 당시에 내가 발제를 맡았을 때가 진천에서 목회할 때였는데 발제를 준비하느라 진천도서관에 가서 사전을 찾으며 어렵게 공부했던 일도 떠오른다. 아울러 이 시간 동안에는 위에서 언급한 책들 말고도 래시의 『종교의 시작과 끝』이라든지, 폴킹혼의 『과학시대의 신론』, 혹은 매튜폭스의 『자연적 은총』이나 콜만의 『창조성과 영성』 등과 같은 나 혼자서는 도저히 찾을 수도, 만날 수도 없는 좋은 책들을 읽을 수가 있었는데 배움의 폭이 넓지 못했던 내게 그 시간들이야말로 나의 좁은 학문적인 시야를 조금이나마 더 넓힐 수 있는 아주 귀한 시간이었던 것이다. 뿐만 아니라, 이점 역시 매우 내게 매우 중요한 점으로 여겨지는데 나중에 2005년이 되면서 내가 더 이상 그 연구소 모임에 나가지 못하게 되었지만 그때까지 내가 연구소 모임에서 배운 것들이 그 뒤로부터 오늘에 이르기까지 나 혼자서도 어느 정도 이런 저런 책들을 읽어갈 수 있게 한 귀한 발판과 밑거름이 된 것이다. 이를테면 지금의 내가 목회 현장에서 목회를 하며 재미있게 읽고 있는 책들이 몇 권 있는데 그 저자들로 말하면 주로 마커스 보그나 고든 카우프만 그리고 샐리 맥페이그나 카렌 암스트롱과 같은 학자들이다.

이처럼 10년이라는 결코 짧지 않은 그 시간 동안에 이정배 교수님은 한결같이 나를 다정하고도 친절하게 대해 주셨고, 매 시간마다 귀한 가르침을 안겨 주셨다. 해마다 연말이면 같이 공부한 우리 모두가 좋은 음식점에 가서 맛있게 저녁을 먹기도 하였고, 때론 교수님 댁에 가서 맛있는 음식과 함께 좋은 대화를 나누었던 일들이 기억이 난다. 지금은 벌써 대학생이 된 내 딸 의빈이가 네다섯 살이나 되었을 때였는데 한번은 교수님이 의빈이를 번쩍 안으시고 "엄마가 좋으니 아빠가 좋으니?"라고 묻고서는 이내 "의미 없는 질문이지?"라고 말씀하셨던 장면도 지금 내 눈에 생생하다.

하지만 이러한 밀월여행과도 같았던 즐거웠던 만남의 시간들도 그치게 되는 때가 오게 되었다. 2천 년대로 접어들고서 몇몇 해가 지나면서 나는 점점 더 그 연구소 모임에 나가는 것이 쉽지 않아지게 되었다. 나의 가정에서의 일과 목회 현장에서의 일이 점점 많은 시간과 노력을 요하게 되면서 이전처럼 그 모임에서의 교수님으로부터 배우는 일을 더 이상 이어갈 수 없게 되었다. 이제는 그냥 집에서 혼자 이런저런 책들을 보는 일이 시작되었다. 나는 한때 그 연구소 공부모임에 다니면서 나 스스로에게 '도대체 나는 언제까지 졸업을 못하고 교수님의 울타리에 머물러만 있고 말 것인가?'라고 묻기도 하였는데 이미 여러 학우들이 그 모임에 와서 공부를 하다가도 때가 되면 각각 자신들의 길을 찾아 나가는 것을 보면서 여전히 그 모임에 나오면서 든 생각이었다. '도대체 언제까지 나는 이 재학생의 신분에 머물러 있어야만 하는 것일까?'라고 자문하면서 이러한 나 자신에 대해서 좀 부끄럽다는 생각이 들기도 하였다. 그런데 결국 시간이 흘러가면서 나는 자의반 타의반으로 그 공부모임을 졸업할 만한 충분한 지식이나 학문적인 자질도 갖추지 못한 채 그 모임에서 멀어지게 된 것이다.

하지만 물론 내게는 그 뒤에도 교수님이나 또 함께 공부한 교수님의 몇몇 제자들과의 연락이 끊어지지 않았고, 특히 교수님과 관계된 어떤 특별한 행사가 있는 경우에는 연락을 받아 그 때마다 교수님을 뵈올 수 있었다. 이러한 수많은 만남의 시간들을 통하여 나는 교수님이 쓰시고 동시에 교수님의 서명이 있는 책을 무려 다섯 권이나 받아서 잘 읽기도 하였는데 누군가의 서명이 있는 책을 이렇게 많이 받는 다른 경우는 없다. 이 점은 나의 학문적 능력이나 인간관계의 폭이 매우 적다는 말이기도 하겠지만 분명코 나에 대한 교수님의 영향이 얼마나 지대한지를 잘 말해주고 있는 것이 아닐까?

이정배 교수님과 나와의 세 번째의 만남은 올해(2015년)이다. 올해의 만남은 이전에 있었던 만남들의 시간에 비해 매우 짧은 겨우 한 학기 동안 (3월-6월)의 짧은 시간에 불과하지만 그 의미는 내게 있어서 이전의 다른 그 어떤 시간들 못지않게 매우 크다고 할 수 있다. 2006년 이후에는 나는 주로 나 혼자서 책을 읽어오고 있었는데 올해에 들어서서 내게 또 한 번 교수님을 직접 뵈면서 공부할 수 있는 은총이 주어진 것이다. 나의 감신 학부시절과 그 뒤 몇 년간에 걸친 기간 동안에 나의 가장 친한 친구였던 고 이기호 목사가 또다시 나를 교수님과 연결해 준 것이다. 올해 1월 중순 경이었는데 우리교회에 배달된 감신학보를 보다가 에른스트 트뢸치의 『기독교의 절대성』이란 책과 그 역자인 이기호라는 글자가 내 눈에 띄었 다. 분명 이정배 교수님의 손길이 있었음을 감지한 나는 바로 용기를 내서 교수님께 전화를 드려서 그 경위를 여쭈었더니 예상대로 교수님께서 그 책의 출판을 잘 주도하셨던 것이다. 이때의 전화가 계기가 되어서 나는 올해 2월 8일 주일 오전예배에 교수님을 모셔서 말씀을 듣게 되었고, 마 침 나의 두 자녀가 어느덧 대학에 들어가고 난 뒤라 이전보다 약간이나마 마음의 여유가 생긴 나는 교수님께 봄 학기의 대학원 강의 여부를 여쭙고 청강이 가능한지를 부탁드렸더니 흔쾌하게 승낙해 주셔서 그야말로 다시 한 번 나는 27년 전의 대학원 수강생의 시절로 되돌아가볼 수 있게 되었 다. 매주 수요일마다 오전과 오후에 두 강의를 청강하였는데 그 27년 전 의 모습과는 사뭇 다르게 수강생들 거의 모두가 노트북을 켜서 교수님의 강의를 들으며 자판을 두드리는 모습을 볼 수 있었다. 교수님께서 강의를 쉽게 하는 노하우를 터득하셔서인지 아니면 그동안 내가 그럭저럭 책을 읽어와서인지 모르지만 교수님의 이제는 내가 그 강의를 제법 많이 알아 들을 수 있었고 또 아주 재미있기까지 하였다. 오전 강의인 '동서생명이론 과 기독교' 시간에는 러시아 사상가인 베르댜예프의 『노예냐 자유냐』, 다 석 유영모의 강의를 책으로 만든 『다석강의』 그리고 발터 벤야민의 사상 을 잘 요약 정리한 문광훈의 『가면들의 병기창』을 재미있게 보았고, 오후 시간에는 본회퍼의 제자이자 친구인 베트게가 본회퍼 사후에 많은 정성 과 열정을 기울여서 쓴 책인 『디트리히 본회퍼, 신학자―그리스도인―동시 대인』이라는 책을 가슴을 뭉클해가며 읽을 수 있었다. 그동안 겨우 혼자 서만 책을 보느라 나의 시야가 점점 좁아질 수밖에 있었는데 이번 청강으로 다시금 조금이나마 나의 좁은 학문의 시야를 넓힐 수 있어서 좋았다. 특히 베르댜예프의 『노예냐 자유냐』는 다소 늦은 감이 없지 않지만 앞으로의 나의 삶과 목회의 방향이 어느 곳으로 나아가야 하는 지를 잘 보여준 책이어서 벌써 두 번이나 보았고, 그 책을 두 권 더 구입해서 주변의 내가 좋아하고 존경하는 목사님들께 드리기도 하였다. 이런 점에서 올 봄학기의 이번 청강은 내게 있어 나도 모르는 사이에 시들고 말라버린 나의 의식에 마치 가뭄에 내린 단비와도 같은 소중한 시간들이었다고 여겨진다. 다시 한 번 이정배 교수님께 깊은 감사를 드린다.

누구나 큰 산을 바라보면 가까이서 보든지 멀리서 보든지 간에 아무리 눈을 크게 뜨고 보아도 그 산 전체를 다 보지 못한다. 나는 이정배 교수님이 나의 학문과 삶에 있어서 큰 산과도 같은 분으로 보인다. 이때 내게 부분적으로나마 보이는 교수님을 말하라면 '나를 영원한 학문과 삶에의 재학생'으로 머무르게 하는 분이라고 말하고 싶다. 그 이유는 교수님의 학문이나 삶에 있어서의 책임적이고도 실천적 자세가 너무나 진지하고 열정적이신데 비해 나 자신이 그렇지 못함을 비추어 볼 때 한없이 나 자신이 부끄럽게 여겨지면서도 동시에 교수님은 나로 하여금 더욱 앞을 향해 바른 방향을 찾아 나아가도록 계속해서 지혜와 힘을 주시고 계시기 때문이다. 특히 올해에 접어들어서 만난 교수님은 그동안 이루신 학문적 성과를 넘어서서 우리 사회의 변방에 있는 약한 이들의 문제에 깊이 공감하고 그들 곁에 함께 있고자 하는 삶을 내게 보여주심으로써 또다시 나로 하여금 학문의 영역에서 뿐만 아니라 이 시대의 과제에 대해서 책임 있게 응답하도록 자극과 격려를 주시고 계신데 이러한 점이야말로 교수님은 나로 하여금 다시 한 번 나를 영원한 재학생에 머물러 있게 하시는 분이시다.

그동안 많은 시간에 걸쳐서 이정배 교수님께서 제자들이나 성도들을 가르치시면서 강조하신 것이 많이 있겠지만 그 가운데 특히 '자유'에 대해서도 많이 강조하고 계시는 것으로 보인다. 이는 예수께서 제자들에게 "너희가 내 말대로 살면 너희는 참으로 나의 제자들이다. 그리고 너희는 진리를 알게 될 것이며, 진리가 너희를 자유롭게 할 것이다"(요 8:31-32)라고 하신 말씀과, 바울 사도의 말 "그리스도께서 우리를 해방시켜 주셔서, 자유를 누리게 하셨습니다. 그러므로 굳게 서서, 다시는 종살이의 멍에를 메지 마십시오"(갈 5:1)라는 말씀과도 직접 잇닿아 있는 것이라고 여겨진다. 이제 올해로 환갑을 맞으시는 이정배 교수님을 향해 어느 교우께서 말하기를 "학문 연구와 제자 양성 그리고 불의에 맞서 당당히 싸우시는 아름답고도 존경할만한 분"이라고 말하였는데, 나는 이 말에 전적으로 공감한다. 그리고 이에 덧붙여 한마디 말을 더해보고 싶다. 이정배 교수님이야말로 "이 시대의 가장 뛰어난 복음의 해석자, 실천가, 증거자들 가운데 한분"이시라고.

새로운 숲을 이루는 거리

김오성 목사
(한국살렘영성훈련원 디렉터)

1

이정배 선생님 회갑기념 글을 모으고 있다는 연락을 받고 글을 쓰겠다고 응답을 했다. 이정배 선생님에 대하여 글을 써야 한다면 당연히 써야 하고, 쓸 수밖에 없는 관계라고 의식적 혹은 무의식적으로 여겨온 터이다. 그것은 선생님의 제자들 중에서 선생님과 대면해 온 물리적 시간만을 따진다면 한 손 안에 꼽힐 것이라고 어림짐작을 하고 있기 때문이다. 그 물리적 시간의 일부만을 글로 옮긴다고 하더라도 정해진 분량쯤은 훌쩍 뛰어넘을 수 있으리라는 속셈도 있었다. 하지만 그 속셈은 그 물리적 시간이 걸어왔던 길이를 얕본 실수이기도 하였다. 많은 시간들을 압축하는 것은 어쩌면 오랫동안 퇴적된 지층들을 걷어내어 그 무늬들을 음미하고, 그 무늬가 어떤 상처로 생긴 문신인지를 알아보아야 하기 때문이다. 그리고 지금도 진행되면서 켜켜이 쌓아올려지고 있는 시간들을 되돌아본다는 것은 그리 만만하게 볼 것은 아니었다. 그러나 더욱 큰 문제는 그 물리적 시간이 전화되어 생긴 심리적 무게는 글을 쓰는 손을 심연 속으로 끌어당기고 있었으니.

46 | 에세이편

2

글을 쓰기 위해서 몇 번이나 서너 줄을 썼다가 지웠다가를 반복했다. 캐터필러가 돌아가듯이 쓰고 지우기를 반복, 또 반복을 하면서 문득 왜 이렇게 글쓰기를 힘들어하는 가를 자문했다. 자문 끝에 그 동안의 선생님과 여러 형태로 얽히면서 쌓아온 인연들이 한 가지 시점에서 고착되고 기록된다는 것에 대한 어떤 두려움 같은 것들이 있다는 것을 깨닫게 되었다. 사람과 사람 사이의 관계라는 것이 한 가지 평면적인 것이 아니라 입체적인 것인데 이를 글로 붙잡아 형태를 만든다는 것에 대한 어떤 저항감이 있다는 것을 감지하게 되었다. 그것은 근대적인 사유방식에 대한 어떤 저항감과 흡사한 어떤 것이라고 할 수 있지 않을까?

3

이정배 선생님과 얽혀진 최초의 기억은 감신대 앞 육교 건너편에 있었던 평동교회에서 시작된다. 평동교회는 시골에 살다가 올라와서 다녔던 첫 번째 교회였다. 우리 집이 외할머니가 다니던 교회 근처로 이사했던 터라 다른 교회는 다녀볼 생각은 하지도 못하고 결정된 교회였다. 평동교회는 대학교 3학년 때까지 다녔고, 지금도 가장 오랫동안 간직된 인연들이 발아한 모판이었다. 역시 평동교회 출신이셨던 이정배 선생님이 아동부 전도사님이 되셨던 것이 아마도 흐릿한 기억이긴 하지만 내가 5학년 무렵이었던 것 같다. 그 때에 교회에서 내가 했던 어떤 발언 혹은 행동이 선생님에게 강한 인상을 주었던 모양이다. 신학대학원에 들어와서 이정배 선생님께서 당시의 선생님 일기에 기록된 인상을 모임 자리에서 두 세 차례 언급하면서 선생님을 감동시켰던 어린이로 기억을 회상하신다는 말씀을 하셨다. 구체적으로 어떤 행동이나 말을 내가 했는지는 도무지 기억이 나지 않는 사건이다. 당시의 교회 생활을 톺아보면 몇 가지 짐작 가는 일들이 있기는 했다. 하지만 그렇게 인정받는 나의 행동들은 삼형제 중 차남으로 태어나 형과의 경쟁관계에서 인정을 받으려고 애를 쓰는 인정 투쟁의 발로였다. 열 살 무렵에 행해진 어떤 발설이 20대 후반에 다시 기억으로 편입되는 과정은 다소 쑥스럽기도 했다. 다른 한편으로는 그래 그 때에는 그렇게 행동했었지 하면서 나의 행동을 밝히는 중요한 디딤돌 역할을 했었던 것으로 기억된다. 나에 대한 선생님의 이 기억은 그 이후 나의 삶에서 그 기억에 걸맞은 사람으로 살도록 하는 아직은 도달하지 못한 어떤 선취된 깃발처럼 휘날리기도 했다.

4

평동교회를 다닐 때 전설처럼 전해지던 이야기가 있었다. 평동교회를 오랫동안 담임하셨던 지금은 소천하신 장기천 목사님께서 1만권의 책을 읽으셨고, 그 다음에는 누가 그 절반을, 또 다른 누가 그 절반의 절반을 이렇게 하면서 책을 많이 읽는 사람들의 서열이 있었는데, 그 한사람으로 이정배 선생님께서 꼽히셨던 기억이 난다. 누가 그런 전설 같은 이야기를 전해주었는지는 모르겠다. 그러나 공부하시던 선생님에 대한 한 가지 일화가 기억이 난다. 중2, 아니면 중3 때였던 것 같다. 당시에 나는 학교를 제외한 대부분의 인간관계와 생활들이 교회를 통해서 이루어지던 시절이었다. 어느 날 '효식이형'(지금은 공식적인 자리에서는 박효식 목사님으로 호칭을 하지만)이 이정배 선생님에게 가보자고 하였다. 도대체 무슨 바람이 불어서 그랬는지 모르겠지만, 효식이형을 따라갔다. 효식이형 이야기로는 감신대 도서관에 가면 만날 수 있을 것이라고 했다. 감신대에 도착해서는 도서관에는 자신이 다녀올 테니 운동장에 기다리라고 이야기하셨다. 한참 후에 효식이형이 내려올 때는 혼자 털레털레 내려오면서 그 특유의 웃음으로 씨익 웃으시면서 이정배 선생님에게 '공부안하고 놀러 다닌다고 혼났다'고 하셨다.

사실 이 기억은 이정배 선생님이 효식이형과 같이 내려왔는지 그렇지 않은지도 확실하지 않은 기억이다. 그러나 다른 상황들은 다 정확하게 기억나지 않는 모호한 기억임에도 불구하고 '공부를 하라'는 혹은 '공부하는 데 방해 한다'는 '공부'와 관련된 발언을 하셨던 것만은 비교적 확실한 기억이다. 이 사건이 개인적으로는 평동교회의 책 많이 읽는 사람에 대한 전설을 확인하면서 선생님을 '공부하는 사람'이라는 기억하는 계기가 되었던 것 같다.

5

공대를 졸업하고, 어찌하다가(?) 신학대학원을 입학하게 되었다. 이정배 선생님의 수업을 듣게 되었는데 생태신학으로 캐롤린 머천트의 '자연의 죽음The Death of Nature'에 대한 세미나 시간이었다. 당시에는 나는 일반대 출신들을 위한 신학대학원의 1년간의 기초과목Basic Course을 막 마친 상태였다. 여담이지만 당시 감신대에서 친가나 외가 쪽이 모두 목사집안이면 성골聖骨, 친가나 외가 중에 목사 집안이 있으면 진골眞骨. 장로 집안이면 육두품 그리고 일반대 다니다가 온 사람들은 말을 갈아탔다고 해서 말갈족이라고 불렀다. 이런 말갈족들이 1년간 배우게 되는 기초과목을 '아직 기독교인이 되지 못한 사람이 듣는 과목'이라는 의미로 'Before Christian'이라고 부르던 때였다. 사실 어떤 의미에서 'Before Christian'라는 말은 현상의 한 단면을 꽤나 적확하게 표현한 것이라고 할 수 있다. 특히 나처럼 자연과학을 공부한 사람, 그것도 변선환 선생님 말씀처럼 '깡통을 만들다 온 사람'에게, 신학적인 언술은 '코에 걸면 코걸이, 귀에 걸면 귀걸이'처럼 여겨졌다. 그래서 이정배 선생님이 설명하시던 어떤 대목에 대해서 반대의 견해를 이야기했던 기억이 난다. 과학기술의 발전과 사상의 상관성에 대한 캐롤린 머천트의 어떤 설명에 대한 반대 입장이었던 같다. 그렇게 반대 입장을 밝힌 내 이야기가 선생님에게는 흥미로웠던지 그 다음 강의시간부터는 강의 때마다 선생님 설명에 대한 내 견해를 물으셔서 난감했던 기억이 난다.

신학대학원 이래로 다양한 경로에서 다양한 강의를 들으면서 강의하는 사람들에 대한 나름대로의 판단 기준이 생겨났다. 강의를 하는 사람이 주장하는 것과 반대의 견해를 지닌 사람에 대해서 어떤 태도를 취하는가를 살펴보는 것이다. 자신이 하는 강의에 대하여 반대의 견해를 밝히는 학생들에 대한 교수들의 태도는 거칠게 이야기하면 두 부류로 나눠볼 수 있다. 물론 반대 견해가 어느 정도의 논리적 정합성을 가지고 있느냐에 따라 다르겠지만 반대 견해를 자신이 알고 있는 지식을 총동원해서 완전하게 해체하는 사람과 그 반대 견해를 조금 더 발전시켜보도록 잘 듣는 사람이 있다. 다른 학생들에게는 어떠셨는지는 잘 모르겠지만, 내게 이정배 선생님은 후자의 사람이었다. 아마 신학이라는 학문의 세계에 조금은 더 흥미를 가지고 책을 찾아볼 수 있는 계기였던 것으로 기억한다.

6

신학대학원을 졸업하고 나서 2년쯤 지났을 때에 선생님께서 연락을 하셔서 수유리에 있는 크리스챤아카데미에 어떤 모임이 있으니 오라고 하셨다. 그게 어떤 모임인지도 모르고 참석을 했는데 그것이 '기독교통합학문연구소'를 만들기 위한 준비모임이라는 것을 그 모임이 한참 진행되던 중에 겨우 알게 되었다. 이 땅위에서 그리스도인으로 살아가는 사람들을 돕기 위하여서는 신학이 급변하는 사회현실과 학문들과 깊은 대화를 통하여 새로운 의미를 찾아가는 것을 목표로 한다는 것이 대략적인 취지였던 것으로 기억한다. 아무 것도 모르고 따라갔지만 기독교통합학문연구소에 같이 참여했던 일이 신학의 지평을 넓히고 새로운 사유와 실천의 가능성을 탐색하는 모임이었다는 것을 지금에서야 어렴풋하게 이해를 하고 있다.

기독교통합학문연구소에서 몇 년간 세미나를 하는 동안 내 삶에서 인상적으로 기억이 되는 책들을 읽었던 것 같다. 제레미 리프킨의 『생명권 정치학』, 고든 카우프만의 『신학방법론』, 켄 윌버의 『성, 생태, 영성』, 루퍼트 셀드레이커, 왕양명 등의 책을 일주일에 한 번씩 모여서 읽고 토론했던 기억이 생생하다. 지금 생각해보면 아마 기독교통합학문연구소에서 제자들에게 공부를 시키시고 같이 토론을 하시면서 오늘날 '거리의 신학자'라는 별명을 얻게 되는 기본적인 바탕이 마련되었던 것으로 보인다.

7

선생님에 대한 여러 기억들을 떠올려보면 이것 이외에도 무수히 많은 단편들이 기억난다. 광문고등공민학교 내의 강당에서 예배를 드렸던 광문교회, 초여름에 겨울 두루마기를 입고 감신대 앞마당에서 결혼식 주례를 서시느라 땀 흘리셨던 일, 누군가의 후원이라고 말씀하시면서 주셨던 한 학기 장학금(대충 누군가는 짐작을 하지만…) 등 나와 관련된 일화 외에도, 어느 고등학교 교장선생님으로 가실 뻔 한 이야기, 연경반에 대한 이야기, 가부장적 사회에서 남자로 태어난 것이 원죄라는 이야기 등등은 선생님을 생각할 때 의미 있게 떠오르는 이야기들이다.

무수히 많은 이야기들 중에서 '거리의 신학자'라는 별명이 붙게 되기까지의 삶의 경로는 옆에서 선생님의 삶을 흘끗 보면서 가장 인상적인 일로 여겨진다. 사실 신학대학원에 입학할 무렵의 선생님은 '생태적인 관심을 가진 자유주의적인 인텔리'라는 느낌이 들었다. 당시의 긴급한 사회적 문제에 대해서는 적극적인 행동과 발언을 하지 않으셨고, 그저 생태적인 문제에만 관심을 가지셨던 것처럼 내 눈에는 보였다. 그런데 시간이 가면 갈수록 선생님께서 하시는 발언과 몸을 움직이는 동선은 어느덧 사회의 가장 아픈 소리를 내는 현장으로 향해 있었고, 그 자리에서 서계신 것을 발견하게 되었다. 감신을 졸업하고 나서 크고 작은 학내 사태 소식을 들을 때마다 안타까웠고, 시간이 가면 갈수록 더 꼴 보기 싫어서 한동안은 감신 근처를 가지도 않았던 적이 있었다. 하지만 그런 시간들이 지나면서 듣게 되는 이정배 선생님의 소식들은 들을 때마다 감신에 대한 애정을 다시 살아나게 하는 소식들이었다. 아무리 진흙탕과 같은 곳이라 하더라도 연꽃은 피어나 그 장소가 아름다운 곳이라고 기억하게 되듯이 감신이 선생님을 통해서 아름다운 장소로 기억되어가고 있었다. 그리고 앞으로도 그런 연꽃들이 선생님을 함께 한 사람들을 통해서 이어지기를 기대해본다.

8

가끔 선생님의 삶의 동선이 강단에서 현장으로 변화된 이유에 대해서 추측해보곤 한다. 내밀한 심리야 알 수 없지만, 공부에 대하여 선생님께서 가지셨던 태도들, 자기와는 입장이 다르다고 해도 합리적인 이야기로 여겨지면 경청하던 삶의 방식들과 소외된 사람들에 대한 따뜻한 시선들이 어우러지면서 어쩌면 앎과 삶, 그리고 신앙이 괴리되지 않고 조응하는 삶의 양식으로 변화되었던 것은 아닌가하고 미루어 짐작해보곤 한다. '거리의 신학자'로서 선생님의 삶은 아직도 변화하고 있으며, 더 먼 지평을 향해서 나아가고 있음을 느끼곤 한다. 선생님께서 걸어가시는 그 길을 지켜보면서 조금은 다른 방식으로라도 따라 걷고 싶다. 그리고 각자의 자리에서 그 길을 지켜보며 걷는 사람들이 더불어 큰 숲을 이루고, 그 숲을 걷는 사람들이 자기도 모르게 새로운 삶을 조형하게 되는 그런 숲을 꿈꾸어 본다.

이정배 선생님 소묘素描

임종수 박사
(성균관대학교 동아시아학술원)

입지(立志)

선생님 책을 처음 접한 것은 대학 입학 전 가을, 서대문 보문서점에서 였습니다. 대만국립사범대학에 합격해 유학을 가게 되었지만 집안 사정으로 다시 입시를 준비하던 무렵, 갑갑한 심정으로 서점에 들른 날이었습니다. 책들을 둘러보는데 한 권의 책이 눈에 들어왔습니다. 『토착화와 생명문화』. 무슨 책일까? 책을 펼쳐 서문을 읽어 내려갔습니다. 토착화, 기독교, 동양, 신학…. 이런 단어들이 이어졌습니다. 저도 모르게 가슴에 뜨거운 무언가가 채워지는 것을 느꼈습니다. 책 안쪽 저자 약력에 감리교신학대학 종교철학과 교수라고 적힌 것을 보고 곧장 본문을 읽어갔습니다.

아, 유학과 기독교의 문제가 이렇게 이야기 될 수 있구나, 동양과 서양이 이렇게 만나 대화할 수 있구나! 고교시절이래 동양철학 관련 책들을 탐독해오던 제게 선생님의 『토착화와 생명문화』는 새로운 학문의 세계가 있다는 것을 예고했습니다. 마주침이 아니라 만남이란 이런 것일까! 선생님을 만나 배울 거라는 운명 같은 예감이 들었습니다. 마테오리치의 중국선교, 동아시아 세계에서 서학西學 수용사에 대한 관심이 컸던 제게 선생님의 책은 커다란 학문적 자극을 주었고, 감신대 종교철학과로 가야겠다고 결심한 결정적 계기가 되었습니다.

호학(好學)

"여러분, 1학년 때 빛나는 학생보다 4학년 때 빛나는 학생이 되어야 합니다. 동양인으로서 정체성을 잃지 말고, 공부하면서도 항상 동양을 염두에 두어야 합니다. 영어와 독일어, 한문, 중국어, 일본어 등 다른 외국어를 꼭 마스터해야 합니다. 졸업할 때까지 두 가지 어학은 반드시 정복해야 합니다. 여러분 정말 각고의 노력을 하기를 바랍니다."

입학 예정인 스무 명 남짓 신입생들이 모인 지하 학생식당. 추운 겨울 더욱 쓸쓸할 수도 있을 냉기 서린 공간. 곧 가까워지거나 이름을 알게 될 터였지만 우리는 서로 낯설어 인사도 못 나누고 서먹하게 앉아 있었습니다. 학과 선배의 교수님들 소개가 끝난 후, 곧 선생님의 목소리가 들려왔습니다. 제자들을 향한 더운 사랑이 느껴지는 말씀이 이어졌습니다. 의례적인 격려가 아니라 제자들에 대한 기대와 애정이 배어나는 진실한 권면이었습니다. 선생님은 10대를 지나 스물을 갓 넘긴 어린 학생들에게 온 마음으로 당신의 간절한 바람을 전해주셨습니다. 선생님의 열정어린 말씀으로 학문의 정열, 앎을 향한 동경이 뜨겁게 제 가슴을 채워간 시간이었습니다.

학내 사태로 휴교가 되었던 가을, 총학생회가 교수님과 학생들간 대화의 자리를 마련한 적이 있습니다. 그때 선생님은 군복무 시절과 유학생활을 이야기하시며 학문의 길을 독려했고, 제자들에게 철저히 어학을 마스터하고 학문에 정진해줄 것을 당부했습니다. 군대에서 4시간만 취침을 하고 보초를 서며 독일어를 마스터, 제대 후 스위스 바젤대학으로 유학을 떠나게 된 과정을 말씀하실 때, '학문하는 사람의 결단과 각오란 저런 것이구나'라며 저 또한 마음 다질 수 있었습니다. 선생님의 말씀은 졸업 후에도 늘 가슴에 남아 제가 힘들 때마다 분발케 하는 큰 힘이 되었습니다.

지성(至誠)

강의실 문이 열렸습니다. 책들이 담긴 가방을 들고 들어오시는 선생님이 보였습니다. 첫 강의가 시작되는 날, 선생님은 강의 소개를 간단히 하고 나가시지 않았습니다. 많은 책들을 소개하며 방대한 문헌들을 자상하게 알려주셨고, 어떻게 책을 읽어야 할지를 일러주셨습니다. 학부생들이 읽기에 버거운 책들이라도 그대로 보여주셨습니다. 책들을 보는 것만으로도 가슴 벅찬 시간이었습니다. 가방 가득히 담아 오신 책들을 한권한권 꺼내어 소개해주실 때의 형형한 눈빛이 지금도 생생합니다. 저 책들을 학부 마치기 전까지 다 읽어야 한다는 지적 압도감과 흥분을 경험했습니다. 혹 소개해주시는 책들을 당장 읽지 못해도 목록을 적어 언젠가 다 읽자는 의무감마저 생겼습니다.

선생님의 세계종교사, 한국종교사, 유교와 기독교 강의… 동아시아 그리스도인으로서의 정체성 문제를 깊이 있게 고민할 수 있던 시간. 같은 태양이 지역을 달리해 사막에선 뜨거워 피해야 하는 대상이라면 추운 지역에선 반가운 존재라는 것, 차이를 받아들이고 다름을 인정하며 종교인이 걸어가야 할 공존과 상생의 길에 귀 기울이는 동안, 저는 더욱 넓은 시야에서 학문할 수 있는 지평이 열려지는 것을 경험했습니다.

이황, 이이, 정약용, 이벽, 그리고 윤성범, 변선환, 유동식의 신학, 유영모와 함석헌의 사상이 던져준 물음들, '왜 기독교와 한국사상이 만나야 하는가', '한국적 기독교란 무엇이고, 무엇이어야 하는가'란 물음, 종교 간의 대화와 구원의 문제 등은 여전히 화두가 되고 있지만, 20대의 저에게는 일생 추구해야 할 길이 무엇인가를 일깨워준 물음들이었습니다.

선생님은 왜 그 물음들을 그토록 끌어안고 씨름하시는 걸까? 그 씨름의 흔적이 담긴 책을 읽고 강의를 들으며 선생님의 물음이 제 물음이 되어

가는 것을 경험하게 되었고, 또 제 안에 있던 물음이 바로 선생님이 던진 물음과 다르지 않구나, 확인하기도 했습니다. 강의마다 학문을 향한 선생님의 열정, 참 길에 대한 열망은 스무 살 고개의 저에게 무지를 깨쳐나가는 희열을 맛보게 해주었습니다. 그리고 그 물음들이 제게 더욱 절실했던 것은 강의실을 넘어 삶과 일상, 학문에서 진정을 보여주신 선생님의 모습이 제 가슴 속에 숨 쉬고 있었기 때문입니다.

지경(至敬)

"종수… 왜 이렇게 기운이 없어?"
"종수가 하는 학문이 앞으로 크게 쓰임 받을 거야. 용기 잃지 마, 힘내!"

장래 진로 문제로 가슴이 꽉 막혀 있었던 때였습니다. 서른을 앞둔 무렵, 대학원 건물 계단을 내려오는데 선생님께서 올라오고 계셨습니다. 고개를 푹 숙인 저를 보며 선생님은 마음이 좋지 않으셨던 것 같습니다. 어떤 대답을 드렸는데, 아마 공부가 힘들다는 뜻을 말씀드렸던 듯합니다. 대답을 천천히 다 들으신 선생님은 다감한 목소리로 제자를 감싸주셨습니다. 그리고는 용기 잃지 말고, 힘을 내라는 말씀으로 격려해 주셨습니다.

글이 사람을 사람이 글을 등지고, 스승과 제자의 깊은 만남이 사라져가는 시대, 저는 선생님을 만나 행복했습니다. 지금까지 공부 길을 걸어올 수 있었던 것도 선생님이 삶과 학문에서 보여주신 지성至誠과 지경至敬의 모습 때문이었다고 믿습니다. 스승은 말로만 가르치지 않는다는 것도 선생님을 통해서 배웠습니다. 호학好學과 구도求道의 숨결이 선생님을 뵐 때마다 느껴졌습니다.

나이 어린 제자에게도 하대하지 않았던 퇴계 이황처럼 선생님은 제자들을 모두 귀하게 대하셨고, 지나가는 길에 인사드리면 어깨를 두드리며 힘을 북돋아주셨습니다. 감신을 떠나 다른 대학에서 석·박사 과정을 밟는 동안에도 선생님의 독려와 말씀은 얼마나 큰 힘이 되었는지 모릅니다. 여러 사람을 만나 인연을 맺어오면서 사람을 만나는 데에서 드러나는 선생님의 공경과 경건함을 따르기가 얼마나 어려운 것인가를 실감합니다.

"이 그릇처럼 여러분들이 아름답게 잘 다듬어진 그릇이 되도록 선생으로서 노력하겠습니다. 선생은 제자들이 밟고 지나가는 다리가 되어야 한다고 생각해요. 여러분이 길을 잘 걸어갈 수 있도록 돕는 사람이고 싶어요."

글을 마치려니 어느 해 스승의 날, 웰치 앞 벤치에서 제자들이 선물로 드린 다완茶碗을 들고 잔잔히 들려주신 말씀이 떠오릅니다. 선생님의 바람은 언젠가 인용하신 『빌립보서』에 나오는 사도 바울의 '두려움과 떨림'을 간직하며 삶과 학문의 길을 걷고자 하신 마음이었다고 생각합니다.

선생님을 통해 저는 동양철학의 성誠과 경敬의 의미가 언어문자로 머물지 않고 일상과 학문 속에 이루어지는 모습을 볼 수 있었습니다. 공부에 뜻을 두었다는 사람들 사이에서조차 수행이 따르지 않는 말과 글이 난무하며, 실천보다 말이 범람하는 시대, 선생님은 저에게 공부하는 사람이 가슴에 무엇을 품고, 어떻게 살아가야 하는가를 가르쳐주셨습니다.

학문의 성취나 평가 이전에 먼저 삶과 공부 길에서 성과 경의 몸가짐을 잃지 말아야 한다는 것, 그러한 사람다움의 길을 걸으며 살고 공부할 때, 그 학문 또한 넓고 깊어지지 않을까 하는 자각…. 20대의 캄캄한 터널을 지나며 힘들어하던 제자에게 학문의 꿈을 심어주셨던 선생님! 부족한 제자, 선생님의 삶과 학문이 그동안 많은 이들을 일으켜 세운 큰 힘이 되고, 목마름을 채워주었듯, 이후로도 오래도록 마르지 않는 깊은 샘이 되기를 간절히 기도드립니다.

잊을 수 없는 선생님의 편지

이익주 박사

(한신대학교 正祖교양대학 교수)

작년 2학기에 학교의 교양 필수로 정해져 있는 글쓰기 강의를 맡게 되었다. 고등학교 때까지 주입식 교육으로만 지내오다가 이제 대학에 갓 입학한 1학년 학생들에게 자유로운 인문학적 사고와 표현을 키워준다는 의미에서 만들어진 강의였다. 하지만, 학기 시작 전 이뤄졌던 워크숍에서 적지 않은 기존의 교수들이 들려 준 이야기들은 가장 어려운 강의라는 경험담들이었다. 글쓰기의 가장 기본적인 기반은 수많은 독서에서 나오는 것이지만, 한 학기라는 짧은 기간 속에서 그러한 기반을 만들어내기가 어려울 뿐만 아니라, 특히 글을 잘 생산해 낼 수 있는 글쓰기의 테크닉을 전달해야 할 것인지, 단순히 글을 잘 쓰기보다는 글을 쓰는 것의 의미와 어떻게 글을 고민해야 할 것인지에 대해서 강조점을 둘 것인지, 많은 생각을 가지게 하는 강의였기 때문이다. 내 자신 또한 학위논문도 이미 써봤고, 여러 다양한 글들도 써 봤지만, 글쓰기가 무엇인지에 대한 본질적인 질문과 강의를 많이 해보지 못했기에, 한 학기 내내 여러 가지 고민들을 가지고 학생들과의 글쓰기에 대한 소통을 위해 많은 시도도 해보았던 강의이기도 했다.

미국의 언어문화학자였던 월터 옹의 『구술문화와 문자문화』는 아직 인터넷과 SNS가 본격적으로 등장하지 않은 시대에 써졌음에도 불구하고, 구술성orality과 문자성literacy 사이의 언어 문화적 변증법을 가로지르면서, 20세기 후반 이후의 시대인 전자문화의 시대는 구술문화와 쓰기문화가 혼란스럽게 뒤섞여 있는 시대일 것이라고 정확히 분석했다. 월터 옹은 문자가 아직 등장하지 않았던 1차적 구술문화와는 다르게 이미 문자를 통한 쓰기가 보편화되는 시대를 거친 전자시대는 2차적 구술문화라고 말한다. 다른 말로 하자면, 2차적 구술문화 시대는 전화, 라디오, 텔레비전 등 구술과 연관이 깊은 기술적 커뮤니케이션 매체를 통해서 형성되었으면서도, 그 존립을 쓰기와 인쇄에 힘입고 있는 구술성의 시대라는 것이다. 나는 학생들의 글쓰기 과제들을 읽으면서, 이러한 월터 옹의 20세기 후반 이후의 2차적 구술문화에 대한 입장을 더욱 긍정할 수 있게 되었다. 아직 글쓰기의 훈련이 안되었기 때문이겠지만, 나와는 달리 태어날 때부터 인터넷과 사이버 공간에 익숙한 문화에서 자란 학생들의 글은 쓰기보다는 구술의 가까운 글이 더 많았다. 구술에 더 가까운 글이기 때문에 수준 이하였다는 말을 하려는 것이 아니다. 오히려 그것은 21세기의 글쓰기의 또 다른 스타일이라고도 볼 수 있는 지점도 있을 것이다. 이메일, SNS 등 기술적 커뮤니케이션 매체의 시대에서 구술과 문자가 더 이상 구분되지 않는 이 양자가 혼재되어 있는 21세기적 증상들을 학생들의 글들을 통해 제대로 느낄 수 있는 기회가 되었다.

글쓰기의 방식이 바뀌었다는 것은 단순히 새롭게 글쓰기가 정의되어야 한다는 질문을 던질 뿐 아니라, 사유의 체계와 인간관계의 방식들이 전자적 문화시대로 인해 완전히 바뀌어 간다는 것을 의미한다. 다시 말하면, 편지나 종이에 글을 쓰던 촉각적인 물질적 글쓰기에서, 사이버 공간이라는 환영적 공간 속에서의 탈촉각脫觸覺적 글쓰기로 변해간다는 지점이다. (이런 면에서 볼 때, 스마트폰이 가지고 있는 터치의 기능은 촉각적인 물질적 글쓰기가 주던 감각을 전자적으로 대체하는 시도로서 생각해 볼 수도 있다.) 기술적 커뮤니케이션 매체가 주는 편리함과 스마트폰의 발달로 인해 언제 어디서나 소통이 가능한 효용성은 분명히 부인할 수 없다. 하지만, 이 탈촉각적 글쓰기가 가져오는 소통의 유령성은, 다른 말로 하자면 존재하는 듯하지만 부재하는 유령처럼, 현실공간의 상대방의 부재 속에서 접속이라는 기계적 소통을 통해 부재를 존재'감'으로 대치하려는 마술적 혹은 기만적 시도는 오히려 인간의 관계를 강화하기 보다는 너무나 가볍게 혹은 피상적으로 만드는 면이 강하다. 『파이드로스Phaidros』에 등장하는 소크라테스의 구술성의 옹호와 문자에 대한 비판이 결국 플라톤의 글로 쓰여져 남겨진 역설처럼, 구술성과 문자성의 서로간의 우위를 말할 수는 없겠지만, 언제 어디서나 아무렇지도 않게 내뱉게 되는 SNS 상의 구술적 글쓰기들은 최소한의 생각을 하며 종이 위에 쓰는 글쓰기와는 분명히 다른 것이다.

오랜 유학생활을 마치고 돌아온 나에게 가장 낯설었던 한국의 풍경 중의 하나는 카페에 서로 마주보고 앉아서도 말을 하기 보다는 각자의 스마트폰의 SNS 소통에 집중하던 이상한 모습이었다. 그것은 기술적 커뮤니케이션 시대의 유령성이 어떻게 현실 공간에서 인간의 관계들의 의미를 해체하는지 보여주는 풍경이었다. 혼자 있어도 스마트폰만 있으면 누구와도 소통할 수 있기에, 인간관계가 더 넓어진 듯한 착각에 빠지게 하지만, 결국 그것은 홀로 있음에 대한 일시적 망각의 차원일 뿐이다. 그래서 언제나 어디서나 접속, 소통 가능한 이 시대는 인간을 더 외롭게 만들고, 오히려 고독함의 아름다움을 알지 못하게 만든다. 이러한 깊은 고민들 속에서 내가 학생들에게 가장 강조했던 것 중에 하나는 글쓰기 연습을 반드시 펜이나 연필로 종이에 적어 보라는 것이었다. 그리고 크리스마스가 얼마 남지 않았던 강의 마지막 날 학생들에게 이 메일이나 SNS로 간단하고 편하게 e 카드나 글을 보내기 보다는 가족들과 친한 친구들에게 짧게라도 손으로 직접 쓴 카드나 편지를 보내기를 부탁했다. 좋은 글을 쓰는 것도 중요하겠지만, 종이 위에 자신의 필체로 쓴 글들이 얼마큼 아름다운 것인지, 그 글들의 물질성이 어떻게 자기 자신의 존재를 새롭게 규정해 갈 수 있는지 그리고 그 손으로 쓴 글들을 통해 타자와의 관계가 어떻게 의미지어질 수 있는지 학생들과 함께 고민하고 싶었다.

아무리 정성스럽게 쓴 이메일이나 길게 쓴 SNS일지라도 그것들을 다시 읽고 간직하는 경우는 찾아보기 어렵다. 어쩌면 추억할 수 있고, 되새김질할 수 있다는 것 그리고 만질 수 있다는 것이 손으로 쓴 글의 가장 다른 점일 것이다. 이 강의를 마치고 내 자신 또한 간직해 두었던 예전의 받았던 카드와 편지를 다시 읽어보게 되었다. 나를 가장 가슴 아프게 했던 글은 재작년에 돌아가신 아버지께서 유학시절에 보내주신 두 장의 연하장이었다. 컴퓨터 보다는 타자기에, 이메일보다는 편지에 익숙한 시대에 사셨던 분이시기에 아버지는 연하장을 보내신 것이었다. 어려운 집안의 상황 때문에 유학생인 아들에게 전혀 경제적 도움을 줄 수 없는 미안함 그리고 나에 대한 그리움, 고마움 등이 그 짧은 글 속에서 지금도 움직이며 나의 눈물을 끌어내고 있었다. 또 한 통의 편지는 지금도 나를 감동하게 하는 유학 초기에 이정배 선생님께서 보내주신 장문의 편지였다.

고민 많던 고등학교 시절 외할머니의 지인의 사위셨던 변선환 선생님과의 만남은 나를 신학에 관심을 가지게 했다. 장로교 신자였던 우리 집안이었지만, 변선환 선생님의 권유와 조언, 그 분에 대한 학문적, 인격적 감동 속에서 나는 감리교신학대학으로 향하게 되었다. 감신에 합격했다고 연락을 주신 것도 변선환 선생님이셨다. 하지만, 선생님에 대한 종교재판 사건과 여러 가지 그분의 고난은 나를 심각하게 절망에 빠지게 했다. 그리고 나는 감신을 떠나, 다른 일반 대학교들에서 공부하게 되었다. 변선환 선생님, 김홍호 선생님, 이정배 선생님을 통해 감신에서 배웠던 가장 중요한 문제의식은 그리스도교인이기 이전에 동아시아인, 한국인이라는 내 자신의 근원적 정체성의 문제였다. 그래서 내가 다른 학교들로 옮기게 된 것도, 동아시아 철학에 대한 깊은 관심 때문이기도 했다. 하지만, 어머니의 지병으로 인한 사망, 집안의 경제적 어려움의 악화 등은 내 자신을 어쩔 수 없이 취업의 길로 몰고 갔다. 원하지 않은 직장생활은 쉽지 않았지만, 퇴근 후 틈틈이 철학아카데미 등의 시민강의들을 들으며 공부에 대한 꿈은 잃지 않았다. 그리고 6개월 간 병원에서 어머니를 병간호하며 느꼈던 절망 앞에서의 처절함을 통해 다시 생각하게 되었던 삶에 대한 진정한 위로로서의 예술에 대한 열망은 결국 나에게 너무나 낯선 나라였던 프랑스 유학을 결심하게 만들었다. 이미 적지 않은 33세라는 나이와 집안의 그 어떤 경제적 도움이 없는 상황, 어학연수부터 시작해야 하는 프랑스어에 대한 무지 등은 나에게 커다란 장벽이 될 수밖에 없었지만, 그저 공부를 해보고 싶다는 열망으로 무모하게 프랑스로 떠났다. 여러 가지 쉽지 않은 상황이었기에, 나는 유학을 떠나기 전 그 어떤 선생님도 찾아뵙지 않았다. 어쩌면 실패할 확률이 너무나 높은 나의 유학이 가지는 불안감으로 인해 선생님들께 유학을 떠난 다는 사실을 말하고 싶지 않았기 때문이었다. 하지만, 늦은 나이에 시작한 프랑스 유학, 그것도 어학연수부터 시작한 나의 무모함 속에서, 가장 기억이 났던 것은 이정배 선생님의 강의였다. 항상 열정이 넘치시던 선생님의 성실한 강의가 지금도 기억이 생생하다. 특히, 선생님께서 강의 하셨던 야스퍼스의 〈계시에 직면한 철학적 신앙〉 강의는 지금도 나에게 큰 영향을 미치는 듯하다. 신옥희 선생님, 변선환 선생님이 번역하신 분도출판사에서 나온 그 책 위에 이정배 선생님의 강의 코멘트를 촘촘히 적어놓은 손 때 묻은 그 때의 책은 지금도 나의 방에 꽂혀 있다. 야스퍼스는 다른 현대 서양철학자들에 비해 지금은 이상하게도 잊힌 철학자가 된 듯 보이지만, 그가 말하는 '한계상황'과 '초월자의 암호(해독)'라는 개념은 여러 가지 삶의 사건들과 어머니의 죽음을 통해 나를 끊임없이 괴롭히던 신정론과 악의 문제를 새롭게 보도록 하는 계기가 되기도 했다. 대학교 시절 하이데거의 책을 거의 보지 않게 된 것도 이정배 선생님의 강의 덕분(?)이었다. 나치에 협조를 했었지만, 그것에 대해 단 한 번도 통렬한 반성을 하지 않은 하이데거와 달리, 유대인인 자신의 부인 때문에 나치의 협박을 받았지만, 그에 굴하지 않고 저항했으며, 바젤대학교로 망명했던 야스퍼스의 일화는 철학적 신앙이 무엇인지, 진정한 인문학이 무엇인지를 강조하시던 이정배 선생님의 중요한 테마였다. 하지만, 감신을 떠난 이후로 나는 거의 몇 년간 선생님을 제대로 찾아뵙지 못했다. 신학을 떠나 다른 길로 가고 있기에 생겼던 선생님께 대한 미안함이 나를 가로막았던 것 같다. 거기다가 유학을 떠날 때 제대로 인사도 드리지 못했던 내 자신의 무례함을 생각하며, 어학연수 시절 나는 지난 몇 년간 내 자신이 살아왔던 여러 가지 고통과 고민, 계획들을 이정배 선생님께 장문의 편지로 써서 보냈다. 이메일로 보낼 수도 있었겠지만, 최소한의 예의라 생각하며 손으로 쓴 편지를 보낸 것이다. 선생님의 자택 주소를 알 수 없어서, 학교로 보낸 편지였기에, '제대로 그 편지가 도착할까'라는 의문이 들기도 했고, 선생님의 답장은 기대도 하지 않았다. 하지만 한 달 후 선생님은 직접 손으로 쓰신 장문의 편지를 보내주셨다. 내가 여태까지 받은 그 어떤 편지보다 진심이 담겨진 그 편지를 나는 잊을 수가 없다. 그 편지에 담긴 선생님의 진심 어린 조언과 격려가 9년간 갖가지 아르바이트를 하며 힘들게 버텨야 했던 나의 유학생활에 너무나 큰 힘이 되었음을 나는 부인할 수 없다. 유학생활을 마치고 귀국했을 때도 선생님은 그 누구보다 기뻐해 주셨다. 아마도 선생님께서는 본인이 나에게 보내주셨던 편지를 잘 기억하지 못하실 것이다. 하지만, 언제나 접속과 소통이 가능한 기술적 커뮤니케이션 시대에 손으로 쓴 글의 힘이 주는 그 진정성은 전자적 매체가 가지는 용이함과 소통의 유령성을 언제나 넘어선다. 이제 선생님의 편지는 나의 유학생활의 추억이 되었지만, 그 글에 담긴 부족한 제자에 대한 선생님의 진심과 격려는 아직도 나에게 살아남아 움직이는 삶의 중요한 흔적들이다.

더 넓고 자유로운 신학의 장으로 나가시는 선생님을 추억하며

이성덕 박사

(배재대 복지신학과 교수/교목실장)

선생님이 학교를 떠나게 되셨다는 소식을 전해 듣고 잠시 마음이 먹먹했다. 이전에 후학들을 위해 미리 은퇴하시고자 했지만, 학생들의 간청과 동료교수들의 만류로 뜻을 접으셔서 다행이라고 생각한 적이 있었는데, 부당한 학교의 현실이 결국 이러한 결과를 초래한 것이 아닌가 생각하니 참참한 마음을 금할 수 없다. 먼발치서 하릴없이 안타까운 마음만 품고 있었는데, 선생님을 퇴임을 기념(?)하는 추억담을 모은다는 연락을 받았다. 이런 방식으로나마 아쉬운 마음을 달래며, 더 넓고 더 자유로운 삶과 신학의 장으로 나아가시는 선생님을 축복해 드리는 마음으로 기꺼이 이 글을 쓰게 되었다.

내가 선생님을 처음 만난 것은 1988년 여름, 젊은 시절의 뒤안길을 돌아 해군사관학교 교관생활을 마치고 신학대학원의 문을 두드리면서였다. 그 당시 선생님은 바젤 유학을 마치고 돌아오신지 얼마 되지 않은 젊고 패기 넘치는 조직신학 교수셨다. 수업시간 이외에는 선생님을 개인적으로 가까이 할 기회가 없었다. 한 학기가 지난 후에 동기생의 소개로 당시 선생님이 목회를 겸하고 있던 우성감리교회 청년부 전도사로 일하게 되면서 선생님과 사모님이신 이은선 교수님을 개인적으로 알 수 있는 기회를 가졌다. 선생님은 학자이심에도 목회자적인 마음과 열정을 품고 계셨다. 보통 학자들의 설교가 건조하고 힘이 없는 경우가 많은데, 선생님의 설교는 언제나 열정과 힘이 넘쳤다. 목회에도 소홀함이 없으셨다.

선생님과 학문적으로 사제의 관계를 맺은 것은 대학원 논문을 쓰면서였다. 본래 나는 다른 주제로 논문을 쓸 계획이었는데, 선생님이 안식년으로 미국을 다녀오시면서 그 당시 유행(?)하기 시작하던 밴더빌트대학의 셸리 맥페이그Sallie Mcfague의 책 몇 권을 가지고 오셔서 이 책을 중심으로 논문을 쓰면 좋겠다는 말씀을 하셨다. 그 책들을 읽어 보니 우리 시대의 과제인 생태계의 위기에 직면하여 시도하는 새로운 상상력과 신학적 구성이 흥미로웠다. 그 결과 나는 셸리 맥페이그의 신학방법론과 신관에 관한 논문을 쓰게 되었다.

이것이 계기가 되어 선생님께서 생태신학 공부를 위해 독일로 유학을 다녀오는 것이 어떻겠냐는 권유를 받았다. 대학에서 독어독문학을 공부한 관계로 독일로 가는 것은 자연스러웠는데, 유학을 떠나는 것 자체가 어려웠다. 그때 선생님이 용기를 주셨다. 나는 일단 독일 뮌스터 대학에서 입학허가를 받아, 거기에서 독일어와 고전어를 마친 후에 선생님이 소개해주신 교수님을 만날 계획이었다. 그런데 라틴어와 그리스어, 히브리어를 마치고 연습 삼아 교회사 수업을 듣는 중에 나의 학문적 관심이 바뀌기 시작했다.

어렵게 공부한 고전어를 활용할 방법을 생각하고, 감신대학원을 다닐 때 교수님이 없어(당시 교회사 교수님이셨던 박대인 교수님은 그 당시 거세게 불던 반미운동의 분위기 속에서 미국으로 돌아가셨다), 제대로 교회사를 배운 적이 없었다. 그래서 종교개혁의 본고장인 독일에서 개신교 역사의 뿌리를 배우는 것이 어떤가 하는 생각이 들었던 것이다. 그동안 뿌리 없이 너무 전위적인 신학에 기웃거린 것이 아닌가 하는 반성도 했다. 그리하여 선생님께 죄송하게도 학문적인 배신(?)을 하게 된 것이다. 지금도 교회사를 공부하게 된 것을 개인적으로는 후회하지 않지만, 선생님께는 여전히 죄송한 마음이 있다.

어쨌든 그런 관심의 변화로 뮌스터 대학의 마르틴 브레히트Martin

Brecht 교수님의 교회사 세미나에 참여하게 되었다. 교수님은 그 당시 새로운 교회사 연구의 르네상스라고 하는 독일 루터교 경건주의 연구에 박차를 가하고 계셨다. 나는 루터교 경건주의를 공부하면서 내가 경건주의에 대해서 얼마나 오해하고 있었으며, 이들이 감리교의 창시자인 존 웨슬리와 얼마나 직간접적으로 깊은 연관이 있는 것을 알게 되었다. 내가 감리교 목사임을 안 브레히트 교수님이 이 분야를 주제로 박사논문을 쓰도록 권면해 주셨고, 그 결과 독일 경건주의와 존 웨슬리를 주제로 박사논문을 작성하게 되었다. 뜻하지 않게 개신교와 감리교의 뿌리에 대한 공부를 하게 된 셈이다.

1999년 여름, 학위를 마친 후 귀국하였으나 앞길이 막막했다. 목회를 할 수 있는 상황도 아니었고, 학교에 자리 잡으려 해도 아는 교회사 교수님이 없어 강의하는 것도 불투명했다. 그때 전공이 달라졌음에도 불구하고 선생님이 나를 불쌍히 여겨 감신대학원에서 강의를 할 수 있도록 주선해주셨다. 그리고 그 후에 배재대학교 교목/교수직에 지원할 때 추천서를 과분하게 써 주셔서 채용되는 데 많은 도움을 주셨다. 일반 대학을 나왔으니, 일반 대학의 특성을 잘 알고 학생들과 잘 호흡할 수 있을 것이라고 격려해 주셨다. 제자를 귀하게 여기시는 선생님의 마음을 느낄 수 있었다.

내가 한국에 돌아 와서 내 이름으로 출판한 첫 번째 책은『소설 존 웨슬리』였다. 논문을 쓰고 학술서적을 쓰는 것이 우선적인 일일지 모르지만, 나는 존 웨슬리의 사상과 삶을 총체적으로 담아내기에는 논문의 형식이나 학술서적으로는 건조하고 부족하다는 생각이 들었다. 특별히 상황적이고 실천적인 그의 신학적인 특징과 인간적인 면모를 드러내는 데는 소설적인 형식이 더 적합하고 효과적이란 생각이 들었다. 그리고 단편적으로 알려져 있는 존 웨슬리의 시대적인 상황과 인간적인 면모를 보다 대중적인 차원에서 입체적으로 알리고 싶었다. 그래서 능력에 비해 다소 무모하긴 했지만『소설 존 웨슬리』를 감리교 출판국에서 출간하였다. 이때도 선생님은 나의 부탁을 거절하지 않으시고 이 책에 대한 서평을 해주셨다.

많은 아쉬움이 있음에도 불구하고 후한 평을 해주시고 한국의 감리교인들이 많이 읽었으면 좋겠다는 바람도 전해주셨다.

대전으로 내려온 이후로 지역적으로 멀리 떨어져 있다는 핑계로, 전공이 다르다는 핑계로, 교목으로서 학원선교 현장에서 바쁘다는 핑계로 선생님을 자주 뵙지는 못했다. 일 년에 한 번씩 열리는 한국기독교학회 정기학술대회에서 선생님을 뵙곤 했다. 그 모임은 한국에 있는 모든 전공의 신학자들이 함께 모이는 공동학회였으므로, 가끔 선생님의 주제 강연이나 논문 발표를 들을 수 있었다. 그리고 언론매체나 사람들의 입을 통하여 선생님을 근황이 전해질 때는 눈과 귀를 집중했다. 선생님은 학자로서 많은 연구와 저술활동을 하셨을 뿐만 아니라, 생명을 살리고 하나님의 공의와 평화를 이루기 위한 실천에도 언제나 발 벗고 나서는 행동하는 신학자이기도 하시다.

선생님은 사랑하는 아내인 이은선 교수님과 부부애가 깊으신 분이다. 신학자 부부로서 많은 동료들과 후학들의 부러움을 받는 분이다. 지난 2011년 11월 25일 두 분이 결혼 30돌을 맞아 동시에 책을 출판하여 정동교회 아펜젤러 홀에서 기념회를 가졌다. 그때 나는 두 분은 참으로 복 받은 분이라는 생각을 했다. 삶의 동반자이자 학문의 동지로 30여 년을 다정하게 걷는 일이 얼마나 특별한 일인가. 어릴 때 보았던 큰 아들 경성이와 둘째 융화도 의젓하게 잘 자랐다는 소식을 듣고 마음이 뿌듯했다. 경성이는 연극 연출을 공부하러 영국에 가서 참석하지 못했지만, 그 친구들이 선생님과 사모님의 결혼 30주년과 출판 기념회를 축하하기 위한 감동적인 퍼포먼스를 연출했다. 앞으로 결혼 40주년, 아니 50주년에도 이런 아름다운 자리를 만들어 주시길 기도한다.

선생님의 열정적인 설교 모습을 다시 확인 한 것은 배재대 채플에서였다. 선생님은 젊은이들에 대한 애정과 한국 현실에 대한 안타까운 마음으로 그들을 일깨우기 위해 열정을 다해 설교하셨다. 그래도 젊은이들에게 희망이 있음을 믿고 계심을 온 몸으로 느낄 수 있었다. 사실 선생님은 채

플에 오시기로 약속한 날짜를 지킬 수 없는 상황이었는데, 약속을 지키기 위해서 큰 희생을 감수하시고 오신 것이었다. 그때가 마침 선생님이 감신에 입학한 지 40주년 홈커밍데이였던 것이다. 채플시간을 조정해서도 됐을 텐데, 이미 짜진 스케줄을 변경하는 불편을 끼치지 않기 위해, 인사만 하시고 급히 오셨던 것이다. 너무 죄송한 마음이 들었다. 선생님은 그토록 약속에 철저하신 분이시다.

지난해는 아펜젤러 선교사 내한 130주년이 되는 해였다, 내가 속한 배재학당도 창립 130주년이 되는 해였다. 이를 기념하여 감리교 출판국으로부터『소설 아펜젤러』를 쓰면 어떻겠느냐는 요청을 받았다. 틈틈이 준비해온 자료들도 있고 나름대로 사명감 같은 것도 들어 다시 한 번 용기를 내어 소설을 썼다. 순수한 소설이라기보다는 역사소설 내지는 팩션(Facts + Fiction)이었다. 이 책을 선생님께 보내드렸더니, 직접 전화를 주셔서 이전에 썼던『소설 존 웨슬리』를 언급하시면서, 이제 한국인 감리교인에 관한 소설을 써서 3부작을 완성하면 어떻겠냐는 제안을 하셨다. 생각해보니 감리교 창시자 존 웨슬리, 최초의 미국 감리교 상주 선교사 아펜젤러 그리고 한국의 대표적인 감리교인, 이렇게 된다면 3부작이 되는 셈이었다. 아직 많이 부족하다고 말씀드렸더니, 준비를 하면 충분히 할 수 있다는 격려의 말씀을 해 주셨다. 나는 뜻하지 않게 숙제를 받게 되었는데, 언제 이것이 이루어질지는 나도 잘 모르겠다. 그러나 마음 한 구석에 작은 소망의 불씨가 떨어진 것은 부인할 수 없다.

선생님과의 인연을 나 중심으로 스케치하듯이 되돌아보았다. 돌아보니, 내가 선생님께 드린 것은 별로 없는데 선생님으로부터 많은 사랑을 받았다. 내리 사랑이라고 나는 그 받은 사랑을 학생들에게 갚아야 하는 사랑의 빚을 지고 있는 셈이다. 나는 선생님을 자주 뵙지는 못하지만 선생님의 행보에 늘 관심을 가지고 있다. 이제 더 넓고 자유로운 삶과 신학의 자리로 새롭게 나아가시는 선생님의 발걸음을 축복하며 기대 속에 바라보고 있다. 그리고 나도 그분이 가시는 방향으로 나의 삶의 자리에서 한걸음 한 걸음 나아가고 싶다. 선생님의 앞으로의 여정 위에 하나님의 크신 은총과 인도하심이 있기를 기도한다.

조히 조히 사는 이,
나의 스승 이정배

박상언 박사
(한국종교문화연구소 연구원)

자하子夏가 말했다. "널리 배우고 뜻을 독실하게 하며, 간절하게 묻고 진실하게 생각하면 인이 그 가운데 있다"_『논어』19편.

감히 선생님의 제자라고 말할 자격이 있을까? 그래도 사람들이 내 공부의 맥을 물을 때마다 나는 이정배 선생님의 제자임을 고백한다. 부끄러운 건, 내가 그분에게 많은 가르침을 받지 못한 탓도 있지만, 그보다는 그분의 학문과 삶의 발자취를 제대로 따르지 못해서이다. 자하의 말대로라면, 선생님은 인仁을 중심에 두고 사는 분이다. 배우고, 묻고, 생각하며, 하늘의 뜻을 온전히 품고 따르려는 실천궁행의 삶을 살고 있기 때문이다. 내 소극적인 성격과 우연의 힘이 선생님에게서 많은 가르침을 받을 기회를 앗아갔지만, 그분은 지금껏 사표師表로서 나의 삶에 깊은 영향을 주고 있다.

감리교신학대학은 그러한 선생님과 연을 맺어준 장소였다. 나는 실존적인 물음에 답을 구하고픈 간절한 바람을 안고 1985년 감신대 신학과에 입학했다. 그러나 그 바람은 군사독재 정권에 맞선 저항의 당위성이 강조되는 당시의 환경에서는 너무나 감상적인 것이었다. 학생들은 종종 수업을 거부하면서 시위에 참여했고, 교내에는 전경들이 퍼붓는 최루탄으로 아수라장이 되곤 했다. 그러한 저항의 몸짓에 조금이라도 참여하는 것은 당연한 일로 여겼지만, 통학할 차비도 마련하기 벅찼던 나는 그러한 환경에 조금씩 지쳐갔다. 설상가상으로 가정 형편이 더 어려워지면서 배움에 대한 열의는 급격히 식어 내렸고, 불온한 시대를 핑계 삼아 수업을 빼먹는 날이 많아졌다. 그렇게 아까운 시간이 속절없이 몇 년이나 흘러갔다.

배움의 맛을 느끼기 시작한 것은 1987년 1학기에 개설된 이정배 선생님의 '하이데거의 종교철학' 수업이었다. 나를 배움의 기쁨에 젖게 했던 잊지 못할 수업, 지금도 선생님의 열정적인 목소리가 귀에 생생하다. 비본래적인 존재, 곧 본래적인 자기를 상실한 das Man(속인)은 저 아득한 곳에서 들려오는 양심의 소리에 귀를 기울임으로써 본래적인 자기를 회복해야 한다, 그래야만 세상에 떠밀려 살다가 무의미하게 삶을 마감하는 것(sterben)이 아니라 존재의 근원으로 돌아갈 수 있다(zu Grund gehen)! 선생님의 목소리는 뜨거웠고, 그 뜨거움이 사그라들던 내 배움의 열기를 다시 지폈다. 그러한 배움의 열기가 내게만 일어난 것은 결코 아니었다. 내 가까운 친구들은 선생님의 영향으로 독일어 공부에 몰두했고 독일어권 대학에서 공부하려는 꿈을 키워나갔다. 그 후 졸업할 때까지 매학기 선생님이 개설한 수업을 들었고, 그때 배웠던 생태신학, 평화신학, 독일 철학 등의 가르침은 내 얄팍한 배움을 일구는 자양분이었다. 선생님의 수업을 들었던 이들도 마찬가지였을 것이다.

선생님의 가르침은 공허하지 않았다. 1987년 6월 민주화 항쟁 당시 감신대에서는 교수와 학생들이 함께 대열을 이루고 교문 밖으로 나가 시위를 벌이는 역사적 사건이 일어났다. 대열의 선두에는 교수들이 있었고, 선생님은 그 한가운데 서 계셨다. "광야에 소리치며 굽은 길 곧게 하는 그 이름은 예언자 그 이름은 예언자 부름 받은 젊은이들 그 몸 드려 단련하는 감리교신학대학, 감리교신학대학…" 불의에 저항하는 예언자의 정신이 고스란히 담긴 교가는 시위를 할 때마다 불렀다. 그 날도 예외는 아니었다. 1987년 6월 항쟁 이후로 많은 학생들은 미뤘던 배움의 욕구를 채우려는 열의를 다졌다. 선생님의 주위에 학생들이 몰려들었고, 배움의 열기는 높아갔다.

"아무 생각 없이 무작정 대학원에 가면 어떡하니?" 내가 신학생으로 있던 교회의 담임목사님께서 딱하다는 듯이 던지셨던 말씀이다. 당시에는 목사님의 말씀이 너무 아프게 다가왔다. 그러나 경제적 여건을 무시한 채 대학원의 문을 두드린 것은 합리적인 판단이 아니었음은 분명했다. 대학원 등록금을 구할 방법이 내게는 없었다. 다행히 담임목사님의 아들이 신학과 동기였고, 그의 간청에 담임목사님은 내 등록금을 마련해주셨다. 생각하면 참 고마운 일이다. 그런데 나는 감신대 대학원에 진학하지 않았다. 변선환, 이정배 두 선생님의 가르침을 더 배우고 싶었지만, 여전히 학내 문제로 진통을 겪는 우울한 환경에서 벗어나고 싶은 바람이 더 간절했기 때문이다. 어쩌면 내가 존경하는 두 선생님의 주위에는 내가 넘볼 수 없는 탁월한 제자들이 진을 치고 있었기 때문인지도 모른다. 실제로 그 제자들이 열정과 노력으로 쌓은 배움의 폭과 깊이는 내가 넘보기 어려운 것이었다. 그렇게 해서 진학한 연세대학교 연합신학대학원은 선생님의 제자로 불리기에 미흡한 존재가 되는 긴 여정의 시점이 되었다. 감리교 신학자였던 김광식 선생님의 지도하에 동학에 관한 논문을 쓰고 싶었지만, 어느 정도의 한문 실력이 있어야 한다는 말씀에 용기를 잃은 나는 헤겔철학과 몰트만 신학을 가르쳤던 김균진 선생님의 지도하에 헤겔의 역사철학을 주제로 석사 논문을 쓰게 되었다. 헤겔의 저서가 많이 번역되지 않았던 탓에 독일어 원서를 직접 볼 수밖에 없었다. 그런데 재미있는 것은, 부족한 독일어 실력으로 더듬더듬 헤겔의 저서들을 읽으면서 논문을 작성한 곳은 연세대학교 도서관이 아닌, 감신대 도서관이었다는 점이다. 친숙한 환경과 정겨운 얼굴들이 보이는 감신대 도서관에서 논문을 작성하고 무사히 학위를 받았다.

군대를 제대하고 교회 전도사로 사역하면서 공부를 더 하고 싶은 간절한 바람으로 유학을 꿈꿨지만 내 여건으로는 불가능했다. 또한 변선환 선생님과 홍정수 선생님이 교회 권력에 의해서 종교재판을 받고 출교당하는 사태를 목격하면서 신학과 목회에 대한 생각은 내게서 멀어졌다. 앞날이 보이지 않았다. 1995년 어느 날 서점에서 우연히 감신대에서 종교학 과목들을 가르치다 영국 셰필드대학으로 가신 김정현James H. Grason 선생님의 『한국종교사』 번역서를 발견했다. 역자는 한국정신문화연구원(현재 한국학중앙연구원)에서 종교학을 가르치는 강돈구 교수였다. 그곳이 어떤 곳인지 알아보고 기대에 부풀었다. 국비로 학비와 생활비를 지원하는 대학원 과정이 있다는 얘기를 들었기 때문이다. 당장 이정배 선생님을 찾아뵙고 한국정신문화연구원에서 박사과정을 공부하고 싶다는 말씀을 드렸다. 선생님은 한 번 해보라고 격려해주셨다. 종교학에 문외한이었던 나로서는 입학을 위한 공부가 필요했다. 물론 공부의 장소는 감신대 도서관이었다. 도서관에서 공부를 하던 뜨거운 여름 어느 날에 나는 변선환 선생님의 부음을 들었다. 변선환 선생님을 모신 운구 차량이 교내로 들어오고 생전의 선생님의 목소리가 교내에 울려 퍼졌다. 장례 행렬의 앞에 계신 이정배 선생님의 침통해 하는 모습이 보였다. 그 이후로 목회와 신학에 대한 미련은 내 마음에서 떨어져 나갔다.

"어때 학위논문은 다 썼지?" "아뇨, 다음 학기에 재심하게 되었어요." "통과하겠지, 학위 받을 것으로 생각하고, 다음 학기 강의 좀 부탁해도 될까? '오리엔탈리즘과 문명론'인데." 2002년 겨울 어느 날에 이정배 선생님으로부터 강의 부탁을 받고 너무 기뻤다. 학위과정을 수료한 후 여러 대학에서 강의 요청이 오면서 정작 논문 작성은 상당히 지체되었다. 당시 나는 연구실에 군용침대를 빌려 생활하면서 어렵게 논문을 쓰고 있었다. 하루라도 그 생활에서 벗어나고 싶은 바람으로 겨우 논문을 작성했지만 우여곡절 끝에 재심이 결정되면서 졸업은 원래보다 한 학기 늦춰졌다. 실의에 빠져 있었을 때 이정배 선생님께서 내 전공과 어울리겠다 싶은 강의를 골라서 요청하신 것이다. 선생님의 강의 요청은 전혀 예상하지 못했다. 감신대에서 강의할 것이라고는 꿈에도 생각하지 못했기 때문이다. 2003년 1학기, 모교에서 첫 수업은 너무나 떨렸다. "전 85학번 신학과 출신입니다. 저와 가까운 친구들은 지금은 사라졌지만 아레오바고에서 교수회 관으로 올라가는 좁고도 짧은 길을 '철학자의 길'이라 불렀지요. 그 길에 늘어선 은행나무를 지나가면서 친구들과 이런저런 얘기를 나누곤 했습니 다." 이 수업을 시작으로 선생님께서는 오랫동안 내게 여러 강의를 맡겨 주셨다. 제자의 부족함을 아시면서도 '한국의 종교사상', '종교현상학', '종 교사로서의 한국사', '종교학의 이해' 등등 나 스스로 강의를 그만두기 전 인 2015년 1학기까지 10년이 넘게 모교에서 강의를 할 수 있는 기회를 베푸셨다.

선생님은 참으로 어진 분이지만, 여러 사람 앞에서 눈물을 쏟게 했던 참 나쁜 분이기도 하다. 나는 선생님께 결혼식 주례를 부탁드렸고, 선생님 은 흔쾌히 수락해주셨다(나는 당시 사례비도 드리지 못했다). 단, 부모님께 드리는 편지를 결혼식에서 낭독을 해야 한다는 조건을 다셨다. 선생님의 요구를 받고 속으로는 그 정도는 별거 아닌데, 생각했다. 결혼식은 내가 공부하던 한국정신문화연구원의 야외 잔디밭에서 열렸다. 참으로 긴(?) 주례사가 끝나고 부모님께 드리는 편지를 읽는 순서가 되었다. 편지에 적 은 첫 문장이 눈에 들어오는 순간부터 난 목이 메었다. 글자 하나하나가 울음소리와 섞여 나왔고, 눈물이 하염없이 얼굴을 적셨다. 주마등처럼 지 나온 삶이 스쳐 갔고, 자식으로서 부모에게 했던 모진 행동이 부끄럽고 죄스러웠다. 내 아내의 이름은 기쁨, 그래서 더욱 기뻐야 할 결혼식에 선 생님은 그렇게 나를 울리고 평생 잊지 못할 추억을 안겨 주셨다. 잊을 수 없는 그 기억으로 인해 우리 부부의 연은 평생 끊어지지 않을 것이다.

"선생님, 저 다음 학기에 강의할 수가 없어요." "왜, 무슨 일이 있어?" 2015년 1학기를 마칠 무렵에 학교에서 강의 요청이 왔지만, 사양했다. 더 이상 도시생활을 지속하기가 힘들었고, 망가져 가는 몸과 마음을 추스를 환경이 절실했기 때문이다. 생태종교학의 분야를 개척하고 있는 아내가 적극적으로 정주할 장소를 찾아 나섰고, 아내 친구의 도움으로 마음에 드 는 시골집을 구했다. 부동산 등기를 마치고 난 얼마 후에 아내와 함께 선생님을 뵈었다. 말씀을 나누는 동안에 내내 제자를 걱정하는 선생님의 마음을 읽을 수가 있었다. "아무튼 잘 살아. 걱정이 되지만 시골에서 살 결심을 하니 그 용기를 격려하고 싶어. 내려가기 전에 횡성에 있는 내 시골집에서 좀 쉬었다가 가는 것도 괜찮을 텐데." 그렇게 선생님과 헤어진 얼마 후에 나는 가족과 함께 남쪽 끝 어느 한적한 곳으로 내려갔다.

2015년이 저무는 어느 날에 아내가 선생님의 근황을 알려줬다. 선생님께서 학교에 사직서를 제출하셨다고. 또 얼마 후에 사직서가 수락되었다는 소식도 알려줬다. 할 말이 없었다. 예전에 사직하기로 결심했다는 소식을 들었을 때에는 만류하는 말씀을 올리기도 했지만, 이제는 이전투구의 광란을 피하실 수 있게 되어 다행이라는 생각이 들었다. 선생님의 저서 『빈탕한데 맞혀놀이』에는 다음과 같은 구절이 있다.

> 교회 역시도 자신의 '덜 없음'을 어느 때보다 자각하고 더욱 깨끗해져야만 한다. 그동안 교리는 교리를 토대로 힘을 축적했고 자기 폐쇄적 공간으로 변질되고 말았다. 그리스도의 몸이라고 하는 교회가 '참(얼)'를 잊고 '몸나'로 변질되어 뜻을 잃고 맛을 추구하는 까닭이다. 교회지상주의는 그 본질에 이어 맛을 추구하는 인간주의의 다른 말일 뿐이다. 교회란 한들 그것이 '몸나'인 한 세상의 맛이란 맛은 —그것이 권력이든 물질이든 간에— 죄다 보려는 속성을 떨칠 수 없다. 그러나 그것이 자신을 죽이는 독毒인 것을 오늘의 교회는 명심할 일이다.

자본주의 체제에 동화되어 자본주의적 종교가 되어버린 기독교의 기형적인 형태는 교리지상주의를 강조하면서 시장 친화적인 신학의 생산을 강요하고 있는 실정이다. 권력에 의해서 학문의 자유가 상실되면 진리의 등불은 점멸되고 곧 칠흑 같은 어둠이 몰려올 것이다. 선생님의 결의는 그러한 진리의 등불을 지켜 어두운 곳곳을 밝히려는 새로운 시작임이 분명하다. 1991년 종교재판관들 앞에서 외쳤던 변선환 선생님의 말씀은 그 제자의 결의에 담긴 의미를 전해준다. "오늘날 아시아신학자들은 서구 기독교 2,000년 역사의 특정한 상황 속에서 산출된 신앙고백이나 신조나 교리를 절대적인 규범으로 삼고 그 문자들과 표현들을 우상화하는 비지성적인 신조주의나 교리지상주의자들을 두려워하지 않습니다. 우리는 예수를 어떻게 그때 그곳 서구 제1세계와 다른 이때 이곳, 제3세계 아시아의 민족주의의 부흥과 아시아 토착 종교의 부흥과 함께 일어나고 있는 아시아 혁명의 상황 속에서 '우리의 주님 그리스도'라고 새롭게 신앙 고백하며, 교리 전통을 아시아 사람들의 체험 속에서 재해석할 수 있을까 하는 신학적 과제를 갖고 있습니다."

나는 소심하고 연약한 사람이다. 선생님의 기대에 부응하지 못한 채 엉뚱한 글만 써대고 있는 모자란 제자이기도 하다. 한때는 선생님께 부담을 드리고 싶지 않아 연락을 드리지 않은 적도 있었다. 선생님께는 챙겨야 할 제자와 교회, 그리고 선생님의 참여를 기다리는 곳곳의 사람들이 많았기에 나로서는 그렇게 하는 게 좋겠다는 생각에서였다. 소갈머리 없는 행동이었다. 이제는 선생님의 발걸음을 조용히 따라가련다. 그리고 이 시대에 신학함과 배움의 의미가 무엇인지를 절절히 새겨놓기 위해 선생님이 마련하신 '현장顯藏 아카데미'의 구상에도 응원을 보내드리고 싶다. 2016년 2월 1일, 남녘 바닷가에 서서 먼 곳을 바라보시는 선생님의 모습을 뵈면서 『논어』에서 다음의 글을 찾았다.

"공자가 강가에서 말했다. 가는 세월이 이와 같구나! 밤낮을 가리지 않고 앞으로 흘러가는구나."

자연이 밤낮없이 움직이며 생명을 창조하듯이 선생님도 쉼 없이 새로움의 세상을 일구기 위해 조히 조히 일하시니 제자로서는 헤아릴 수 없는 그 성誠의 마음이 존경스러울 수밖에.

선생님께 배운 것

(감리교신학대학교 외래교수)

　글을 쓴다는 것은 어려운 일이다. 그것도 어떤 사건이나 사물에 대한 글이 아니라 사람에 대한 글이라면 더욱 그렇다. 관계라는 것이 어떤 틀에 넣을 수 있는 그림 같은 대상이 아니기 때문이다. 목소리의 생생함을 글로 고정시키는 것을 독이자 약으로 규정했던 플라톤의 생각에 무척이나 동조하면서도, 말과 글의 상호보충을 주장했던 데리다처럼 의미의 흔적 찾기로서 이정배 선생님에 대한 글쓰기를 시도해보고자 한다.

　선생님 회갑 즈음해서 제자들이 논문집을 발간한다는 소식을 접하고 나는 두 번 생각할 것도 없이 내가 할 일은 없다고 판단하고 마음 놓고 있었다. 그런데 곧 출판될 줄 알았던 논문집에 실을 선생님에 대한 짧은 감상의 글을 청탁받았다. 그 몇 명의 저자들 중에 내가 끼어 있었다는 사실이 내심 기뻤지만 부담스러운 것도 사실이었다.

　선생님을 처음 뵈었던 학부 시절부터 지금까지 줄곧 내 관심은 철학이었고 신학적 담론은 내 관심 영역 밖에 있었기 때문에 선생님의 학문 세계나 관심 분야에 대해서는 거의 무지하다. 단지 우연스럽게도 인간적으로 가까이서 뵈어온 인연이 있어서 선생님에 대해 떠오르는 감상은 적지 않다. 가만히 돌이켜보면 선생님과의 관계에서 내가 할 수 있는 이야기는 전적으로 내가 살아왔던 이야기를 꺼내지 않고서는 할 수가 없다. 중년의 나이에 실패와 시행착오로 점철된 나의 청년시절을 되돌아보는 것은 그

선생님께 배운 것_ 김선하 | 77

리 즐거운 일은 아니지만, 글을 쓰면서 지난 시간과 현재의 나 자신을 추스르고 미래에 대해 생각할 시간을 가질 수 있었다.

여러 차례 대학 진학에 실패하고서는 대학가기를 포기하고 무기력하게 있다가 갑작스럽게 들어온 감리교신학대학은 나에게 새 삶을 시작하는 곳이었다. 선생님은 열심히 공부하는 늦깎이 신입생을 기특하게 여기시고 대학교회에서 봉사할 수 있도록 배려해주셨다. 교회로부터 자유롭고 싶은 욕구와 학비를 마련해야 하는 경제적 어려움을 생각하면 대학교회 신학생으로 지낸 것은 행운이 아닐 수 없다. 그곳에서 나는 변선환 선생님, 이정배 선생님, 이은선 교수님을 옆에서 뵈면서 신학을 넘어 자유로운 학문적 분위기를 접할 수 있었다. 실수투성이에다 어딘지 모르게 제멋대로였던 학부생을 어른들은 보듬어 주셨다. 하지만 앞뒤 분별 못하는 학부생 눈에는, 당시에 출교 당하신 변선환 교수님 곁을 지키고 계시던 이정배 선생님의 모습이, 다른 자식들은 잘나서 부모 곁을 떠나는데 떠나고 싶으나 능력이 없거나 남의 이목이 두려워서 그러지 못하는, 마음 약한 자식 마냥 안 돼 보였다. 철학에 빠진 나는 일탈적인, 예술가적인 어떤 비정형성만 좇고 있었기에 학자로서, 선생으로서, 가장으로서 애쓰시는 선생님의 모습이 70년대 학번의 성공지향적인 삶의 전형으로 보였고, 내 눈에는 그다지 매력적으로 보이지 않았다.

학부 시절을 마칠 즈음 진로에 대해 고민하다 서울에 있는 철학과 대학원에 진학할 생각을 하고 있던 내게 선생님은 어떻게 해서든 유학을 갈 것을 권유하셨다. 우여곡절 끝에 프랑스로 유학을 떠났고 여러 가지로 뒷바라지가 되지 않아 나는 3년을 넘기지 못하고 한국으로 돌아왔다. 또다시 좌절의 시간을 보내다가 어떻게 해서든 공부는 계속해야겠다는 생각에 고향 대구에 있는 경북대학교 철학과 대학원에 진학했다. 그곳에서 다시 석사와 박사과정을 하고 학위를 받았다.

강사생활을 하고 있던 어느 날 감신 출신 동생을 통해 선생님께서 내 소식을 들으시고, 마치 잃어버린 자식 찾으신 듯 간곡히 꼭 연락 달라는 말씀을 남기셨다. 몇 년 동안 감신 생각은 잊고 있었다. 아니, 졸업식 날 아침에 단체 유급을 시키고 졸업장도 안 준 학교, 진리와 학문적 가치 추구보다는 분쟁과 갈등의 장이 되어버린 학교에 미련이 있을 리가 없다. 고향에서 지내는 동안 나는 모교에 대해 내 신발의 먼지를 떨어버렸다고 생각했다. 자식은 잊어도 부모는 잊지 못하는 것이 사제 간에도 그러한가 보다. 어렵사리 선생님께 전화를 드렸다. 선생님께서 종교철학과 첫 박사라고 학술 발표회를 성대하게 열어서 불러주셨을 때, 몇 년 만에 뵌 선생님 앞에서 잘 해내지 못한 것이 송구스러워 고개를 들지 못했다. 그때 선생님께서 제자의 어깨를 붙잡고 하신 말씀이 아직도 아련하다. "그럴 수도 있어." 그 말씀에 또 다른 절망을 안겨주었던 모교에 대한 원망이 녹아내렸다.

그 후 몇 해 지나지 않아 대전 한남대에서 열린 한국 철학자 대회에서 선생님을 우연히 뵈었다. 그때 선생님은 한국 신학자 대표로서 기조발제를 위해 참석하셨던 차였다. 학위를 마치고 부지런히 학회에 다니면서 발표하고 논평도 하면서 철학자로서 면모를 갖추고 인정받기 위해 고군분투하던 시절에 선생님을 의외의 장소에서 뵈니 친정엄마 만난 듯 반갑고 쑥스러웠던 기억이 난다. 선생님 특유의 힘 있는 어조로 철학자 대회에서 발표하시던 모습을 뵌 게 얼마 전인 듯한데 헤어보니 벌써 십여 년이 흘렀다.

서너 해 전에 多夕 유영모 선생에 관한 저서1를 교수세미나에서 발표하시던 선생님을 뵈면서, 사람은 변하지 않는다는 생각을 새삼 했다. 학자로서 진지하게 연구에 임하시고 꾸준히 성과를 만들어내시는 모습, 부인 이은선 박사님과의 관계에서 드러나는 사랑이 예나 지금이나 변함없으시다는 생각을 하지 않을 수 없었다. 그러한 모습이 갈등 없이 노력 없이 나타난다면 천재이고 성자이겠지만, 그렇다면 나 같은 어리석은 제자가 배울 것이 없을 터이다. 아무리 노력해도 흉내도 못 낼 것이기 때문이다. 학

---

1 이정배, 『빈탕한데 맞혀놀이: 多夕으로 세상을 읽다』(서울: 동연, 2011).

문하는 사람이 빠지기 쉬운 함정이 현실감 떨어지는 이념에의 몰입이 아닐까. 그 때문에 현실에서 무기력하고 냉소적인 나 자신을 발견하기도 하는데, 선생님은 그런 어정쩡한 제자의 눈에는 언제나 무언가에 충실하시다. 그것이 신학이든, 사랑이든, 현장이든….

알려져 있듯이 변선환 교수님은 생전에 이 시대가 필요로 하는 사람은 천재가 아니라 순교자라는 말씀을 하셨다. 그리고 당신은 어려운 시대에 순교자로서 삶을 사셨다. 『사도 바울』의 저자이며 내 석사 과정 지도교수였던 알랭 바디우 교수는 지금 이 시대에 필요한 사람은 어떤 이름도 갖다 붙일 수 없는 무한한 진리를 향한 도정에서 매순간 진리를 향해 충실한 주체들, 진리가 도래할 것이라는 믿음을 가지고 용기를 잃지 않는 익명의 투사들이라고 말한다. 주체로 산다는 것은 그저 존재하는 것으로 만족하는 인간 동물의 본성으로부터 벗어나서, 무한하고 불멸하는 가치에 충실하게 전념한다는 것이다. 사람은 충분히 그럴만한 능력과 자격을 갖고 있지만 현실은 지속적으로 인간이 주체로 살 수 있는 가능성을 차단하고 현재에 만족하게 만든다. 그러한 삶의 관성에서 벗어나서 진리를 위해 투쟁하는 사람들이 주체로서 삶을 사는 사람들이다.

하지만 신학교 내에서조차 진리보다는 출세와 성공이 더 중요한 가치로 여겨지고, 모든 일상이 물질로 환원되고 있는 시대에 투사로 산다는 것이 무엇인지, 어떻게 하면 투사로 살 수 있는 것인지를 고민하지 않을 수 없다. 싸울 대상이 없는데 투사가 웬 말이냐고 할 수도 있겠다. 그냥 흘러가는 대로 물 흐르듯 살아가는 것이 미덕이라고 말하는 것은 인간 동물의 본성을 미화한 말일 뿐이다. 완전한 삶, 가치 있는 삶이 무엇인지 우리는 계속 물어야만 한다. 그 물음이 누군가에게는 진부해보이고, 혹은 너무 이상적으로 보일지라도 그런 물음을 중지하는 순간부터 우리는 본성과 욕망이 이끄는 삶에서 자유롭지 못할 것이다. 돌이켜보면 선생님의 모습이 어린 제자의 눈에, 욕망을 미화하는 철학자보다 고리타분해보였던 것은 그런 연유에서였던 것 같다.

나이가 무겁게 느껴지기 시작한 시점에서 현실은 녹록치 않다는 것을 인정할 수밖에 없다. 세상을 향한 우리의 노력과 외침이 현실에서 의미 있는 공명이 될까 매순간 주저하게 되긴 예나 지금이나 마찬가지다. 우리를 무기력한 구경꾼들로 만들고 진저리나게 하는 현실보다 더 무서운 적은 우리 내부에 숨어있는 포기와 안주가 아닐까. 해봐야 소용없다는 무력한 냉소주의, 나만 잘 살면 된다는 평온한 이기주의, 진리를 위한다고 외치지만 실제로는 자기 장사를 하면서 전통과 신념을 도구화하는 불온한 무지는 우리 안팎에서 도사리는 적이 아닐까.

하지만 작은 불씨라도 모이면 아무리 센 바람이라도 쉽게 끄지 못할 것이라는 믿음을 가지고 행동하는 것, 좀 모자라고 심지어 무모해 보여도 진리가 도래할 것이라는 희망으로 용기를 내어 다시 시작하는 것 그리고 포기하지 않고 계속 다시 시작하는 것, 그것이 주체로서 사는 것이고 투사로서의 삶이 아닐까. 선생님은 그런 삶의 모범을 보이셨고 현재에도 그런 삶을 위해 투쟁하고 계시는 듯하다. 가끔 들려오는 선생님에 대한 소식이 그것을 말해준다.

지금까지의 살아오면서 미련이 남는 것이 있다면, 알랭 바디우 교수에게서 박사학위를 하지 못한 것이다. 앞으로의 삶에서 이정배 선생님의 살아오신 모습을 본받지 못한다면 또 다른 회한으로 남을 것이 분명하다. 오늘 나는 연구에 대한 욕심을 마음 한켠에 안고 주부로서, 엄마로서, 선생으로서 동분서주하고 있다. 시대와 같이 살지만 시대에 순응하지 않고 사유하고 실천하시는 선생님의 모습이 내 모습이 되길 바라면서….

한 사람

하태혁 목사

(단해교회)

우리의 앞이나 뒤에 있는 것은
우리 안에 있는 것에 비하면
지극히 하찮은 것들이다.
_랠프 왈도 에머슨

다가오는 죽음을 체감하면 할수록 삶의 진실은 더더욱 분명해진다. 많은 재산, 큰 명예, 위대한 업적을 이뤘거나 혹은 이뤄야 한다는 것, 안절부절, 안달복달했던 그 수많은 것들이 죽음 앞에서 무의미해진다. 반면에 잊고 있던 보물들이 새삼스레 보이기 시작한다. 사소해 보여 등한히 했던 일상들과 만남들이 더할 바 없이 소중해진다. 마지막 호흡으로 사랑 그윽한 추억을 그릴 수만 있다면 그만한 축복이 없음을 깨닫는다. 자신 안에 무엇이 있느냐! 결국 그것이 중요해진다, 앞이나 뒤, 과거나 미래에 무엇이 있느냐보다. 삶이란 삶과 죽음이 아니라, 살아가느냐, 죽어 가느냐의 그 두 길뿐이지 않은가. 소중한 사람들과 나눈 마음이 자신 안에 두근거리고 있다면, 시한부인생이어도 뜨겁게 살아가고 있는 삶이다.

어떤 상황 속에서도 살아가게 하는 사람, 사람됨의 부끄러움을 잊지 않게 하는 사람, 부끄러움을 스스로 고치게 하는 사람, 자신의 있는 그대로를 사랑하게 하는 사람… 단 한 사람이라도 그런 사람과 나눴던 마음이 두근거린다면, 살아있을 수 있다. 죽음을 향해서도 살아갈 수 있다. 소원이 있다면 그런 사람을 품고 살아가는 삶이다. 더 욕심을 낸다면 단 한 사람에게라도 그런 사람이고 싶다. 그런 사람이 부모나 연인일 수도 있고 자식이나 친구일 수도 있고 스승일 수도 있다. 만일 그런 스승이라면 그는 또한 분명 친구일 것이다. 참 스승은 벗과 같고 참 벗은 스승과 같기 때문이다.

2000년대 초반부터 시작된 이정배 선생님과의 인연은 바로 그런 한 사람을 떠오르게 한다. 그런 한 사람의 존재를 믿고 그런 한 사람의 삶을 꿈꾸게 한다. 주님께선 우리에게 스승이자 벗이 되어주셨다. 그 본을 따라 우리도 서로에게 벗이자 스승일 수 있음을 믿어 주고 그리 살기를 기도해 주셨다. 벗이면서 스승이 되어주며, 함께 나눈 삶과 마음으로 인해 살아있게 하는 한 사람, 그를 그리게 한 것이다. 또한 나 자신도 누군가에게 그런 사람이 되고 싶게 한 것이다. 그런 한 사람을 마음에 간직한 삶을 조금이라도 맛보았다면 어찌 그 축복을 나누고 싶지 않겠는가.

선생님과의 첫 만남은 책들을 통해서였다. 타 교단에서 신학을 공부하면서 동양사상과 기독교가 서로의 눈으로 자신을 살피는 모습에 매료되고 말았다. 그 과정에서 선생님의 글을 자연스레 많이 접하게 되었고, 석사논문 역시 주로 선생님의 글을 많이 참고하게 되었다. 자신의 관심과 성향에 더 가까운 신학을 공부하고픈 마음에 결국 감신대학원에 입학했다. 하지만 첫 학기 이런 저런 수업을 들으며 실망감이 커져 갔다. 이전 교단의 신학과 비슷하거나 때론 더 보수적인 경향들마저 엿보였기 때문이다. 이제와 돌아보면 이미 그 이전부터 감신의 신학은 지금의 참담한 상황으로 방향이 틀어진 게 아닐까 싶다. 실망감에 다시 돌아가야 하나 싶은 고민이 꿈틀거리던 그때, 기독교통합학문연구소를 알게 되었다. 이 정배 선생님과 대학원생들이 함께 공부하는 그 모임은 감신에 둥지를 틀게 한 이유가 되었다. 더 이상 어떤 고민 없이 공부의 설렘을 마음껏 맛보았기 때문이다.

처음 스스로 그곳을 찾아가 공부했던 에크하르트의 사상으로부터 켄 윌버, 유교와 기독교, 니체 등의 다양한 사상들, 그 너비와 깊이는 큰 즐거움이자 설렘이었다. 하지만 이제 돌아보면 공부한 내용보다 더 행복했던 것은 공부하는 방식 자체였다. 서로 다른 생각을 가진 사람들이지만 서로를 믿고 마음을 열어 자유롭게 나누는 공부의 즐거움, 그것이었다. 성적도, 경쟁도, 잘하고 못하고도 상관없이 함께 공부하고 서로를 통해 자유로이 배우는 설렘 그 자체였다. 학자의 길을 준비하는 이도 물론 있었지만 목회의 길을 준비하는 이도, 이미 졸업 후 오랜 목회나 다른 일을 하는 이도… 그렇게 서로 다른 이들과 함께 하는 열린 나눔이 행복했다. 그런 그리운 공부가 다시 또 가능할까 싶다. 선생님 열어주신 그 나눔의 장을 통해 공부의 즐거움, 나눔의 설렘을 만끽했다. 즐거운 공부, 설레는 나눔이 무엇인지 알게 되고, 그것을 그리게 되었다. 선생님을 통해 함께 공부하며 만난 이들이 지금까지도 신학과 목회, 신앙의 길벗으로 이어지니, 그 무엇보다 귀한 선물이 아니겠는가.

얼마 후 선생님의 조교로 기독교통합학문연구소를 섬기는 일을 맡게 되었다. 그로인해 선생님을 조금은 더 가까이서 뵐 수 있었다. 선생님 곁으로 한 걸음 더 다가가 만난 삶의 모습을 되돌아본다. 이 글이 그런 기회를 선사했다. 연구소를 통해 시작된 선생님과의 만남 이후 지금까지를 돌아볼 때, 신학, 논문, 사상을 빼면 무엇이 남을까? 이 글은 사실 선생님과의 만남들 속에서 그런 것들을 빼고 남은 것에 대한 이야기다. 물론 그것들을 통해서 받은 영향과 깨달음의 의미는 두말할 것도 없이 귀하다. 하지만 그것들을 빼고 남은 것이 어쩌면 진짜가 아닐까. 박노해는 빼 버리고 남은 것이 바로 그 사람이라고 노래한다.

무엇이 남는가

정치가에게 권력을 빼 보라
무엇이 남는가

부자들에게 돈을 빼 보라
무엇이 남는가

성직자에게 직위를 빼 보라
무엇이 남는가

지식인에게 명성을 빼 보라
무엇이 남는가

빼 버리고 남은 그것이 바로 그다
…

_박노해의『그러니 그대 사라지지 말아라』중에서

기독교통합학문연구소를 통해, 선생님 열어주신 나눔의 장을 통해 받
은 선물도 결국 빼고 남은 것이다. 무엇을 공부하는가 보다 어떻게 공부하
는가를 맛보며 배울 수 있었다. 태도, 방향, 향기가 선생님 주변에 깃들어
있었던 게 아닐. 그 '어떻게'들을 더듬어 본다. 그 '어떻게'와 관련해 마음
에 남는 장면들이 있다.
유명한 학자나, 어른들을 초청한 세미나가 끝나면 다들 함께 식사를
하곤 했다. 그때 대학원, 학부 학생들이 교수들, 손님들과 따로 앉을 수밖

에 없을 때가 있다. 식사가 진행되다 보면 중간 중간 선생님은 다른 방이어도 학생들 모인 자리까지 다 둘러보시곤 했다. 부족한 건 없는지, 한 사람 한 사람 안부를 묻기도 하셨다. 수많은 모임들에서 그 반대인 경우가 얼마나 익숙한가. 그 반대의 모습이 당연한 교수와 학생의 관계에 얼마나 익숙하던가. 교회든, 회사든, 학교든 그 익숙하고 당연한 관계가 역전된 모습이어서 일까, 사소해보일 수 있는 그 장면들이 기억에 반짝이고 있다.

대학원 시절부터 졸업 이후까지 선생님께선 모임을 마련해 제자들을 초대해주곤 하셨다. 함께 모여서 이야기를 나눌 때도 한 사람 한 사람이 다 자신의 삶을 나눌 수 있도록 이끌어주셨다. 몇 명이 모이든 한 사람도 빠짐없이 다 자신의 목소리로 삶을 나누도록 멍석을 깔아주셨다. 선생님은 그 배경이 되어 한 사람 한 사람의 삶에 귀 기울여주셨다. 그것은 졸업 후 다양한 만남과 나눔들 속에서 더 반짝이는 풍경이다. 스승과 제자, 선배와 후배, 선임자와 후임자 등 소위 윗사람 모신 자리들을 겪으면 겪을수록 더 그리운 풍경이다. 나 역시 그런 만남과 나눔을 엮어가고 싶게 하는 풍경이다.

목회의 길을 택한 후 지방에서의 목회를 핑계로 선생님을 일 년에 몇 번 뵙지 못했다. 그런 세월이 대학원을 졸업하고 이제 십 년이 다 되어가는 올해, 암 투병 중인 어머니 병실에서 털모자 하나를 발견했다. 어머니와 동생만 있던 병원에 선생님이 다녀가시며 선물해주신 모자였다. 항암 치료로 인해 머리카락이 빠지기도 하지만 면역력이 약해져 겨울에 감기라도 걸리면 큰 어려움을 겪는다. 겨울이 깊어가는 요즘 어머닌 그 모자를 꼭 챙긴다. 가을부터 그 털모자를 쓰고 밝게 웃으시는 어머니의 사진들이 늘어가고 있다. '작은교회박람회'나 기타 여러 가지 일들로 분주하셨을 텐데, 특히나 감신대 학내 사태로 쉽지 않은 시기셨을 텐데, 단식에, 사직 선언에 한 번 찾아뵙지도 못했는데….

졸업 후 시간이 흐를수록 신학, 철학, 종교학 등의 학문적인 세계로부터 자연스레 멀어졌다. 학문적인 영역보다는 아무래도 목회 현장의 일들에 익숙해진 삶이 핑계일 수 없는 핑계다. 처음 꿈꿨던 목회의 비전은 십년이라는 그리 길지 않은 세월에 빛이 바래고 타성에 젖은 부분들이 편안해질 때가 있다. 그러다가 가끔씩 접한 선생님의 소식은 잠을 깨우는 죽비였다.

변함없이 선생님의 새로운 글과 책은 계속 출판되고, 그 글들은 내게 신학적 깊이의 중요성, 정치 사회적 의미의 중요성을 계속 일깨웠다. 게다가 선생님의 소식은 강의실이나 글의 경계를 벗어나고 있었다. 종교개혁 500주년을 준비하는 다양한 활동들, 밀양 송전탑 문제, 세월호 관련 집회 현장… 페이스북이나 트위터 등을 통해 우리 사회의 절규들을 접하며 분노하고 한숨짓기만 했다. 그런데 그 현장 사진들에 선생님의 등이, 선생님의 얼굴이 자주 나타났다. 아, 선생님께서 그곳에 함께 계셨구나 싶었다. 우리 사회의 탄식들과 호흡하는 선생님의 글들도 더 자주 눈에 띄었다. 제초 작업 중에 예초기 칼날에 발뒤꿈치를 크게 다치셨다는 소식을 접했다. 어느 일꾼의 실수였다고 한다. 수십 바늘 꿰맨 그 상처가 다시 터졌다는 소식이 들려왔다. 상처가 채 아물기도 전에 광화문 세월호 집회 현장을 계속 오가신 탓이었다. 내 타협과 핑계가, 그 깊은 잠이 부끄러움으로 터질 것 같았다. 아니 터져야만 했다.

선생님을 '거리의 신학자'로 칭하는 목소리들이 늘어가던 어느 날 다시 찾은 글이 있다. 유학시절 박사학위를 마친 선생님의 감회가 담긴 글이다. 그 안에 거리의 신학자를 향한 씨알이 담겨 있었다.

"부리 교수는 이 논문을 만족스럽게 수용했고 부심인 H. 오트 역시 좋게 평가했다. 일아 선생께서 맡기신 과제―유교적 신학―를 마무리했다는 안도감으로 행복했다. 하지만 라틴어로 치러진 학위 수여식 동안에 마음속에 공허함이 밀려왔다. 그렇게 원하던 학위였으나 정작 내 자신의 삶은 하나도 달라진 것이 없다는 현실을 발견한 것이다. 삶이 없는 신학박사, 그것이 주는 부담감이 지금껏 마음속을 떠나지 않고 있다."

_이정배,『빈탕한데 맞혀 놀이』, 27쪽.

    간절히 바라던 학위 그러나 그것을 통해 느낀 공허감, 그 텅 빈 자리에 씨알이 잉태되고 자라나 열매를 맺은 게 아닐까. 삶이 없는 신학박사라 느낀 공허감, 그 갈증은 "삶이 있는 신학함"에 목마를 수밖에. 타는 목마름이 생수를 요구하듯 영혼 속 공허함도 인생에게 진짜를 요구한다. 박사학위를 받는 순간 깨어난 영적 갈증이 결국 '거리의 신학'을 꽃 피운 게 아닐까. 선생님을 통해 맞닥뜨린 '거리의 신학함'은 내 삶을 비춰준다. 나의 목회, 신앙, 신학에 삶을 물어온다. 열매를 찾기 힘든, 내 삶의 가지들을 흔들어 깨운다.

    죽비는 소리가 커서 잠이 확 깨지만 아프지 않다. 상처 주려는 게 아니라 깨우려는 것일 뿐이니까. 현장에 함께 계신 선생님의 모습이 죽비 같았다. 화들짝 그러나 상처 없이 나를 깨우곤 했다. 포근한 아픔이랄까. 가을 하늘과 단풍은 아무런 의도 없이 맑고 곱지만, 우린 스스로 그러함에 매혹된다. 가을 하늘처럼 맑고 싶고 단풍처럼 깊은 빛깔로 다 내려놓고 싶어진다. 닮고 싶어 하는 나를, 아름답고 싶은 나를, 잃어버린 나를 깨우는 죽비. 사람으로서, 목회자로서, 신앙인으로서 부끄러움과 떨림을 새롭게 일깨우는 죽비 같다. 그래서 선생님을 생각하면 떨림이란 시가 떠오른다.

떨림

그에게는 아직도
수줍음이 남아 있어

그에게는 아직도
긴장미가 남아 있어

나는 그를 보면 설레는 것이다

그에게는 아직도
열정이 살아 있어

그에게는 아직도
첫마음이 살아 있어

나는 그 앞에서 떨리는 것이다

시간이 흘러도 마르지 않는
그 사람의 내밀한 푸르름 앞에서

아직도 가야할 길이 있어
먼 저편을 바라보는 그 아득한 눈동자 앞에서

_박노해의 『그러니 그대 사라지지 말아라』 중에서

　　선생님과의 추억을 담는 이 글을 궁리하면서 몇 가지 고민이 있었다. 하나는 대학원 시절 3년 그리고 그 후 한 해에 두서너 번 잠깐씩 뵙는 내가 선생님에 대한 글을 써도 되는가. 선생님을 얼마나 안다고 쓰는가 싶었다. 또 하나는 이런 글의 특성 상 낯간지러운 찬양조의 글이 되면 어쩌나 하는 고민이었다. 하지만 그저 솔직하게 답하고자 했다. '빼고 남은 것이 무엇인가?'라는 질문에. 선생님의 말과 글, 논문과 책, 신학과 사상을 빼고 내 안에 남아 있는 선생님은 어떤 모습인가? 선생님이 누구시고 어떤 분이신지가 아니다. 다만 내 삶에 비친 선생님의 잔영을 그려내려 했다. 선생님으로 인해 내 삶에 전해진 빛은 무엇인지 밝혀보려 했다. 어쩌면 그 잔영은 선생님의 뜻이나 의도와는 무관할 수도 있다. 난 그런 사람이 아닌데 하실 수도 있고, 혹은 누군가는 선생님을 다르게 볼 수도 있다.

그렇다면 다만 내 안에 비춰진 한 사람에 대한 이야기로 읽혔으면 한다. 멍석을 깔아준 한 사람, 신앙과 신학, 삶의 의미와 방향, 그 길에 대해 솔직하게 나누며 울기도 하고, 웃기도 할 수 있는 멍석을…. 존경스러운 벗들을 그 멍석 위에서 만나게 해준 한 사람, 윗사람이면서도 가장 주변의 가장 작은 한 사람까지 따스하게 감싸 안으려 애쓴 한 사람, 멀리 있고 자주 보지 못해도 그의 처절한 아픔을 위로해주려 애쓰는 한 사람, 글과 말을 고난의 현장, 최전방에서 살아있게 하려고 애쓰는 한 사람, 그래서 막막한 현실 속에 무기력하게 잠들어 가는 이를 화들짝 그러나 아프지 않게 깨우는 한 사람… 내 삶에 멍석과 사랑과 죽비가 되어준 그 한 사람에 대한 이야기로 들어줬으면 한다. 닮고 싶은 멍석과 사랑과 죽비를 보여준 한 사람에 대한 이야기로. 주님께서 이정배 선생님을 통해 보여주신 한 사람의 이야기로, 선생님을 통해 그리워하게 하신 한 삶의 이야기로….

책과 나

김장생 박사

(연세대학교 교수)

입학식을 마친 1993년 봄. 감신대의 모든 벽들은 빈곳 없이 대자보로 어지러웠다. 1992년 종교재판이 남긴 자국들이었는데, 모두 한결 같이 변선환이라는 이름을 담고 이었다. 수업을 들은 적도, 얼굴을 본적 또한 없었던 변선환이라는 이름은 그렇게 처음부터 나를 비롯한 입학 동기들에게 아픈 상흔으로 남게 되었다. 차가운 바람이 불던 냉천동에서 변선환은 한편에서는 종교혼합론자 혹은 다원론자라 불리기도 하였고, 또 한편에서는 교수나 학장이라는 이름으로 불리고 있었다.

감신대 입학 후 차츰 익숙해 져가던 그의 이름에 '교수'도 '학장'도 아닌 '선생님'이라는 다소 색 바랜 구식 이름으로 부르고 있던 사람이 있었다. 종교철학과 신입생 환영회에서 만난 그는 '변선환 선생님'의 말씀이라며 어떤 글을 읽어 주었다. 이정배 선생님이었다. 교실에 둘러앉은 신입생들에게야 큰 의미가 있었겠냐마는 아직 추위가 가시지 않은 감신대 교실에서 비장하게 글을 읽고 있던 모습이 선하다. 그 후로 '선생님'이라는 말이 입에 붙지 않아 어색하였지만 부르다 보니 어느새 나도 변선환에 선생님이라는 이름을 붙이게 되었다. 제대로 책을 읽어 볼 수 도 없었고, 이야기 한번 나누어 본적 없지만 선생님의 선생님도 내 선생님이 되었던 것이다.

『현대이후주의와 기독교』(다산글방, 1993)는 변선환-이정배 선생님의 신학적 지도地圖였던 것 같다. 교양과목을 주로 듣고 있던 1학년 인지라 이 책을 읽어볼 기회는 없었지만 당시 서대문 거리에 있던 조그마한 "한길

서점"은 선배들로부터 책 소식을 전해들을 수 있는 라디오 역할을 하고 있었고, 교재를 사러갔던 3월 박만수 선배로부터 이 책을 소개 받았다.

변선환에서 이정배로 이어진 감신대의 종교신학 담론의 지형을 이 책은 그려주고 있는데, 그 책 이후 오늘까지의 이정배 선생님의 신학 발전을 따라가 보자면 이 책에서 제시하였던 신학 지류들을 재확인하게 된다. 종교 다원주의, 토착화, 생태학, 과학기술, 여성신학 등의 주제로 엮어진 이 책은 "대화"신학의 입장을 취하고 있는 이정배 선생님의 신학 방법론과 주제들을 선명히 나타내고 있다. 변선환 선생님의 불교, 유교 등의 아시아 종교와의 "대화"신학이 타학문과의 대화로 횡적 확장이 시작된 것이었다. 이미 『생태학과 신학』(종로서적, 1989)과 『토착화와 생명문화』(종로서적, 1991)에서 보이고 있는 생태학과의 대화는 이 책에서 그 대상의 폭을 더하고 있었다.

또 한편으로 이정배 선생님은 이 책을 통하여 스승을 사지로 몰아낸 종교재판에 대한 응답을 하고 있었던 것 같다. 기독교 쇠락의 징조는 이미 90년대 초반부터 나타나고 있었고, 대화 없는 독백의 교리 신학은 세상에서 외면당하고 있었다. 진리의 여정은 그간의 자기 발자국의 길을 따라가는 기독교 게토 속의 동종교배가 아닌 자기를 버리는 이종교배의 대화 속에서 찾아진다는 그의 신념이 이 책에서 나타난다. 종교재판을 통하여 감리교 신학자들과 그 후학들에게 되돌릴 수 없는 상흔을 남긴 감리교회의 무사유와 독선 신학에 대한 이정배 선생님의 신학적 저항이 타학문과의 대화를 통하여 풀어내고 있었던 것이다.

나는 1993년 10월 김용옥 기념관 5층 수업거부 농성장에서 이 책을 읽기 시작하였다.

1994년 5월 선생님은 우연히 만난 길에 국민일보 논문 경연대회에 참석해 보라는 권유를 하셨다. 큰 기대나 의미를 담아하신 말은 아니었을 테지만, 학부 2학년생에게 그러한 권유는 그 자체로 큰 용기가 되었고, 아마도 내가 지금까지 학교에 남아 있을 수 있던 계기를 뽑으라면 그 중

하나가 될 것이 분명하다. 생태 신학이 주제였고 몇 달간 열심히 준비 하였다. 그때 가장 꼼꼼히 읽었던 책이 『피조물을 위한 큰 약속』(1994)이었다. 이정배 생태신학의 토대인 "녹색 구원"의 의미가 나타나 있던 책이다. 1학기 오리엔탈리즘 수업시간에 하신말씀이 아직도 생생하다. "피조물을 위한 큰 약속은 전피조물이 고대하는 방식으로 삶의 방향을 정하는 것부터 시작합니다. 이제 페이퍼는 이면지로 내도 좋습니다." 수업 후 간혹 찾아가 책에 대하여 이것저것 물었는데, 기특해 하셨던 것 같다.

다시 시작된 학내사태로 김용옥 기념관에서 지내게 되었다. 5층 구석에 자리를 잡았는데, 당시 종교신학 소개를 많이 하던 「기독교 사상」에 실린 선생님의 "슈바이처의 생명 경외론"을 읽었다.

입대 후 자대 배치를 받고 얼마 지나지 않은 1995년 8월. 몰래 훔쳐본 오래된 신문 조각. 변선환 선생님의 부음 소식이 적혀 있었다. 충격이었지만 사실이지 이정배 선생님이 더 마음 쓰였다. 선생님에 대한 존경과 사랑을 알고 있었기 때문이었다. 편지를 써서 드렸으나 받으셨는지는 모르겠다.

1995년 9월 입대 후 첫 휴가. 관회수교 2층의 연구실을 찾아갔을 때 기독교 통합학문연구소 멤버들과 모임을 하고 계셨고 그때 받은 책이 『예수가 대답이라면 무엇이 문제인가?』(성서연구사, 1994)이다. "예수의 대답"과 "문제"가 병렬 관계인지, 인과 관계인지에 대하여 궁금했었다. "예수가 대답"인 것이 "문제"라는 뜻인지, "예수가 대답일 때" 또 다른 "문제"가 생긴다는 뜻인지. 부대로 돌아가는 기차 안에서 읽기 시작하였다. 예수의 대답과 문제는 모두 독립변수이며 이 두 변수들을 사유의 토대로 삼아 종속변수를 도출하는 것이 신학의 가장 큰 임무임을 밝히고 있었다. 이미 『생태학과 신학』(종로서적, 1989)과 『토착화와 생명 문화』(종로서적 1991)에서 제기한 생명의 문제를 『피조물을 위한 큰 약속』(나단, 1994)에서는 교회의 언어로 재해석 하여 교리적 언어를 넘어선 사회 변혁과 실천으로 나아가고 있었다.

1997년 3월 제대 후 찾아간 선생님. 복학은 9월이어서 시골집에서 쉬었다 온다는 계획을 말씀 드렸는데, 선뜻 본인 집에 와 있으라는 말씀을 하셨다. 떨리기도 하고 무섭기도 하였지만, 이보다 더 큰 기회는 없겠다 싶어 이삿짐을 옮기었다. 2층 선생님 책장 옆방이었다. 선생님이 학교를 가시고 난 뒤 며칠 동안이나 책 구경을 하였다. 다양한 책들이 한방 가득 있었는데, "대화"의 조건이 "타자 이해"임을 책들이 보여주고 있었다. 책장 한구석에 본인 책들을 한두 권씩 별도로 두었는데, 그중 한권은 그때까지 아직 보지 못했던 『한국적 생명신학』(감신, 1996)이었다. 이 책은 "한국"과 "생명"의 다리를 구성하는 책이었다. "한국"이 토착화신학을 의미한다면, 생명은 기독교적 자연 이해를 의미한다. 이정배 신학의 가장 큰 두 기둥인 토착화와 자연이 이 책에서 조직신학적으로 정리되고 있었다.

같은 해 9월 기독교통합학문연구소에서는 폴킹혼의 『과학 시대의 신론』 번역이 한창 중이었다. 변선환아키브에서 열렸던 모임을 간혹 참석하여 귀동냥으로 듣던 과학과 신학의 대화는 그 모임에 참석한 대학원생들의 논문으로 구체화되기도 하였고, 선생님의 "다시 새롭게 만나야 할 과학과 종교"(기독교사상, 1999), "종교와 과학의 간학문적 대화와 한국적 생명신학"(『생태학과 기독교신학의 미래』, 1999)와 같은 논문에서 더 심화되어 녹여져 나오고 있었다.

90년대 말부터 선생님은 "대화"보다는 "간間"이라는 용어를 많이 사용하셨다. 대화가 행위를 나타낸다면 간은 존재의 양태를 의미하기 때문인 것 같다. 선생님에게 서로 다른 존재자들의 상호작용인 대화는 존재의 방식인 "간"으로 나아가게 되었기에 『선한 벗들과 신학하기』(한들출판사, 2000)에서 선생님은 "간"이 적극적으로 수용된 신학을 말하고 있다. 90년대 초반이 학문의 스펙트럼이 넓혀져간 시기였다면 90년대 말은 학문 내용의 변화가 시작되었다고도 볼 수 있을 것 같다.

감신대의 신학적 유산이었던 토착화신학이 자취를 감추기 시작하였던 것은 종교재판 이후 교권과 학문이 뒤섞이며 위대한 유산을 부채로 여기기 시작한 이들이 학교의 리더십을 갖기 시작하면서였다. 세상이 변화 하는 만큼 학문이 변화해 가는 것이야 당연한 것이겠지만, 학문의 변화와 내적 성숙은 함께 가야하는 것이 마땅했다. 감신대는 그렇지 못했고, 급격히 쇠락하기 시작한 대화신학은 1990년대 말에 이르러 그 뿌리째 흔들리고 있었다. 윤성범, 유동식 그리고 변선환을 선생님이라 부르며 자신의 신학의 밑거름으로 여겼던 이정배 선생님의 글들이 이슈별로 분화하며 날카로워지기 시작한 것은 이러한 위기가 반영된 결과일 것이다. '토착화 신학', '후천개벽', '풍수지리', '김지하의 율려', '환경선교', '이용신, 김교신', '윤성범', '변선환', '동학 시천주', '유교적신학과 불교적 신학'을 다루고 있는 『해석의 힘 차이의 축제』(쉼, 2001)과 『한국 개신교 전위 토착신학 연구』(대한기독교서회, 2003), 『간문화 해석학과 신학적 상상력』(감리교신학대학교출판부, 2005)는 쓰러져 가는 감신대의 대화신학의 맥을 이어가려는 책임감과 의무감의 결과물로 보인다.

이후 유학으로 선생님을 자주 뵙지는 못했으나 이후 선생님 글들에서 나타나는 유영모, 함석헌의 신학은 관회수교 시절, 선생님의 연구실에서 멀지 않은 곳에 김흥호 선생님의 영향이 컸던 것으로 생각한다. 1998년 수업 중간 중간마다 김흥호 선생님의 주역 이해를 자주 언급하셨는데, 이미 오래전부터 이어오던 김흥호 선생님과의 교분은 자연히 선생님을 유영모와 함석헌으로 이끌었을 것이다. 현대 한국 사상가들을 다루기 시작한 『토착화와 세계화』(한들출판사, 2007)에서는 정약용, 유영모 그리고 함석헌의 신학을 간 신학의 관점에서 다루고 있다. 이 책 이후 『없이 계신 하느님, 덜 없는 인간』(모시는 사람들, 2009), 『빈탕한데 맞혀 놀이』(동연, 2011), 『생각과 실천 2: 함석헌의 비교 사상적 조명』(한길사, 2012)에서 더 발전되어 나갔다.

어느덧 선생님 앞에 노老 자가 붙기 시작하였다. 노선생님이 길거리로 나가시게 될 줄도 몰랐지만, 세월호와 학내사태 문제로 인해서 일 줄은 더욱이 몰랐다.

모자帽子 철학으로 본 이정배

김영호 대표
(도서출판 동연)

고등학교 때 국어책에 나오는 글 중에 "모자 철학"에 대한 에세이가 있었다. 이 글을 쓰면서 굳이 당시 글의 필자와 정확한 제목이나 내용을 다시 찾아 읽어보려는 시도를 하지 않는다. 그 에세이에 대한 정확성보다는 글이 함유한 이미지로 사용할 것이기 때문이다.

기억 속에 있는 이미지로서의 줄거리는 이렇다. 어떤 모자 가게 주인은 고객이나 사람들이 쓴 모자를 가지고 그 사람을 판단하는 것이었다. 그 가게를 들렀던, 글쓴이로 추정되는, 에세이의 화자는 아들에게 이렇게 말한다. "모자 가게 주인은 모자로 사람을 판단하고, 신발 가게 주인은 신발로, 양복점 주인은 사람들이 입은 양복으로 판단한다. 그게 얼마나 편협하고 편견이며, 때로 한 사람의 모자와 옷과 구두를 두고 서로 다른 평가를 할 수도 있으니 불합리한 기준이라 하겠는가."라는 교훈이다.

나는 직업상 사람을 글로서 먼저 만나는 경우도 있으며, 알고 있던 사람을 글로서 다시 만날 경우가 허다하다. 어느새 내 기준 속에는 글로서 사람을 평가하는 버릇이 생겼다. 글은 내면을 드러내는 세상에서 가장 치명적인 도구의 하나인 것은 자명하다. 때로 말보다 글이 훨씬 자신을 드러내는데 유용하기도 하며 또 신뢰가 가는 경우도 있다. 말은 타고난 재주이지만 글은 갈고 다듬은 자신의 내면 드러내기의 방법이니 글로서 자신이 더 잘 드러난다는 말이 그리 잘못된 것은 아니다. 그러나 때로 소설가가 자신도 소설 속의 인물처럼 만들어 표리부동한 입장을 취하거나, 글로서 교언영색 하는 파렴치한이 없는 건 아니지만. 게다가 내가 가진 직업병의 또 하나는 서가를 통해 사람을 아는 것이다. 어느 집에 가게 되면 결례가 아닌 한 꼭 서가를 둘러본다. 사람의 서가는 많은 것을 대변해 준다. 사고의 여정, 고뇌의 흔적, 삶의 축적이 서가에 녹아 있다. 물론 그것이 전체를 판단하기에는 너무 단편적이지만, 그러나 때로 동물의 작은 뼈 조각 하나로도 그 동물 전체의 모양을 그려내지 않던가? 내게 모자 철학은 책이다. 글과 서가로 대변되는.

작년 연말에 이정배/이은선 교수의 강원도 횡성 한적한 집에 갔다가 부인 이은선 교수의 아버님이신, 장인 고故 이신 박사님의 아카이브에 들렀다. 서재에 가득한 책을 보면서 올곧은 성품, 고독과 때로는 치열함을 엿보며, 더불어 넓고 깊은 학문적 여정의 흔적을 발견할 수 있었다. 그날 서재를 보고 나서 방문한 사람들에게 이은선 교수께서 하는 말인즉, '딸이 어떤 사람과 사귀고 있다고 하자 고인께서 어떤 사람이냐고 물으셨다고 한다. 집안은 가난하나 성품이 착하고 현재 학위를 마쳤다고 대답하였다. 그러면 그 학위논문을 보자고 하셔서 갔다 드렸더니 읽으신 후 가난한 예비 사위의 처지에도 불구하고 쾌히 결혼을 승낙하셨다'고 한다. 순간 나는 그 학위논문이 어떤 내용이고 어떤 의도에서 장인께서 그리 사람됨을 평가하시고 결혼을 승낙했는지 궁금하지 않을 수 없었다. 그런데 한편 생각하건데 지금 내가 알고 있는 이분 이정배 교수가 그때 장인께서 혜안으로 보셨던 그분과 동일하지 않겠는가는 생각에 이르렀다. (참고로 이신 박사의 저서로는 이신 저/이은선 이경 엮음, 슐리얼리즘과 영靈의 신학, 2011; 이신 시화집, 『돌의 소리』, 2012이 있다.)

나는 나의 모자 철학을 신뢰한다. 단, 결코 전체라고는 말하지 않을 뿐. 단편적일 수도 있고, 내가 모르는 부분이 얼마든지 있을 수 있다는 것을 담백하게 인정한다. 사실 사람에게는 자기가 모르는, 자기도 모르는 자신의 내면이 얼마나 많은가를 생각한다면 표면에 비친 의식의 조각은 전체상을 그려내는데 유용하지만 그 생각까지 모두 안다고는 할 수 없을 것이다. 수년, 수십 년을 만나고도 새로운 모습에 당황하는 배우자나 친구의 모습 그리고 자신의 모습이 얼마나 많던가?

모자 철학에서 보는 이정배는 이렇다.

― 정도를 지키려고 한다. 부모님이나 스승들로부터 반듯하게 배움 받았고 이를 그대로 지키며 살아왔다. 어둡고 비 내리는 밤 인적 없는 한적한 시골길의 파란불 신호등도 지키려는 사람이다. 바쁜데 그냥 지나가지 … 하는데도 끝내 가지 않는다. 수많은 행위와 어록과 글로서 이를 대변해 주지만, 주지하다시피 지난 연말 끝내 약속을 지키고자 30년의 교수직을 초개와 같이 던진 일이 있고, 저서『빈탕한데 맞혀 놀이 ― 多夕으로 세상을 읽다』(2011) 〈서론〉부에도 살아온 이정에 대해 기록하고 있다.

― 우리사회에 대한 애정과 관심 때문에 많이 아프다. 세월호로 인해 무던히도 눈물 흘렸고 아직 마르지 않은 채 흘리고 있다. (이정배 이은선 공동 저서,『묻는다, 이것이 공동체인가 ― 눈먼 국가 귀먹은 교회, 세월호 以後의 우리들』, 2015; 이정배 외 23인 공저,『남겨진 자들의 신학 ― 세월호의 기억과 분노 그리고 그 이후』, 2015, 그 외 많은 논문들과 공동저작들.)

― 꿈을 꾸는 사람이다. 그것도 거의 망상(?)에 가까운 꿈. 즉, 한국교회가 새로운 종교개혁으로 거듭나야 하며 또 그렇게 될 수 있다고 믿는 사람이다. 1980년도 위수령이 내려 학교에 진주한 계엄군같이 교권을 틀어 쥔 감리교신학대학에 대해서도 여전히 그런 꿈을 가지고 있다. (이정배 저,『고독하라, 저항하라 그리고 상상하라 ― 2017년 종교개혁 500년을 앞둔 한국교회를 향한 돌의 소리들』, 2013.)

― 사람 소중한 줄을 지극히 잘 아는 사람이다. 그래서 그런 사람들을 모아 일하기를 즐긴다. 기독자교수협의회, 문화신학회, 생명평화마당 그리고 대화문화아카데미 등 여러 프로젝트를 맡으면서 펴낸 책들이 있는데 그 중 대표적인 작업으로 출간한 공동 저작과 많은 기획서들(이정배 외 20인 공저,『한류로 신학하기 ― 한류와 K-Christianity』, 2013; 이정배 외 19인 공저,『생명과 평화를 여는 정의의 신학』, 2013; 대화문화아카데미 편,『성서의 역설적 쟁점』, 2011)이 있다.

― 세상의 종교를 다 품으려고 한다. 하느님의 이름으로. 스승 故 一雅 변선환 박사의 뜻을 충실히 따라간다. (이정배 저,『―이웃종교인을 이한 한 신학자의―『기독교 이야기』, 2013; 이정배 저,『빈탕한데 맞혀 놀이 ― 多夕으로 세상을 읽다』, 2011.)

― 종교뿐 아니라 모든 피조물과 더불어 살고자 한다. 기독교환경연대의 초기 연구소장직을 다년간 맡았으며, 생태신학을 정립하는 데 많은 역할을 했다. (이정배 저,『생태 영성과 기독교의 재주체화』, 2010; 이정배 외 17인 공저,『기후붕괴시대, 아주 불편한 진실 조금 불편한 삶』, 2010; 이정배 외 9인 공저,『생태적 삶을 추구하는 영성 ―개정판』, 2011.)

이상의 모자 철학은 순전히 도서출판 동연을 매개로 낸 책을 기준으로 하였다. 내게는 불행히도 세상에 두 개의 출판사 밖에 없다. 동연과 동연 아닌 출판사. 그러니 이 편협한 기준으로부터 꺼내온 모자 철학을 널리 굽어보시기를 바랄뿐이다.

나는 이정배 교수를 동연 대표를 맡아 기독교 책을 본격적으로 출간하기 시작하면서부터 알게 되었다. 나는 책마다 초판을 매진시켜 재쇄를 찍는 완판남이며, 자주 우수학술도서에 오르내리는 인물로서. 물론 그 앞에 붙을 수식어는 '그럼에도 불구하고 성격 좋으시고, 점잖고, 인품과 인격이

고매하시며 그리고 글을 그리 많이 만지지 않아도 책으로 낼 수 있는' 전형적인 공부 잘하는데다가 착하기까지 한 인물로서. 그런데 무엇보다 내게는 깊이 있는 기독교신학자로서의 강력한 인상이 있었다. 2009년도엔가 처음 기독교학회에서 만나 차 한 잔 나누며 인사할 때 '내가 이런 분의 책을 내면 출판인으로서 소원이 없겠다'고 속으로 생각했다. 그런데 막상 저서 6권과 공동 저서 9권을 출간하였다. 특히 2010년 이후 이정배 책=동연이라는 공식이 따라다닌다. "다 이루었다"는 말도 모자라 "내 잔이 넘치나이다"로 가고 있다. 나는 기독교신학 책을 출판하면서 '이 분들 책은 꼭 내봐야지' 하는 책들을 상당 부분 펴냈다. 원 없이. 때로 내가 일이 잘 안 풀리고 우울할 때면 아내의 얼굴을 쳐다본다. 결혼하기 전 연애할 때 나는 "이 여자와 결혼하면 여한이 없겠다."고 생각한 적이 숱하게 많았는데 막상 결혼했으니 "그리 인생 허무하게 살지는 않았지?"라고 소박하게 자문한다. 게다가 보너스로 아들과 딸까지 있으니.

글을 마치면서 우선, 모자 철학이라는 전제로서 빠져나갈 데를 마련한 것 같다. 지나친 주관성의 미비를 교묘히 덮으려는 시도처럼. 굳이 붙이자면 미필적 고의임을 천명한다.

그러나 공동 저자들이나 많은 우리 동연의 저자이며 독자인 분들께서 "우리한테 무던히도 빨간 줄을 그어대던데 그래 너는 얼마나 쓰나 한번 보자."라고 이 글을 보시지는 않으리라는 믿음이 있다.

바라보던 자에서 참여하는 자로 설, 내겐 유래 없는, 기회를 주시고, 마감과 원고 독촉 그리고 글에 대한 편집적인 지적질에 역지사지의 기회를 주신 이정배 교수의 동지적 배려와 혜안에 감사와 찬탄을 보내며 이글을 맺는다.

논문편

1 부

학문의 맥 그리고 신학

토착화신학의 흐름과 재고*
— 윤성범, 변선환, 이정배를 중심으로

이한영 박사

(감리교신학대학교 외래교수)

I. 들어가는 말: 토착화신학의 역사와 과제

토착화라는 단어는 지금 많은 것을 생각하게 한다. 선교의 대상이었던 나라에서 이제는 많은 선교사들을 해외로 파송하는 나라로 변모된 지금 토착화라는 용어가 우리에게 적합한 것인가? 다원성 또는 다원주의적 관점에서 볼 때, 불변하는 기독교라는 실체성의 '뿌리내리기'라는 인상을 풍기는 토착화라는 용어가 적합한 것인가? 해결해야 할 빈곤의 문제를 앞에 두고 정치적 해방과 실천의 문제를 뒤로 한 채 문화로 안주하려는 것으로 보이는 토착화라는 용어가 적합한 것인가? 시급한 현재의 시대적 과제를 앞에 두고 전통으로 회귀하려는 듯한 토착화라는 용어가 적절한 것인가? 다중성에 근거한 범세계화 또는 지구화의 당면과제 앞에 민족주의를 고수하려는 듯한 토착화라는 용어가 적합한 것인가? 이러한 물음들은 탈 주체, 탈 동일성, 탈 민족, 탈 근대, 탈 전통, 탈 문화, 정치화를 지향하는 포스트모던의 물음이기도 하다.

---

* 출처: 이한영, "토착화신학의 흐름과 재고: 윤성범, 변선환, 이정배를 중심으로," 「신학사상」 147 (2009/겨울).

필자는 이러한 문제의식에는 공감하면서도, 과연 이것이 감신의 토착화신학이 말하는 진정한 모습이었는가 아니면 토착화신학이라는 표면적이고 외연적인 의미가 주는 인상이었는가를 고민하게 되었다. 그러면서도 토착화를 대신할 용어는 없는가 또는 토착화의 의미를 새롭게 재 정의할 작업이 필요하지 않은가 하는 생각도 들었다. 그러나 그러기에 앞서서 해야 할 일이 있었다. 그것은 바로 토착화신학이 정말 주장했던 것은 무엇이었는가를 먼저 알아야 하겠다는 것이었다. 그래서 필자는 그 광범위한 내용에도 불구하고 토착화신학의 맥을 역사적인 관점에서 살펴보는 작업을 택하였다. 토착화신학을 논하면서 유감스럽게 생각하는 것은 이 글이 윤성범, 변선환, 이정배의 신학만을 논하고 있다는 점이다. 토착화신학을 시도한 다른 신학자들도 있지만, 이 글의 목적상 제외된 점을 양해해주시기를 바란다. 이 글은 토착화신학자들의 차이에도 불구하고 사상의 계승과 발전이라는 연속성의 측면을 강조하였고, 위 세 사람은 그러한 의미에 부합된다고 보았기 때문이다.

이 글은 시간의 자리와 장소의 자리라는 생각에서 글을 전개한다. 신학은 시대와 장소의 반영이며, 역사와 문화의 산물이라는 생각에서다. 필자는 토착화신학 역시 그러했고 그러할 것이라고 생각한다. 그것은 내가 지금 처해 있는 시대적 상황이 요청하는 물음에 적절하게 응답하는 신학이며, 동시에 내가 지금 터하고 있는 이 땅이 요청하는 물음에 적절하게 응답하는 신학이라고 말할 수 있을 것이다. 또한 이 글은 신학이란 어느 한 시점의 신학을 반영하는 것이 아니라 과거로부터 현재로 이어지는 연속적인 흐름 속에서 파악되어야 함을 강조한다. 그리고 우리가 또한 물어야 할 것은 과연 그 역사의 주체가 누구인가, 이 땅의 주체가 누구인가 하는 것이다. 다원주의, 다문화, 다민족 등 다가치를 넘어 교차적 가치의 시대를 살아가는 지구촌 시대의 시점에서 이 물음은 다시 한 번 되물어져야 할 과제라고 생각한다. 그리고 만일 제3세대 토착화신학이 있다면, 과거의 세대가 물려준 문제의식을 창조적으로 계승하면서 우리 세대의 물음에 응답함으로써 시작된다고 할 것이다.

II. 윤성범의 한국적 신학

1. 전이해/상황/문화적 아 프리오리로서의 토착화신학[1]

윤성범의 토착화신학의 윤곽은 그의 초기 저서이며 60년대의 저서인
『한국신학 방법서설』에 잘 드러나 있다. 윤성범이 이 글에서 말하고자 하
는 핵심은 〈씨와 자리〉의 관계, 즉 〈복음과 상황〉의 관계를 말한다. 변하
지 않는 씨앗으로의 복음이 토양 속에 떨어져 자생적으로 자라나는 비유
인 것이다. 그러나 이것은 단순한 옮겨심기(번역)가 아니라 새로운 변형
(새 술-새 부대)으로 다시 태어나 자라나는 것이다.

> 번역 일반은 토착화가 될 수 없다. 왜냐하면 번역이란 원문을 그대로 옮겨
> 놓는 것을 위주로 하는 이상 토착화가 될 수 없기 때문이다.[2]
> "한 알의 밀알이 땅에 떨어져 죽지 아니하면 한 알 그대로 있고 죽으면 많은
> 열매를 맺느니라(요 12:24). 복음의 초월성만 가지고는 복음의 본질적 성격
> 을 다 발휘했다고 볼 수 없는 것이다. 이러한 초월성은 다시 한 번 내재화됨으
> 로써만 우리의 생명이 되고 유기적으로 자랄 수 있게 되는 법이다.[3]
> 복음을 새 술에 비한다면 새 가죽부대는 한국 민족의 고유한 문화적 a priori
> 에 해당한다고 볼 수 있는 것이다. 여기에 새 것이라는 말은 반드시 하늘에서
> 공중 떨어진 도깨비 방망이(deus ex machina)는 아니고 우리 민족의 긴

---

1 〈복음과 자리〉, 〈종자와 토양〉, 〈새 술과 새 부대〉의 관계로서의 토착화신학.
2 편집위원회(편), "복음의 토착화에 대한 전이해,"『윤성범 전집 1: 한국종교문화와 한국적
　기독교』(서울: 감신, 1998), 332. 원문: 「기독교사상」(1963.6).
3 Ibid., 88-89. "한국교회와 토착화론".

역사적 전통 속에서 그 본래적인 이념이 새롭게 의식되어지는 것을 뜻함인 것이다.[4]

다시 말해 그의 토착화론은 초월성(복음)의 내재화(상황)라는 성격을 가지고 있으며, 그는 그것을 철저히 성서와의 관계성 속에서 제시하고 있는 것이다. 성서를 바탕으로 하여 복음의 초월성과 문화적 내재화라고 하는 토착화신학의 기본적인 틀을 제시하고 있는 것이다. 그런데 윤성범은 이러한 토착화신학의 틀을 위한 방법론적 전거로 불트만의 〈전이해 Vorversändis〉와 틸리히의 〈정황situation〉를 사용하고 있음을 밝히고 있다.[5] 이를 통해 그가 주장하고자 하는 바는 결국 기독교 복음이 〈전이해〉[6] 또는 〈정황〉이라는 토양 속에서 해석학적으로 규명되어야 함을 의미하는 것이다. 그는 이것을 다른 말로 "문화적 a priori"라고 말한다.[7] 그에게 전이해란 번역이 아니다. 왜냐하면 그는 복음의 단순한 옮기기가 아니라 새로운 내재화로 다시 태어남을 강조하고 있기 때문이다. 그에게 문화란 낡고 오래된 폐기되어야 할 구습이 아니라 오히려 새로운 수용능력이다. 그러한 의미에서 그가 〈자리/전이해/문화적 아 프리오리〉를 단지 '토양'만이 아니라 '새 가죽부대'에 비유하고 있는 것이라고 볼 수 있는 것이다.

'새 가죽부대'란 다른 것이 아니라 새로운 복음을 받아 가지고 감당해나갈 수 있는 인간 쪽의 수용능력을 의미한다고 보아도 좋을 것이다.[8]

---

4 Ibid., 27. "신학방법서설".
5 Ibid., 17.
6 '전이해'에 대한 주장은 같은 책 327-334에 잘 서술되어 있다.
7 Ibid., 22. "신학방법서설". 다른 곳에서는 "종교적 아프리오리" 또는 "신학적 사고양식"이라고 말하기도 한다. Ibid., 321, 333. "현대신학의 과제-토착화를 지향하면서". 원문: 「기독교사상」(1962.8).
8 Ibid., 85. "한국교회와 토착화론". 이러한 생각은 이미 「기독교사상」(1963. 6)에서도 나타나 있었다.

그러나 그는 모든 문화적 아 프리오리가 토착화신학을 구성하기 위한 전이해로 기능할 수 있다고 보지 않았다. 그는 '좋은 문화적 아 프리오리'와 '그렇지 않은 문화적 아 프리오리'를 구분하고 있는데, 그것은 변질된 토착화 또는 타락한 토착화에 대한 그의 염려에 기초하고 있다. 그리고 그것은 기본적으로 마 13장의 천국비유(종자-토양의 비유)에 근거하고 있음도 알 수 있다.

> 복음의 씨가 만일 샤머니즘의 세계, 아니 토양에 떨어진다면 그 복음은 부지불식간에 무당교적인 현상으로 나타나고야 말 것이다. 유교나 불교에 대해서도 사정은 동일한 것이라고 생각한다. … 그래서 교회 안에서도 무당식의 현상이 일어나고 있음에도 불구하고 전연 아랑곳없다는 듯이 무관심한 상태에 있지 않나 생각된다. … 기독교의 복음의 씨를 올바른 토양에다가 받아들이자는데 더 큰 의의를 발견하게 되는 것이다. 말하자면 우리가 가지고 있는 마음 바탕(토양)이 돌짝밭이라면 우리는 복음의 씨를 심기 전에 먼저 돌을 추려내야만 될 것이고, 만일 비료성분이 부족한 경우라면 우리는 먼저 부족한 비료를 충분히 제공하여서 우선 옥토를 만들어 놓아 좋은 복음의 씨를 심어도 무방할 것이다. … 복음의 결실이 좋은 열매가 아니고 변질된 열매가 되어버렸다면 이 토착화는 잘못된 토착화라고 단정해서 좋을 것이다.[9]

아마도 윤성범의 토착화신학의 방법론에서 불변의 복음보다 더 중요한 위치를 차지하고 있는 것은 '문화적 아 프리오리'로서의 '전이해'가 아닌가 생각한다. 물론 내용상으로는 복음(종자)은 선험적이며 선재적인 것임에 틀림이 없다. 그러나 올바른 토착화가 가능한 것은 전적으로 올바른 전이해, 올바른 문화적 아 프리오리에 달려 있는 것이다. 그렇다면 윤성범에게 올바른 문화적 아 프리오리란 무엇인가?

---

9 Ibid., 89-91.

토착화신학의 문화적 아 프리오리와 관련된 60년대의 윤성범의 방법론들은 칸트(a priori), 불트만(전이해), 틸리히(상황) 등의 사상과 관련된 것들이라 할 수 있다. 특이한 것은 그의 성의 신학의 단초가 된 바르트 신학의 방법론이 이 시기에 별다른 기능을 하고 있지 않다고 하는 점이다. 토착문화를 전이해로 보고자 하는 윤성범에게 바르트의 인식론적 방법론은 큰 매력을 끌지 못했던 것으로 보인다.

2. 한국적 신학- 성의 신학: 선험적 인식론에서 선재적 존재론으로

60년대의 전통문화에 대한 관심은 단군신화 등 토착문화에 집중되어 있었다. 그러나 71년에 발표된 "성의 신학"을 계기로 이후 그의 신학에는 강조점의 변화가 생겼다. 윤성범은 이제 기독교의 토착화를 포월抱越하여 "더 건전한 신학의 수립"에 관심을 갖는다.[10] 토착화신학에의 관심이 한국적 신학의 관심으로 확장되었다고 볼 수 있다. 윤성범은 이에 대해 다음과 같이 말한다.

한국적 신학은 한국적인 실존과 한국적인 정황, 다시 말하면 한국적인 문화적, 정신적 전통에다가 서구적인 신학적 전통을 가미함으로써 우리의 전통이 다시금 살아나게 하는 것이 한국적 신학의 과제라 할 수 있다. 이러한 과업은 단순한 신학적 토착화의 과제만이 아니요, 이것이 바로 신학 그 자체라고 말할 수 있는 것이다.[11]

토착화신학이 불변의 기독교복음이 토착문화의 아 프리오리 속에서

---

10 윤성범이 성의 신학으로서의 "한국적 신학을 발표한 것은 1971년 「기독교사상」 3월호였다. 여기에서는 〈신론〉만이 발표되었다. 그리고 1972년 『한국적 신학-성의 해석학』이라는 저서를 간행했다. 유동식, 『한국신학의 광맥』 (서울: 다산글방, 2000/2003), 320.
11 편집위원회(편), "성의 신학," 『윤성범 전집 2: 한국유교와 한국적 신학』 (서울: 감신, 1998), 16.

자라나는 것(해석되는 것)이라고 한다면, 한국적 신학은 한국적 문화전통에 서구신학을 가미하여 전통을 다시 살리는 것이라고 말하지 않는가? 이것은 중요한 변화라 아니할 수 없다. 강조점이 기독교에서 한국종교로 전이되고 있는 듯하다.

"성의 신학"에서 한국적 신학의 하나의 하위구조로 자리 옮김을 한 '전이해'는 〈종교〉이다.[12] [토착화신학]의 전이해인 〈문화적 아 프리오리〉는 [성의 신학]에서 〈종교〉로 표현된다. 토착화신학이 종자로서의 기독교 복음이 주체적인 의미에서 문화라는 토양 속에서 심겨져 자라나는 것에 관심하고 있다면, 한국적 신학은 종자로서의 기독교 복음이 동양종교라고 하는 전이해 속에 이미 내재되어 있다고 하는 것에 관심하고 있다. 그러면 모든 동양종교가 기독교복음을 담지하고 있는가? 여기에 윤성범이 "誠성"을 말하는 중요한 논지가 있다. 윤성범은 "성을 진지하게 다루지 않는 동양종교, 예컨대 유불선 삼교를 종교로 보다는 윤리로 보려 한다"고 말하며 이것이 "誠성"을 통해 새롭게 규정되어야 한다고 주장한다.[13]

그런데 "성의 신학"이 말하는 〈誠성〉은 도대체 무엇인가? 한국적 신학으로서의 "성의 신학"에서 윤성범은 誠성 개념을 기독교의 말씀(로고스)과 동격으로 놓는다. 그는 성을 "동양사상의 핵심이며 동시에 한국사상의 노른자위"[14]라고 말하고 있는데, 이는 신유학과 요한복음의 만남, 더 정확히 말해서 율곡의 誠성 사상과 바르트의 말씀의 신학의 만남이라 할 수 있다. 그의 말을 정리해서 간단히 말하면, 誠성은 요한복음의 로고스이며, 창세기의 천지를 창조한 하느님의 말씀이며, 하느님 자신이며, 몽고말 텡그리이며, 예수 그리스도이며, 바르트의 말씀의 삼중성인 것이다.[15]

---

12 Ibid., 41. 이밖에 제 1부 제 1장 [성의 신학]의 각 절 제목인 〈성으로서의 신학〉, 〈성의 집으로서의 실존〉, 〈성의 현상으로서의 계시〉 등의 의미를 깊이 생각해보아야 할 것이다. 즉 신학은 하느님의 말씀을 말하는 것이며, 실존으로서의 인간은 하느님이 거하는 곳이며, 계시는 하나님이 나타남이라고 이해할 수 있을 것이다.

13 Ibid., 44-45.

14 Ibid., 22.

15 Ibid., 23, 24, 31, 39, 25. 〈각 페이지는 내용에 따른 순서임〉

이로써 알 수 있는 것은 윤성범의 한국적 신학에서는 60년대의 〈전이해〉가 그다지 큰 기능을 발휘하지 못하고 있다는 점이다. '전이해'라고 하는 '선험적 인식론의 토대'가 '개념'이라고 하는 '선재적 존재론적 토대'로 전환되어 있는 것이다. 즉 〈복음-자리〉의 관계에서 강조점이 〈자리〉에서 〈복음〉으로 옮겨간 것이다. 그리고 이렇게 됨으로써 기독교의 말씀도 선재적 존재론적인 진리이며, 율곡의 성誠도 선재적 존재론적 진리인 것이다. 즉 이 양자는 등가적 지위를 점하고 있는 것이다. 이것은 60년대 단군신화의 경우 삼신을 삼위일체의 '흔적'으로 본 것과 달리, 성誠을 말씀과 동일 본질로 보고 있다는 점에서 어렴풋이나마 전자의 포괄적 색채가 공통근거에 의한 다원적 색채로 변모된 성격마저 띄고 있다고 할 수 있을 것이다.

윤성범의 신학구조에서 성이 차지하고 있는 위치를 도표를 통해 이해해보자.16

	〔본질〕		〔전이해〕		〔토착화〕
토착화신학	씨	—	토양	—	열매
한국적 신학	말씀	—	종교	—	성(誠)
	〔본질〕		〔전이해〕		〔본질〕

이 그림을 통해 볼 때 토착화신학의 시도는 변하지 않는 보편적이고 초월적인 복음의 씨앗이 특수적이고 내재적인 토양에서 잘 자라나게 하

---

16 윤성범은 "성의 신학"과 아울러 "효의 신학"을 주창하였다. 그는 로고스(말씀)를 유학의 '父子有親'의 관계와 유비하였다. 편집위원회(편), 『윤성범 전집 3: 효와 종교』(서울: 감신, 1998), 30. 또한 참 하나님과 참 인간인 로고스로서의 성을 인간이 궁극적으로 도달할 목표로 보기도 하였다. Ibid., 99. 또한 예수를 신인관계의 효자의 모범이라고 말하기도 하였다. Ibid., 318. "예수는 모름지기 효자다." 윤성범에게 "효의 신학"은 대단히 중요한 주류사상이나 이 글의 목적상 배제하였다. 그러나 방법론이 아닌 윤성범 신학의 사상에 관한 목적으로 다시 글이 쓰인다면 그의 "효의 신학"은 대단히 중요한 부분으로 다루어지게 될 것이다.

는 것이라고 한다면, 한국적 신학의 시도는 변하지 않는 보편적이고 초월적인 복음의 씨를 종교라는 매개(전이해)를 통해 서양과 동양, 기독교와 동양종교 양쪽에서 모두 발견할 수 있다는 것을 시사하고 있는 것이다.

60년대와 달리, 70년대의 성의 신학에서는 칼 바르트, 율곡 이이, 칼 야스퍼스의 인용이 두드러진다. 전자에서는 칸트(아 프리오리), 불트만(전이해), 틸리히(정황)의 용어들이 주로 〈복음-자리의 관계〉에서 [자리]에 해당하는 '전이해'의 방법론으로 사용되었다고 한다면, 후자에서의 바르트(말씀), 율곡(성), 야스퍼스(암호)의 용어들은 주로 [복음]에 해당하는 '본질'을 드러내기 위한 목적으로 사용되고 있다는 점이 특기할 만하다 할 것이다. 어쩌면 이것이 60년대 '토착화'와 70년대의 '한국적'의 차이일지도 모르겠다.

윤성범의 신학은 토착화의 선구자로 서구신학에 맞서 자신의 토양 속에서 기독교의 복음을 잘 길러내고자 하는 데에서 출발하였다. 그리고 그것은 〈복음-자리〉 또는 〈본질-상황〉의 관계를 〈본질-본질〉의 관계로 변환하며 전개되었다. 그리고 그 과정 속에서 포괄적 성취론에서 공통근거의 다원주의의 맹아로의 전환의 싹을 발견할 수 있었다. 그리고 그의 놀라운 창의력은 아무도 하지 못한 과감한 한국적 신학하기를 감행할 수 있었다. 하지만 그의 지나친 상상력은 율곡의 성誠 개념에 대한 해석에서 볼 수 있는 것처럼 지나치게 자의적이기도 했고, 공통 근거에 의한 다원주의가 받는 비판과 마찬가지로, 지나치고 무리한 일치라는 비판도 받을 수 있다. 그리고 그의 한계는 한국적 상황, 문화적 상황이라는 제한된 영역에 머물러 있었다는 점이다. 어쩌면 그는 토착화신학의 선구자로서 후세대의 비판적 의견을 다 담아낼 수 있었던 자리에 서 있지 않았다는 변명을 할 수 있을 지도 모른다. 그러나 그의 개인적인 세계관이나 그의 시대적 장소적 상황에 의한 정당화에도 불구하고, 오늘의 과제를 풀어야 할 우리들에겐 그의 신학이 가진 시공간적인 제한성을 넘어 새롭게 응답해야 할 필요가 있을 것이다.

III. 변선환의 종교해방신학(1927-1995)

1. 종교신학과 토착화신학: 비신화화신학과 다원주의신학

70년대의 윤성범의 토착화신학 또는 한국적 신학은 종교신학의 모습을 어느 정도 가지고 있었다. 그러나 윤성범에게는 종교 간의 대화라고하는 강한 자의식은 없었다. 윤성범에게 타종교(동양종교)란 기독교 복음을 이해하고 표현하는 문화적 아 프리오리였기 때문이다. 그러나 변선환에게 토착화신학이란 종교 간에 있어서의 타종교와의 대등한 관계에서의창조적인 대화였다.

윤성범이나 변선환은 모두 그 출발점은 실존주의 신학자 불트만에서시작했으나 윤성범은 불트만의 〈전이해〉를 통한 문화적 아 프리오리를방법론으로 삼았고, 변선환은 불투만의 〈비신화화〉를 통한 비서구화(토착화)를 방법론으로 삼았다.

> 비신화화의 지혜는 우리에게 있어서 비서구화라는 토착화의 지혜가 될 수
> 있을 것이며, 그것은 분명히 복음의 한국적 해석에로의 길을 밝혀 주리라고
> 믿는다.[17]

비신화화의 토착화란 무엇인가? 그리고 비신화화가 토착화신학에 공헌하는 것은 무엇인가? 변선환은 불트만의 실존론적 기독론에서 인간과역사의 문제를 바라본다. 거기서 그는 신화를 넘어서는 과정을 본다. 바르트처럼 기독론의 우월성을 말하는 것이 아니라 불트만처럼 기독론의 신화를 비신화화해야 한다. 그러나 그는 거기에서 멈추지 않고 더욱 더 철저한 비신화화가 이루어져야 할 것을 주장했다.

---

17 변선환아키브(편), "불트만의 비신화화와 토착화의 과제," 『변선환 전집 3: 한국적 신학의모색』 (천안: 한국신학연구소, 1997), 243. 원문: 불트만 추도 강연회 원고(1976).

바로 한국교회의 토착화의 과제 때문에 본인은 불트만의 비신화화의 과제가 철저하게 성취되지 않았다고 그 불철저성을 말하는 칼 야스퍼스, 프리츠 부리, 슈버트 오그덴의 입장에 동조하고 싶다… 프리츠 부리는 불트만의 비신화화가 실존적으로 철저하게 해석되지 않고 그대로 남겨 놓은 기독교 신앙의 최후의 신화적 잔재인 그리스도 신화, 그리스도 케리그마를 버려야 한다고 하였다… 복음의 한국적 토착화는 바로 개체 인간의 자유를 알지 못하는 마술동산에서부터의 해방, 곧 인간화(humanization)로 나타나야 한다.[18]

여기에서 비서구화의 의미가 드러난다. 토착화란 서구의 신화적 신앙을 그대로 답습하거나 이식하는 것이 되어서는 안 된다는 것이다. 토착화란 서구의 신화적 케리그마마저도 해체하는 것이다. 그렇다면 어디에서 찾을 것인가? 변선환의 신학은 비신화화와 비서구화에서 멈추지 않았다. 종교다원주의를 통해 (종교간) "대화의 신학"으로 나아갔기 때문이다.

토착화를 비서구화와 연계시키는 그의 작업은 서구 제국주의 신학 아래 놓여 있었던 아시아신학에 대한 연대로 이어졌다. 이 점이 윤성범의 토착화신학과 다른 점이다. 윤성범의 토착화신학이 "한국적" 토착화신학이라는 관점에 머물러 있었다면, 변선환의 토착화신학은 오직 한국의 것만이 아니었다. CCA성명서(1970)에서 천명한 "아시아" 토착화신학에 주목했던 것이다.

제 3세계 도처에 일어나고 있는 민족주의 운동과 함께 반서구 세계의 신학자들이 자기들의 토착종교와 토착문화를 통해서… 토착화신학을 형성하려고 나서고 있는… 이 결정적인 때에 아시아신학 형성이라는 창조적 과제에서 물러날 수도 없고 또 물러날 수도 없다.[19]

---

18 Ibid., 250.
19 변선환아키브(편), "동양종교의 부흥과 토착화신학,"『변선환 전집 1: 종교간 대화와 아시아신학』, 61, 64.

이미 이러한 천명은 더 이상 단순히 편협한 민족주의, 자기문화, 비정치일 수는 없었다. 민족주의, 토착문화는 서구세계의 편협한 보편적 제국주의에 맞서 자신의 생존권과 삶의 주체성을 주장할 수 있는 강력한 힘이었다. 아시아 토착화신학이란 아시아의 통일된 보편성 속으로 개체성이 흡수되는 단일한 신학이 아니라 아시아의 각 주체들이 각자의 자리에서 행하는 토착화의 신학을 말하는 것이다. 이것은 〈비서구화(토착화) 연대〉인 것이다.

그러나 변선환의 신학은 아시아신학에만 국한되었던 것은 아니다. 제3세계의 신학과 타종교의 신학을 고려해 넣고 있기 때문이며,[20] 더 나아가 WCC의 에큐메니칼 정신에서도 천명되어 있듯이, 세계적인 차원에서의 인식의 전환이 요청되어야 함을 주장했기 때문이다. 아시아 신학 또는 제3세계 신학이 서구 제국주의 신학에 대한 생존의 문제라면, 세계 신학은 인류 전체의 종교적 생존의 문제라고도 할 수 있다.

변선환은 그 방법론적 토대를 (아마도 1984년 이후의 논문에서 빈번히 등장하는) 다원주의에서 찾고 있다. 먼저 그는 존 힉의 신 중심적 다원주의에 의거하여 "종교다원주의 시대는 신학의 혁명, 타종교에 대한 코페르니쿠스적 전환을 요청하고 있다"고 주장한다.[21] 기독교 중심, 불교중심, 힌두교 중심 등 자아중심이 아니라, 신(실재) 중심이라는 사고 안에서 종교 간의 대화가 이루어져야 한다는 것이다. 개체종교의 탈자아적, 탈주체적 사고라고도 할 것이다. 또한 그는 폴 니터의 실천중심 또는 구원중심 다원주의, 파니카의 대화원리, 피에리스의 아시아 종교해방신학 등 많은 서구의 다원주의 신학자들 내지 아시아 신학자들 간의 교류를 통해 그의 신학을 전개시켜 나갔다. 아시아 신학이 〈비서구화의 연대〉라면, 세계 신학은 〈비기독교화의 연대〉라고도 할 수 있을 것이다. 신 중심주의든 구원 중심

---

20 Ibid., 169-252. "타종교의 신학"(1984), "비서구화와 제3세계신학"(1984).
21 Ibid., 40-41. "종교간 대화 백년과 전망." 물론 아시아신학의 방법론적 토대도 다원주의 원칙에 근거하고 있다. Ibid., 61. "동양종교의 부흥과 토착화신학." 그러나 이는 또 다른 문제이다.

주의든 변선환 신학의 지향점은 기독교, 개체 종교를 넘어서 종교 간의 반목과 갈등이 아니라 대화를 추구할 수 있는 보편적 토대였던 것으로 보인다. 이로써 기독교와 한국 종교라는 이원론, 기독교와 아시아 종교라는 이원론을 넘어 세계라고 하는 일원성을 향해 한 걸음 더 다가갔던 것으로 생각할 수 있다. 그러나 이것은 결코 전자의 폐기를 의미하는 것이 아니었다고 본다. 한국의 토착화신학, 아시아의 토착화신학, 세계의 토착화신학의 가능성을 엿볼 수 있는 대목이다.

2. 종교해방신학과 토착화신학

유동식은 "종교신학은 종교-우주적 신학이라면, 민중신학은 사회-정치적 신학이다. 종교신학이 한국의 종교적 전통문화와의 만남이라면, 민중신학은 한국의 사회적 현실과의 만남"[22]이라고 말한다. 어떻게 보면 이 두 신학은 서로 만나지 못한 채 영원한 평행선을 달려야 하는 신학으로 보일지도 모른다. 그러나 변선환의 신학에서 이 두 신학은 종교해방신학으로 만난다. 그의 이러한 신학은 아시아의 가난에 대해 응답했던 아시아의 상황, 군사독재 시대에 신음했던 민중들의 상황 속에서 형성된 것이다. 아시아 신학과 민중신학에 대한 응답이었다고 할 수 있다.

변선환이 보고 있는 것은 오늘의 종교적, 정치적 상황이다. 변선환의 종교해방신학은 현재를 살아가는 그의 삶에 대한 신학적 응답이었다.

두 전위 신학은 모두 서구 신학의 바벨론 포수에서 벗어나서 전통 종교의 부흥과 혁명적인 상황에서 제기되는 문제에 성실하게 응답하려는 비서구화의 과제와 씨름하고 있다

이 두 신학의 출발점은 모두 비서구화였다. 그리고 70년대의 토착화운

---

22 유동식, op.cit., 319.

동의 흐름과 80년대의 민주화운동의 흐름이 변선환의 신학 속에서 합류되어 갔다.[23] 70년대의 토착화신학은 아시아의 다른 신학과 마찬가지로 제국주의적인 서구 신학으로부터 벗어나 잃어버리고 억눌렸던 주체성을 다시 찾고자 하는데 있었다. 그리고 그 주체성의 회복의 자리는 바로 윤성범 등에게는 바로 전통과 문화였다. 그러나 70년대의 유신체제와 80년대의 군사독재 시대로 이어지는 민주화운동, 민중신학에 있어서 그 주체성의 회복의 자리는 바로 민중과 민주였다. 그리고 전통문화와 민중 민주를 기치로 하는 두 신학의 거리감에도 불구하고 두 자리 모두에게 일치하는 공유점이 있었다. 그것은 바로 비서구화, 주체화, 민족화(한국화)였다. 이 시대는 탈 민족, 탈 주체의 시대가 아니었다. 민족과 주체는 서구에 의해 우리의 시공간을 점유당한 사람들이 살아갈 수 있는 희망이며 뿌리이며 정치적 근간이었다.

변선환은 토착화신학의 미래로 이 두 신학이 합류하는 다원주의 종교해방신학을 제언한다. 이 두 신학의 양극화를 넘어선 제3의 길로서의 한국적 신학이라는 것이다. 토착화신학과 민중신학이 종교해방신학으로 나아갈 수 있는 인식적 근거, 방법론적인 근거는 무엇인가? 그것은 토착화신학의 '문화적 아 프리오리'인가? 존재론적인 '한국 종교'의 개념인가? 민중신학의 주체 개념인 '민중'인가? 필자는 변선환의 비서구화가 토착화신학과 민중신학의 합류로서의 종교해방으로 확장될 수 있는 인식적 근거, 방법론적인 근거가 된 것이 바로 다원주의 신학이라고 본다. 다원주의는 비서구화의 이념을 계승하여 아시아 각국을 서구의 신학으로부터 해방시키는 힘이 됨과 그 안에 살아가는 민중들을 해방시키는 힘이 되기 때문이다. 더 나아가 이것은 아시아를 넘어 다중이 공존할 수 있는 세계의 신학을 가능케 하는 해방의 힘이 될 수 있기 때문이다.

---

23 변선환아키브 편집부, op.cit., 『전집 3』, 61. "토착화논쟁 30년". Ibid., 77-78. "한국개신교의 토착화: 과거, 현재, 미래"(1990).

3. 세계의 신학과 토착화신학: 세계의 신학, 만종의 신학, 우주 해방 신학

이제부터의 필자의 관심은 변선환의 실재 중심적 다원주의적 시각 속에서 그리고 그 바탕이 되는 공통 근거인 신 체험이라는 시각 속에서, 세계의 신학, 만종의 신학, 우주 해방 신학의 단초를 읽어내려고 하는 것이다. 〈종교 간 대화와 종교체험〉에 관한 변선환의 관심은 미국 유학시절 일본 선불교를 공부했던 스텐리 하퍼와의 만남과 스위스 유학시절 프리츠 부리와 함께 했던 선불교 고전, 교토학파 철학자들에 대한 공부에서 시작된 것으로 보인다.[24]

그 다음으로 그는 아시아 신학자들과의 대화 속에서 단지 불교와의 대화만이 아니라 아시아의 타종교에서의 대화의 근거를 확장시켜 나갔다고 볼 수 있다. 그 중에서 한 가지 예를 들 수 있는 것이 인도의 레이몬드 파니카에 대한 언급이다.

> 파니카는 종교의 본질을 절대자이신 하느님과의 통일성으로 보고 있다. 모든 종교는 종교의 종합과 통일성을 향한 역동적이고 우주적인 과정에 있다.";
> "기독교는 씨앗으로서 모든 종교의 깊이에 이미 감추어져 있었다."; "모든 종교는 하느님, 다소 차이는 있으나 신과의 연합에 이르는 완전한 길을 서술하며 그 중심에 그리스도가 역사하며 신의 은총을 완성한다."; "우파니샤드에 나타난 불이의 지혜는 인격적 관계를 넘어선 절대자와의 신비적 합일과 사랑과 명상의 종교 안에서 대화를 향한 길을 제시한다."[25]

---

24 변선환아키브(편), "나의 신학 수업,"『변선환 전집 6: 현대신학과 문학』, 353, 357. (1980 초 논문)

25 변선환아키브(편), op.cit.,『전집 1』, 135-136, 143. "레이몬드 파니카와 힌두교인-기독교인 사이의 대화"(1976). 하지만 그는 기독교를 씨앗으로 보는 입장, 힌두교를 기독교의 예비단계로 보는 입장, 불이의 지혜의 비정치적 성격, 우주적 그리스도의 인도-유럽적이며 형이상학적이며 라틴적 성격에 대한 비판적 안목도 가지고 있었다.

이것은 실재 중심적 다원주의에 근거한 공통 근거를 신 체험에서 발견하려는 그의 관심을 보여주고 있는 것이다.

또한 변선환은 이미 1978년에 "이용도와 에크하르트"에 대한 글을 통해 기독교의 한국적 영성과 서구적 영성을 비교하여 고찰한 바 있다. 변선환은 이용도에게서 고난의 신비주의, 그리스도와의 신비적인 합일, 전적인 신과 전적인 인간과의 일치를 발견한다.[26] 세계 신학의 가능성을 신비주의에서 발견하고 하는 듯한 인상을 받는다. 그럼에도 불구하고 그는 이용도의 열광적 신비주의가 에크하르트의 신성의 근저, 원효의 일심—心의 신비의 심연과도 같은 차원에 미치지 못했다고 비판하며, 한국 불교가 통불교였던 것처럼 기독교 역시 포괄성을 가져야 할 것이라고 주장한다. 그리고 마지막으로 이 양자의 신비주의가 무차별적 사랑을 말하고 있지만 현실의 부조리를 개혁하고 변혁하려는 역사적 행위로 나타나지 못했음을 비판함도 잊지 않았다.[27]

무엇보다도 주목할 것은 변선환이 토착화신학의 역사를 정리하면서 최병헌의 신학을 매우 중히 여기고 있다는 점이다. 그는 세계 종교의 출현에 대하여 언급하고 있는 윌리엄 호킹과 윌프레드 스미스의 관점을 소개하며 세계의 신학으로의 방향성에 대해 언급한 바 있고,[28] 이것을 다시 최병헌의 신학적 작업에 대한 재평가로 제시하였다.

> 최병헌의 세계 종교의 신학은 배타주의적 대치설이나 성취설의 베일에 가려졌던 탁사의 종교신학에는 보화와 같은 진리가 숨어 있다. 그것을 필자는 "세계 신앙(one world faith)"이나 "세계종교(one world religion)"의 신학이라고 부르고 싶다. 그러나 스미스가 호킹을 따라서 사용한 "신앙"이라는 말과 비슷한 뜻을 가지고 있으나 보다 더 포괄적인 개념이라고 볼 수 있는

---

26 변선환아키브(편), op.cit.,『전집 3』, 314, 325-326, 335.

27 Ibid., 336-359.

28 Ibid., 135, 140. "탁사 최병헌과 동양사상". 호킹은 공통근거로 〈종교성〉을, 스미스는 〈신앙〉을 말한다.

것은 "신체험"이다… 롬바하에 의하면, 신체험(하나인 것)은 "제일의 근원"이며 "존재를 초월하는 존재," 그런 의미에서 "존재를 초월하는 無性"이며 진리 자체이다.29

변선환은 최병헌의 토착화신학이 종교 변증 신학, 성취론적 신학이라는 한계를 가지고 있음을 잘 알고 있었다. 하지만 그는 최병헌의 신학에서 세계 신학의 가능성을 발견하고 있다.

> 필자는 최병헌의『만종일련』의 신학, 종교변증신학의 과격성으로 오늘날 종교신학이 논하고 있는 신중심, 실재중심다원주의가 숨겨져 있다고 본다. 최병헌은 서로 다른 문화적 종교적 전통 속에서 서로 달리 체험되고 서로 다른 신조나 교리로 표현된 세계종교(만종)을 일관하고 있는 〈하나의 신적 현실성〉에 대한 신체험을 〈西洋之天卽東洋之天〉 또는 〈萬宗者以一臠知全鼎味也〉라는 말로 표현하고 있기 때문이다… 최병헌의 만종일련의 신학은 옥처럼 닦기만 하면 앞으로 새로운 신학적인 각광을 받게 될 것이다.30

일련이란 무엇인가? 학자마다 그 해석을 달리하고 있지만, 필자는 불교의 일미一味, one taste와 상통하는 뜻이 아닌가 생각한다. "一臠知全鼎味"에서 맨 앞과 맨 뒤의 글자만을 취하면 일미一味가 되기 때문이다. 모든 종교가 하나의 체험을 갖는다는 것은 실재중심의 공통된 체험에서 가능한 것이다.

불트만의 비서구화에서 출발한 변선환의 토착화신학은 실재 중심의 종교다원주의의 틀 속에서 그 지평을 편협한 민족주의가 아니라 세계적인 지평으로 넓혀감으로써 만종의 신학, 우주해방의 신학으로 나아가고 있었던 것으로 보인다. 그러나 공통근거로서의 실재를 말할 수 있는 것은

---

29 Ibid., 181-2.
30 Ibid., 82. "한국개신교의 토착화: 과거, 현재, 미래"(1990).

무엇보다도 신 체험에 있었다고 할 수 있다.

하지만 앞에서 언급한 파니카(주 25), 이용도에 대한 비판에서 볼 수 있는 것처럼, 변선환은 공통 근거로서의 신체험을 강조할 때 빠질 수 있는 개인적이고 탈세간적인 성격에 대해서도 충분히 생각하고 있었음을 볼 수 있다. 그래서 공통근거로서의 그의 신체험은 강력한 실천성과 언제나 연계되어 있는 것이다. 변선환은 신체험을 공통 근거로 하는 세계 신학은 거기에 머물지 말고 인간화와 지구 윤리라고 하는 실천적 영역으로 연계되어야 함을 주장한다.[31]

변선환에게 있어서 해방이란 무엇일까 생각해본다. 그의 종교해방신학의 관심은 비서구화에서 출발한 그의 초기 관심이 확장, 발전된 것이 아닐까? 그에게 비서구화란 결국 서구제국주의신학으로부터의 해방이며, 그래서 비서구화로서의 토착화신학은 곧 해방의 신학인 셈이다. 그리고 변선환은 한국적 상황, 민중의 상황을 다원주의 신학 속에서 다시 한번 해방시켜 그 지평을 세계의 영역으로까지 넓혀나갈 것을 제안했던 것이라고 할 수 있다.

IV. 이정배의 한국적 생명신학과 수행적 지구촌신학
: 토착화신학과 세계화신학

1. 한국적 생명신학

1996년『한국적 생명신학』이 출판된『한국적 생명신학』은 이정배의 신학적 여정을 모은 첫 번째 저서이다. 여기에서 윤성범의 복음-자리로

---

31 변선환아키브(편), "만국종교대회와 지구윤리,"『변선환 전집 7: 현대문명과 기독교신 앙』, 221-252. (원문: 1993년). 만국종교대회(1893), 벵갈로 100주년 기념대회(1993)를 회고하면서 그는 지구공동체의 새로운 윤리가 요청됨을 환기시키고 있다.

서의 토착화신학과 변선환의 종교해방신학으로서의 토착화신학과는 또 다른 면에서의 토착화신학의 면모를 엿볼 수 있다. 그런데 이 글에서 그는 자신의 신학이 또 다른 변신을 기도하고 있다고 말한다. 이후 한국적 생명 신학의 모토가 될 이 내용을 정리하면 다음과 같다.[32]

신학사 관점	윤리적 신학, 실존적 신학, 구속사 신학	→	우주중심, 생명 중심의 신학
유교적 관점	"理," "心"에서 생겨난 성인, 군자, 윤리 중심	→	자연, 기 중심 세계관
성적인 관점	부친의 유교적 영향력(남성 신학)	→	모친의 무교적 생명력 (여성신학)
간학문 관점	사회과학, 역사학, 신학	→	자연과학, 생물학
조직신학관점	기독론, 신론 중심	→	성령론 중심

필자가 보기에 여기에서 언급한 그의 제안은 이후의 그의 신학을 통해 계속적으로 지속 발전해나가고 있다. 복음-자리의 관계에서, 윤성범의 자리가 서구 신학에 맞선 문화적 아 프리오리의 자리였으며, 변선환의 자리가 다원주의 사회의 현실 속에서의 종교와 정치적 현실이었다고 한다면, 이정배의 자리는 환경, 생태와 그 근원이며 전체인 생명에 대한 자리였다고 할 수 있다. 이정배는 이 생명신학에서 토착화의 흐름과 종교해방 신학의 흐름 그리고 최근에 전개되는 글로벌 신학으로의 흐름을 읽어낸다. 그가 이러한 생각을 갖게 된 것은 제레미 리프킨의『생명권정치학』이 었다. 이정배는 이 책을 통해 "생명권 의식," "생명의 원리," "지구 의식," "생명 본능의 회복" 등을 보았으며, "리프킨의 생명권 의식이 종교적 영성에 구체적인 내용을 줄 수 있으며, 종교와 정치가 만날 수 있는 가능성으로 자리할 수 있다"고 주장한다. 또한 이 책을 읽으며 다국적 기업 앞에 놓여 있는 민족의 현실에 답답해하였다고 고백한다. 그래서 수구적 민족

---

32 이정배,『조직신학으로서의 한국적 생명신학』(1996), 21-22.

주의가 아닌 주체적 민족의식을 강조하며 생명권 의식을 민족의 종교적 영성과 연계하려 한다.[33] 세계화라는 미명 하에 처해진 민족의 현실, 환경 오염과 생태계 파괴의 위기에 당면한 세계, 특히 제3세계 민초들의 현실에 대한 인식을 통해 아마도 그는 생명(생명권 현실)—정치(민족 현실)—종교 영성(신학적 현실)의 만남을 시도했던 것이 아닌가 생각된다. 이렇게 해서 윤성범, 변선환으로 이어지는 토착화의 한 축은 한국적 신학에서 한국적 생명신학으로 전이를 시도하게 되었다. 윤성범의 토착화신학이 서구 문화에 대항한 자민족, 자국가의 문화의 주체성에 대한 강조였으며, 변선환의 토착화신학이 서구 신학과 서구 정치에 침탈당한 비서구화의 노력이었다면, 이정배의 토착화신학은 서구의 생명권 침탈에 대항한 민족의 주체성에 대한 강조였다고 할 수 있다.

『한국적 생명신학』에서의 구도는 8년 뒤인 2004년에 출판된『생명의 하느님과 한국적 생명신학』에서도 계속 이어진다. 그는 그의 생명신학을 일컬어서 "생태신학과 토착화신학의 만남, 토착화론의 관점에서 서구 생태신학을 해석하고 평가하는 일"이라고 정의한다. 그리고 몸에 대한 관심과 아울러 "믿음의 종교인 기독교를 수행의 관점에서 해석하는 일"에도 관심을 기울인다.[34] 또한 다양성을 생명의 존재 조건으로 여기며, "개별 종교문화를 중시하는 다원주의 사조를 존중하며 주변부 문화를 중시하는 포스트모던 신학을 수용하는" 생명신학을 추구한다. 그리고 무엇보다도 "생명을 통합 학문적 시각에서 조명한다." 그런데 필자가 보기에 이전의 책과 달리 이 책의 내용에서 가장 주목할 점은 성령론적인 관점에 입각하여 신을 생명의 하느님, 생명의 영으로 구체화하여 표현하고 있다는 점이다. 그리고 그는 그것을 구약에서의 자연의 영을 표현했던 루아흐 개념을 동학에서의 지기 개념과 회통시킨다.[35] 동양과 서양의 만남이며, 자연전

33 Ibid., 27-30.
34 이정배,『생명의 하느님과 한국적 생명신학: 하느님의 살림살이를 위한 신학』(서울: 새길, 2004), 20-22.
35 Ibid., 27, 120-138.

통과 수행전통의 만남이라고 말할 수 있다 하겠다. 루아흐나 지기는 모두 자연의 생명과 관련되는 신 개념과 관련된 것이라는 의미에서 생명신학적인 의미를 가지고 있다고 평가할 수 있다. 동시에 그것은 기독교의 인격신 개념을 뛰어 넘는 신관의 모색이었다고도 할 수 있을 것이다.

2. 전위 토착신학과 간문화 해석학 ─ 역사와 타자에 대한 관심

'한국적 생명신학'이라는 명칭이 윤성범의 한국적 신학과의 연속선상에 있는 것과 마찬가지로, '전위 토착신학'이라는 명칭도 토착화신학을 민중신학과 함께 전위 신학으로 보았던 변선환의 종교해방신학과의 연속선상에 있는 것이라고 볼 수 있다. 즉 이 둘을 함께 묶어 개신교 전위 토착화신학이라는 이름 하에서 전통 사상과 대화하고자 했던 선구적인 학자들의 업적을 평가하면서 자신의 한국적 생명신학과 연계하려고 한 것으로 생각된다.[36] 이 부분은 크게 1920-30년대(이용도, 김교신, 유영모)와 60년대-90년대(윤성범, 유동식, 변선환 등 토착화 1세대)로 나누어 고찰된다.

1930년대에 대한 그의 규정은 다음과 같다: "당시 한국교회가 민족주의를 저버리고 서양 정신세계에 의존하여 교리화되고 있을 때 기독교 복음의 한국화, 생명화를 외친 시기"이다. 여기에서 이정배는 민족의 주체성 또는 한국의 주체성의 발견이라는 코드를 읽어낸다. "한국적 주체성의 발견과 토착화신학의 여명"이라는 장의 제목이 밝혀주고 있듯이, 그는 당시 한국적 상황이 처해있던 이 세 사람의 삶 또는 신학은 한국(민족)의 주체성과 필연적인 관계에 놓여 있었음을 간파한다.

민족운동가, 독립운동가, 신비주의자, 성령운동가, 교회개혁가로서의 이용도를 이정배는 묵시문학적 자의식을 가진 탈 오리엔탈리즘의 신학자로 새롭게 파악한다. 묵시문학적 자의식을 가졌다는 것은 이용도의 신학이 고난의 신비주의에 그치는 것이 아니라 부정의의 사회를 향해 정의와

---

36 이정배,『한국 개신교 전위 토착신학 연구』(서울: 대한기독교서회, 2003).

평화를 외쳤던 "예언자적인" 자의식을 가졌다는 것을 의미하는 것이다. 이정배는 예언자들이 가졌던 "자기초월적 체험, 곧 환상의 강조"와 "당대의 현실에 대한 인식"을 이용도에게서 읽어낸다.[37]

또한 이정배는 "신학을 공부한 경험이 전혀 없으면서도 자신의 동양 종교에 대한 이해를 바탕으로… 기독교의 비서구적 이해의 모형을 제시한" 다석 유영모 역시 한국적 주체성의 발견이며 토착화신학의 여명이라는 시각에서 읽어낸다. 그는 유영모의 소위 "동양적 기독교"를 얼 기독론의 틀에서 읽어낸다. 성령을 "얼"로 부르며 절대 존재로서의 신을 "한아님"으로 부르며 그리스도를 "얼나로서의 절대생명의 탄생"으로 부르며, 그리스도를 우주적 역사적 "전 인류적 얼"로 해석하는 유영모의 사상에 대해 논하는 자리에서, 필자는『한국적 생명신학』에서 성령론을 통해 그의 한국적 생명신학을 전개하겠다고 했던 그와 유영모의 공통분모를 발견한다. 그리고 우주 생명신학으로서의 한국적 생명신학과 유영모의 씨앗 사상을 암묵적으로 연계시키고 있음을 발견한다.[38] 주체와 우주의 만남, 수행론과 생명론과 성령론의 만남이라고도 할 수 있을 것이다.

위의 책이 수직적, 시간적, 역사적 흐름 속에서 전통사상과 토착화신학의 전통들과 대화한 것이라면, 2005년에 출판된『간문화해석학과 신학적 상상력』[39]은 수평적, 공간적, 문화적인 자리 속에서 한국의 이웃종교들과의 대화를 시도한 것이라고 볼 수 있다. 즉 타자에 대한 관심과 그 속에서 자신의 주체성을 발견하려는 시도라 하겠다. 그는 이것을 "종교다원주의와 기독교의 자기 발견적 해석학"이라고 말한다. 즉 이 책은 (스승 변선환의 사상을 계승하여) 종교 간의 대화라는 관점에서 쓰인 책이다. 그리고 문화 대 문화의 간문화적인 해석, 종교 대 종교의 간종교적인 해석이 이 책의 방법적 구조를 이루고 있는 셈이다.

---

37 Ibid., 41-44, 50-93.
38 Ibid., 99-104, 108-110 , 116-117, 120.
39 이정배,『간문화 해석학과 신학적 상상력: 신학의 아시아적 재이미지화』(서울: 감리교신학대학교출판부, 2005).

앞에서 보았듯이 윤성범 신학의 전이해로서의 문화적 아프리오리나 말씀으로서의 선재적 존재론에서는 종교 간 대화의 여지가 약하다. 이에 비해 변선환 신학의 실재 중심적 방법론에서는 공통 근거를 가진 종교 간의 대화가 가능하다. 이정배는 여기에서 한 걸음 더 나아가 간문화 해석학이란 개념을 채택하여 사용하고 있다. 그는 스승 변선환이 공통 근거를 통한 대화 방법을 선호했던 것과는 달리, 종교 간의 차이를 인정하고 상호 변혁을 주장하는 차이에 근거한 방법론의 목소리에 귀를 기울인다. 그러나 그는 (진리의 다원성에 근거하여 각 종교의 진리의 개체적, 실체적 진리관을 여전히 담지하고 있는) 차이를 넘어선 대화의 방법론을 모색한다. 그것은 "진리란 존재하는 것이 아니라 대화의 과정 속에서 발견된다는 해석학적 공리"이다. 그래서 그의 대화방법론은 "상호불가결한 보충을 목적으로 하는 대화(야스퍼스)나 상호변혁을 도모하려는 입장(캅)"보다는 파니카의 "대화적 대화dialogical dialogue"의 방법론을 선호한다. 즉 대화를 대화의 과정 그 자체 속에 맡겨두자는 것이다. 다원주의 내에서의 공통성과 차이에 대한 문제 인식을 모두 반영하고자 하는 고민을 엿볼 수 있다 하겠다. 그것은 곧 대화 속에서, 제2차 축 시대에 대한 기대 속에서 "종교 간의 수렴"이 어느 정도 가능하지 않겠느냐 하는 기대라고도 볼 수 있다. 그러나 무엇보다도 종교 간 대화에서 중요한 것은 "자기 발견적 해석학"이다. 여기서 종교 간의 대화란 결국 타자와의 관계성 속에서 서로 대화하며 각 종교가 자기를 발견하고 해석해나가는 과정이란 말일 것이다. 그리고 그는 이것을 영체험이라는 보편적인 체험과 연결시킨다.[40] 이것은 어쩌면 또 다른 공통근거로서의 실재를 말하고 있는 것이 아닌가 하는 질문을 던지게 한다. ('지기至氣' 등 다른 종교의 개념으로도 표현되는) 온 우주의 창조와 생명의 근원으로서의 영이 공통 근거로서의 실재라고도 할 수 있지만, 보다 중요한 것은 영의 '체험'이다. 그래서 영의 체험은 그의 수행론적 관심과 연계하여 이해되어야 할 것이다. 수행의 전통 속에서의 영 체험이 대화

---

40 Ibid., 36-53.

와 자기발견을 동시에 가능케 한다는 의미라고도 할 수 있다.

3. 토착화와 세계화: 한국적 신학의 두 과제

윤성범의 신학에 있어서의 한국적 신학의 두 과제는 기독교와 한국문화라고 할 수 있으며, 변선환의 신학에 있어서의 한국적 신학의 두 과제는 토착화신학과 민중신학이었다고 할 수 있는 것이다. 이정배는 이 두 스승의 신학적 문제의식을 담지하면서도 자신의 생명, 영, 수행에 대한 관점을 통해 한국적 생명신학을 주창해왔다. 그러나 포스트모던의 바람은 드셌다. 주지하다시피, 포스트모더니즘은 탈근대, 탈 주체, 탈정체성, 탈동일성, 탈 민족의 기치를 높여 왔다. 이러한 관점에서 토착화신학은 민족적이며 전근대적 (또는 서구담론에 의한 근대적인) 뿌리를 가지고 있는 신학이라는 평판을 받을 수 있다. 『토착화와 세계화』는 이러한 포스트모던적 사유의 도전에 대한 그의 고민과 응답이 담겨 있다. 어느 한편을 택하는 양자택일의 문제가 아니라 이 두 과제에 대한 화해가 가능한가 하는 문제인 것이다. 여기에는 토착화와 세계화, 민족과 탈 민족, 전통과 탈 근대의 양자의 긴장관계가 있다.

이정배는 혈연적, 폐쇄적 민족주의와 서구담론에 의한 탈 민족주의 양자를 "수정, 보완하는 차원에서 〈문화적 민족주의〉"를 제안한다. 그는 혈연적, 지역적 민족주의의 한계와 아울러 "민족주의를 근대적 현상으로 보며 그에 대한 부정적 평가를 일삼는 탈 민족과 그 이념이 추동하는 세계화는 민족주의(근대화)보다 오히려 더 큰 갈등을 유발한다"는 점을 함께 지적한다.[41] 그는 〈문화적 민족주의〉를 '열린 민족주의'라고 부르며, 이것은 서구 중심의 민족주의(자유 오용)도 아니며 자기 중심적 종교적 민족주의(저항, 폭력)도 아니며 강대국 중심의 보편주의(세계화의 억압)도 아니라고 말한다.[42] 이것을 한마디로 말한다면 민족 개념을 유지하면서도 탈 민족

---

41 이정배, 『토착화와 세계화 - 한국적 신학의 두 과제』 (서울: 한들출판사, 2007), 68.

의 담론을 아우르고자 하는 것이라고 할 수 있을 것이다.

그는 "민족주의/탈 민족주의 논쟁 속에서 신학의 역할을 물으면서," 그것을 풀어가는 과정 속에서 신채호, 안중근, 동학사상을 통해서 민족의 의미를 다시 되묻고, 종교 간 대화라는 관점에서 지구화의 문제와 토착화의 문제를 아시아적 가치의 재발견이라는 의미에서 풀어간다. 그리고 그는 함석헌과 유영모의 사상을 통해서 토착화와 세계화의 두 과제를 모두 담지할 수 있는 해법을 찾고 있다.

함석헌의『뜻으로 본 한국역사』에 대한 그 나름의 독법에 의해서, 그는 "함석헌의 민족 이해, 역사관이⋯ 조선의 역사를 '씨알'(민중)의 관점에서 보고 그 의미를 인류보편적인 평화주의와 연결시켰다"고 주장한다. 그리고 그는 함석헌에게 있어서 '성서'가 '뜻'으로 바뀐 사실에 주목하면서, 이것을 "조선(민족)의 고난사를 세계사의 지평에서 이해하고 있다"는 것이며, "〈뜻〉이 종교다원주의의 토대를 갖게 되었다"고 해석한다. 그리고 "함석헌은 민족정신(주체성)을 누구보다도 강조했으나 그곳에 함몰되지 않고 민족사를 세계사의 지평에서 이해한 독창적인 기독교 사상가"라고 말한다.[43] 이는 계시라고 하는 기독교적 지평이 뜻이라고 하는 세계사적, 우주사적 지평으로 확장됨을 의미하는 것이라 하겠다. 그는 이 과정 속에서 유불선을 공유했던 동북아의 종교 문화적 보편성을 바라보면서 이에 근거한 아시아신학의 중요성과 함께 강조한다. 그의 문화적 민족주의가 혈연적, 지역적 민족주의를 탈脫하고 있음을 보여주고 있는 대목이다. 이정배에게 토착화신학은 토착화와 세계화의 양자택일의 문제가 아니다. 그에게 토착화신학은 오히려 에큐메니칼적인 신학이다.

앞에서 언급한 한국적 생명신학의 관심은 토착화신학, 민중신학, 민족신학, 생태신학의 지평을 비판적으로 아우르면서 발전해온 것을 볼 수 있다. 그리고 그것은 특별히 현재까지는 그가 서구에 의한 신학화가 아니라

---

42 Ibid., 80-82. 여기서 '문화적 민족' 개념의 지향하는 바를 제시하고 있다.
43 Ibid., 52-54, 56, 61-62, 87-88. 그는 '뜻'이 만인의 종교와 다르지 않다고 말한다.

자생적 신학화(실학화)를 이루었다고 평가하는 다석 유영모의 사상에서 절정의 만남을 이루고 있는 것으로 보인다. 토착화신학과 생태신학의 만남, 민족과 탈 민족의 만남, 믿음의 종교와 수행의 종교, 서양 기독교와 동양(한국) 종교의 만남, 영성신학과 정치신학의 만남 등 많은 것들이 그의 사상 안에 녹아 있다. 물론 여기에는 켄 윌버라고 하는 통합 영성가의 안목이 중요한 작용을 했음도 틀림없다. 서구의 담론을 가지고 비서구화의 담론으로 시작했던 제1세대의 토착화신학이 다원주의를 넘어 자신의 주체성 속에서 진정한 글로벌 의식을 바라보고자 했던 시도라고 평가할 수 있을 것이다.

5. 나가는 말

이제까지 살펴본 바에 의하면, 토착화신학은 다음과 같은 흐름 속에서 진행되어 왔음을 알 수 있다. 윤성범의 신학은 선험적인 전이해의 신학에서 선재적인 존재론적 신학으로 전개되면서, 토착문화에 대한 관심이 신유학의 성誠개념으로 정착하게 되었다. 그리고 변선환의 신학은 비서구화 신학의 관심에서 출발하여 (신 중심적) 종교다원주의 신학으로 전개되면서, 아시아 신학과의 토착화 연대와 세계의 신학을 모색하기에 이르렀다. 한편 그의 실천적 관심은 초기의 실존적 관심에서 인간화를 통한 정치적 관심으로 확장되어 갔다. 그리고 이 양자는 토착화신학과 민중신학의 합류로서의 종교해방신학의 제언으로 이어졌다. 이정배의 신학은 앞서의 신학을 계승하고 비판하면서 나아갔다. 생명 신학에 대한 관심은 생명에 대한 낭만적 독법이 아니라 전 세대의 비서구화의 관점을 계승하면서 신자유주의에 의한 제3세계의 아픔을 생명의 관점에서 담아내려 시도하였다. 그리고 그의 이러한 관심은 신 중심적 사고에서 영 중심적 사고로 전환하면서 동·서양 종교에서의 수행 전통과의 연계로 이어졌다. 그리고 이러한 과정 속에서 서구에 대항하여 우리의 신학을 되찾고자 하는 토착화신학은 세계의 신학을 향해 감으로써 이 양자를 포괄해가는 방향으로 추구되어 왔다고 평가할 수 있다.

또한 그러한 신학의 전개는 제1, 2세대의 신학자들이 가지고 있었던 시대적 요청, 즉 시간의 자리에서의 신학이기도 했다. 윤성범의 시간의 자리는 문화적 아프리오리를 요구하는 토착화의 자리였다. 문화적 아프리오리로서의 전 이해로 기능했던 그의 토착화신학은 비상할 정도로의 창조적 상상력을 통한 한국적인 향취가 배어 있는 신학을 만들 수 있도록 하기도 했다. 이에 비해 변선환의 시간적 자리는 다원주의 사회의 자리였으며, 정치적 독재에 대한 참여의 자리였다. 필자는 그에게 다원주의란 하나의 이념이 아니라, 우리 민족, 아시아 민족, 세계의 구성원들의 해방의 목소리로 자리매김한 것이었다고 본다. 그래서 그에게 종교체험의 보편성이 삶이라고 하는 실존의 현장에서의 해방의 목소리와 하나가 됨으로써 종교신학과 민중신학이 합류해야 한다는 제안을 하게 한 것이 아니었나 생각해본다. 이정배의 시간적 자리는 환경, 생태, 생명이 문제가 되는 시간의 자리였다. 그리고 이것은 생명의 문제에 대한 낭만적 접근이 아니라 생명을 유린하는 세력들에 의해 아파하는 뭇 생명들에 대한 정치적 관심으로 연결되었다.

그러나 한편으로 윤성범의 신학은 지나친 유비와 동일화, 민족적·전통적 성격으로 인한 정치 사회적 현실 의식 결여 등의 문제점도 가지고 있었다. 또한 단군신화에 대한 그의 주장에서 보는 바와 같이 윤성범은 토착 문화에 대한 환상적, 낭만적 이상을 가지고 있기도 했다. 그래서 토착화에 대한 지나친 해석이 기독교가 아니라 오히려 타종교의 반발을 불러일으키기도 했다. 변선환의 신학은 토착화신학의 방법론을 위한 많은 학자들의 이론을 소개하고 도입했으며, 세계 신학이나 종교해방신학 등을 구상하는 등 원론적으로나 방법론적으로 진일보한 관점을 보여주고 있지만, 윤성범의 경우처럼 자신의 사상이라고 할 만한 전개가 없는 제안적 성격 내지는 방향정위에 그치고 말았다는 아쉬움이 있었다. 이정배는 이 두 사람의 사상을 모두 계승 발전시키고 있으며 유영모, 함석헌, 김흥호, 김지하 등 다양한 토착 학자들의 사상을 발굴하고, 평가하며, 재구성함을 통해 이러한 의미를 구체적인 실례로 보여주는 작업을 수행하였다. 하지만 평가, 재해석, 재구성의 단계에 머물러 있기 때문에 최병헌, 윤성범, 유동식, 유영모 등이 보여준 바와 같은 자신만의 사상이라고 할 만한 창조적인 작업은 아직 제시하고 있지 않다.

이 글은 앞에서 탈토착화신학에 대한 물음으로 시작하였다. 그리고 윤성범, 변선환, 이정배 3인의 토착화신학자들의 사상적 흐름을 살펴보았다. 그렇게 함으로써 토착화신학에 대해 갖고 있던 여러 가지 오해와 염려들에 대한 응답이 될 수 있음을 볼 수 있었다. 토착화신학의 사상사적 흐름은 결코 편협한 민족주의, 퇴행적인 전통주의, 현실 도피적 문화주의가 아니었다. 오히려 토착화신학은 민족성과 세계성을, 전통성과 전위성을, 문화성과 정치성, 종교성과 실천성, 특수성과 보편성 등을 함께 아우를 수 있는 방법을 고민하면서 전개되어 왔던 것이라고 평가할 수 있다. 그리고 그것은 각 신학자가 처해 있었던 공간상의 자리, 즉 상황의 자리에서의 응답임을 볼 수 있었다.

이러한 흐름 속에서 이후 세대의 토착화신학은 어떠한 방향성을 제시할 수 있을까? 제3세대라고 할 만한 이후 세대의 토착화신학은 아직 구체적으로 전개된 바가 없다. 하지만 제3세대의 토착화신학은 전 세대의 신학자들이 자신들의 신학 속에서 철저하게 고민하고 씨름한 문제의식과 신학적 작업들을 계승하고 발전시키면서도 그들의 세대가 안고 있는 문제들에 대한 진지한 반성에서 출발해야 할 것이다. 전통, 문화, 역사, 종교, 경제, 정치, 생태 등 이전 세대들이 제시한 문제들은 오늘날에도 창조적으로 계승되어야 할 문제들이다. 그러므로 가난, 환경, 민주주의, 인권, 생명, 문화 등은 여전히 토착화신학이 담아내야 할 문제들이다. 또한 시대적 변화와 상황에 주목해야 할 것이다. 2009년 현재까지 우리 사회는 이전의 세대와는 다른 많은 변화가 있었다. 경제적 안정, 민주화 이후, 정보화 시대를 거쳐 오면서 많은 가치관의 변화가 생겨나기도 했다. 그러나 무엇보다도 화제가 되고 있는 것은 다문화, 다민족 시대로의 진입이다. 이 새로운 시대는 우리에게 새로운 문제들을 안겨줄 것이며, 토착화와 탈토착화의 담론을 넘어서 에큐메니컬한 토착화신학, 글로벌한 토착화신학이 되기 위한 징검다리의 역할을 충분히 해줄 것이라고 생각한다.

참고문헌

변선환아키브(편).『변선환 전집 1: 종교간 대화와 아시아신학』. 천안: 한국신학연구소,
　　　1996/1999.
_____.『변선환 전집 3: 한국적 신학의 모색』. 천안: 한국신학연구소, 1997.
_____.『변선환 전집 6: 현대신학과 문학』. 천안: 한국신학연구소, 1998.
_____.『변선환 전집 7: 현대문명과 기독교신앙』. 천안: 한국신학연구소, 1998.
유동식.『한국신학의 광맥』. 서울: 다산글방. 2000/2003.
이정배.『간문화 해석학과 신학적 상상력- 신학의 아시아적 재이미지화』. 서울: 감리교신학
　　　대학교출판부, 2005.
_____.『생명의 하느님과 한국적 생명신학- 하느님의 살림살이를 위한 신학』. 서울: 새길,
　　　2004.
_____.『토착화와 세계화- 한국적 신학의 두 과제』. 서울: 한들출판사, 2007.
_____.『한국 개신교 전위 토착신학 연구』. 서울: 대한기독교서회, 2003.
_____.『한국적 생명신학』. 서울: 감신, 1996.
편집위원회(편).『윤성범 전집 1: 한국종교문화와 한국적 기독교』. 서울: 감신, 1998.
_____.『윤성범 전집 2: 한국유교와 한국적 신학』. 서울: 감신, 1998.
_____.『윤성범 전집 3: 효와 종교』. 서울: 감신, 1998.

방법론을 통해 본 이정배의 신학 사상*

이한영

(감리교신학대학교 외래교수)

I. 들어가는 말

이 글은 감리교신학대학교의 토착화신학, 한국적 신학의 전통을 계승하여 한국적 생명신학으로 발전시킨 이정배 사상의 방법론적인 측면을 고찰하는데 그 목적이 있다. 또한 그 방법론을 통해서 이정배의 신학이 어떠한 방향성을 가지고 전개되었는가 하는 것에 대한 것에도 그 목적이 있다.

본 논문은 크게 4개의 주제를 가지고 그의 방법론에 대해 접근하고자 하였다. 〈주체로부터 세계로의 방법론: 간문화해석학과 자기발견의 해석학〉, 〈아래로부터 위로의 방법론: 敬, Bottom up thinking, 홀라키〉, 〈상상력의 방법론: 구성과 재구성의 신학〉, 〈종교와 과학에 있어서의 모형변이〉이다.

주제를 이렇게 정한 것은 방법론의 구조를 더욱 선명하게 드러내기 위함이다.

첫째, 간문화해석학과 자기발견의 해석학은 종교문화신학, 토착화신

---

1 논문 출처: 이한영. "방법론을 통해 본 이정배의 신학사상,"「문화와 신학」6 (통권 15)
(2010. 07): 33-70.

학, 한국적 신학을 추구해온 그의 신학의 핵심적인 방법론이다. 이 글은 이 방법론의 기본적인 성격이 토착화, 한국화라고 하는 주체적 입장을 통해 보편적이고 세계적인 담론을 이끌어내려는 성격을 가졌다고 이해하고, 그것을 '주체로부터 세계로의 방법론'이라는 주제 하에 그 의미에 대해 생각해보고자 한다.

둘째, 이 글은 이정배의 신학 속에 있는 세 가지 주요한 사상인 퇴계의 경 사상, 폴킹혼의 Bottom up thinking, 윌버의 홀라키 사상이 인식론적 측면에서 '아래로부터 위로의' 공통적인 구조를 가지고 있다고 보았다. 그것은 달리 말해 '실재를 향한 인간의 의식구조'이며 특히 이정배의 신학 속에서 수행의 구조와 매우 밀접한 관계를 이루고 있다고 이해하였다. 그리하여 그의 신학 속에 있는 이 세 가지 사상이 담지한 인간 경험과 종교 체험의 방법론적인 구조에 대해 고찰해보고자 한다.

셋째, 신학의 (재)구성을 추구해온 이정배의 신학을 카우프만 등 구성 신학의 방법론을 통해 그 의미에 대해 알아보고자 한다. 그리고 이 글은 구성 신학의 주요한 추동력으로서의 "상상력"에 주목하여 이를 앞에서 언급한 주체적 인식, 아래로부터의 인식과의 연속선상에서 파악해보고자 한다. 위 두 개의 방법론이 방향성에 대한 것이라고 한다면, 이것은 신학을 구성하는 힘에 대한 것이라고 할 수 있다.

마지막으로 '종교와 과학에 있어서의 모형변이'는 이정배의 신학에 있어서 과학적 사유에 있어서의 방법론이 신학적 사유와 어떠한 관계가 있는지에 대해 다루고자 한다. 이는 그의 신학이 과학적 방법론을 어떻게 한국적 신학의 모형변이로 삼았으며 또한 자신의 신학의 모형변이로 삼았는가 하는 점에 대해 서술하고자 하였다.

본 논문은 방법론 자체에 대한 이론적이고 비판적인 성찰을 목적으로 하거나 새로운 방법론적 대안을 제시하는 데에 목적을 두지 않았다. 본 논문에서의 방법론적 고찰은 이정배의 사상을 바라보고 이해할 수 있는 눈으로서의 목적을 가지고 있다. 따라서 본 논문은 단순히 방법론의 이론적인 측면보다는 구조적인 측면이 더 강조되었다. 그리고 그 방법론 하나하나가 이정배의 사상적 흐름 속에서 어떠한 연관관계를 가지고 있으며 또한 어떠한 기능을 담당하고 있는가 하는 것에 관심을 두었다. 또한 본 논문은 단지 그만의 사상이 아니라 토착화신학, 한국적 신학의 흐름이라는 안목에서 역사적인 맥락에서의 의미를 찾는 데에도 관심을 두었다. 그리고 단순히 그의 사상을 바라보기만 하는 것만이 아니라 필자의 이해라는 필터를 통해 그의 사상을 평가하고 전망해보고자 한다.

II. 주체로부터 세계로의 방법론
: 간문화적 해석학과 자기발견의 해석학

간문화해석학과 자기발견의 해석학은 이정배의 신학이 천명하고 있는 주요한 방법론이다. 이는 멀리 그의 스승 윤성범의 포괄주의적, 보유론적 신학의 한계에 대한 내적 비판에서부터 출발하여[1] 또 다른 스승 변선환의 신 중심적 다원주의의 한계를 넘어서며 동시에 서구에 의해 주도되어 왔던 다양한 유형의 다원주의 신학의 방법론들을 넘어서고자 하는 그의 학문적 고민이 담긴 해석학이다. 즉 배타주의, 포괄주의, 공통성과 차이에 근거한 다원주의 모두에 대한 진지한 고민을 통해 토착화신학 내지는 한국적 신학의 방법론을 어떻게 보다 적합한 구도로 체계화할 수 있는가 하는 것이 그 주요한 목적이었다 할 것이다.[2] 달리 말하면, 문화적 입장에서

---

1 이정배, 『토착화와 생명문화』(서울: 종로서적, 1991). 그의 박사학위논문과 그 논문 일부, 그리고 91년까지의 그의 논문들이 수록되어 있는 책이다. 특히, 1부 2-4장을 참조할 것. 또한 『하느님의 영은 불고 싶은 대로 분다』(서울: 한들, 1998)의 제 4장 "개신교 신학의 토착화 시론"에서 이러한 흐름을 잘 정리하고 있다.

2 이정배, "종교신학의 역사와 전망," 「에큐메니칼 신학과 운동」(한국기독교교회영우회, 1999), 1-10. 발표논문 원고. 역사주의(19세기), 포괄주의(20세기 초), 다원주의(20세기)의 흐름과 존 힉, 존 캅, 린드벡, 오그덴, 트레이시, 파니카, 변선환 등 다양한 다원주의 논의를 통하여 종교신학의 전망에 대해 논하고 있다.

비서구화를 추구한 윤성범과 다원주의적 입장에서 비서구화를 추구한 변선환의 신학이 이정배의 신학에서 합류하고 또한 생명이라고 하는 주제 속에서 새롭게 통합되어 나가면서 한국적 생명신학의 방법론으로 원용된 것이 간문화 해석학과 자기발견의 해석학이라고 볼 수 있는 것이다.

다원주의의 논의와 한국적 신학의 맥락 속에서 그가 초지일관 붙잡고 있는 것은 바로 한국적 주체성의 문제였다. '토착화,' '한국적,' '주체,' '민족' 등의 개념은 자칫하면 수구적 민족주의가 아니냐 하는 물음을 제시당할 수 있다. 하지만 그에게 있어서 이러한 단어들은 오히려 그 반대였다. 토착화와 세계화, 한국적 신학과 지구신학이 함께 했던 것이 그의 신학이 주장해온 바이기 때문이다.3 그러한 의미에서 그는 『토착화와 세계화』에서 민족과 탈 민족의 논쟁 속에서 이 둘을 아우를 수 있는 문화민족주의를 대안으로 제시하기도 했으며, 토착화를 세계화의 관점에서 보기 위한 방안으로 종교간 대화의 의미를 제시하였고, 소위 다석 학파의 입장에서 그것을 해명하는 작업을 제시하기도 했다. 한국적 신학의 과제가 토착화만이 아니라 토착화와 세계화 양자 모두임을 분명히 제시하고 있는 것이다. 그래서 그는 이것을 한국적 신학의 두 과제라 불렀다.4 이러한 의미에서의 토착화, 한국화의 의미는 그의 신학 속에서 주체성과 주체성, 주체성과 다원성, 특수성과 보편성, 민족과 세계를 아우르는 간문화 해석학과 자기발견적 해석학을 통해 자리를 잡아 나갔다.

자기발견적 원리는 문화적 주체의 경험을 신학함의 기준으로 인정함으로써 이전의 어느 해석학적 신학보다 실험적이고, 상상적이며 그리고 다원적이 될 수 있다는 것이다.5

---

3 이에 대해서는 본인의 소고 "토착화신학의 흐름과 재고: 윤성범, 변선환, 이정배를 중심으로" 「신학사상」 (2009, 겨울)에서 좀 더 상세히 진술한 바 있다.

4 이정배, 『토착화와 세계화: 한국적 신학의 두 과제』 (서울: 한들출판사, 2007). 전체 내용의 요지.

5 이정배, 『선한 벗들과 함께 신학하기』 (서울: 한들출판사, 2000), 108.

여기서 우리가 주목해야 할 것은 주체성이 오히려 다원적이라고 말하고 있다는 점이다. 자기발견과 다원성이라고 하는 두 개의 개념이 서로 대립하지 않고 상보적인 관계, 통전적인 관계를 이루고 있는 것이다. 즉 민족, 토착화, 한국화, 실학화 등의 개념들은 자기 폐쇄적인 닫힌 개념이 아니라 오히려 자기발견적 해석학의 원리를 통해 자기 개방적인 열린 개념으로 기능하고 있는 것이다.

자기발견의 원리Heuristic Principle란 은유메타포 신학을 기초로 하고 있는 맥페이그의 신학방법론에서 원용한 것6으로, 이정배는 이것을 한국적 신학의 기초원리 중 하나로 삼고 있다. 그러나 그는 이 방법론만을 단순히 적용하는 것에 머물지 않고 이를 한국적 방법론으로 원용하려는 시도를 보여주었다. 예를 들어, 그는 『한국적 생명신학』(1996)에 실린 한 논문인 "한국적 신학, 어떻게 할 것인가"에서 한국적 주체성의 자기발견적 원리를 불이적 세계관과 화쟁론(원융회통)을 통해 이야기하고 있다.7

이처럼 문화적 주체의 본래적 경험을 개념화하려고 했던 모든 연구 결과들은 밝혀지고 있는 것처럼 각론에 있어서는 분명한 차이를 보이고 있지만, 그러나 세계관과 인식론을 드러내는 총론에 들어가서는 일치된 하나의 방향을 제시하고 있다. 그것은 이성적인 것과 감성적인 것, 현상과 실재, 물질과 정신 등을 분리하지 않고 세계 내의 모든 존재들을 상보적 관계(一과 多)로 이해하려는 원융회통적인 문화 주체적 믿음의 표현인 것이다. 우리는 이를 존재론의 측면에서는 불이론不二論으로, 그것의 현상적 구현을 위한 논리적(인식론적) 토대로서는 화쟁론으로 명명하고자 한다.8

불이不二와 화쟁和諍이란 무엇인가? 불이란 하나라는 자기 영역으로 흡수통일하려는 자아 중심의 폭력성과 둘이라고 하는 배타적 차별성을 넘어서 진정한 하나 됨을 표현하는 부정적 언표가 아니던가? 또한 화쟁은 수많은 차이를 하나로 화합시키는 원리가 아니던가? 필자는 이정배의 의

6 이정배, 『생명의 하느님과 한국적 생명신학』(2004), 97. 각주 121) 참조.
7 이정배, 『조직신학으로서의 한국적 생명신학』(1996), 122 이하.
8 Ibid., 126.

도 속에 주체성의 논리란 바로 동양의 불이사상과 원효의 한국적 화쟁의 논리를 통해 볼 수 있는 바로 그런 논리라고 하는 생각이 깔려 있었던 것이 아닌가 생각한다.

자기발견의 해석학적 노력들을 담은 논문들을 한데 엮어서 낸 책이 『한국개신교 전위 토착신학 연구』라 할 것이다. 그는 이 책에서 그의 방법론이 추구했던 바와 같이, 이용도, 김교신, 유영모, 윤성범, 변선환, 유동식, 김지하, 이신 등을 한국적 주체성을 통해 토착화신학을 전개하거나 또는 토착화신학을 넘어서려고 했던 인물들로 평가하고 있다.9 윤성범, 유동식 등으로부터 시작된 토착화신학이 성의 해석학, 다원주의 해석학을 거쳐 자기발견적 해석학으로 정립되는 과정을 밟아 왔으며, 그것은 또한 한국적 사상가와 사상들을 발굴하고 재평가하는 작업으로 진행되어 왔다고 할 것이다.

다음으로 간문화 해석학Cross-Cultural Hermeneutics은 "진리는 종교들 간의 만남 속에서 나타나는 것이지 어느 한 종교 전통 속에서 일방적으로 찾아질 수 있는 것이 아니다"라는 파니카의 종교신학의 원리를 채용한 것이다. 서구 다원주의 방법론의 한계를 직시하고 그것을 서구 신학의 또 다른 제국적 측면이라고 말하였고 서구의 눈이 아닌 제3세계의 눈을 가진 방법론을 구축하고자 한 이 인도 신학자의 방법론을 이정배는 그의 한국적 신학의 방법론으로 채택하고 있는 것이다. 파니카의 신학은 '대화적 대화dialogical Dialogue,' '종교 내적 대화Intra-religious Dialogue,' '통장소적 해석학diatopical Hermeneutic,' '우주신인론적 실재Cosmotheandric reality' 등을 그 특징으로 하고 있는데,10 이를 모두 설명할 수는 없지만 간단히 말해, 이 방법론들의 공통점은 종교 간의 대화는 다른 문화의 주체성을 인정하는 동시에 자기종교를 통하여 종교라는 한계를 초월한 우주신인적 실재를 발견함으로써 이루어질 수 있다고 하는 것이다. 하지만 이정배가 파니카

---

9 이정배, 『한국개신교전위토착신학연구』 (서울: 대한기독교서회, 2003).
10 이정배, 『선한 벗들과 함께 신학하기』 (2000), 91-95.

의 방법론을 그대로 답습하고 있다고는 말할 수 없다. 왜냐하면 간문화 해석학의 원리를 한국적으로 적용하려 하고 있기 때문이다. 간문화 해석학의 자기발견적 해석학으로서의 한국적 적용은 그가 이 해석학을 다른 말로 "동도동기東道同器론적 해석학"이라고 부르고 있다는 사실에서도 알 수 있다.

> 이제 우리 문화, 우리 전통은 … 서구적 잣대로서가 아니라 자신의 문화를 형성하고 변형시켜 온 우주관, 세계관 등을 바탕으로 해독하려는 노력이 가시화되고 있는 바, 우리는 이것을 동도동기론적 해석학이라 칭하기로 앞서 제안했다…. 동도동기론이란 신학의 맥락화적 시각에서 동서가 서로 다르다는 사실에 근거하여 종래와 같은 차별이 아니라 상호구별적 가치를 이끌어 내는 해석학이라 할 수 있다.[11]

그는 『간문화 해석학과 신학적 상상력』에서 마태오 리치, 최병헌, 변선환, 원효 등의 사상과 기독교, 유교, 불교, 한국 종교 등의 주제를 통하여 종교 간의 대화를 시도한다.[12] 『개신교 전위 토착화신학』이 토착화신학, 한국적 신학에 보다 초점을 맞춘 글들이라면, 이 책은 종교신학, 종교간 대화에 보다 초점을 맞춘 책이라 할 수 있다. 다시 말해, 자기발견의 해석학은 한국적 신학에, 간문화 해석학은 종교신학에 더 적합한 해석학이라 할 수 있다.

이제 이상의 내용을 한국 신학에 대한 전망이라는 관점에서 정리해보고자 한다. 위 2가지 방법론은 그의 스승 윤성범의 한국적 신학과 변선환의 신 중심적 다원주의의 비서구화에 대한 새로운 해석이며, 또한 차이를 근거로 한 다원주의를 넘어서 '신학의 실학화'라는 이름으로 토착 한국사상가들을 발굴하고 재평가하고자 하는 이정배 신학의 방법론으로 기능하

---

11 Ibid., 108-111.
12 이정배, 『간문화해석학과 신학적 상상력』 (서울: 감리교신학대학교출판부, 2005).

고 있다고 할 것이다. 신학의 실학화가 배타주의를 넘어서 포괄주의, 다원주의로 그 논의를 전개해왔던 사상적 흐름 속에서 각각 그 장점과 한계를 짚어내고 스승으로부터 계승된 토착화신학, 한국적 신학, 다원주의 신학을 한국이라고 하는 주체적 입장에서 재해석해내려고 한 그의 사상이었다고 한다면, 이 두 가지 방법론은 그에게 한국적 신학의 방법론적 기초가 된 것이었다고 할 수 있다. 또한 이 방법론들은 그가 추구했던 신학의 실학화, 즉 토착화와 세계화라고 하는 양자를 동시에 말하기 위한 방법론적 전거였으며, 그 방법은 서구화나 오리엔탈리즘이 아닌 탈 오리엔탈리즘의 시각에서의 주체적 입장을 통해 세계를 향한 신학을 추구한 것이었다고 할 수 있을 것이다.

III. 아래로부터 위로의 방법론
: 경(敬), Bottom up thinking, 홀라키

이정배의 신학은 어떠한 면에서 혼합 신학이라고도 볼 수도 있다.[13] 왜냐하면 전혀 어울릴 것 같지 않은 사상가 또는 사상들이 그의 신학 안에서 섞여 공존하고 있기 때문이다. 하지만 그것이 공존할 수 있는 것은 그의 신학체계 안에서 공통된 핵심개념, 주제, 구조 중 어느 하나를 공유하고 있다는 말이기도 하다. 그 중에 하나가 '아래로부터 위로의 방법론'이다.

그의 주된 신학적 사상 중에서 이 '아래로부터 위로의 방법론'을 가장 잘 보여주고 있는 것으로는 한국의 성리학자인 퇴계의 '경敬' 사상, 물리학자이며 성공회 신부인 존 폴킹혼의 '아래로부터 위로 사고하기Bottom up thinking,' 통합영성가이며 통합 사상가인 켄 윌버의 홀라키Holarchy 사상을

---

13 그는 종합적 혼합주의(synthetischen synkretismus)와 공생적 혼합주의(symbiotischen synkretismus)를 구분한다.『선한 벗들과 함께 신학하기』(2000), 115-116. 전자는 자기 지평 상실, 후자는 자기 지평 확대.

그 예로 들 수 있다.

어떻게 서로 다른 신유학자, 정통 과학신학자, 통합영성가가 이정배의 신학 속에서 중요한 논제가 되고 있는가? 이들이 관심하는 바와 중심주제가 다를지라도 이 사상들은 모두 '아래로부터 위로의 구조'를 가지고 있음을 볼 수 있다.

퇴계의 '경'사상은 초기부터 현재까지 줄곧 그의 사상의 중심추였으며 또한 핵심적인 내용을 구성하고 있는 중요한 과제이다.[14] 그리고 퇴계의 '경' 사상에 대한 연구는 이후에 계속되는 그의 학문을 위한 출발점이 되었다. 윤성범의 한국적 신학의 주요 방법론이었던 성의 해석학에 대한 내적인 비판을 위해 그는 윤성범이 상대적으로 소홀히 했던 퇴계의 '경' 사상을 붙잡았다. 즉 윤성범이 초기에 불트만의 전이해라고 하는 종교적 선험성을 통한 방법론을 구상했음에도 불구하고, 오히려 바르트의 말씀과 율곡의 성誠의 등가적, 계시적 이해를 통해 한국적 신학을 전개했던 것에 대한 내적 비판이 이정배로 하여금 퇴계의 '경'을 통한 한국적 신학의 모색이라고 하는 방법론을 붙잡게 하였던 것으로 보인다.[15] 그러면 그가 퇴계의 경 사상을 통해 보고 있는 것은 무엇인가? 그는 다른 논문에서 퇴계의 경을 수행, 영성, 창조성의 맥락에서 다음과 같이 기술하고 있다.[16]

> 퇴계는 인간 마음의 주재자로서 경의 다음 두 기능에 주목하였다. 첫째는
> 인간의 마음이 작용되기 전 천리天理를 보존, 존양하는 일이고, 둘째는 마음
> 이 발현된 이후 그 작용에 대한 비판적 사고, 곧 성찰이다…. 경의 상태에서
> 인간의 마음은 하늘의 태극太極과 같은 인극人極, Ultimate of man이 되며 그로

---

14 이에 대한 논문과 저서는 『토착화와 생명문화』(1991) 2장 "퇴계의 경의 철학과 칸트적
   신학인식론,"『개신교 전위 토착신학 연구』(2003) 4장 1절 "퇴계의 경 사상과 창조영성,"
15 이정배,『하느님의 영은 불고 싶은 대로 분다』(1998) 4장 "개신교 신학의 토착화 시론:
   성의 신학에서 생명신학에로." 여기에서 윤성범의 신학에 대한 여러 가지 방법적, 내용적
   비판을 제기하고 있다.
16 이정배, "토착화신학의 영성 탐구: 퇴계의 '경'사상과 '창조영성'의 만남,"「조직신학논총」7
   (2002), 241.

써 삼라만상이 자기 자신과 연결되어 있음을 인식하게 되는 것이다…. 퇴계가 격물格物에서만이 아니라 경에서 이理의 체득 자체를 강조하고 있는 것은 바로 우주만물에 대한 사랑으로서의 인仁을 강조하기 위함이었다. 다시 말해, 경敬 속에서 이를 동화시켜 냄(對越上帝)으로써 일상으로부터 우주에 이르는 일체 만물에 대해 자신의 마음을 다할 수 있었던 것이다.

이 논문에서 그는 퇴계의 경 사상을 통해서 천인합일의 구조를 보고 그리고 그것을 매튜 폭스의 창조영성의 빛에서 해석하였다. 그것은 만물의 근원, 신성을 향한 인간 정신의 회귀와 창조영성의 본질을 만물의 일체감을 통해 자비로 풀어가는 폭스 사상의 의미에서 바라보는 것이었다.

필자는 이것을 아래로부터 위로의 체험이라는 시각에서 읽어 가려 한다. 퇴계의 경 사상은 율곡의 성誠 사상과는 달리 인간의 경험으로부터 신적 실재를 향한 구조를 가지고 있다는 점에서 다르다. 존재론보다는 인식론, 즉 〈인간 경험 내지 종교체험〉을 중시하고 있는 이정배의 신학적 특성과 잘 부합하고 있음을 보여주고 있다. 이에 비해 율곡의 성 개념은 신적 실재이면서 동시에 인간의 심적 실재를 이루고 있는 개념이다. 이러한 구조 속에서는 실재를 향한 인간 체험의 과정이 잘 드러나 있지 않다.[17] 하지만 경敬은 그렇지 않다. 인간의 가장 원초적인 종교의 감정인 외경畏敬으로부터 고도의 유교수행인 경敬에 이르기까지 그것은 실재를 경험하는 또는 실재에 이르는 종교적 구조이자 과정이며 통로이다. 〈수행〉을 중시하고 있는 그의 신학적 특성을 잘 보여주고 있는 것이다. 그러한 의미에서 몸과 수신修身[18]에 대한 그의 학문적 관심도 이와 관련하여 이해할 수 있다. 한 가지 부언하자면, 그는 퇴계의 경 사상에서 실재의 인격적인 면을

---

17 본 논문에 취지와 맞지 않기에 중반기 이후의 이정배의 신학이 율곡의 사상을 새롭게 바라보는 내용에 대해서는 취급하지 않았다. 예를 들면, 율곡 사상의 기(氣) 중심의 세계관, 기질중심의 세계관의 경험적 해석에 대한 부분을 들 수 있다.

18 가령, 유아사 야스오 / 이정배·이한영 옮김, 『몸과 우주』(서울: 지식산업사, 2004). 『한국적 생명신학』(1996)의 12장 2절 "수신개념의 현대적, 신학적 이해."

읽어내지만, 그것은 인격성을 강조하려는 것이 아니라 인격성과 비인격성, 예를 들어 상제와 태극의 두 측면을 함께 보려하는 것이다. 그의 이러한 태도는 동학에 있어서 한울님과 '지기至氣'를 함께 읽어가려는 시각을 보여주고 있으며, 또한 그것을 주체적 자각인 '시천주侍天主' 사상을 통해서 풀어가고 있다. 즉 경敬과 '시천주侍天主' 사이에는 이정배 신학이 공유하고 있는 인식론적 구조와 내용이 함께 있는 것이다.

또한 슈바이처의 생명 외경 사상, 그의 후계자를 자처하는 그의 또 다른 스승 프리츠 부리의 사상,[19] 한스 요나스의 생명 외경 사상 등에 대한 관심은 〈생명〉이라고 하는 그의 신학적 주제와 〈경敬〉이라고 하는 그의 방법론과의 상관관계를 규명해야 할 또 다른 필요성을 느끼게 해준다. 결국 퇴계의 경 사상에 대한 그의 연구는 윤성범의 신학에 대한 내적인 성찰, 인식론적인 성찰로부터 출발하여 현재의 주된 연구과제가 된 '수행의 신학'[20]에까지 이르고 있는 것이다.

이제 다음으로 폴킹혼의 "Buttom up thingking"에 대해 살펴보자. 과학신학자 폴킹혼에게도 여러 가지 방법론 및 핵심개념들이 있는데,[21] 그 중에서 중요한 개념 중에 하나가 "아래로부터 위로 사고하기"이다. 이정배는 폴킹혼의 자연신학이 구상하고 있는 시도에 대해서 다음과 같은 의미를 부여하고 있다.

지금까지 "존재유비"를 말하는 토미즘의 자연신학이 있었고, 그를 반대하는 신정통주의 신학사조가 있었으며, 보편사의 토대 하에 자연을 신적 계시의

---

19 이정배 편저, 『창조신앙과 생태학』 (서울: 설우사, 1987), 5.
20 이것은 필자가 붙인 이름이다.
21 예를 들어, "아래로부터 위로의 사고," "비판적 실재론(critical realism)," "공명론 (Consonance)," "상보성의 원리," "양면적 일원론(dual-aspect monism)," "인간 원리 (Anthropic Principle)," "위로부터의 능동적 정보 입력(Active information)," "위로부 터의 인과율," "유신론적 작인이론" 등을 들 수 있다.

한 지평으로 삼으려는 판넨베르크의 시도 및 종말론적 지평 하에서 창조와 역사를 종합하려는 제반 노력이 있어 왔다. 그러나 이런 노력은 과학을 철학과 연관 지어 생각하려는 신학자들의 시도로서 일정 부분 한계를 지닌다. 이와 달리 폴킹혼은 양자역학의 세계적인 권위자로서 물리세계에 대한 확고한 이해를 바탕으로 "아래로부터의 사고"를 강조하는 바, 종래의 교리적 자연신학과는 다른 면모를 보이고 있는 것이다.[22]

이를 통해 알 수 있는 것은 그가 폴킹혼의 이 '아래로부터의 사고'를 통해서 종래의 교리적인 자연신학을 극복하는 방법론을 모색하고 있다고 하는 점이다. 그리고 그것은 '아래로부터'라고 하는 개념이 교리신학의 방법론이라 할 수 있는 연역적, 도그마적 사유가 아니라 새로운 현대사상과 현대과학을 통해 대화할 수 있는 경험적, 귀납적 사고를 의미한다고 보기 때문이다.[23] 즉 그는 이 '아래로부터 위로 사고하기'를 카우프만의 구성신학이 가지고 있는 상상력과 재구성의 힘, 맥페이그의 신학이 가지고 있는 은유의 힘, 파니카의 해석학이 가지고 있는 대화적, 과정적 힘과 같은 맥락에서 바라보고 있는 것이라 할 수 있다. 이와 같이 배타주의적 사고, 교리적 사고를 넘어서 시대적 물음과 장소적 상황과 끊임없이 대화하려고 하는 시도는 시대 적합성과 장소 적합성을 가진 파니카의 '통 장소적 해석학'을 위한 방법론과도 일맥상통한다 할 것이다. 쉽게 말해, "아래로부터 위로"란 인간의 경험, 과학적 사고, 합리적 사고로부터 신학을 (재)구성해 내는 것을 말한다. 또한 "아래로부터 위로"란 '인간에서 실재(또는 신)를 향해'라는 구조를 가지고 있다. 인식의 문제에 있어서 이 방법론은 구조적으로 '경' 사상과 무척 닮아 있다. 아니 구조적일 뿐만 아니라 인간의 경험적 측면에 대한 사유에 있어서도 무척 닮아 있다.

이정배는 폴킹혼의 사상을 통해 현대 물리학(양자역학, 카오스 이론)을

22 이정배, "폴킹혼의 공명론과 유신론적 자연신학 연구," 「조직신학논총」 9 (2003, 10), 36.
23 앞의 논문, 46.

통해 기독교 신학과 공명할 수 있는 부분을 발견할 수 있다고 하는 점에
대해 높이 평가한다(43). 필자 역시 폴킹혼의 신학에서 배울 수 있는 부분
들이 많다고 생각한다. 그러나 구조적인 유사성이 있다고 할지라도 과연
경험의 재구성이라고 하는 측면에서 폴킹혼의 신학이 교리적 신학을 얼
마나 극복할 수 있는가 하는 것에는 의문의 여지가 있다고 본다. 폴킹혼의
신학을 볼 때, 그의 신학은 기독교 중심, 교리 중심의 매우 보수적인 성격
을 띠고 있다. 폴킹혼의 신학이 명시적인 방법이 아니라 암묵적인 방법을
통해 이미 전제되어 있는 기존의 기독교 교리를 위해 과학적 사고를 대입
하고 있는 것을 볼 수 있기 때문이다. 예를 들어, 유일신에 의한 창조를
설명하기 위한 "유신론적 작인이론," 정신적 존재로부터의 창조를 설명하
기 위한 "인간 원리"의 도입, 신의 초월적 개입을 연상케 하는 위로부터-
아래로의-인과론으로서의 초인과론과 능동적 정보 입력, 무로부터의 창
조를 강조하기 위한 "제로섬" 사상의 도입 등에 대한 그의 언급은 비록 그
것이 다른 교리적 신학과의 차별성을 어느 정도 가지고 있으며 또한 과학
의 옷을 입고 있더라도 교리를 위한 과학신학이라는 색깔, 틈새 신학이라
는 색깔을 벗어나고 있지 못하는 것으로 보인다. 이러한 면에서 폴킹혼의
"아래로부터 위로 사고하기"는 매우 약한 의미에서의 구성 신학이라 볼
수 있을 것이다. 그의 방법론에 있어서의 이성적 사유, 수학적 사유에 의
한 구성의 힘은 간학문적, 혼합적, 통합적인 성격이 아니라, 그가 주장하
는 바대로 기독교 교리와 현대 과학의 소극적이며 조심스런 "공명"의 수
준에 머물러 있다고 하는 것이 옳을 것이다.

물론 이정배 역시 그의 신학의 보수성과 신학적 한계에 대해 잘 인지하
고 있다.

> 첫째로… 아래로부터의 경험을 통해 확증된 우주의 목적이 반드시 기독교의
> 유신론적 하느님일 수밖에 없다고 말하는 주장에 대한 이의제기이다.[24] …

---

[24] 이것은 토마스 아퀴나스의 우주론적 증명에 가해지는 비판과 동일한 비판을 받을 수 있다.

둘째로, 성서 및 기독교 전통을 중시하며 자신의 유신론적 견해(형이상학적 결단)가 과학과 공명할 수 있다는 확신은 첫 번째 비판과의 연계 하에서 또 다른 형태의 기독교제국주의를 낳을 수 있다고 생각한다.[25]

하지만 배타주의, 포괄주의, 다원주의를 거쳐 한국적 신학이 걸어왔던 그의 철저한 해석학의 맥락에서 볼 때, 또한 철저한 비케리그마화의 정신을 주장했던 것에 입각해 볼 때, 폴킹혼의 "아래로부터 위로의 사유"는 보다 철저하게 재구성되어야 할 필요가 있다고 본다.

다음으로 켄 윌버의 홀라키 개념이 아래로부터의 위로의 구조를 가지고 있으며, 이정배의 신학이 그것을 비중 있게 다루고 있다는 점에 대해 알아보자. 사실 이정배의 신학에 있어서 차지하고 있는 비중은 폴킹혼보다는 켄 윌버의 사상에서 더 클 것이다. 왜냐하면 윌버의 사상은 단지 종교와 과학의 영역에만 국한되지 않고, 토착화신학, 한국적 신학, 종교신학, 문화신학, 과학신학, 생명신학 등 그의 신학을 구성하고 있는 여러 영역과 대화할 수 있는 통합 사상이기 때문이다. 그리고 수행과 영성을 중심으로 한 통합 사상가라는 측면에서 여러 모로 공통점을 많이 가지고 있는 것이 사실이다.

홀라키 개념은 세계의 진화 과정을 의식의 진화 과정 또는 영의 진화 과정으로 보는 윌버의 세계관을 제4기의 저서 속에서 구체화한 개념이다.[26] 홀라키 개념은 이 세계가 물질, 생물, 마음, 혼, 영의 순으로 초월하면서 포함하는 관계로 전개되어 왔고 또한 그러한 중층적, 적층적 구조를 이루고 있다고 하는 생각이다. 이는 신이라고 하는 초월적 존재로부터 이

최초 원인, 빅뱅, 지적 존재가 있다고 하더라도, 과연 그것이 기독교의 하나님인가?

25 Ibid., 61-62.

26 Ken Wilber, *Sex, Ecology, Spirituality, the Spirit of Evolution* (Boston: Shambhala, 1995/2000), 88-89, 444. Ken Wilber, *A Brief History of Everything* (Boston: Shambhala, 1996/2000), 24.

세계가 만들어졌거나 유출되었다고 하는 위로부터의 창조와 반대되는 개념이다. 이것은 이 세계가 아래로부터 위로의 진화를 이루어왔다는 것인데, 이것은 서구 정신사에서만 보면, 고대는 물론 중세와 근대에 이르기까지 지배적인 세계관이었으며 또한 세계가 영에서 물질로의 타락의 과정을 걸어왔다고 하는 존재의 대연쇄(대사슬)[27] 개념을 현대 진화론과 발달심리학을 근거로 완전히 역전시킨 개념이다.[28]

이정배는 이러한 의미에서 신학자로서는 처음으로 켄 윌버의 사상을 주제로 한 저서인『켄 윌버와 신학』을 출판하였다.[29] 이 저서의 이해가 필자의 이해와 다소 다른 면이 있기는 하지만,[30] "아래로부터의 위로의 방법론"은 여기에서도 중요한 역할을 담당하고 있다고 본다. 실제로 윌버에 관한 그의 논문 곳곳에서 실재를 물질, 생명, 마음, 영혼, 영이 초월하면서 포함하는 중층적 구조라고 이해하는 윌버의 실재관에 대한 언급이 없는 곳은 없다. 이정배는 홀라키 구조의 바로 이 점에서 신학과 대화할 수 있는 범재신론적 구조를 읽어낸다.

> 모든 것을 초월하지만 동시에 모든 것을 포함하는 정신의 역설, 일종의 범재
> 신론적 신비를 나타내고 있다는 사실이다. 만약 우리가 초월성만 강조한다
> 면… 반대로 정신의 내재적 성격만 고집한다면 … 전자의 경우는 물질영역
> 의 탈신성화를 주장하는 기독교신학이, 후자는 자연이 곧 신이 됨으로써 초
> 월을 간과하는 스피노자식의 범신론이 될 것이다. 완전한 초월이자 완전한

---

27 Arthur Lovjoy, *The Great Chain of Being: A History of an Idea* (Cambridge/London: Harvard University Press. 1936/1964), 59. 러브조이의 관점은 윌버와 달리 존재의 대연쇄 구조에 대해 비판적이다. 제1기의 윌버의 사상은 존재의 대연쇄구조(The Great Chain of Being: 유출환원 하강구조)에 충실하나, 제4기에 이르러 존재의 대겹둥지(The Great of Nested Being: 진화 상향구조)으로 변화한다.
28 물론 초기의 상승하강의 구조가 완전히 사라진 것이 아니라 변형된 구조로 나타났다.
29 이정배,『켄 윌버와 신학: 홀아키적 우주론과 기독교의 만남』(서울: 시와 진실, 2008).
30 이한영,「켄 윌버의 의식진화론적 통전사상 연구: 통전신학을 위한 시론적 모색」(서울: 감신, 2008) 참조.

내재의 동시성을 보여주는 정신의 역설적 특성을 불교의 공(空), 기독교의 하느님 영(靈), 그리고 지극한 기운을 내 안에 모시고 있다는 동학의 시천 개념 속에서 어렵지 않게 찾을 수 있을 것이다.[31]

즉 이정배는 홀라키 구조 속에서 기독교 신학이 안고 있는 초월성과 내재성의 문제를 범재신론적 입장에서 바라볼 수 있는 대안을 보고 있는 것이다. 그런데 이러한 실재적 측면이 인식적 측면과 어떠한 상관관계가 있는가? 이정배는 월버의 실재관이 인식관과 동일한 패턴 하에서 정확하게 대응하고 있다는 것을 잘 간파하고 있다. 그래서 그는 이것을 앎의 3가지 방식(육의 눈, 혼의 눈, 영의 눈), 즉 앎의 계층적 측면을 동양 종교, 신플라톤주의, 유식불교의 영성과 앎의 구조와의 관계선상에서 설명하고 있는 것이다.[32]

이 책 속에서 그리고 아래로부터 위로의 구조 속에서 필자는 이정배와 월버 사이의 상당한 공통점을 발견할 수가 있었다. 예를 들어, 포스트-포스트모던적 사고로서의 통합적 사고, 영 중심의 사고와 성령론적 이해, 수행과 영성에 대한 강조, 신플라톤주의와 중세 영성가 에크하르트에 대한 선호, 비이원성nonduality과 불이적 사고에 대한 강조, 종교와 과학에 관한 간학문적-통합학문적 관심 등이 그것이다. 이 모든 것은 아래로부터 위로의 구조라는 존재와 사유 구조가 없이는 불가능한 것이다. 이러한 방법론은 앞의 '경' 사상에서 보았듯이, 초기부터 그가 가지고 있었던 방법론이었지만, 그는 월버로부터 포스트모던적 사유의 헤테라키적 사유는 물론, 포스트모던적 사유로 인해 해체된 하이어라키적 사유를 다시 복권시키는 계층적 사고를 수용한다.[33] 이 책 속에서 볼 수 있듯이 그는 비이

---

31 이정배, 『켄 월버와 신학』(2008), 52-54.
32 우리는 여기서 이 사상들이 영적인 앎을 추구하는 데에 있어서 '아래로부터 위로'의 공통점을 가지고 있다는 점에 주목할 필요가 있다. 물론 이는 명상에 있어서 '위로부터 아래'라고도 표현할 수 있으나, 그것은 보는 각도에 따라 다르게 이해될 수 있는 차이일 뿐이다.
33 이정배, 『켄 월버와 신학』(2008), 68-112의 내용.

원nonduality에 이르는 영적 발달의 단계, 전초오류 개념에 의한 초인격적 영성의 새로운 의미발견, 윌버 사상과의 관련 속에서의 신플라톤주의와 기독교 신비주의에 대한 긍정적 의미해석, 무엇보다도 믿음의 기독교에서 수행적 기독교로의 모형전이에 대한 논의를 전개하였다. 당연히 이것은 켄 윌버의 아래로부터의 위로의 방법론(홀라키적 사유)을 통해 더욱 선명해진 사상적 실험의 결과물인 것이다.

이상으로 알아본 바와 같이, 아래로부터의 방법론 또는 아래로부터의 신학하기의 공통된 특징은 연역적 사고가 아니라 경험적 사고에서 출발한다는 점이다. 윤성범의 관점과 비교해볼 때, 신적 영역에 해당하는 도道, 로고스(말씀)와 의미 적합성을 보이는 율곡의 성 사상에 비해, 경험과 수행을 중시하는 퇴계의 경사상은 인간의 영역에 해당하는 수행修行, 몸 등 인간 경험의 측면이 훨씬 더 강조된다. 폴킹혼의 사고는 연역적 사고가 아니라 인간의 경험적 합리성에 그 근거를 두고 있다. 윌버의 사고는 물질, 경험적 사유로 출발하여 영의 사유까지 포월抱越[34]하며 올라가는 성령론적 사유 구조를 가지고 있다. 다만 이 세 가지 사상은 구조적으로는 닮아 있지만, 내용적으로는 상당한 차이가 있다는 점에서 상호간의 비교연구를 통해서 이 점을 명확하게 구별해줄 필요가 있다고 생각한다.

이상으로 이정배의 신학 속에 있는 세 명의 인물과 사상을 통해 그의 신학 속에 '아래로부터 사유하기'라고 하는 방법론이 내재되어 있었음을 볼 수 있었다. 혼합 또는 통합적 학문을 추구하는 그의 학문적 성향이 다양한 사상들을 그의 신학 속에 잡아놓을 수 있지만, 그것은 모든 사상들이 아니라 '아래로부터 위로의 신학하기'에 적합한 부분들을 가지고 있는 사상들임을 알 수가 있었다. 이러한 아래로부터 위로의 신학하기는 뒤에서 다루게 될 구성신학을 통한 신학의 재구성이라고 하는 그의 신학적 지향성과 함께 생각해보아야 할 것이다.

---

34 김진석의 포월(蒲月)과는 다른 개념이다. 그의 포월(匍越)은 "전통 서구 신학의 수직적 상승적 초월성에 대비하여 벌레가 기어가듯 존재의 바닥과 함께 기어서 넘어가는 것"을 말한다. 김진석, 『초월에서 포월로』(서울: 솔, 1994), 212.

IV. 상상력의 방법론: 구성과 재구성의 신학

이정배가 그의 신학의 주요한 방법적 원리로 삼고 있는 것이 구성신학 (또는 재구성신학)이다. 이것은 고든 카우프만G. Kaufmann의 신학 방법론을 충실히 따르고 있는 것인데, 그가 이 방법론을 선호하는 이유는 종교다원 주의를 간문화적인 방법으로 해석하고자 하는 그의 신학 방법론과 동일한 신학적 구상 때문이라고 할 수 있다. 그러나 구성신학에 대해 강조하는 그의 글은 접했으나 이에 대해 본격적으로 논하고 있는 논문을 찾지 못했기에, 이번 절에서는 구성신학과 이정배의 신학의 상관관계에 대한 필자의 이해를 더해 서술하는 것으로 대신하고자 한다.

카우프만은 자신의 신학을 '신학적 상상력에 기초한 구성신학 또는 재구성의 신학'이라고 불렀으며, 신학 자체를 "구성적 활동이며, 우리가 다가갈 수 있는 유일한 실재 또는 진리는 상상력을 통한 종합, 구성을 통한 정신력의 산물"[35]이라고 했다. 이러한 의미에서 카우프만은 신학은 과거에 인식된 것처럼 기술description이나 설명exposition이 아니라 근본적으로 구성construction 활동 또는 재구성reconstruction 활동이라고 말한다.[36] 이상의 내용으로부터 알 수 있듯이 구성신학이 말하고자 하는 것은 신학은 미리 전제되거나 존재하는 개념을 기술하거나 설명하는 활동이 아니라, 상상력을 통하여 새롭게 재구성하는 활동이라는 점이다. 이러한 점에서 이정배는 카우프만의 신학에 대해 서술하면서 신학이 현대적 경험을 가지고 끊임없이 변화해야 한다[37]고 강조하고 있는 것이다. 그리고 이것은 도그마적 방법, 연역적 방법을 비판하고 귀납적, 경험적 방법을 선호하는 그의 학문적 성향과 일치점을 보이고 있다.

성서 언어 자체는 불교나 유교 등 동아시아인들의 사유방식을 한 번도 담아

---

35 고든 카우프만/기독교통합학문연구소 옮김, 『신학방법론』(서울: 한들, 1999), 8, 87.
36 고든 카우프만, 『신학방법론』(1998), 17.
37 고든 카우프만, 『신학방법론』(1998), 9.

낸 적이 없다… 이처럼 성서언어가 담아 내지 못했던 경험을 새롭게 표현하기 위하여 이제 구성신학이란 이름하에 자신의 역할을 모색하고 있다. 전대미문의 생태학적 위기를 경험하고 성서 언어와 전혀 이질적인 동양의 정신세계를 만나면서 신학은 좀 더 사실적합해지기 위하여 종래의 규범적 기능에서 구성적 역할로 관심을 이전시키기 시작한 것이다…. 새로운 감수성, 새 언어를 획득하기 위해 신학은 언제든 아래로부터의 경험을 중시해야만 한다…. 구성신학은 언제든 열려 있는 신학이다. 바른 세계인식에 기초한 상상력을 중시하는 신학이다.38

그런데 필자가 주목하는 바는 위 인용문에서 언급하고 있는 바와 같이 구성신학에서 있어서의 "상상력"의 힘이다. 상상력이란 무엇인가? 카우프만의 말을 빌려 정리해보자.

첫째, 그것은 구성 또는 재구성을 가능케 하는 힘이다. 상상력은 변화를 추동하는 힘이다. 대전제의 동어반복인 연역법이 가지고 있는 고정불변으로 붙잡아두는 힘이 아니라, 시의 적절하게 변화시킬 수 있는 변화의 힘이다.

둘째, 상상력은 내적인 체험이다. 그냥 내적 체험이나 주관적 체험이 아니라 '보편성과 포괄성을 가지는 내적 체험'39이다.

셋째, "상상력의 구성작업은 … 하나님을 그 자체의 자율성과 통합성 속에서 인식할 수 있는 올바른 사고 양식, 참으로 유일한 사고 양식"40이다. 이는 다른 말로 주체성 안에서 구성되는 통합적 인식이라고 할 것이다.

이상의 내용으로 볼 때, 카우프만의 이러한 주장은 이정배의 신학이 추구해 왔던 방향과 일치한다. 시대에 적합한 신학의 구성, 주체성 안에서의 보편성을 발견하는 체험의 강조, 통합의식. 이러한 의미에서 보면 카우

---

38 이정배, 『간문화해석학과 신학적 상상력』 (2005), 12-15.
39 고든 카우프만, 『신학방법론』 (1998), 86.
40 고든 카우프만, 『신학방법론』 (1998), 88.

프만의 상상력은 자기발견의 해석학에서 보았던 것처럼 한국적 주체성을 통한 통합적 영성의 발견이라고 하는 이정배의 신학과 잘 들어맞는다.

카우프만의 상상력에 의한 구성신학에 대한 선호는 또 다른 측면에서도 생각해볼 수 있다. 그것은 이 글에서 자주 반복되고 있는 '종교적 선험성'에 대한 부분이다. 여기에서 필자의 이목을 끄는 것은 그것이 비판적인 형식을 취하고 있든 아니든, '경'의 방법론과 마찬가지로 칸트 또는 신칸트학파의 종교적 선험성이라고 하는 사유가 이정배의 신학에 남아 있으면서 여전히 중요한 기제로 작용하고 있다고 하는 사실이다. 합리론과 경험론을 종합하면서 자신의 사상을 구축한 칸트의 철학에 있어서 구성, 상상력, 선험성은 대단히 중요한 부분을 차지하고 있다. 또한 이정배의 박사학위논문 등에 등장하고 있는 슐라이어마허, 헤르만, 트뢸치 등 신칸트계열의 신학자들, 또한 종교적 선험성을 강조했던 그의 스승 윤성범, 칸트철학을 통해 신학의 코페르니쿠스적 전환을 기획했던 존 힉의 다원주의 신학을 선호했던 또 다른 스승 변선환 등 이정배가 이러한 학문적 방법론의 노상에 서 있다는 것은 분명한 것 같다. 그리고 넓은 의미에서 보면, 그가 방법론으로 차용하고 있는 맥페이그의 은유신학, 가다머의 지평융합,41 파니카의 대화적 대화원리 등은 모두 신학을 새롭게 써내려가는 구성과 재구성의 신학이라 할 수 있다. 다만 맥페이그는 '메타포', 가다머는 '언어', 파니카는 '상징'이라는 매개 또는 선이해를 가지고 구성신학에 이바지하고 있다는 점에서 차이가 있는 것이다.

구성신학과 그의 한국적 신학에 대한 관계를 방법론적으로 명확하게 규정한 바는 없지만, 구성신학의 방법론을 한국적 신학, 종교문화신학에 적용하려는 그의 학문적 노력들은 결과물로 나타나 있다. 예를 들어, 그는 『개신교 전위 토착신학』에서 유영모, 이신, 김지하의 사상을 각각 한글신학, 예술신학, 율려신학이라고 규정하며 이를 "토착화를 넘어서는 창조론," "한국적 상상력의 신학"이라고 부르고 있다. 물론 그 자신의 신학은

---

41 가다머에 대한 언급은 『선한 벗들과 함께 신학하기』 (2000), 113-119.

상상력을 통한 구성신학으로서의 한국적 생명신학이라 할 것이다.[42] 또한『간문화 해석학과 신학적 상상력』에서는 이 "상상력"의 방법론이 간문화 해석학과 결합되어 있음을 볼 수 있다. 이 책의 4장인 "한국 종교문화의 기독교적 재구성"에서 볼 수 있듯이 이 상상력이란 앞서 말했듯이 한국 사상을 기독교적으로 재구성하려는 신학적 작업, 즉 주체적 입장에서 재구성하려는 신학적 작업의 시도였음을 알 수 있다.[43] 다만 카우프만의 구성신학이 신론을 중심으로 전개되고 있기 때문에, 이정배의 신학이 성령론을 중심으로 전개되고 있음을 고려할 때, 이는 '영 중심적 구성신학' 또는 '성령론적 구성신학'이라는 이름 하에서 새롭게 규정될 필요가 있지 않을까 한다. 또한 최근 그의 신학의 하나의 정점에 위치하고 있는 다석 유영모에 대한 그의 지대한 관심에 비추어 볼 때, 그것은 '얼 중심적 구성신학' 또는 '얼의 구성신학'이라는 이름으로도 규정될 수 있지 않을까 한다.

이렇듯 구성신학의 상상력의 방법은 이정배 신학의 방법론의 매우 중요한 또 하나의 축이 되었다. 상상력의 방법이란 무엇일가? 그것은 교조화되고 딱딱하게 굳어 버린 기존의 신학 체계를 해체하고, 그것을 다시 새롭게 재구성하여 새로운 생명력, 새로운 얼을 불어넣는 신학적 방법론이 아닐까 한다.

V. 종교와 과학에 있어서의 모형변이

과학적 방법론 중에서 "모형변이"는 이정배의 신학이 채택한 주요한 방법론 중 하나이다. 그러면 모형변이란 무엇인가? 그것은 원래 과학사가인 토마스 쿤의 패러다임 쉬프트Paradigm Shift를 번역한 말이다.

---

42 이정배,『한국 개신교 전위 토착신학 연구』(2003), 3장, 4장.
43 이정배,『간문화 해석학과 신학적 상상력』(2005), 4장.

토마스 쿤(Kuhn)의 말로 하자면, '모형전이(paradigm Shift)'에 따른 혁명 이론을 신학에 도입하였다. 자연의 변화가 신관의 모형을 변화시키고 신관의 달라진 모습이 인간의 자기 이해 방식을 바꿀 수 있다고 보았기 때문이다.[44]

이러한 모형변이를 통한 방법론의 모색은 그 자신의 신학의 모형변이를 이해하는데 있어서 매우 유용하게 사용되고 있다. 그의 논문 중에는 한스 큉이 패러다임 모형을 가지고 그의 신학을 전개했던 것을 언급하는 대목도 있지만, 패러다임 모형에 대한 그의 관심은 이미 오래 전인 그의 사상 초기부터 사용해 온 것으로 보인다.[45]

또한 그는 과학에 있어서의 중대한 패러다임의 전환을 고전 물리학에 기초한 근대의 기계론적 세계관에서 새로운 패러다임으로 전환해야 함을 역설한 바 있는데, 그것은 신과학자 프리초프 카프라의 제안을 수용한 것이었다. 그리고 신학 역시 이러한 패러다임적 전환을 이루어야 한다고 주장했다.

고전 물리학의 세계관과는 달리 자연에 대한 관점의 변화에 근거하여 신과학 패러다임을 전일적, 생태론적, 유기체적, 시스템 이론적으로 이해하는 과학의 본성을 다음 다섯 가지로 정리하고 있다. 부분에서 전체로의 전환, 구조에서 과정으로의 전환, 객관적 학문에서 인식론적 학문으로의 전환, 건물에서 그물로 전환하는 지식의 체계, 절대치에서 근사치로의 전환. … 또한

---

44 이정배, 『생명의 하느님과 한국적 생명신학』(2004), 9. 물론 패러다임 이론에 대한 방법론적 비판들이 있으나 이 논의의 맥락에서 다룰 수는 없는 별개의 문제이다. 하지만 〈연속성과 불연속성〉에 대한 측면, 〈진보와 변화〉에 대한 측면, 〈상대성과 절대성〉에 대한 측면 등에 대해서는 진지하게 숙고해보아야 할 것이다. 특히 토착화신학이 가지고 있는 사상의 계승발전이란 측면에서 패러다임은 변혁 이상의 의미를 갖고 있는가?

45 이정배, "종교신학의 새로운 패러다임," 「기독교사상」(1991). 이정배, "모스트모더니즘 시대의 종교이해: 종교의 모형변이와 생명의 해방," 「과학사상」 2 (1992), 96-110. 이정배, "종교의 모형변이와 생명윤리," 「심일섭 박사 회갑기념 논문집」(1994) 등.

기독교신학도 이러한 신과학의 패러다임에 근거하여 다르게 구성되어야 한다는 사실이 카프라를 비롯한 그와 함께 대화하고 있는 가톨릭 수사 슈타인들 라스트와 역사신학자 토마스 매터스에 의해 강조되고 있다.[46]

위의 인용문을 통해 볼 때 그가 신과학에 있어서의 패러다임의 전환의 의미를 기독교신학에 적용하려고 했다는 것을 알 수 있다. 그것은 특히 그에게 있어서 한국적 신학의 전환을 설명하는데 있어서 매우 유용한 것이 되었다. 그래서 그는 이러한 시도를 '자기발견의 해석학과 자기 비판적 모형변이의 간주체적 만남'이라고 불렀다.

한국적인 자기발견적 해석학과 과학혁명구조(Kuhn)에 대한 논의로부터 생겨난 서구 과학 및 신학의 자기 비판적 모형변이와의 간주체적 만남을 시도하고자 한다.[47]

여기서 알 수 있는 것은 모형변이의 방법론이 그에게 있어서 간문화 해석학, 구성신학, 은유신학 등의 방법론과 마찬가지로 고정 불변하는 신학이 아니라 변화하는 신학적 재구성을 위한 방법론적 도구가 되고 있다고 하는 사실이다. 그리고 위 인용문에서 볼 수 있는 것처럼, 간문화 해석학, 자기발견의 해석학, 구성신학, 모형변이의 방법론이 그의 사상 안에서 하나로 어우러지고 있다는 사실을 알 수가 있다.

이정배는 신학 자체의 모형변이만이 아니라 자기 자신의 신학에 대해서도 마찬가지로 이 모형변이의 관점을 가지고 설명하였다. 그것은 실제로 자신의 신학적 관점이 어떻게 변화되었으며 그 주제가 어떻게 전환되어 왔는가 하는 것을 다음과 같이 독자들에게 잘 설명해주고 있다.

신학사적으로 보면 윤리적 신학, 실존주의 신학, 구속사 신학의 틀에서 우주

---

46 이정배, 『신학의 생명화, 신학의 영성화』 (서울: 대한기독교서회, 1999), 156-157.
47 이정배, 『선한 벗들과 함께 신학하기』 (2000), 220.

중심, 생명 중심의 신학으로, 유교적 관점에서 말한다면 이(理), 심(心)의 개념에서 비롯된 성인, 군자, 윤리 중심의 해석학적 패턴에서 자연(물리) 및 기(氣) 중심적 세계관으로, 또한… 부친의 유교적 영향력으로부터 어머니의 무교적 생명력에 대한 이해, 곧 남성 신학에서 여성신학으로의 모형전환을 뜻한다. 그리고 일반학문과의 관계성 차원에서 말한다면 사회과학, 역사학과 신학의 관련성을 넘어 자연과학과의 대화를 모색하는 노력이다. 조직신학적으로 재론할 때, 이것은 기독론 중심, 신 중심적 신학체계를 넘어서 성령 중심의 신학으로의 전환을 의미한다.[48]

이제 그 범위를 더 넓혀 종교와 과학의 문제에 있어서 이정배의 신학이 어떠한 과정을 거쳐 왔는가 하는 것에 대해 간략하게 알아보자.

종교와 과학에 대한 이정배의 관심은 초기부터 있어 왔던 것이다. 이러한 사실은 그의 초기 저서에 가이아 학설을 주제로 쓴 글이 있다는 사실로부터 알 수 있다.[49] 왜 가이아 학설인가? 그것은 그의 초기의 번역서들이 생태, 환경, 자연과학에 대한 것이라는 점에서 시사점을 얻어낼 수 있다.[50] 생명에 대한 관심, 생태학적 관심이 지구를 살아있는 생명체로 보는 가이아 학설에 흥미를 느끼게 하는 것은 어쩌면 당연한 일일 것이다. 가이아 학설의 러브룩, 또한 가이아 학설의 영향을 받은 공생진화설의 린 마굴리스,[51] 신의 과학의 쉬뢰더,[52] 물리학과 신비주의를 다루는 카프라, 형태공명의 장이론의 쉘드레이크 등등. 이렇듯 생태학적 문제에서 출발한 그의 과학에 대한 관심은 먼저 신과학과의 대화로부터 시작하였다.

---

48 이정배, 『한국적 생명신학』(1996), 21-22.
49 이정배,『토착화와 생명문화』(1991), III부 제 2장.
50 이러한 관심 하에 펴낸 초기의 편저들은 그의 생태학적 관심을 보여주고 있다. 이정배, 『생태학과 신학』(서울: 종로서적, 1989),『창조신앙과 생태학』(서울: 설우사, 1991).
51 마굴리스에 대한 언급은『토착화와 생명문화』(1991) III부 2장에 이미 언급되어 있다.
52 제랄드 쉬뢰더 / 이정배 옮김, 『신의 과학』(서울: 범양사, 2000). 유대인의 관점에서 히브리 창조론을 과학과 연계해서 설명하고 있으나, 오늘날 창조과학과 매우 유사한 주장을 하고 있다.

시스템 이론을 중심으로 한 신과학의 이론이나 이와 대화하는 신학적 사유들이 전일적 사고, 생명과 대지의 강조, 지구에 대한 관심, 몸에 대한 강조, 모성성(어머니)에 대한 강조, 생태그물망적 관점, 신비주의나 영성에 대한 관심 등을 가지고 있다는 점에서 이정배의 신학이 추구하는 바와 매우 유사한 내용을 보이고 있다. 그러한 의미에서 신과학과 이정배 신학의 만남은 필연적이었는지도 모른다. 가이아 이론을 토대로 사상을 전개한 제레미 리프킨, 여성생태신학자 로즈마리 류터에 대한 관심을 가지게 된 것도 이러한 흐름 속에서 보면 자연스럽게 이해할 수 있는 대목이다. 그 결과 그는 리프킨의 저서를 번역하였고, 그로부터 한국적 생명신학을 '생명권 정치학'으로 이해할 수 있는 단초를 얻었다.[53] 전체적 사고, 유기체적 사고, 과정적 사고, 상대적 사고 등이 근대의 세계관을 넘어서려는 현대적 사상이라는 점에서 신과학은 과학적 이론으로서의 타당성에 대한 물음과는 별개로, 그 자체로 현대 사상에 매우 적합한 사상을 제공하고 있다고 평가할 수 있다.

이러한 신과학에 대한 관심은 종교와 과학의 대화 분야에 본격적으로 뛰어들어 연구하기 시작한 1998년 이후에도 계속적으로 지속되었다. 후일 이정배는 신과학에 대한 자신의 관심을 형이상학적 결단이라는 말로 언명한 바 있다.[54] 그러던 것이 이제 볼프강 판넨베르크, 위르겐 몰트만, 크리스챤 링크, 존 호트 등의 신학자들과 떼이야르 드 샤르댕, 존 폴킹혼 등 과학신학자들과의 만남을 통해서 정상 과학의 논의의 범주 속에서 과학과 신학 분야에 대한 연구를 전개하게 되었다. 그는 이것을 "신과학과 종교, 신과학과 영성을 주제로 한 신과학 서적들이 주는 감동보다 좀 더 묵직한 느낌을 만났다"고 표현한 바 있다.[55] 그러면 그는 신과학과의 대화를 단절했는가? 그렇지는 않다. 형이상학적 결단이라는 말에서 보듯이 신

53 이정배, 『한국적 생명신학』(1996), 25. 제레미 리프킨/이정배 옮김, 『생명권 정치학』(서울: 대화출판사, 1996).
54 이정배, 『생명의 하느님과 한국적 생명신학』(2004), 61.
55 이정배, 『선한 벗들과 함께 신학하기』(2000), 189.

과학에 주는 사상적 의미가 그렇게 쉽게 포기할 수 있는 성질은 아닌 것 같다. 오히려 그의 종교와 과학에 대한 논의는 신과학에서 신과학, 정상 과학, 신학을 포괄하는 방향으로 그 지평을 넓혀왔다고 보는 것이 옳을 것이다.

그렇기에 종교와 과학에 대한 그의 연구는 영성의 과학화를 추구하는 켄 윌버의 이론을 긍정적으로 수용하고 있는 것으로 생각된다. 이정배는 윌버로부터 신과학을 '범주오류' 등 다른 각도에 바라보는 법을 얻었다.[56] 그리고 전체와 부분, 개체와 전체를 이분법적이 아니라 유기적 전체로 파악하는 홀론 개념과 초월성과 내재성을 진화의 관점에서 바라보며 하이어라키와 헤테라키적 존재와 사유 구조를 모두 수용하는 홀라키 사상을 신학적으로 해석하는 작업을 시도하였다.[57] 윌버의 사상은 형이상학적으로는 동서고금의 사상들을 통합적으로 엮어내 현대적으로 재창조한 훌륭한 사상이다. 하지만 그렇다 하더라도 윌버의 사상 역시 진화론의 분야에 있어서는 정상 과학의 범주 안에 속한다고는 볼 수 없다. 그러나 어떠한 면에서, 창조과학, 지적 설계론은 물론, 신과학, 정상 과학의 범주 내에 있는 과학자, 신학자, 과학적 유물론자들까지도 종교의 문제를 다룸에 있어서만큼은, 정도의 차이 또는 타당성의 차이는 있을지언정, 모종의 형이상학적 결단을 감행하고 있다고 보아야 할 것이다.

최근의 그의 관심은 신과학, 윌버, 유신론적 신학과는 정반대의 노선이라고 할 수 있는 리차드 도킨스, 에드워드 윌슨, 제이슨 굴드와 같은 진화론자들을 향해 있다. 제이슨 굴드의 경우 노마NOMA 개념을 통해 종교와 과학의 문제에 있어서 중립적인 태도를 취하고 있지만, 도킨스나 윌슨은 철저한 환원주의자, 과학적 유물론자, 무신론자들이다. 그는 또한 아직 본인의 논문을 정식으로 발표하지 않았지만, 지난 2009년 다윈 탄생 200주년을 맞이하여 기독교통합학문연구소가 주최한 춘계학술발표회를

---

56 이정배, 『종교와 과학의 대화에 근거한 기독교 자연신학』(서울: 대한기독교서회, 2005), 203.
57 이정배, 『켄 윌버와 신학』(2008) 35-112의 내용.

통해 소장학자들이 이와 관련된 일련의 논문들을 발표하도록 주도한 바 있는데,58 이를 통해서 현대 진화론의 논쟁점들을 통해 그 의미와 한계를 분명히 알고, 이에 대한 신학의 입장을 적극적으로 표명하고자 하는 그의 노력을 읽어낼 수 있다.

지금까지의 언급을 통해 볼 때, 그는 언제나 변화를 시도해왔고 시대에 부응하는 새로운 사상을 발 빠르게 접하고 비판적으로 수용하는 일에 앞장서 왔던 것만은 틀림없어 보인다. 그러한 의미에서 그의 신학은 모형변이의 신학이다. 그러한 과정 속에서 그가 언급했던 사람들은 다양한 학문적 입장, 다양한 신앙의 형태(때로는 무신론), 다양한 방법론을 가지고 있다는 사실을 볼 수 있었다. 긍정적으로 볼 때, 이러한 사실은 그의 혼합주의적, 통합주의적인 학문적 성향을 잘 드러내주고 있다고 평가할 수 있다. 다만 통합적 성향 못지않게 이 사상들 간의 차이를 보고 비교하고 평가하는 작업도 이루어졌으면 하는 바람이다.

V. 나가는 말

이 글은 지금까지 이정배 신학의 방법론을 4개의 주제를 통해 접근해 보았다. 먼저 우리는 간문화적 해석학과 자기발견의 해석학을 통해 이 해석학적 방법이 비서구화를 추구해왔던 그의 스승 윤성범과 변선환 두 스승을 계승하는 한편 그 자신만의 한국적 신학을 구축하는 주요한 방법론이 되어 왔음을 보았다. 또한 그것은 토착화신학, 한국적 신학이 자신만을 위한 자아 폐쇄적, 독아적 신학이 아니라 문화적 주체로서의 자신을 발견함으로써 토착화와 세계화라고 하는 한국적 신학의 두 과제를 달성하기 위한 방법론으로 자리해 왔음을 볼 수 있었다. 그것을 필자는 '세계(타자)

---

58 이 논문들은 기독교통합학문연구소, 『신학의 저항과 탈주』(서울: 모시는 사람들, 2010)로 출판되었다.

로부터 주체로'가 아니라 '주체로부터 세계로'라는 관점에서 읽었던 것이다. 그리고 그가 이를 동도동기론적 해석학이라고 부르고 있는 것처럼, 타자의 방법론이었던 이 두 개의 방법론을 철저하게 주체화, 토착화, 한국화, 실학화하려 했던 노력들을 볼 수 있었다.

필자는 이정배의 사상에서 중요한 위치를 차지하고 있는 퇴계의 경 사상, 폴킹혼의 아래로부터 위로 사고하기, 켄 윌버의 홀라키 사상이 모두 '아래로부터 위로'라고 하는 인간 경험의 인식론적 공통 구조를 갖고 있음을 보았다. 그리고 이에 대한 논의 과정을 통해 퇴계의 경 사상이 한국적 신학에 대한 내적인 비판과 성찰을 위한 중요한 방법론이 되었음을 보았고 또한 현재까지의 그의 사상을 이루어온 사상적 출발점이었음을 보았다. 또한 폴킹혼의 사상은 과학신학이라고 하는 분야에서 주요한 방법론이 될 수 있음을 보았으나 이정배가 추구했던 신학적 작업의 맥락에서 볼 때 좀 불철저한 면도 있지 않은가 하는 점을 제시하기도 하였다. 켄 윌버의 홀라키 구조는 아래로부터 위로의 구조를 다층적으로 바라보며 종교, 영성, 진화, 과학, 수행, 성령을 강조하는 윌버 사상과의 연관성에 대해서 검토하였다.

구성신학에 대한 논의에서는 구성신학이 가지고 있는 상상력을 이정배의 신학이 추구해왔던 문화 주체성, 시대 적합한 신학을 구축시키는 추동력 또는 창조력이라는 관점에서 바라보았으며, 앞에서 언급한 방법론들과의 연계하여 종교적 선험성이라는 측면에서 바라보았다. 그리고 이를 토대로 신학의 실학화로서의 구성신학적 작업들을 위해 수고한 토착 학자들을 발굴하여 재평가한 그의 노력들에 대해 언급하였다.

또한 모형변이에 관한 논의를 통해 이정배의 신학이 추구하고 걸어왔던 패러다임 전환의 의미에 대해 알아보았으며, 또한 그것이 그의 신학에서 어떠한 모형변이를 이루어왔는가 하는 것에 대해 알아보았다. 그리고 종교와 과학에 있어서 그가 관심을 두었던 패러다임 전환이 전일적 사고, 생명, 대지와 몸 그리고 여성성, 신비주의와 영성 등으로의 전환이었으며,

또한 그것이 신학적 모형변이를 이루는데 방법론적인 영향을 주었음을 볼 수 있었다. 또한 신학에 있어서는 우주, 생명, 자연, 여성, 성령, 수행 중심의 모형변이를 추구해왔다는 사실을 알 수 있었다.

또 한 가지 발견할 수 있는 것은 이상의 네 가지 주제는 서로 다른 독립적인 방법론이 아니라 서로 깊은 연관성을 발견할 수 있는 상호관계적이고 유기적인 방법론이라는 점이다. 이상의 방법론이 제시하고 있는 의미들을 단 한 문장으로 표현해보면, "주체로부터의 세계로의 인식은 아래로부터 위로의 인식이며 그것은 상상력을 통해 재구성되는 것이며 그리고 그것은 간주체적인 또한 통합적인 방향을 향해 서 있는 것이다"라고 말할 수 있을 것이다.

퇴계의 경에서 윌버의 통합 영성까지, 간문화 해석학에서 모형변이까지, 이 글은 많은 길을 걸어왔다. 그 길 안에서 무엇을 볼 수 있을까? 많은 인물들과 많은 사상들이 한 사람의 사상 속에서 어떠한 의미를 가지고 있을까? 방법론을 통해 우리는 토착화의 길을 걸어온 한국 신학자들 그리고 그 길을 따라 걸어왔던 이정배의 신학이 가리키고 있는 이정표를 알 수 있는 기회가 아니었나 생각해 본다.

참고문헌

〈저 서〉

이정배.『간문화해석학과 신학적 상상력』, 감리교신학대학교출판부, 2005.
_____.『선한 벗들과 함께 신학하기』, 서울: 한들, 2000.
_____.『생명의 하느님과 한국적 생명신학: 하느님의 살림살이를 위한 신학』. 서울: 새길, 2004.
_____.『생태학과 신학』. 서울: 종로서적, 1989.
_____.『신학의 생명화, 신학의 영성화』. 서울: 대한기독교서회, 1999.
_____.『없이 계신 하느님, 덜 없는 인간』. 서울: 모시는 사람들, 2009.
_____.『조직신학으로서의 한국적 생명신학』. 감리교신학대학교 출판부, 1996.
_____.『종교와 과학의 대화에 근거한 기독교 자연신학』. 서울: 대한기독교서회, 2005.
_____.『창조신앙과 생태학』. 서울: 설우사, 1991.
_____.『켄 윌버와 신학: 홀아키적 우주론과 기독교』. 서울: 시와 진실, 2008.
_____.『토착화와 세계화: 한국적 신학의 두 과제』, 서울: 한들출판사, 2007.
_____.『토착화와 생명문화』. 서울: 종로서적, 1991.
_____.『하느님 영은 불고 싶은 데로 분다: 성령의 시대 생명신학』. 서울: 한들, 1998.
_____.『한국개신교전위토착신학연구』. 서울: 대한기독교서회, 2003.
_____.『해석의 힘, 차이의 축제』, 도서출판 쉼, 2001.
한인철.『종교다원주의의 유형』. 서울: 한국기독교연구소, 2000/2005.

〈논 문〉

이정배. "다시 새롭게 만나야 할 과학과 종교: 자연의 본성 재발견하기."「기독교사상」 481(1999, 1), 30-41.
_____. "토착화신학의 영성탐구: 퇴계의 '경'사상과 '창조영성'의 만남."「한국조직신학논총」7(2002), 232-253.
_____. "존 폴킹혼의 공명론과 유신론적 자연신학 연구: 유신론적 작인이론을 중심으로."「조직신학논총」9(2003), 34-64.
_____. "종교신학의 역사와 전망."「에큐메니칼 신학과 운동」(1999), 1-10.
_____. "종교의 모형변이와 생명윤리."「심일섭 박사 회갑기념 논문집」(1994).
_____. "종교의 모형변이와 생명의 해방: 근대 과학기술문명에 대한 탈현대적 신학의 비판."「과학사상」2(1992, 6), 96-110.

_____. "켄 윌버의 홀아키적 우주론과 과학과 종교의 통합론." 「신학과 세계」 42(2001), 242-265.

_____. "현대과학의 도전을 받는 기독교: 가이아학설과 기독교세계관." 「기독교사상」 374(1990, 2), 22-30.

이한영. "켄 윌버의 의식진화론적 통전사상 연구: 통전신학을 위한 시론적 모색." (감리교신학대학교박사학위논문, 2008). 1-390.

_____. "토착화신학의 흐름과 재고: 윤성범, 변선환, 이정배를 중심으로." 「신학사상」 147(2009), 105-137.

〈번역서〉

리프킨, 제레미/이정배 옮김. 『생명권 정치학』. 서울: 대화출판사, 1996.

런드버그, D/이정배, 박우석 옮김. 『신과 자연 : 기독교와 과학, 그 만남의 역사』 상. 서울: 이화여자대학교출판부, 1998.

유아사 야스오/이정배 · 이한영 옮김, 『몸과 우주』 (서울: 지식산업사, 2004).

제랄드, 쉬뢰더/이정배 옮김. 『신의 과학』. 서울: 범양사, 2000.

카우프만, 고든/기독교통합학문연구소 옮김. 『신학방법론』. 서울: 한들, 1999.

폭스, 매튜/이정배 옮김. 『창조, 어둠 그리고 영혼에 관한 대화』. 서울: 동명사, 1999.

폴킹혼, 존/이정배 옮김. 『과학시대의 신론』. 서울: 동명사, 1998.

〈편저〉

이정배. 『창조신학과 생태학』. 서울: 설우사, 1987.

_____. 『생태신학과 신학』. 서울: 종로서적, 1989.

2부

동학과 유영모

동학적 기독교

이찬석 박사

(협성대학교 교수)

"동학은 초인격적 측면을 가지고 초월과 내재를 통합시켰으며 수행론을 통해 神과 인간 간의 되먹임 고리, 곧 가역적 관계를 성사시켰다는 사실이다."[1]

I. 시작하는 말

한국의 종교문화는 크게 유, 불, 선을 중심으로 하는 고등 종교와 천도교, 증산교, 원불교 등 중심으로 하는 민족 종교로 분류할 수 있다. 일찍이 한국의 종교 문화적 주체성을 강조하면서 토착화신학을 제창하였던 1세대 신학자들은 민족 종교보다는 주로 고등 종교에 천착하였다. 그러나 2세대 토착화신학자들이 신학적으로 깊은 관심을 보여준 종교는 동학이다. 2세대 토착화신학자들이 동학에 천착하기 이전에 한국의 민중신학자들이 동학을 신학적으로 해석하였다. 그러나 그들은 동학의 교리적인 측면보다는 동학혁명에 집중하였다고 볼 수 있다.[2] 그러나 2세대 토착화신

---

1 이정배,『한국 개신교 전위 토착신학 연구』(서울: 대한기독교서회, 2003), 412.
2 토착화신학 1세대는 한국적인 것의 본질을 전통종교에서 찾아내는 것을 일차적 과제로 삼았다면, 민중신학은 현실의 사회적/정치적 상황에서 신학의 본질을 찾아내는 것을 일차적인 과제로 삼았다고 볼 수 있다. 이찬석, "풍류신학과 언행일치의 신학," 변선환아키브-동

동학적 기독교_ 이찬석 | 167

학자들은 민중신학과 토착화신학을 통전하려는 신학적 의도 아래에서 동학이 지니고 있는 교리적인 측면을 간과하지 않았다.

본 글은 2세대 토착화신학자로 활동하고 있는 이정배의 동학 해석을 살펴보려고 한다. 동학은 한국의 종교문화의 원리 안에서 유불선을 중심으로 하는 아시아 종교와 서학이라 이름 붙여졌던 기독교를 아우르면서 한국적 신앙을 창출하였다. 세계화와 지방화, 보편성과 특수성, 초월과 내재, 개인과 공동체 등 대립적인 축들을 either/or의 논리가 아니라 both/and의 논리로서 돌파해야 하는 시대적 흐름 속에서 동학이 지니고 있는 종교성은 신학적으로 깊은 의미들을 내포하고 있다. 따라서 본 글은 2세대 토착화신학자로서 일찍이 동학에 천착하였던 이정배의 동학 해석을 '동학의 한국화', '그리스도교 교사로서 동학', '문화적 민족주의로서의 동학'을 중심으로 고찰하여 보려고 한다. 두 번째 목표는 이정배의 동학 해석이 이 시대 한국 신학에 기여하고 있는 점을 '글로컬 동학'과 '기독교 다원주의'라는 주제로 정리하여 보려고 한다.

II. 동학에 대한 신학적 해석

1. 한국 신학의 주체로서 동학: 동학의 한국화/복음의 한국화

토착화신학 2세대 신학자인 이정배의 눈에 동학은 한국 문화의 '자기 발견적 원리'를 구체적적으로 담고 있는 한국적 범재신론이다. 토착화신학은 그리스도교 복음과 한국 문화의 관계성에 대한 고찰로서 한국적 복음/그리스도교를 창출하려고 한다. 1세대 토착화신학자들(윤성범, 유동식)은 한국 문화보다는 복음에 중심을 두면서 '한국의 복음화'를 지향하면

서신학연구소(편), 『제3세대 토착화신학』(서울: 도서출판 모시는 사람들, 2010), 138-140.

서 선교적인 성격을 띠었지만, 이정배는 맥락 모델/선험적 모델에 근거하여 한국 문화의 주체성을 강조하면서 구성신학적 성격을 보이면서 '한국적 복음/한국적 신학'을 발전시켜 나간다. 여기에서 동학은 한국적 하느님 경험(한국적 범재신론)으로 한국 신학의 주체적 발전을 위한 토대로 자리 잡고 있다. 이정배는 새로운 한국 신학(토착화신학)을 위하여 한국 문화의 '자기발견적 원리'를 중요하게 생각하며 한국 문화에 대한 주체적 인식을 우선적으로 강조한다. 한국 신학의 "핵심적인 과제는 한국 문화의 주체성, 곧 문화적 주체로서의 자기발견적 원리를 추적 연구하는 일"[3]이다. 그는 토착화의 모델로서 번역 모델과 적응 모델의 한계를 지적하면서 문화의 주체성을 강조하는 맥락 모델/선험적 모델을 선호한다.

번역 모델은 복음과 문화의 관계를 알맹이와 껍질 등의 이미지를 사용하여 이해하는 토착화 방법론으로 그리스도교 메시지에 덧붙여진 문화적인 요소를 가능한 한 철저하게 분리시키고 그 순수한 복음을 새로운 문화적 상황과 맥락 속에서 알맞게 번역하는 두 과정을 통해 진행된다. 서구 기독교의 탈헬레니즘화가 하나의 구체적인 예이다. 그러나 번역 모델에서는 기독교 복음 자체의 일방적 초월성 및 보편타당성이 전제되는 관계로 문화의 생동력을 진지하게 인정하지 않는 한계에 직면하게 되어 문화의 몰가치성에 대한 편견이 감추어져 있다.[4]

적응 모델은 토착 문화의 제반 이념과 현실들을 서구의 개념 범주와 일치시키려는 노력 쪽으로 기울어 가며, 윤성범의 '성誠의 신학'이 대표적인 예이다. 이 모델은 종교혼합주의나 상대주의로 오해되었으며, 자신의 토착 이념을 서구적 개념으로 환원시켜 이해하지 않으면 안 될 정도로 오

---

3 이정배, 『조직신학으로서의 한국적 생명신학』(1996), 99.
　"하지만 필자의 관심은 한국 문화의 고유한 원리에 있지 않다. 오히려 한국의 역사적 현실 속에서 문화적 요소 및 원리의 시간적 변형에 흥미를 느낀다. 문화는 변하기 때문이다."(이정배, 『토착화와 세계화』, 84) ― 이러한 측면에서 이정배는 본질을 추구하는 본질주의라고 할 수 없다.
4 이정배, 『조직신학으로서의 한국적 생명신학』(1996), 107.

리엔탈리즘의 희생자가 되었다. 번역 모델과 적응 모델이 지니고 있는 공통적인 약점은 아시아와 한국 문화를 짊어지고 온 석가, 노자, 공자, 원효 등을 그리스도에게로 안내하는 몽학선생쯤으로 규정하는 포괄주의 이상을 넘어가지 않는다.5

이정배가 선호하는 맥락 모델은 문화의 주체성을 강조하면서 급진적 특성을 보인다. 신학 함에 있어서 근본적인 두 축은 신앙의 객체적인 면(성서, 전통)과 신앙의 주체적인 면(이성, 경험)이다. 전자는 매시대의 전통 속에 담지되고 있는 신앙적 전승을 뜻하며, 후자는 전승된 신앙 내용에 대한 주체적 자기 동화력을 의미한다. 맥락 모델은 개인의 주체적 신앙의 강조만이 아니라 문화의 주체성을 기독교 전통 및 그의 영성보다 더욱 철저하게 신학함의 근본조건으로 인정한다.6 맥락 모델에 따르면, 신학자는 특별한 시공간적 영역 내에서 일어난 자신의 하느님 경험을 개념화할 수 있고, 이렇게 맥락화 된 주체의 활동성이야말로 신학의 근본 행위이며 그로부터 결과 된 내용이 맥락 신학, 곧 토착화된 신학일 수 있다. 전체적으로 맥락 모델은 선험적 모델로서 개개의 종교적, 문화적 유산을 참된 신학적 전거로 그리고 계시의 장소로서 이해하는 특징을 나타내며, 개개의 종교적, 문화적 정체성을 드러내는 장점을 지니고 있다.7

맥락 모델/선험적 모델을 위한 한국의 문화적 주체의 본래적 경험/한국적 주체성의 자기발견적 원리는 무엇일까? 이에 대한 다양한 시도들이 있었지만,8 일치된 하나의 방향을 이정배는 다음과 같이 정리한다.

---

5 Ibid., 107-8.

6 Ibid., 109.

7 Ibid., 121.

8 최민홍은 민족의 기초이념을 '한'이라고 보았고, 김상일은 '한'의 지평을 아시아로 확대하였다. 유동식은 풍류를 민족고유의 영성으로 보았고, 정진홍은 하늘경험과 힘 지향적인 무속적 종교성에 찾았다. 동양철학자 김용옥은 무속적 세계관을 한반도의 근본토양으로 설명하고 그의 적극적인 의미를 氣 개념으로 풀어 나가야 한다고 말하였다(이정배, 『한국적 생명신학』(1996), 126).

그것은 이성적인 것과 감성적인 것, 현상과 실재, 물질과 정신 등을 분리하지 않고 세계 내의 모든 존재들을 상보적(一과 多) 관계로 이해하려는 원융회통적인 문화 주체적 믿음의 표현인 것이다. 우리는 이를 존재론의 측면에서는 不二論으로, 그것의 현상적 구현을 위한 논리적(인식론적) 토대로서는 화쟁론으로 명명하고자 한다. 물론 이와 다른 개념으로도 설명할 수 있겠으나 어떤 형태로 이름하든지간에 그 핵심 뜻에 있어서는 크게 다름이 없을 것으로 보인다. 여기에는 존재 전체의 유기적 통일성을 體로 하고 현상세계 내의 다양성을 用으로 하여 결국 양자의 관계를 하나로 보려는 합리성 그 이상인 민족고유의 종교성(믿음)이 반영되고 있기 때문이다.9

이정배는 동학의 지기론至氣論/시천주侍天主에 집중하면서 동학으로부터 한국민족의 고유한 종교의 구체적인 모습을 발견한다. 동학의 지기론至氣論은 시천주侍天主라는 한국적 범재신론의 모습으로 구체화 되었다. 시천주는 천天에 대한 대상적 이해에 요체가 있는 것이 아니라 우주적 큰 생명(至氣)과 인간 자신의 자각적 연대감, 곧 모든 사물의 전일성과 상호연관성을 깨달아 개별아라는 관념의 초극을 목적하고 있다. 시천侍天이란 본래 내유신령內有神靈과 외유기화外有氣化의 두 말로 주해될 있으며, 전자가 자연(우주)으로부터 분리된 인간 자아를 우주 속에 통합시키려는 자기 정화된 인간의 자각적 태도를 의미한다면, 후자는 무궁히 진화하는 우주, 곧 '지기至氣'와의 합일된 인간정신 상태를 말해 준다. 그러므로 시천侍天은 결국 유기적 생명체로서의 우주만물이 자신이 지닌 내적 본성에 따라 진화해 갈수록 인간이 이에 능동적인 역할을 감당할 수 있어야 함을 의미한다. 결국 이정배에게 있어서 시천주 사상은 한국이라는 시공간적 영역에서 발견된 하느님 경험의 개념화이다. 그러므로 기일원론적氣一元論的인 한국적 범재신론의 형태로서 이러한 지기론至氣論은 세상의 구원을 위한 하

---

9 Ibid., 126.

느님 능력의 한국적 표현(구성)이다.10

이정배는 동학의 지기론至氣論을 통하여 기독교 신학의 중심 교리들을 새롭게 구성한다. '지기至氣'는 영靈이자 살아있는 하느님이며, 어머니로서의 하느님 모델로서 재신화될 수도 있다. 어머니의 은유를 통해 신을 재사유할 때, 우리는 종래처럼 우주에 대해 외적으로만 관계하는 어떤 초월적(지배적) 존재를 생각하게 되는 것이 아니라 모든 것과의 유기적 관계를 맺고 있는 그래서 오히려 자발적 고난을 자신의 본질로 하는 내재적 사랑의 본질을 상상할 수 있다.11 예수는 하느님의 영, 곧 우주적 큰 생명인 '지기至氣'를 통하여 자신과 사물의 본성을 실현하고 하늘과 땅의 생명(창조)을 도울 수 있었던 공동 창조자로 언표 된다. 예수는 우주만물이 자신이 지닌 내적 본성에 따라 진화해 갈 수 있도록 인간의 자기변화(무위)를 촉발시키는 영적 역동성으로서 재구성되어야 한다. 한마디로 예수는 우주의 큰 생명(靈)과 감응하는 신명난 존재이다."12 교회는 본질적으로 시侍의 영성을 함양하는 터로서 '시侍'(우주적 생명의 모심)의 영성을 구현하는 장소가 되어야 한다.13

2. '그리스도교 교회의 교사'로서 동학: 수행적 기독교

이정배에 따르면, 차축 시대 이후 종교들이 부정하였던 신화적 세계상의 본질, 순환적으로 자기 조직하는 우주의 모습을 동학으로부터 새롭게 발견할 수 있다. 차축 시대 이전에는 인류에 '신체의 우주성'이 자리 잡고 있었으나, 차축 시대 이후에 동·서양은 신체의 우주성을 다르게 정립하였다. 신체의 우주성은 "인간 생명의 신비를 살아 있는 우주 존재와의 대응 관계로서 통찰"14하는 "대우주와 소우주의 대응성"15이다. 탈 신화 시

---

10 Ibid., 133.
11 Ibid., 145.
12 Ibid., 148.
13 Ibid., 150.

대인 차축 시대로 접어들면서 세계와 인간 간의 전일적 통일성을 단절시켜 버리기 시작하였고, 신체의 우주성을 주관적 마음의 공상적 투영물로만 이해하였다. 차축시대의 종교들—히브리 종교, 인도 종교, 중국의 유교—은 인간 무의식의 영역, 종교적으로 무巫층을 완전히 제거해 버렸고, 남성적 가치를 지배 이데올로기로 삼았다.[16]

유일신론으로 발전한 기독교는 우주에서 감지되는 영적 생명들을 배제하려는 경향성을 강하게 갖고 있었으며, 교회 제도의 설립과 강화를 위해 개개인의 수행보다는 제도 은총Anstalt Gnade을 강조하였고, '무로부터 창조'라는 역사와 우주의 시원성을 말함으로 우주의 창조로부터 종말에 이르기까지 이 시간의 경과를 이해하는 인과적 사고를 형성하였다.[17] 그러나 기독교와 다르게 유교를 포함한 아시아의 종교들은 인간 의식을 무巫층을 완전히 제거하지 않고 우주의 활동과 신체활동 간의 상호 감응 원리를 자신의 방식대로 발전시켰다.

차축시대 이후의 종교로서 유불선 등의 동양사상은 헬라사상과 만난 서구 기독교 종교와 달리 신화적 세계관, 일명 무층의 일면을 지니고 있었다. 즉 신체의 우주성이란 신화적 모티브를 살려냄으로써 이들 종교들은 수행론의 전통을 축적할 수 있었다. 반면 제도적 은총과 믿음의 종교로 발전된 서구 기독교, 특히 성상파괴적인 개신교 내에서는 天人 감응적인 수행론이 전개될 수 없었다(전위, 391).

이정배의 신학적 눈에 동학은 지기일원론至氣一元論의 세계관을 지니고 있기 때문에, 기감응적氣感應的 인식 체계를 통해 신체의 우주성, 인간과 자연의 공시성을 말해 온 유·불·선 동양 종교의 연장선상에 있다. 시천주의

14 이정배, 『한국 개신교 전위 토착신학 연구』(2003), 387.
15 Ibid., 389.
16 Ibid., 389.
17 Ibid., 390.

'시侍'는 '모신다'는 의미로 만물에 있지 아니함이 없는 우주적 생명, 초우주적 영성이 사람 안에 있다는 것이며, 우주적 초월 생명을 모신다는 것은 우주적 생명과의 관계가 인격적임을 보여준다. 외유기화外有氣化는 기氣의 움직임이 한순간도 멈추지 않고 변화, 운동, 확장, 수렴되는 모습을 알려준다. 불연기연不然其然은 동학의 논리로서 끊임없이 변화하는 기화氣化의 과정 속에서 연기적, 상보적 원리를 드러내며, 신은 어느 곳에 위치한 실체가 아니라 조화의 과정 속에 있는 조물주라고 말한다. '오심즉여심吾心卽如心'은 창조주와 피조물이 유형적으로 다르지 않고 순환성 관계 속성을 갖고 있으며, 자기 스스로가 창조주가 되고 동시에 피조물이 될 수 있다는 의미이다.[18]

지기론至氣論(侍天主)과 더불어 이정배의 신학적 눈이 초점을 맞추는 곳은 동학의 수행론인 '수심정기守心正氣'이다. 동학은 수행론, 인간의 공부를 요청하는 종교이며, 동학에서의 수행은 우주 생명인 '지기至氣'의 활동과 일치하려는 '인위적 무위'의 실천 과정이다. 이러한 노력을 동학은 '수심정기守心正氣'라고 부른다. "수심정기는 진리의 근원이 밖에 있지 않고 자신의 마음속에 두루 갖추어져 있다는 '자심자법自心自法'의 원리에 기초한다."[19] 동학은 수심정기라는 수행 원리를 근간으로 주문염송법, 심고법 그리고 경전 연구라는 수행 방법을 통해 마음의 욕망과 산란함을 극복하고, 초감각의 세계인 참자아, 한울님의 대면을 통하여 분별지를 넘어서서 자신과 만물이 동귀일체임을 깨닫고, 한울님을 모신 자로서 대자유의 세계를 이 땅에 실현시키려는 것이다.

동학은 神人간에서 무속적 전-분별적 감응, 공명관계가 아니라 자신 속에 주어진 한울을 깨닫고 키워 나감으로써, 다시 말해 철저한 수행과정을 통해 초-분별적 일치, 동시동조적 감응 관계를 이룰 수 있게 된 것이다. 말한 바대

18 Ibid., 394-401.
19 Ibid., 405

로 신과 인간의 되먹임 관계를 말하던 신화적 세계가 기독교 종교에서는 탈각되어 버렸지만 동양의 유불선 종교들 속에서는 많은 흔적을 남기고 있었다. 그러나 동학은 운이 다한 동양의 종교들 속에 안주하지 않고, 비록-氣의 유기체적 세계관 그 자체를 본원처로 삼기는 하였지만 잊혀진 인격신을 재발견하여 인격과 비인격을 아우르는 우주 생명인 至氣로서의 한울님을 말하게 된 것이다.[20]

이정배는 수운의 시천주와 다석 유영모의 '없이 계신 하느님'은 천부경의 '인중천지일人中天地一'의 본뜻을 역사화 시켰고, 인류 보편의 가능성으로 제시하였다고 보면서 천부경의 삼재사상의 틀에서 수운의 동학과 다석 사상의 상관성을 읽어간다. 그에 따르면, 수운에게는 인간의 타락과 죄성을 전제하는 서학이 인중천지일의 세계와 이치상 어긋난 것으로 보였으며, 다석은 대속을 유대문화의 산물로 보고 자신의 기독교 이해에 큰 비중을 두지 않았다.[21] 이정배는 다음과 같이 주장한다:

"동학의 위대성은 당시로서 운(運)이 다한 동양종교 속에 안주치 않고 서학의 인격신 충격을 수용하여 인격/비인격, 신/우주, 인간/자연을 아우르고 통전하는 우주생명의 하나님을 발견한데 있었다. 다석 사상의 본질 역시 신/인간 간의 되먹임 구조를 근간으로 믿음의 종교인 기독교를 수행의 종교로 재구성함에 있다."[22]

이정배는 서구기독교와 동학간의 차이점을 이렇게 기술한다. "역사와 우주의 시작을 말하는 기독교 창조론과 비시원적 종교인 동학 간이 근원

---

20 Ibid., 411.
21 이정배,『없이 계신 하느님, 덜 없는 인간: 多夕신학의 얼과 틀 그리고 쓰임』(서울: 모시는 사람들, 2009), 129-169.
22 Ibid., 165-6.

적 구별로부터 시작하여 인격적 신앙과 비인격적, 초인격적 한울님 이해 그리고 은총(믿음)의 종교와 수행적 실천을 강조하는 동학, 대속적 중개자를 필요로 하는 기독교와 시천주侍天主의 자각을 토대로 인내천 사상… "23 차이성을 지적하는 것을 넘어서 기독교의 변혁을 위하여 믿음의 종교인 기독교는 역사적 예수의 세계, 즉 범재신론적인 영의 표상에 대한 새로운 발견을 통해 하느님 체험의 직접성을 배울 수 있으며 그를 위해 철저하게 자기 수행 과정을 쌓아 가야한다고 주장하면서 수행적 기독교의 앞날을 위하여 동학의 세계관과 수행론은 기독교의 토착화를 이루는 데 그 어느 종교문화보다 큰 역할을 할 수 있을 것으로 믿어 의심치 않는다고 고백한다.24

제2의 차축시대에 접어든 오늘, 인류의 운명과 종교들의 수렴을 요청하고 있는 상황에서 유불선 종교와 당시의 서학을 품어 안고 무극대도의 길을 밝혀 준 동학은 21세기의 기독교, 즉 수행적 기독교, 오심즉여심(吾心卽如心)의 공시적 기독교 신앙의 정립을 위해 그리스도교 '교회의 교사'가 될 수 있을 것이다.25

3. 문화적 민족주의로서 동학

"민족주의의 용도 폐기"26를 주장하는 탈 민족주의자들은 인간을 어떤 원초적 집단으로 동일화시키는 일체의 환원적 요구를 거부하면서 민족적 정체성 대신에 코스모폴리타니즘을 대안으로 제시한다. 그들에 따르면, 민족이란 고대로부터 내려온 원초적 실재가 아니라 근대 자본주의 발전 과정에서 생겨난 역사적 구성물이며, 민족주의는 민족이 없는 곳에서 민

---

23 이정배, 『한국 개신교 전위 토착신학 연구』 (2003), 412.
24 Ibid., 422.
25 Ibid.
26 이정배, 『토착화와 세계화: 한국적 신학의 두 과제』 (서울: 한들출판사, 2007), 72.

족을 발명해낸다고 주장한다. 이러한 탈 민족주의자들의 주장에 대하여 이정배는 네 가지 점을 비판한다. 1) 탈 민족주의가 친일, 반공 이념을 수용해온 보수 세력들의 지지를 받고 있다. 2) 가해자와 피해자의 구분을 쉽게 폐기한다. 3) 서구화된 개념 범주로 묶일 수 없는 민족에 대한 다른 이해가 있을 수 있으므로, 민족을 근대성의 산물로 보는 것은 서구적 역사 인식의 산물이다. 4) 윤리적인 문제로서 민족과 영토의 경계를 허무는 자유무역 체계는 형평성, 곧 정의를 산출하지 못한다.[27] 이정배도 '민족'이 지니고 있는 부정적인 측면을 간과하지 않는다. "민족주의란 항시 배타성을 내포하며 국가 이데올로기로 쉽게 오용되었고 개체적 희생, 특히 여성의 억압을 당연시"[28]하여 왔다고 지적한다. 그럼에도 불구하고 이정배에 따르면, 민족 개념 속에는 상상된 측면이 있지만 동시에 근대 이전부터 원시적 형태의 독자적 민족(지역사회)이 존재하였다. 그는 이를 '原민족'이라 부른다.

> 민족의 기원을 말할 때 서구적 기준, 곧 근대적 민족주의 이념이 부재한다고 해서 민족 자체를 부정할 수는 없다. 오히려 필자는 전근대적 문화 공동체로서 민족—'원민족'—이 존재했고 그것이 19세기 역사적 맥락에서 근대적 민족주의로 발전했다고 말하는 것이 옳다. 하지만 독자적인 문화적 민족주의에 대한 긍정은 본질주의로의 회귀를 뜻하지 않는다.[29]

이정배는 혈연적, 폐쇄적 민족주의를 수정, 보완하는 차원에서 열린 민족주의로서 '문화적 민족주의'를 대안으로 제시한다. 문화적 민족주의는 1) 민중의 시각에서 민족 문제를 살피고, 개체에서 전체를 보며, 피해자의 입장에서 가해자를 품어 안고 근원적인 하나의 세계를 지향한다. 2)

---

27 Ibid., 68.
28 Ibid., 67.
29 Ibid., 79

시민 개인의 사적 가치와 궁극적 공동체성의 통합을 지향한다. 3) 도덕적 공동체성을 강조한다. 4) 전통과 근대성을 대립이나 모순으로 생각하지 않는다.[30] 이러한 입장에서 이정배는 동학을 문화적 민족주의의 기틀로 적극 활용한다.

이정배는 서양의 충격으로 우리 문화를 밑바닥부터 검토하고 그것을 능동적으로 재구성한 역사체험으로 동학을 읽어간다. 왜냐하면 동학은 유불선의 동아시적 바탕에서 서구 기독교를 수용하여 민족을 새롭게 발견하고 그 지평을 넓혔기 때문이다. 이정배의 눈에 동학은 가부장적 지배 이데올로기였던 동양 종교사상(주자학)과 반생명적인 서구 근대문명(세속적 민족주의) 거부하면서 동서양 사고의 긍정적인 면을 수용하였다. 동학의 시천주侍天主 이론은 서구의 인격신관과 동양적 기氣 사상을 조화시켰으며, 하늘에 무게를 두는 '천인합일론天人合一論'과 다르게 인간에 중심을 둔다. 후에 시천주 사상은 '인내천人乃天'이라는 말로 바뀌면서 더욱 민족 공동체이 역할과 과제에 관심한다. 또한 동학은 개벽開闢이라는 이름 아래 민족을 재구성하면서 민족의 위기를 단지 대외적인 관점에서 보지 않고, 민중으로 총칭되는 대내적 약자들에 관심을 집중한다. 더 나아가서 동학은 민주적 평등사상에 기초하여 신분제 폐지를 주창하였고, 그로서 보국保國과 안민安民의 길을 열었다.[31] 이정배는 문화적 민족주의의 기본 요건의 빛에서 동학사상을 읽어간다. 문화적 민족주의가 세속적/종교적 민족주의의 모순을 치유하는 조화적 성격을 지닌 것처럼 동학 역시 조화造化를 정치이념으로 삼는다. 주체성과 개방성의 조화에 힘입어 동과서, 인간과 하늘, 남성과 여성, 아이와 어른의 상극적 관계를 상생시키는 힘을 제시하였다. '인내천人乃天' 사상에 근거하여 사람을 하늘처럼 섬기는 '사인여천事人如天', 곧 민주적 평등사상 역시 동학東學으로 인한 성과이다. 신에 종속된

---

30 Ibid., 80-81.
31 Ibid., 82.

평등이 아니라 인간을 신으로 높이는 가운데 적서赤庶와 반상班常의 구별을 철폐했고 소수자, 약자를 주체로 내세웠으며 여성을 개벽開闢의 주체로 인정한 것이다. 이런 민주주의 원리를 갖고 다중 주체성을 강조한 동학은 '보국안민輔國安民'의 열린 민족주의를 주창했다. 또한 서양을 반대하였고, 중국에 대한 사대주의를 배격하였지만 민족의 고립을 원하지 않았고, 저항적 민족주의를 싹트게 하였으나 국수적, 폐쇄적, 침략적 이념과는 무관하다. 마지막으로 동학의 민족주의는 '광제창생廣濟蒼生', '후천개벽後天開闢' 이념이 말하듯이 문화적 세계주의를 지향한다.32

III. 동학적 기독교

1. 글로컬 동학/K-Christianity

세계화는 지역적/국수적인 것들을 탈영토화 시키고 보편화하여 전 세계를 지구촌화 한다는 점에서 긍정적인 측면으로 평가될 수도 있지만, 반대로 약소국들의 공동체를 파괴시키면서 강대국 중심으로 전 세계를 획일화하고 있다는 점에서 강하게 비판을 받고 있다. 세계화에 대한 대안으로 지역화가 제시되면서 진정한 세계화는 약소국들의 지역적 공동체와 문화를 파괴하지 않는 방향으로 전개되어야 함을 강조하는 목소리도 있다. 그러나 지역화만을 강조한다면 세계화의 긍정적인 측면인 보편성을 상실할 수 있는 위험성을 내포하며, 거부할 수 없는 현실이 되어버린 세계화의 흐름에 역행하는 위험성을 지니게 된다. 그러므로 세계화의 긍정적인 측면과 지역화의 긍정적인 측면을 아우르는 관점으로 새롭게 제시되어지는 것이 '글로컬glocal'이다. 글로컬은 글로벌glocal과 로컬local의 합성어이며, '세계화'와 '지방화'의 합성어로서 '세방화'로 번역되어지기도 한

---

32 Ibid., 83.

다. 글로컬은 문자 그대로 '세계적인 동시에 지역적이며, 세계성은 지역성에 의하여 수정되고 변경된다는 내용을 함축한다.[33] 이정배의 동학 해석은 동학을 단순히 하나의 민족 종교로만 읽어가지 않고, 한국 문화의 자기발견적 원리로서 읽어가고, 제2차 축 시대의 종교성으로 읽어간다는 점에서 글로컬적인 모습을 보여주고 있다.

윤성범은 1세대 토착화신학자로서 한국의 종교들 중에서 유교를 선택하여 토착화신학/한국 신학을 시도하였다면, 유동식은 한국 종교문화의 근원적 영성을 규명하고, 복음과의 접목을 시도하였다. 2세대 토착화신학자로서 이정배는 "한국 종교문화를 선험성(주체성)으로 하여 기독교 복음을 해석하는 작업"[34]을 토착화라고 규정하면서 한국의 종교문화의 선험성에 우선성을 두면서 한국 문화의 주체성을 강조한다. 보수신학자 박형룡은 다음과 같이 주장한다. "한국 교회 신학의 수립이란 결코 우리가 어떤 신학 체계를 창작함이 아니라, 사도적 전통의 정표신앙을 그대로 보수하는 신학, 우리 교회가 70년 전 창립되던 당시에 받은 그 신학을 우리 교회의 영구한 소유로 확보함을 이름이다."[35] 박형룡에게 있어서 한국 신학의 과제는 한국적으로 새로운 신학적 체계를 세우는 것이 아니라 선교사로부터 전해 받은 칼빈주의 개혁파 정통신학을 그대로 보수하는 것이다.[36] 박형룡과 같이 한국의 종교 문화적 가치를 거세하여 버린다면 한국 신학의 글로벌 차원은 확보할 수 있을지 모르지만, 로컬/글로컬 차원은 거세되어진다. 그러나 이정배는 동학에서 한국적 종교문화의 선험성과 보편적인 종교성을 아우르고 있으므로 그의 동학 해석과 한국 신학은 글로컬 동학의 성격을 보여주고 있다.

이정배는 한국 문화의 자기발견적 원리를 추적하여 한국의 주체성이 강조되어지는 구성신학으로서의 한국 신학을 제시한다. 그는 동학으로부

33 이찬석, "글로벌 그리스도교에서 글로컬 그리스도교로" 「신학논단」 73(2013), 289.
34 이정배, 『토착화와 세계화』 (2007), 69.
35 유동식, 『한국 신학의 광맥』 (서울: 전망사, 1982), 186쪽에서 재인용.
36 이찬석, "21세기 한국 신학의 방향 모색" 「한국기독교신학논총」 85(2013), 271.

터 한국 문화의 자기발견적 원리를 발견한다. 전술하였듯이 그가 정리하는 한국 문화의 자기발견적 원리는 이성적인 것과 감성적인 것, 현상과 실재, 물질과 정신 등을 분리하지 않고 세계 내의 모든 존재들을 상보적 관계로 이해하려는 원융회통적인 문화 주체적 믿음의 표현이다. 한마디로 불이론不二論으로 규정되어질 수 있을 것 같다. 이정배는 동학의 지기론至氣論의 목적은 모든 사물의 전일성과 상호연관성을 깨달아 개별아라는 관념의 초극이라면서 한국 문화의 자기발견적 원리의 빛에서 동학을 해석한다. 즉, 이정배에게 있어서 동학은 한국 문화의 자기발견적 원리의 구체화의 한 모습이다. 이러한 측면에서 이정배의 신학에 있어서 동학은 단순히 민족 종교 중의 하나로 머무르지 않고, 동학의 지평이 한국으로 넓혀지면서 '동학의 한국화'를 구현한다. 유동식도 동학의 한국화를 제시한다. 그에 따르면 동학은 한국의 종교문화적 영성인 풍류도의 전개이다. 유동식은 "동학은 화랑도와 함께 한국의 민족적 영성인 풍류도의 문화적 꽃이다"[37]라고 보면서 동학 안에서 한국의 종교성을 읽어낸다. 그러나 이정배에 따르면, 동학은 서학의 인격신 충격을 수용하여 신과 우주, 인간과 자연을 통전하는 우주 생명의 하나님을 발견하였다. 즉, 동학은 그 당시 세계화를 이루었던 서구 기독교를 수용하여 한국적 범재신론을 창출하였다. 그러므로 동학은 세계와 단절된 국수적 민족 종교로 볼 수 없다. 여기에서 동학은 서구 기독교라는 보편적인 종교를 수용하면서 보편성에서 특수성으로, 세계성에서 지역성으로의 방향성을 지니고 있다. 그러나 이정배의 동학 해석은 하나의 방향에 머무르지 않는다.

이정배는 동학의 지평을 제2의 차축 시대를 위한 종교성으로 읽어가면서 동학의 세계성, 미래성, 보편성을 제시하면서 동학 해석에 있어서 지역성에서 세계성으로의 방향성을 보인다. 그에 따르면, 차축 시대 이전에 자리 잡고 있던 신체의 우주성이 차축 시대 이후에 등장한 기독교에서는 사라졌지만, 아시아 종교들은 완전히 제거하지 않고 우주의 활동과 신체

---

37 유동식, 『풍류도와 한국의 종교사상』 (서울: 연세대학교 출판부, 2007), 169.

활동 간의 상호 감응 원리를 발전시켰다. 동학은 기감응적 인식 체계를 통해 신체의 우주성, 인간과 자연의 공시성을 말하면서 유·불·선 아시아 종교들의 연장선상에 있다는 점에서 제2 차축 시대의 종교성을 보유하고 있다.

그러므로 동학에 대한 이정배의 신학적 해석은 글로벌에서 로컬로, 로컬에서 글로벌로 양방향으로 움직이면서 '글로컬 동학'을 형성시키고 있다고 볼 수 있다. 이정배의 동학 해석에서 글로컬 동학의 구체적인 모습은 문화 민족주의에서도 찾아진다. 그는 민족을 상상의 공동체만 보는 탈 민족주의의 주장을 거부하고 '원민족'이 존재하였음 인정한다. 이 원민족이 근대적 민족주의로 발전하였다고 보면서 폐쇄적인 민족주의인 세속적 민족주의와 종교적 민족주의를 넘어서 문화 민족주의를 주장한다. 이정배의 눈에 동학은 '보국안민輔國安民'의 열린 민족주의를 주창하였고, 광제창생廣濟蒼生, 후천개벽後天開闢에서 문화적 세계주의를 읽어낸다. 즉, 동학은 저항적 민족주의를 싹트게 하였지만 폐쇄적/침략적 이념과는 무관하며 세계적으로 열려 있는 문화 민족주의이다. 동학이 원민족의 요소를 지니고 있으면서 세계주의를 표방하고 있다면, 동학은 글로벌/로컬 차원을 모두 담보하는 있는 '글로컬 동학'이라 할 수 있다.

2. 기독교 다원주의

한국의 기독교인들에게 '다원주의'는 '종교다원주의'로 연결된다. 그러나 다원주의 안에는 문화적 다원주의, 인종적 다원주의 등 다양한 다원주의가 있으므로 '종교다원주의'는 다양한 다원주의 중의 하나로 인식되어야 한다. 종교다원성의 시대에 이웃 종교에 대한 바른 이해와 실천을 위하여 종교다원주의 이전에 '기독교 다원주의'에 대한 논의가 전개되어야 한다. 왜냐하면 기독교(신앙)의 다양성에 대한 진솔한 고백으로서의 기독교 다원주의가 전제되어질 때 종교의 다양성에 대한 인정이 가능하여 질 수 있기 때문이다. "다원성의 문제는 종교의 영역으로 확대되기 이전에 그리스도교 내부의 문제이다."38 한국의 기독교는 '이신칭의'를 복음의 핵심으로 설정하는 '고백적 기독교'에 머무르고 있다. 고백적 기독교는 복음을 '창조 ⟹ 타락 ⟹ 구원'으로 그려가면서 이 그림을 교리화 시켰고, 절대화 시켰으며, 이웃 종교들을 비진리로 규정하면서 기독교를 배타적인 종교로 만들어 버렸다. 성서에는 다양성이 존재하고, 다양한 교파와 함께 다양한 교리가 존재한다. 그러나 복음의 핵심에 대한 그림은 다양화 되지 않고 '창조 ⟹ 타락 ⟹ 구원'으로만 굳혀져 절대적 진리로 간주된다. 복음에 대한 그림은 다양화되어야 한다. '기독교 다원주의'는 복음은 하나이지만 그 복음에 대한 고백, 입장, 그림은 다양할 수 있음을 인정하는 것이다.

이정배는 동학의 수행론에 근거하여 수행적 기독교라는 새로운 그림을 그리면서 기독교의 다원성을 제시한다. "동학의 인간론은 천ㅈ인 한울님과 인간이 근본적으로 그리고 존재론적으로 동일한 존재임을 강조한다. 이는 수운의 시천주侍天主 사상에서 나타나며, 의암의 인내천人乃天 사상에서는 더욱 분명하게 나타난다."39 김용휘도 동학은 타력적 신앙이 아님을 지적한다. "동학은 외재적인 하늘님에게 의존하는 타력적인 신앙이 아니라, 자기의 내면의 신령성과 신성, 또는 본성을 회복함으로 자아실현을 추구하는 길이다."40 그러나 김용휘에 따르면, 동학은 엄밀하게 타력적 신앙과 자력적 수도가 결합되어 있다. "동학의 수도는 신앙과 분리될 수 없는 것이 특징이다. 이는 동학이 무사불섭無事不涉, 무사불명無事不命하는 하늘님의 실재성을 믿고 그 하늘님을 내 몸에서 내유신령內有神靈과 외유기화外有氣化로서 체험하는 것을 가장 중요한 수도의 출발로 삼고 있기 때문이다. 이런 연유로 동학은 타력적 신앙과 자력적 수도가 결합되어 있다."41

---

38 이찬석, "WCC와 존 웨슬리의 에큐메니즘-그리스도교 다원주의 향하여" 「한국조직신학논총」 32(2012), 193.
39 김영철, "인간 본연으로서의 회귀-동학의수양론과 신플라톤주의 영혼론을 중심으로" 「동학학보」 31(2014), 132.
40 김용휘, "동학의 수도(修道)와 주문(呪文) 수련의 의미" 「선도문화」 14(2013), 247.

"동학의 시천주는 천인 관계를 새롭게 천명한 것이며, 진정한 경천, 참된 인간의 도리(길)는 내 안에 있는 하늘님을 발견하고 그 하늘님을 부모님처럼 모시고 섬기는 것이다. 또한 수심정기의 공부를 통하여 마음과 기운의 상태를 맑고, 밝고, 온화하고, 편안한 상태, 그러면서도 항상 깨어서 집중되어 있으며 나아가 신령한 상태로 만드는 것을 중시한다.[42]

타력적 신앙과 자력적 신앙을 통전하는 동학의 수행론을 근거로 하여 이정배가 제시하는 수행적 기독교는 복음의 핵심을 새롭게 그릴 수 있는 상상력을 던져준다. 기독교 다원주의가 확대되어지기 위해서는 원죄설에 근거하여 인간의 죄와 속죄자로서의 예수 그리스도를 지나치게 강조한 '창조-타락-구원'이라는 그림은 복음에 대한 유일한 그림이 아니라 그림 중의 하나로 만들 수 있는 그림 그리기가 요구되어지는데, 이정배가 들려주는 동학 수행론과 수행적 기독교 이야기는 새로운 그림을 위한 밑그림을 선물하고 있다. 일찍이 윤성범은 동학을 기독교의 한 분파로 보았다. 그에 따르면, "전체적으로 볼 때에 수운 선생이 창설한 동학사상은 그리스도교 진리를 한국 샤머니즘의 토양 속에다가 토착화 시킨 것이라고 보아서 반드시 그릇된 견해라고는 생각지 않는다."[43] 윤성범은 동학을 철저하게 기독교 중심적으로 읽어간다. 박종천도 2세대 토착화신학자로서 동학에 깊은 관심을 보여 주었다. 그는 동학 경전이 단순히 한국 신학의 자료가 아니라 한국 신학의 새로운 형식으로 간주되어야 한다고 보면서 다음과 같이 주장한다. "동학 경전에 나타난 한국 신학의 고유한 원초적 형식을 재창조함으로써 기독교 성서와 교회의 전통을 재사유하는 신학을 수립할 중차대한 학문적 사명을 가지고 있다."[44] 이러한 입장에서 박종천은 서구 기독교 신학의 빛에서 동학사상과 동학혁명을 조명하려 하지 않고,

---

41 Ibid., 227
42 Ibid., 247.
43 편집위원회 편, 『윤성범전집1: 한국종교문화와 한국적 기독교』(서울: 도서출판 감신, 1998), 193.
44 박종천, 『기어가시는 하느님』(서울: 도서출판 감신, 1995), 221.

오히려 동학의 빛에서 서구 기독교 신학을 비판하고 기독교 고전을 재조명한다.[45] 그러나 박종천에게 있어서 시천주는 "새 창조를 이룩할 하느님 나라를 대망하는 그리스도인의 삶의 동양적, 한국적 그림자"[46]이며, "시천주의 영성은 예수 그리스도의 영의 내주로 변혁됨으로써 역시 예수 그리스도 안에서 완성된다."[47] 이와 같이 박종천은 동학을 기독론/기독교 중심적으로 동학을 읽어간다.

그러나 이정배는 동학을 '그리스도교 교회의 교사'로서 보면서 동학에 근거하여 기독교의 교리를 새롭게 재구성한다. 하나님은 모든 것과 유기적 관계를 맺고 자발적 고난을 자신의 본질로 삼는 어머니로서의 하나님이며, 예수는 우주의 큰 생명과 감응하는 신명난 존재이며, 교회는 시侍의 영성을 함양하는 터로서 시侍의 영성을 구현하는 장소이다. 더 나아가서 동학은 수행적 기독교를 구성하도록 안내한다. 기독교는 신과 인간의 되먹임 관계를 말하던 신화적 세계를 탈각시켜 버렸지만 동학은 운이 다한 동양의 종교들 속에 안주하지 않고 잊혀진 인격신을 재발견하여 인격과 비인격을 통전하는 우주 생명인 '지기至氣'로서의 하나님을 말하였다. 그러므로 제2의 차축 시대로 접어든 21세기에 동학은 유·불·선 종교와 서학을 품어 안고 무극대도의 길을 밝혀주는 동학은 수행적 차원에서 은총(믿음)의 종교인 기독교의 교사이다.

이와 같이 이정배의 동학에 대한 신학적 해석은 초월과 내재를 통합시키면서 수행론을 통해 신과 인간의 가역적 관계를 성사시키고, 타력적 신앙과 자력적 신앙을 아우르고 있는 동학을 근거로 하여 동학적 기독교를 구성하여 나감으로써 제도적 은총과 타력적 신앙을 강조하는 전통을 지니고 있는 기독교를 한국적 기독교로 재구성함으로써 기독교 다원주의를 성숙시키고 있다고 볼 수 있다.

---

45 Ibid., 125-264.
46 Ibid., 121.
47 Ibid., 122.

III. 나오는 말

본 글은 동학에 대한 이정배의 해석이 동학을 하나의 민족 종교로만 읽어가는 것이 아니라 한국적 주체성의 자기발견적 원리에 근거하여 읽어가고 있으므로 동학의 한국화를 가져오고 있고, 시천주와 수심정기를 중심으로 초월과 내재를 아우르고 타력적 신앙과 자력적 신앙을 통전하는 동학이 제도적 은총과 타력적 신앙을 강조하는 기독교의 교사가 될 수 있으며, 동학은 원민족의 개념을 근대적으로 발전시키는 문화 민족주의 면모를 지니고 있음을 밝혔다. 더 나아가서 이러한 이정배의 동학 해석이 동학을 글로컬 동학으로 발전시키고 있고, 수행적 기독교를 제시함으로 기독교 다원주의적임을 제시하였다.

세계화의 물결은 긍정적이든, 부정적이든 확대되어질 것이다. 세계화로 인하여 한국적인 것들은 끊임없이 세계적이라는 보편성의 옷을 입어야 하지만, 그 옷에 한국적이라는 색깔을 덧입히지 않고는 국적 없는 고아로 전락할 수 있다. 반대로 한국적인 측면만을 두드러지게 강조하면서 세계성/보편성을 담보하지 않는다면, 폐쇄적이고 국수적인 울타리 안에 갇히게 된다. K-pop이 팝이라는 세계성/보편성 위에 한국적이라는 색깔을 덧입히면서 새로운 구성적 작업을 하여 세계적이면서 지역적이고, 지역적이면서 세계적인 음악을 창출시켰듯이, 한국의 신학/기독교도 한국적인 종교문화를 지역적이면서도 세계적으로 끊임없이 재해석하여 한국의 신학과 기독교를 새롭게 구성시켜 나가야 한다. 21세기에 한국 신학은 동학과 기독교의 관계를 불이적不二的 관계로 설정해야 한다. "일원론을 동반하는 이원론, 이원론을 동반하는 일원론은 불이론으로 언표할 수 있다."[48] 이정배는 동학과 기독교로 불이적 관계로 설정하면서 '동학의 한국화'와 '글로컬 동학'을 근거로 하여 그리고 있는 '수행적 기독교'/'동학적 기독교'

---

48 이찬석, "토착화신학의 모델들에 대한 비판적 고찰"「한국조직신학논총」 27(2010), 111-138.

라는 그림은 세계성과 지역성을 아우르면서 기독교의 다원성을 심화시키고 있다.

참고문헌

김영철. "인간 본연으로서의 회귀-동학의수양론과 신플라톤주의 영혼론을 중심으로"「동학학보」31(2014), 129-162.

김용휘. "동학의 수도(修道)와 주문(呪文) 수련의 의미"「선도문화」14(2013), 219-252.

박종천. 『기어가시는 하느님』. 서울: 도서출판 감신, 1995.

변선환아키브·동서신학연구소 편.『제3세대 토착화신학』. 서울: 도서출판 모시는 사람들, 2010.

유동식.『풍류도와 한국의 종교사상』. 서울: 연세대학교 출판부, 2007.

유동식.『한국 신학의 광맥』. 서울: 전망사, 1982.

이정배.『없이 계신 하느님, 덜 없는 인간: 多夕신학의 얼과 틀 그리고 쓰임』. 서울: 모시는 사람들, 2009.

_____.『조직신학으로서의 한국적 생명신학』. 서울: 도서출판 감신, 1996.

_____.『토착화와 세계화: 한국적 신학의 두 과제』. 서울: 한들출판사, 2007.

_____.『한국 개신교 전위 토착신학 연구』. 서울: 대한기독교서회, 2003.

이찬석. "21세기 한국 신학의 방향 모색"「한국기독교신학논총」85(2013), 263-286.

_____. "WCC와 존 웨슬리의 에큐메니즘-그리스도교 다원주의를 향하여"「한국조직신학논총」175-198.

_____. "글로벌 그리스도교에서 글로컬 그리스도교로"「신학논단」73(2013), 287-318.

_____. "토착화신학의 모델들에 대한 비판적 고찰"「한국조직신학논총」27(2010), 111-138.

편집위원회 편.『윤성범전집1: 한국종교문화와 한국적 기독교』. 서울: 도서출판 감신, 1998.

이정배의 다석多夕 이해

서동은 박사

(경희대학교 교수)

I. 들어가는 말

서구 기독교 신학과 한국의 토착 종교의 관계를 생각할 때 떠오르는 장면이 하나 있다. 그것은 무당인 어머니와 서양에서 신학을 공부하고 온 아들과의 갈등 장면이다. 김동리의 『무녀도』에 보면, 서양에서 신학을 공부하고 온 아들은 집에 도착하자마자 무당인 어머니의 신당을 모두 치워버린다. 이러한 아들의 태도에는 신학 공부 이후 자신의 학문을 중심에 놓고 자신과 다른 문화와 가치를 처음부터 인정하지 않는 태도가 들어 있다. 또한 이러한 태도 안에는 자신이 이전에 경험했던 문화적 정신적 가치 자체를 외면하는 이상한 자아가 숨겨져 있다. 이뿐만이 아니다. 이 아들에게는 함께 살기를 위해 필요한 생명에 대한 최소한의 예의와 경외마저 결여 되어있다. 아들의 자아에는 자신의 세계관만을 절대적인 것으로 간주하고, 그 외의 다른 세계와 문화는 우상이거나 미신이라고 보는 편협한 세계관이 자리 잡고 있다. 아들은 왜 이러한 일방적인 시선만을 중요하다고 생각하고 다른 문화와 가치들은 무의미한 것으로 치부하는 것일까?

이러한 아들의 시선은 서양 근대인의 시선과 크게 다르지 않다. 서양 근대인은 인간 개개인이 느끼는 감정의 경험은 동물적인 것과 다를 바 없고, 이성만이 인간을 인간되게 하는 기초가 된다고 보았다. 근대인은 신의 절대성을 정점에 놓고 위로부터 아래를 내려다보는 중세적 관점을 이성의 관점으로 대치하였다. 데카르트의 설명에서 잘 드러나듯이, 근대인이 이해하는 인간은 사유하는 이성res cogitans으로서의 의식에 있었고, 이러한 의식의 확실성은 신에 의해 보장되는 확실성이었다. 이렇게 신은 근대에 이르러 인간의 이성으로 대치된다. 이러한 시선과 나란히 이성은 신학에서 로고스logos. 말씀로 이해되었다. 서양에서 신학은 이성과 언어를 중심으로 신의 계시를 이해하는 말씀의 신학으로 전개되었다. 그에 따라 신학은 '신에 대한 이성적인 말theo-logos'을 의미하게 된 것이다. 이러한 서구의 신학이 동양으로 올 때 점잖은 방식으로 오지 않았다. 서구의 신학은 『무녀도』에 등장하는 아들의 모습처럼, 타종교와 문화를 멸시하고 배제하는 방식으로 다가왔다. 서구의 신학은 제사 문제를 비롯하여 토착적인 문화를 모두 극복되어야 할 대상으로 보고, 한쪽의 시선만을 일방적으로 강요하는 정복의 방식을 취했다. 선교mission의 역사가 100년이 넘었음에도 불구하고, 한국에서는 아직도 서구의 이러한 일망 감시적panopticon 시선에 대한 비판적 반성이 거의 없다고 해도 과언이 아니다. 한국의 신학이 아직도 위로부터 나오는 일방적 계시와 입술만의 신앙으로 수용되는 서구의 주술적 마법에서 벗어나지 못하고 있는 것이다.

근대 이후의 철학과 신학은 이성과 말씀logos을 통한 계시만을 강조하여, 개인의 체험과 활동 그리고 자연의 생명 가운데서 스스로를 내 보이시는 신의 존재 가능성을 외면한다. 데카르트의 신처럼, 언제나 확실성의 보장으로서 '확실하게 존재하는 신'이 내린 경전의 마법만을 신뢰하고, 좀처럼 자신의 모습을 드러내지 않으면서도, 인간과 인간의 활동을 통해 자신을 보여주는 '없이 계신 신'의 존재를 망각해 버린다. 이 망각의 결과는 위에서가 아니라 인간의 편에서 자신의 존재를 드러내는 신에 대한 망각으로 이어져, 우리 안에 있는 신의 형상imago dei을 망각하는 것으로 귀결된다. 이뿐만이 아니다. 서구 근대 신학(Ontotheologie)은 신의 시선을 절대화하고, 신에게 보증을 받은 자신의 이성을 절대화한 나머지 이성적이지 않는 다른 인간을 상대화하여 수동적 객체로 전락시킴으로써 자신과 다른 인간을 박해하였다. 이러한 문화는 생명을 살리는 살림의 문화라기보다는 죽임의 문화라고 할 수 있을 것이다.

일찍이 하이데거는 죽음과 불안을 인간 실존적 상황의 중요한 요소로 간주했지만, 이것은 사실상 추상적인 죽음 이해에 지나지 않는다. 이러한 죽음 이해에는 사회적 약자를 배제하는데서 오는 구체적인 죽음이 빠져 있다. 인간이 공동체 안에서 경험하는 실존적인 죽음이란 타인에게 배제됨으로서 혼자 있게 됨에 있다고 할 수 있다. 이것은 자발적 고독과는 다르다. 하이데거는 종말론자들의 죽음 이해처럼 막연하게 죽음이 모든 인간에게 있는 것으로 상정하고 있다. 배제를 통한 박해와 죽임은 이성적이지 않은 존재자를 '박멸', '퇴치', '계몽'시키려는 시도와 그 궤를 같이 한다. 과거에는 신만이 존재하고, 인간은 하위 객체sub-ject으로서의 신민subject이었다고 한다면, 근대인은 자신이 주체subject으로 등장하여 타자를 하위 객체sub-ject으로 대상화 한다. 이성logos을 무기로 이전의 하위 객체에서 생각하는 주체res cogitans가 된 근대적 인간은 이성적이지 않은 것을 '함부로' 대하는 입장으로 나가게 된다. 이성적 주체가 신의 위치에 올라선 것이다. 예전에는 신만이 필연적으로 존재하고, 나머지는 우연이었다고 한다면, 이제는 이성적인 주체만이 필연적으로 존재하고, 나머지 여타는 우연적으로 존재하게 된 것이다.

이렇게 됨으로서 생긴 새로운 세계는 서로의 관계가 끊어진 두 개의 세계로 되고, 그에 따라 서로 살 수 없는 죽음의 문화를 낳게 된다. 생명이 약탈되고, 모든 것이 두 개의 진영으로 나누어 다투게 되며 지배와 수탈이 일상화 된다. 이렇게 모든 것을 이성에 따라 함부로 취급하여 대화도 일어날 수 없고, 생명에 대한 착취와 죽음만이 일어나는 신학의 시대에 신학이 할 수 있는 일에는 무엇이 있을까? 신학이 존재신학Ontotheologie이 되고, 하나의 경전만이 유일한 해답이 되고, 다른 모든 것은 주변부가 되어 하위 객체가 되는 시대에 신학은 무엇을 할 수 있을까? 이러한 상황 속에서 시대의 아픔에 정직하고자 하는 신학자는 어떻게 살아야 할까? 기존의 신학에 안주하여 신의 말씀을 기계적으로 반복하는 것도, 이를 거부하고 스스로 '이단'이 되어 교회를 '혁명적으로' 개혁하는 것도 현실적으로 어렵다고 판단된다면 이때 신학자는 어떻게 해야 할까? 기존의 신학에 안주하여 시대의 아픔과 불행에 눈감은 채 새장에 갇혀 같은 노래를 반복하는 앵무새의 신학을 수행해야 할까? 아니면 바울이 이성적 지혜를 추구하던 그리스인들을 향해 그들이 알지 못하는 신에 대해서 말하고자 했던 것처럼, 새로운 경험의 빛에서 이단과 파면이라는 위험을 무릅쓰고 기독교인들이 알지 못하는 다른 신을 용기 있게 말해야 할까? 이전의 신학을 쫓아 살아가는 것은 성숙한 그리스도인에게 허락되지 않고, 그렇다고 이단의 위험을 감수하고서라도 과감하게 종교개혁을 외치며 교회를 바꾸는 일도 현실적인 대안처럼 보이지 않을 때, 성숙한 그리스도인은 어떤 태도를 취해야 할까?

이러한 상황에서 성숙한 그리스도인은 기존의 잘못된 신학을 고발하고, 그 신학을 비판적으로 해체하면서 새로운 시대의 증인[1]으로 사는 삶을 선택할 수 있을 것이다. 그렇다면 이러한 증인으로 산다는 것은 구체적으로 어떤 것일까? 그것은 신을 모든 것의 중심에 놓고 사유하고, 성과 속을 나누며, 과거의 역사를 고정시키고, 인간의 실천적 경험과 노력은 간과하고 오로지 입술에 의한 말과 신앙으로만 살아가는 신학의 시대를 고발하는 삶일 것이다. 독백과 배타적인 태도로 일관하여 다른 문화와 타자를 죽음으로 몰아넣는 신학의 시대, 이와 더불어 인간의 몸(생명)을 비롯하여 이 세상에 존재하는 모든 생명의 가치에 눈 감아버리는 신학의 시대를 고발하고 증거 하는 삶일 것이다.[2] 이정배의 다석 유영모의 사상 이

---

1 우치무라 간쪼(內村鑑三)가 자신의 독자적인 신학적 사유를 펼쳐나간 것, 그리고 당시 일본의 전쟁 반대를 외친 것, 본회퍼가 자신의 신학적 통찰에 따라 히틀러에 저항하는 삶을 산 것 등은 이에 대한 대표적인 사례라고 할 수 있을 것이다.
2 김우창은 하이데거가 횔더린을 해석하는 관점을 차용하여 한용운을 궁핍한 시대의 시인으

해에는 이렇게 자신이 가진 신앙에 대한 반성이 없는 시대, 신학의 자기 비판적 성찰이 부재한 시대의 증인으로 살고자 하는 치열한 고민의 흔적들이 들어 있다.

II. 수행적 앎의 해석학

한나 아렌트Hanna Arendt 는『활동적 삶』이란 저서에서 두 가지 삶을 이야기 한다. 하나는 관조적 삶vita contemplativa 이고, 다른 하나는 활동적인 삶vita activa 이다. 아렌트에 따르면 활동적 삶vita activa 은 아리스토텔레스의 정치적 삶bios politikos 에 대한 중세적 번역어인데, 원래 그리스 전통에서는 노동과 활동의 개념이 들어 있지 않았다고 한다. 그러나 이 단어가 번역되는 과정에서 두 개의 서로 다른 삶의 양식을 지칭하는 단어로 변형되었다고 한다. 아렌트는 서양의 전통에서는 관조적 삶을 우위에 두고 활동적 삶에서의 관조적 삶과의 연관이나 그 차이점들이 명확하게 설정되지 않고 섞여 있으며 주목받지 못했다고 말한다.3 이와는 달리 에크하르트는 이 두 가지 삶을 신약성서에서 마리아와 마르다로 대변하여 표현한다. 마리아는 예수 주변에서 그의 말씀을 들으려고 하였고, 마르다는 예수를 모시고 대접하려고 분주하게 몸을 움직였다. 마르다는 나중에 예수에게 불만을 토로하였다. 이에 대한 예수의 대답에 대한 해석에는 의견이 분분하다.

오늘날에도 이 두 가지 삶의 형식은 각각 지향하는 자신의 관점에 따라서 서로 다른 가치적 우위로 해석되기도 한다.4 이정배의 다석 이해와 관

로 평가한다. 그의 해석에 따르면 한용운의 '님'은 애인도 조국일 필요도 없다. 그는 '님'을 한용운이 추구한 이상향으로 상정하고, '님'이 사라지고 없는 시대를 노래하면서 '님'에 대한 증인의 삶을 살았다고 해석한다. 다음을 참조. 김우창,『궁핍한 시대의 시인』(서울: 민음사, 1977).

3 Arendt, Hannah, *Vita activa oder Vom taetigen Leben*, (Muenchen, 1996), 27.

런해서 보면, 마르다의 삶 즉 몸으로 활동하며 실천하는 삶이 예수의 말씀만을 듣고자 하는 마리아의 삶보다 더 잘 예수를 스승으로 모시는 삶에 가깝다고 할 수 있을 것이다. 이는 말씀, 이성, 입술 신앙의 삶이 아니라, 구체적인 행동과 실천을 강조하는 수행적 실천의 삶이다. 마리아와 마르다는 똑 같이 예수 주변에 있으면서도 예수와의 관계 설정에 있어 서로 다른 입장에 서 있었다. 성서에서는 마르다의 생애가 어떠했는지 나와 있지 않지만, 어쩌면 예수 주변에서 예수를 가장 잘 이해한 예수의 제자였을 수 있다. 아마도 그녀는 개인적 구원에만 관심한 것이 아니라, 모두의 구원을 염두에 둔 대승적 기독교인이었을지 모른다. 우리는 예수와 마르다의 체험과 유사한 체험을 역사 속에서 추체험追體驗, nacherleben해 볼 수 있을 것이다.

21세기에 살았던 한국의 한 기독교인도 이러한 체험을 기록해 놓았다. 다석은 50세 즈음에 깨달음에 이르렀다고 고백하고, 자신의 체험을 이야기 하였다. 그가 말하는 깨달음은 한 마디로 얼 나 체험이다. 이 체험은 탐진치貪瞋癡 로 물든 인간의 '몸 나'에서 벗어나 새로운 영적 존재로 되는 것을 뜻한다. 그렇다고 해서 육체를 무시하고 영적인 '얼 나'만이 실재라고 강조하는 것이 아니다. 다석의 얼 나는 육체를 영혼의 감옥으로 규정한 영지주의 및 플라톤 이후 데카르트에 이르기까지 서구의 존재론 및 인식론적 전통과 구별된다. 그 이유는 다석은 어디까지나 몸으로부터 벗어나서 정신적인 존재가 되고자 한 것이 아니라, 몸으로 하는 수행을 강조하였기 때문이다. 그는 몸을 건강하게 보전하며 예수가 살았던 십자가의 삶을 살고자 하였다. 그는 이 체험을 통해 자신이 무수히 많은 생명의 살려는 의지 가운데 있는 살려는 하나의 의지임을 자각하고, 자신이 존재하는 이유가 자신만의 생명 보전에 있지 않고, 살아 있는 생명체 모두의 보전에 있음을 자각하였다. 이정배는 이러한 다석의 깨달음에서 신학적으로 큰

---

4 예를 들면 한병철은 자기 착취의 피로 사회는 지나치게 활동적인 삶을 강요하기에 관조적 삶의 과정에 필요함을 역설하기도 한다. 한병철,『피로사회』(서울: 문학과지성사, 2012), 48.

의미를 발견한다. 그 하나는 기독교 영성에서의 자각과 동양 종교 전통에서의 자각의 회통會通적 만남이고, 그와 동시에 생명에 대한 자각 곧 생태학적 자아를 각성하는 새로운 삶의 발견이다.

이정배에 따르면 다석의 삶은 얼 나 자각을 통한 삶, 곧 예수가 자신을 희생하는 삶속에서 보여주었던 대속(代贖=自贖)의 삶 그 자체였다. 이것은 또한 비록 다석 자신은 의식하지 못했지만, 미래의 생명을 보존하는 우주적 그리스도의 전형이 된다고 보았다. 다석의 일좌식一座食 일언인一言仁 곧 단식斷食 과 단색斷色 의 삶으로서 '몸 줄이고 마음 늘이기'의 수행이 이를 잘 보여준다. 다석이 하루에 한 끼를 먹고 혼인 맺음(結婚)과 대비되는 혼인 풀음(解婚)을 강조한 것은 이런 맥락에서라고 할 수 있다. 일상의 식탁이 곧 성만찬이기에, 식탁에 참여한다는 것 자체가 그리스도의 몸과 피를 먹고 마시는 것에 해당한다. 그러나 여기에 중요한 것이 매개가 되어야 한다. '몸 나'의 입장에서 먹고 마시며 단지 예수 그리스도를 머릿속의 생각으로 기념하는 것이 아니라, 나의 생명이 예수 그리스도와 같은 우주적 '얼 나'에 연결되어 있음을 몸으로 자각 실천하는데 있다. 만약 생명의 우주적 신비를 깨닫지 못하고 매일의 식탁을 대한다면 이것은 대속의 삶도 자속의 삶도 아니다. 우주만물이 나의 성례전적 제물이 되고, 나 또한 생명을 위한 제물이 되는 삶을 살아야 한다. 이것이 곧 대속의 삶인 것이다. 다석의 이러한 삶은 단지 믿음으로 성례전에 참여하기만 하면, 구원의 삶을 이룰 수 있다고 보는 제도적 은총에 의한 삶도 아니고, 단지 정신적 자기 비움을 통해 해탈에 이를 수 있다는 태도와도 구별되는 삶이다. 다석의 삶은 이렇게 자신의 수행적 삶과 밀접하게 연관되어 있다. 여기에는 역사적 예수의 삶과 다석의 삶 그리고 현재의 우리의 삶은 크게 질적으로 다르지 않다. 이는 또한 다른 종교 전통에서의 체험과도 크게 다르지 않다.

다석이 자신의 얼 나 체험에 입각해서 다른 종교 전통들을 해석하는 과정에 주목할 만한 특징은 유교, 불교, 기독교의 종교적 경험이 '하나'로 회통되고 있다는 점이다. 이정배의 지적처럼 참 스승을 예수로 간주한 다

석의 입장에서 보면 다른 종교 전통의 체험들을 해석하는 해석의 입각점
은 기독교적 체험이라고 할 수 있다. 만약 이러한 얼 나 체험이 모두에게
불성이 있다는 불교적 전통에 입각한 체험이라고 본다면, 다석의 해석학
적 입각점은 불교 전통에 있게 된다. 만약 다석의 오랜 유교적 경전 읽기
와 그 체험에서 보면 다석의 해석학적 지평은 유교적 전통에서 볼 수 있게
된다. 또는 '없이 계신 하느님' 개념에서 보면 다석의 신 이해나 얼 나 체험
은 노자적인 도道의 체험 혹은 성인의 경험에서 유래한 것이라 볼 수 있다.
어느 한 입장을 다석의 입각점으로 놓고 보아도, 다른 종교 전통들은 여전
히 다석의 입장에서 무리 없이 통합이 된다. 즉 다석에게는 각각의 문화적
전통들은 서로 달라도 그 근원적 지향성이나 체험의 차원에서는 같은 근
원을 가진다.[5]

　다석은 자신의 얼 나 체험에 입각하여 다른 여러 종교 전통에서 말하는
궁극적인 체험을 해석한다. 다석은 자신의 체험이 다른 종교 전통에서 말
하는 체험과 다르지 않다고 보고, 다른 종교 전통과의 대화를 과감하게
수행하다. 다석의 이러한 수행체험의 관점에서는 모든 종교 체험이 하나
로 통한다. 다석의 얼 나 체험은 언뜻 불교적 전통에서 말하는 불성의 자
각의 체험 같기도 하고, 중세 독일의 신비주의 사상가 에크하르트가 말하

---

5 여기서 우리는 먼저 다석의 해석학적 지평과 해석의 방향에 물음을 제기할 수 있다. 다석은
　자신의 어떤 특정체험에 입각하여 다른 종교 전통들을 이러한 입장에서 해석하고 있는데,
　과연 이러한 해석의 과정에 무리는 없는가 하는 점이다. 주지하듯이 서양에서는 아스트와
　볼프 등의 개별적인 그때마다의 특수한 입장에서의 개별적 해석학을 넘어 슐라이어마허 등
　에 의해 보편적 해석학의 전통이 자리 잡아 왔다(Schleiermacher, F. D. E., Manfred,
　Frank(hg.), *Hermeneutik und Kritik*, Frankfurt am Main, 1977. 309-346). 오늘날 우리는
　고전을 해석할 때 그 고전의 쓰인 역사 문화적 전통과 사회적 전통을 고려하면서 가급적
　중립적 입장에서 저자의 말이나 의도에 접근하고자 한다. 만약 이러한 체계적인 접근 방식
　을 무시하고 현재의 나의 경험에 입각해서만 고전을 해석하면 자의적 해석과 알레고리적
　해석의 범주를 넘어서지 못한다. 동양 경전의 해석에 있어 유학자들은 자주 이러한 자의적
　해석을 아무런 무리 없이 받아들인다. 다석의 해석학적 지평도 이러한 전통에 입각해서 움
　직인다고 볼 수 있다. 그렇지만 다석의 해석학적 지평이 처음부터 잘못되었다는 말이 아니
　다. 다른 문화 전통과 종교적 체험에 접근할 때 문헌학적 사회학적 역사적 배경을 염두에
　두면서 체계적으로 접근할 필요가 있다는 점을 지적하고자 할 뿐이다.

는 신과의 합일 체험 같기도 하다. 다석의 이러한 회통會通적 해석 즉 자신의 종교적 체험에 입각하여 다른 종교 전통들을 해석하는 과정을 보면 앞에서 『무녀도』에 나오는 아들이 취했던 태도와는 매우 상반된 태도를 발견할 수 있다. 다석에게는 어떤 하나의 체험이나 학문을 절대시하거나 다른 문화에 대해 배타적인 입장이 없다. 더욱이 자신이 자라온 고유한 토양 그 자체를 마치 존재하지 않는 것처럼 거부하지도 않는다. 다석의 이러한 수행적 앎의 해석학적 관점에서 보면 『무녀도』에 나오는 신학자(무녀의 아들)의 시선에는 문제점이 많다. 그런데 이 시선은 지금도 한국 신학계를 지배하고 있다.

III. 신학의 해체

이정배는 다석의 얼 나 체험의 빛에서 전통 신학과 구별되는 여러 가지 특징을 발견한다. 그는 이러한 차별의 특징으로 몇 가지를 언급한다. 기존의 정통 신학의 특징에 해당하는 것은 대속 신앙, 신 중심적 신학 혹은 예수 그리스도 중심의 배타적 신앙, 신과 인간 사이의 상관관계를 인정하지 않고 거리를 두는 실체적 세계관이다. 기존의 이러한 신학적 경향과 대비되는 다석 신학의 특징은 역사적으로 존재했던 예수 한 사람에 의한 대속 신앙이 아니라, 인간 누구나가 역사적 예수처럼 실천함으로써 이루어야 하는 자속신앙이라는 점에 있다. 다석의 얼 나 체험에 의한 대속(自贖)은 전통적인 신 중심적인 차원에서 논의되는 위로부터의 화육신앙Incarnation 즉 위로부터 신이 내려와 인간을 구원한다고 하는 관점에서 벗어나 있다. 이는 또한 말씀Logos이 육신이 되었기에, 말씀을 통해 계시하는 종교 개혁적 전통과도 구별되고, 예언자를 보냈다고 하는 차원에서 보는 약속과 성취의 유대교 전통의 신학적 틀과도 구별된다. 다석의 체험적 신앙은 신으로부터 어떤 계시가 내려오고 이것의 상징을 믿음으로 받아들여야 한다는 관점에서 벗어나 있다. 신으로부터 어떤 중재자를 매개하여 구원에 이른다고 하는 신앙이 아니라, 아래로부터의 인간 개인의 깨달음에서 출발하는 신앙이라는 점에서 정통 신학과 결정적인 차이가 있다.

이러한 신학적 차이가 주는 의미는 크다. 서구 전통에서 체계화 된 실체론에 입각한 신학은 '그때의 예수'와 '오늘의 예수'의 연결 관계가 매개자 없이는 설정될 수 없고, 동일률에 따라 신은 신이고 인간은 인간이라고 하는 이원적 도식에서의 신은 언제나 경배와 믿음의 구세주로서의 대상일 뿐, 내가 본받아 실천해야 할 스승이 되지 못한다. 여기서 믿는다는 것은 대상과 나의 질적 차이와 거리를 둘 경우에만 가능하다. 다석은 예수를 믿는다고 말하기 보다는 예수를 아는 차원으로 들어가야 한다고 주장한다. '안다'라는 차원은 단지 지적으로 아는 것을 뜻하지 않는다. 여기서 '안다'는 것은 몸으로 안다는 의미에서의 체득體得 의 차원에 가깝다. 믿음과 앎의 대비는 '예수에 대한 믿음'과 '예수의 믿음' 만큼의 차이가 있다.6 전자는 예수를 나와 대립된 또 하나의 대상(Gegen-stand)으로 삼는 것이고, 그에 따라서 나와는 질적으로 다른 타자를 전제하는 것이다. 후자의 경우 즉 '예수의 믿음'은 예수가 실천하며 살았던 믿음의 삶을 현재의 내가 본보기로 삼을 수 있을 때의 믿음이다. 여기서 나와 예수는 결코 두 개의 실존만이 아니다.

전자의 경우, 예수는 나와 '무조건적인' 믿음을 통해서 이외에는 나와 아무런 관련이 없지만, 후자의 경우는 내 몸의 수행적 실천 여하에 따라 언제든지 나와 '동일하게' 만날 수 있음을 뜻한다. 과거에 일회적으로 존재했던 역사적 예수와 현재의 예수로 의미 있게 만날 수 있기 위해서는 더 이상 매개자를 통한 대속의 길, 숭배(믿음)의 길에 있는 것이 아니다.

---

6 뤼르만은 신약성서 전체에서 pistis의 의미에 주목한다. 그는 신약성서 저자들이 관심했던 것은 예수에 대한 믿음이 아니라, 예수의 믿음에 있음을 강조하고 있다. 마치 히브리서 저자가 11장에서 믿음의 선조들을 열거하는 것처럼 그렇게 예수는 아브라함에서부터 지속되는 믿음의 선조들 가운데 한 사람이라는 것이다. 이에 대해서는 다음을 참조. Luehrmann, Dieter, *Glauben im Fruehen Christentum, Guetersloh*, 1976. 86.

예수 살기를 해야 한다. 예수 살기란 예수를 몸(수행적 실천)으로 알아가는 삶이다. 이러한 예수 알기(=살기)[7]의 삶은 각자가 수행을 통해 예수를 체득體得 해 가는 삶이다. 이러한 체득의 체험을 잘 보여주는 것이 바로 다석의 얼 나 체험 인 것이다. 언젠가 칼 융C. G. Jung 은 영국 BBC 대담에서 존 프리먼의 질문 "당신은 신을 믿습니까?"에 대해 미소 지으며 "나는 압니다(I know)"라고 대답했다고 한다.[8] 목사의 아들로 태어나 믿음이 강조되는 분위기에서 자랐지만, 융은 신을 '믿는다.'고 하지 않고, '안다'고 대답했다. 이러한 불이不二 적 관계를 이정배는 다음과 같이 표현하고 있다.

> "물론 다석은 '믿음에 들어간 이의 노래(오도송)'나 '우리가 뉘게로 가오리까'라는 시에서 자신이 귀의(귀의)할 존재는 오직 예수뿐임을 고백하였다. 이경우 귀의는 예수와 하느님의 관계처럼 예수와 자신을 '불이(不二)'의 관계로 생각하겠다는 것이다. 둘이 아니라는 말은 '하나'라는 말도 아니다. 길을 가는 존재로서 길을 가다 길이 되겠다는 다짐이라 생각할 수 있다. 다석이

---

7 여기서 '예수 알기'와 '예수 살기'는 구별되지 않는다. 데카르트적 심신 이원론 혹은 칸트적 물음 도식, 존재판단과 당위판단을 나누어서 생각하는 데 익숙해 있는 사람의 입장에서는 이 두 가지가 서로 나누어 생각해야 할 두 가지 사안이라고 생각되겠지만, 체득(體得)의 관점에서 보면 이 양자는 서로 분리될 수 없는 하나의 관계를 이룬다.

8 이부영 지음, 『노자와 융-「도덕경」의 분석심리학적 해석』, 한길사, 2013. 253.에서 재인용. 이와 관련하여 이부영은 다음과 같이 말한다. "융이 발견한 것은 형이상학적인 신이 아니다. 사람들이 신이라고 상상하고 있는 것의 살아 있는 상징이었다. 이러한 발견은 단순한 지적인 산물도 믿음의 결과도 아닌 체험한 바를 생각하며 성찰한 결과이다." 이부영, 『분석심리학 이야기』, 집문당, 2014. 185. 융은 무의식을 의식으로 통합해 가는 과정 즉 자아(ego)에서 벗어나 자기(selbst)로 가는 개성화(Individuation)과정에서 인격의 성숙을 보았다. 이는 남성성(Animus)/여성성(Anima)이 통합되는 과정과도 통하고, 자신을 찾아가는 십우도의 자기 찾기 과정과도 통한다. 일본의 분석심리학자 가와이 하야오(河合集雄)는 이러한 관점에서 십우도와 현자의 장미정원에 나오는 남/녀 만남의 과정 중 일부를 비교분석한다. 특히 그는 십우도에서 노인의 등장을 일본적 자기화 과정의 특징으로 해석하기도 한다. 즉 어른과 더불어 살아가는 일본적 효의 문화에서는 자기 통합이 서양에서처럼 부모로부터의 독립의 차원에서만 보는 것이 아닌 다른 가치가 있다고 본다. 이에 대해서는 다음을 참조. 河合集雄, 『生と死の接點』, 岩波書店, 1996. 77-118.

그토록 '제소리'를 강조한 것은 스승 예수와 자신을 불이(不二)적 관계로 자각했기 때문이다. 이런 스승 예수론은 분명 동양적, 유교적 사유가 바탕이 된 결과였다. 그리고 '그때'의 예수를 '오늘'의 예수로 만들겠다는 발상이라 생각한다."9

이러한 구원을 성취한 이의 입장에서 보면 예수는 나의 경험의 본보기에 불과하다. 예수는 나보다 앞서 나와 같은 얼 나 체험을 한 사람일 뿐이다. 다석은 이 체험을 강조하면서 하루를 종말처럼 살고자 하였다. 전통적 기독교에서는 역사의 종말을 우주적 파국으로 이해한다. 이는 초대 교회에서부터 지속된 지연된 종말parusia과 밀접한 연관을 가진다. 또한 신약 성서와 이를 해석하는 서구 신학의 전통에서 자주 신은 인간과 구별된 전적 타자로 표상된다. 보통의 사람에게는 예수와 신과의 관계가 더 이상 성립될 수 없는 것으로 간주된다. 이런 풍토에서는 누구나 예수가 될 수 있다는 것은 이단적 주장이 되는 것이다. 여기에는 신과 개별 인간 사이에는 건널 수 없는 심연이 존재한다. 서구의 지배적인 정통 기독론과 다석의 얼 나에 입각한 기독론을 비교하면 다음과 같다.

	정통 기독교 신학	다석의 신학
신학의 유형	위로부터의 신학	아래로부터의 신학
신인관계	신과 인간의 질적 차이	신과 하나 됨, 신/인간의 부자유친 관계, 효(孝)의 관계10
예수/그리스도	숭배의 대상(대속자)	본 받아야 할 스승
구원관	대속(매개자 필요), 믿음의 문제	자속(스스로의 깨달음), 수행적 앎의 문제
역사	우주적 종말 내러티브	현재적 종말 내러티브

---

9 이정배, 『없이 계신 하느님, 덜 없는 인간』(2009) 253.
10 효(孝) 및 성(誠) 개념과 관련하여 유교와 기독교의 대화 가능성에 대한 모색으로는 다음

해석학의 측면에서 보면 다석은 성경을 유일한 '경전'으로 보다는 해석되어야 할 여러 텍스트 가운데 하나의 텍스트로 보고 있다. 이러한 해석의 관점에서 다석은 기독교 전통의 예수를 이해하는 토양이 되기도 했던 유교, 불교 그리고 노자의 사상을 재해석한다. 다석은 유교, 불교, 노자의 사상 들을 공부하고 기독교 신학을 흡수한다. 그렇기에 그는 동양 전통에 입각해서 서구의 신학을 이해하게 된 것이라고 볼 수도 있고, 이와 반대로 이러한 스승 예수에 대한 체험을 통해 자신이 그때까지 공부하고 배운 동양 종교 전통을 재해석해 들어갔다고도 볼 수 있다. 이정배가 토발土發적 신학을 말할 때에는 전자의 관점에서 보는 듯하고, 다석이 예수를 유일한 스승으로 모셨다는 관점에 주안점을 두고 보면, 후자의 관점에서 해석할 여지가 있다. 이는 다석의 얼 나 체험을 불교적 체험을 기초로 하여 해석하거나, 유교적 체험을 우선적으로 놓고 해석해도 마찬가지이다. 다석의 얼 나 체험은 이제 다른 종교의 체험과 '동일한' 체험으로 간주되며 재해석된다. 이정배는 이러한 다석의 해석의 차원에서 토발적 신학 혹은 토착화 신학적 관점 그리고 종교 일원주의적 관점에서 접근할 수 있는 토대를 발견한다. 이것은 회통會通의 신학, 대화의 신학을 여는 단초가 된다.

IV. 종교 간의 대화

이정배는 최인식과 달리[11] 다석에게는 톨스토이나 간디보다는 불교와 유교의 영향을 강하게 받은 것으로 보고 이를 강조하고 있다. 이러한 강조점의 차이는 종교다원주의 신학과의 대비를 통해 다석의 의미를 읽는데 기여하고 있다. 종교 다원주의에서는 주로 신을 중심에 놓고, 신 중심적

의 책을 참조. 윤성범, 『윤성범 전집3-효와 종교』, 감신, 1998.

11 김흥호/이정배 편, 『다석 유영모의 동양사상과 신학 - 동양적 기독교 이해』, 솔출판사 2002. 173-178 참조.

모델에 따라 신으로부터의 보편 계시를 강조하는데 비해, 다석의 얼 기독론의 입장에서는 이러한 보편적 신의 계시가 아니라, 어디까지나 인간 개개인에게 들어 있는 얼 나 체험(성령 체험)이 강조된다. 이는 위로부터의 관점과 아래로부터의 관점으로 대별된다. 이를 비교하면 다음과 같다.

종교다원주의12	다석의 종교일원주의
위로부터	아래로부터
유일신론 혹은 성인(saint)론	성령론(얼 기독론)
예수, 공자, 석가, 노자는 신에게 이르는 다양한 길	얼 나 체험(성령)을 통한 하나의 길(一以貫之)

이정배는 자주 이러한 다석의 해석의 방향을 따라가면서 '동양적' 신학13 혹은 '한국적' 신학의 가능성을 보고 있다. 이러한 이정배의 관점은 토착화(토발적) 신학의 관점에서 보는 다석 이해의 틀이라고 말할 수 있을 것이다. 우리는 이러한 문화 간의 지평융합의 현상을 다석 유명모의 사상에서 읽을 수 있다. 다석은 유교적 전통에서 소학小學을 비롯하여 여러 유교 경전을 배우면서 자랐고, 불교와 노장 사상은 물론 톨스토이, 우찌무라 간죠, 간디 등의 영향을 받으면서 기독교를 이해하게 된다. 그리고는 마침내 예수를 자신의 큰 스승으로 고백하게 된다. 다석이 예수를 받아들이고 해석하는 방식에는 서구 기독교 신학에서는 잘 설명되기 어려운 범주들이 있다. 그것이 바로 한국의 유·불·도의 정신이다. 이미 존재하던 자신의 '눈'으로 서양의 문화를 받아들일 수밖에 없는 상황에 있었던 다석의 기독교 이해는 이 점에서 매우 흥미롭다. 이정배는 이러한 다석의 신학에서 일본 교토학파의 종교철학과 다른 측면을 본다. 일본의 경우, 특히 교토학파 등에서 선불교적 전통에서 서구 사상과의 대화가 지배적이라면,

---

12 초기 존 힉을 비롯하여 폴 니터의 입장에 이러한 신(神)중심적 기독론에 가깝다고 할 수 있다. 이는 또한 철학적 신앙을 말하면 포괄자론을 주창한 야스퍼스의 입장과도 통한다.
13 이정배, 『없이 계신 하느님, 덜 없는 인간』(2009) 180.

다석에게는 유·불·선儒佛仙이 서구 신학과의 비판적 대화가 관건이라고 본다.14

다석은 이러한 불교적 깨달음의 차원인 얼 나 체험의 입장에서 기존의 유교적 가치와 기독교적 가치 그리고 노자적 가치를 통합한다. 특별히 노자적 가치에서 중요한 핵심 개념은 '없이 계신 하느님' 개념이라고 할 수 있을 것이다. 이는 노자가 말하는 도道에 대한 일반적 해석과 일치한다고 할 수 있다. 노자는 도의 움직임이 언제나 사람들의 눈에 잘 띄지 않으면서도 모든 만물을 움직이게 하는 힘으로 이해한다. 그가 말하는 성인聖人이란 이러한 도를 체득한 사람이다. 그렇다면 어떻게 이러한 도를 체득할 수 있을까라는 물음이 제기되는데, 노자 도덕경 안에서는 이 방법론을 발견하기 힘들다. 후에 노자 사상을 바탕으로 하여 발전한 도교는 수양의 방법론을 발전시켰는데, 양생술養生術이 이에 해당한다.15 이러한 수행론은 노자철학의 해석과 관련해서 논의의 여지가 많다.

노자가 지향했던 수행의 방식이 무엇이었을까? 분명한 것은 노자가 생각하는 성인이 되는 길에는 전통적인 유가 철학에서 말하는 도덕적 군자의 길과는 달랐다는 점이다. 노자가 생각했던 성인의 이상은 인위나 작위를 하지 않으면서도 세상과 원만하게 살아가며, 세상을 잘 돌아가도록 하는 그러한 사람이다. 노자에 따르면 훌륭한 지도자는 백성들이 지도자가 있다는 사실만 알고, 그를 전혀 모를 때이다. 이렇게 노자가 이상으로 삼았던 도道는 존재하지 않는 것 같으면서도 존재하는 것이다. 말없는 가르침(行不言之敎)을 강조하는 것도 이런 맥락에서 이해할 수 있을 것이다.

---

14 물론 일본 교토학파와 다석의 신학적 사유 사이에는 분명 이러한 차이가 존재한다. 하지만 그렇다고 해서 다석의 신학이 일본교토학파의 종교철학적 시도와 접점이 없는 것은 아니다. 왜냐하면 일본의 교토학파 전통에서 강조하는 '깨달음'이나 다석이 강조하는 '얼 나'의 강조는 기본적으로 인도의 초기 불교 전통이나 여래장(如來藏)사상과 연결되어 있기 때문이다. 즉 여기서 두 전통을 가로지르는 것은 여전히 '얼 나'의 체험과 불교적 깨달음의 차원과 밀접하게 연관된다는 사실이다. 立川武藏, 『空の思想史-原始佛敎か ら 日本近代 へ-』, 講談社, 2006.141 참조.

15 이에 대해서는 다음을 참조. 森 三樹三郎, 『老子/莊子』, 講談社, 2006. 299-313.

가르침을 받는 사람은 스승이 가르쳤다는 의식 없이 배움을 받아들이게 되는 것이다. 다석은 이러한 존재자를 '없이 계신 하느님'[16]으로 이해한다. 이 점에서 보면 다석의 얼 나 체험은 '없이 계신 하나님'의 체험에 있다고 할 수 있을 것이다. 그럼에도 불구하고 만약 '없이 계신 하느님' 개념에서 서구의 존재 실체론과 대비되는 없음을 강조하고 노자의 무無 개념을 구체화한 표현이라고 한다면, 이것은 얼 나 체험과는 상관이 없다고도 볼 수 있다. 즉 노자의 무無 혹은 무위無爲 개념은 인도의 불교를 수용하는 과정에서 나온 격의불교格義佛教[17]차원에서는 서로 상응할 수 있으나, 엄밀하게 말하면 그 지향점이 다르기 때문이다. 다석에게서는 이 모든 것은 일이관지—以貫之의 입장에서 해석되고 있다. 다석과 똑같이 수행론의 전통에서 유교와 기독교를 비판적으로 해석하면서도 다른 관점의 해석이 있다.

다산 정약용은 삼촌에게 우연히 『천주실의』를 빌려 읽게 되면서 성리

---

16 이와 관련해서 존재론의 세 층위에서 신의 존재의 위상도 논의해 볼 수 있다. 이는 플라톤이 『국가』에서 상정한 세 층위이다. 플라톤은 존재를 세 가지로 구분한다. 하나는 있는 것이고, 다른 하나는 없는 것이며, 또 다른 하나는 있다가 없어지는 것이다. 그에 따르면 없는 것은 없기에 논의할 가치가 없는 것이고, 있다가 없어지는 것은 변화하여 소멸하기에 고찰의 대상이 될 수 없다고 보았다. 오로지 계속해서 존재하는 것만이 논의의 가치가 있다고 보았다. 이러한 플라톤의 존재론은 수학 및 기하학을 매개로한 서양 존재론의 축을 형성한다. 기독교 신학 또한 신을 영원히 존재하는 신으로 표상되기에 이른다. 특이한 점은 아우구스티누스가 플라톤의 이러한 존재론적 위상을 인정하면서도 그가 플라톤과 달리 "무로부터의 창조"를 말하고 있다는 점이다. 과연 '없이 계신 하느님'의 존재방식은 필연성인가 가능성인가 아니면 우연성인가 하는 물음이 여기서 생긴다.

17 격의불교(格義佛教)란 노장사상의 개념으로 이해된 중국화 된 불교를 뜻한다. 구마라집(鳩摩羅什)이 직접 불경을 번역하기 이전까지 중국학자들은 노장 사상의 개념어로 불교 용어를 번역하였다. 예컨대 불교의 공(空)개념을 노자의 무(無)개념으로 이해했는데, 열반(涅槃)을 무위(無爲)로, 진여(眞如)를 본무(本無)로 번역하였다. 노자는 사실 유(有) 앞에 선행하는 것으로 무(無)를 강조했는데, 이는 대승불교의 공(空)사상 전통에서 보면 공을 실체화하는 악취공(惡趣空)에 해당된다(森 三樹三郎, 『老子/莊子』, (講談社, 2006), 386-387). 다석에게 이러한 구분은 엄밀하지 않다. 히사마츠 신이치(久松眞一)는 불교의 무(無)개념에 대해서 체계적으로 분석한 바 있다. 히사마츠는 동양적 무의 성격을 다섯 가지로 논하고 이에 입각하여 다도(茶道)의 예술론을 펼치고 있는데, 그가 말하는 '東洋的 無'는 실상 불교적 무에 가깝다. 이에 대해서는 다음을 참조. 久松眞一, 『無神論』(法藏館, 1981), 124-161.

학을 비판하기에 이른다. 다산은 성리학적 체계에서는 설명될 수 없는 인격적 주재자로서의 천주天主 개념을 인정할 때에만 개인이 도덕적 자아를 확립해 갈 수 있다고 보았다. 그는 예수의 재림, 동정녀 마리아의 존재를 거부하고 내세와 심판, 천당 지옥설을 거부하였지만 천주의 인격적 측면에서는 긍정적 반응을 보였다.[18] 즉 그는 귀신의 존재나 천국의 실재 등 미신처럼 보이는 것들을 받아들이지 않았으나, 인격적 주재자 개념은 조선의 성리학을 개혁 할 수 있는 기초가 될 수 있다고 보았다. 그래서 그는 『시경』, 『서경』 등에 나오는 인격적 도덕적 주재자의 개념으로 등장하는 원시 유교로 돌아갈 것을 제안하였다. 그가 이렇게 한 것은 성리학적 체계 안에서는 인간이 수양을 통해서 '도덕적 주체'로 나갈 수 없다고 보았기 때문이다. 유교적 정체성 속에서 도덕적이고 인격적인 주체로 나가기 위한 수양修養의 관점 에서 인격적 주재자로서의 객관적 '타자'가 필요하다고 본 것이다.[19] 도덕적 주체로 서기 위해서는 어쩔 수 없이 신이 요청되는 것이다. 다산은 어디까지나 유학자로서 성리학적 질서 위에서 성리학이 가진 한계를 서학의 인격 주재 신에 의해 보완될 수 있다고 보았다.[20] 이

---

18 백민정, 『정약용의 철학-주희와 마테오리치를 넘어 새로운 체계로』 (서울: 이학사, 2008), 84 참조.

19 이는 마치 도스토예프스키가 카라마조프의 형제들에서 물었고, 칸트가 물었던 질문을 연상시킨다. 만약 신이 존재하지 않는다면, 이 세상은 어떻게 될까? 콜라코프스키는 이러한 물음을 신정론(Theodizee)의 문제와 관련해서 진지하게 논의하고 있다. 다음의 책 참조. Kolakowski, Leszek, *Falls es keinen Gott gibt*, (Muenchen, 1982). 인간의 모든 활동에 대한 최종심급으로서의 인격적 심판자가 존재하지 않는다면, 어떻게 될까라는 물음이 다산의 물음이었다고 할 수 있다. 이러한 물음은 실상 서양 근대 지식인의 물음을 관통하고 있다고 해도 과언이 아니다. 우주의 중심이 지구가 아니라 태양이 되었을 때의 관점의 전환이란 신, 왕을 중심으로 움직였던 질서의 재편과 맞물려 있다. 서양은 이에 대한 해결책을 개인의 주체성과 자율성에서 찾았다. 스미스가 스토아 사상과 연결되어 '보이지 않는 손'으로서의 신을 이야기 한 것은 근대적 자율적 이성에 대한 무한 신뢰를 바탕으로 하고 있다. 서양 근대 지식인들은 신의 부재에 직면한 새로운 세계에서 대안을 인간 개인의 자율성에서 찾았다고 한다면, 다산은 새로운 시대의 대안을 이러한 인격적 주재자의 회복에서 찾았다고 할 수 있다.

20 다산의 이러한 해석은 시사하는 바가 크다. 루스 베네딕트는 『국화와 칼』에서 부끄러움의

와는 달리 탁사는 다산과 다석이 인정하지 않는 내세관 등을 강조하며 인간의 자력적自力的 구원 보다는 예수 그리스도의 대속적代贖的 은총을 강조한다. 그는 기독교의 심판 사상에 따라 성리학적 유교를 비판한다. 탁사는 인간의 어리석음과 선함의 판단 기준은 인간의 편에서 판단될 수 없고, 최후의 심판자에 의해서 결정될 수 있다고 본다.[21] 이는 서구 기독교적 세계관을 중심에 놓고 성리학을 비판적으로 보는 관점이라고 할 수 있다. 다석은 다산처럼 유학적 수양론의 입장이 중심에 있는 것도 아니고, 그렇다고 탁사처럼 기독교의 관점에서 유학이나 불교 등을 비판적으로 보지 않는다. 그는 처음부터 두 문화적 전통의 만남 곧 회통의 가능성을 본다.

그러나 다석에게는 자신의 얼나 체험과 타종교의 체험을 동일한 것으로 이해하고 있기 때문에 타종교 경험과 자신의 경험 사이의 동일성의 차원에 대한 논의가 필요하다.[22] 만약 이 동일성의 차원이 어떤 같음을 전제

문화와 죄의 문화를 대비한 바 있다. 서양의 문화는 대체적으로 신적 타자 앞에서 책임을 묻는 죄의 문화에 가깝고, 일본의 문화는 신적 타자가 아니라 구체적인 타자 앞에서의 부끄러움을 중요시하는 문화에 가깝다고 본다. 다산은 구체적인 타자 없이 스스로 신독(愼獨)을 실천하기가 힘들기에 문제가 생긴다고 보고, 절대 타자로서의 신이 요청된다고 본다.

21 이정배, 『없이 계신 하느님, 덜 없는 인간』(2009), 239.

22 여기서 진지하게 논의해 보아야 할 차원의 문제가 동일성의 차원이다. 단순히 똑 같은 것(das bloss Identische)와 동일한 것(das Selbe)을 하이데거는 구분한 바 있는데, 그에 따르면 이것은 꼭 같은 것(das gleiche)도 다르다.(Heidegger, Martin, *Vortraege und Aufsaetze*, Stuttgart, 2000. 187. 참조) 앞의 것은 동전이 똑 같다는 의미에 가깝고, 후자의 것은 내용적으로 같은 것에 가깝다고 할 수 있다. 이것은 동의어의 목록에 해당한다고 할 수 있을 것이다. 하이데거가 거주하다(Wohnen)와 시 짓기(Dichtung)을 동일한 것의 차원에 놓고 보는 것은 전통적인 동일률의 논리에서 보면 범주 오류에 해당한다. 하지만 하이데거의 사유의 내적 원리에 입각해서 보면 이 양자는 동근원성 혹은 상호 공속성의 차원에서 만난다. 그러니까 하이데거에게 있어 '거주 한다'는 것은 인간이 시적으로 '사유하면서 체류한다'는 것을 의미하고, 이것은 건물을 지어서 살기 이전에 언어를 통해 존재의 집을 짓는다는 것을 뜻한다. 이러한 범주적(혹은 지평적) 구분에 입각해서 다석이 말하는 '얼 나' 체험과 유교에서 말하는 부자유친의 체험, 불교에서의 불성의 깨달음, 기독교에서의 성령 체험이 어떤 연관관계를 가지는 지 생각해 볼 수 있다. 다석의 경우나 이정배의 경우나 이러한 얼 나 체험이 타종교의 체험에도 일이관지하게 관통하는 '동일한 체험'으로 당연시 되고 있다. 하지만 이에 대한 보다 정치한 논의가 필요하다고 본다.

하고 동일성의 논리에 입각해서 포섭되어야 한다고 한다면, 이것은 자신의 경험을 일반화하여 동일성의 철학 곧 타자의 경험을 나의 경험으로 흡수시킬 수 있는 위험이 있다. 그 이유는 레비나스가 비판하듯이, 동일성에만 주목하여 동일성의 철학으로의 회귀하면 또 다른 지배와 배타적 태도의 원인이 될 수도 있기 때문이다. 바로 이러한 이유 때문에 우리는 자신의 종교 체험에 따라 종교 간의 대화를 수행할 때 조심스럽게 접근할 필요가 있다. 만약 지나치게 동일성에 치우치다 보면, 『무녀도』의 무녀의 아들처럼 자신의 경험을 지나치게 일반화 할 수도 있는 것이다. 이러한 위험성에서 벗어나려면 또 다른 차원의 가치가 있어야 할 것이다. 종교적 체험을 넘어서 각각의 체험이 우주 생명과 연결되어 있다는 것에 대한 자각이 필요하다.

　『무녀도』에 나오는 무녀의 아들은 예수 주변에 있던 마리아처럼, 예수와의 관계를 잘못 설정하고 있었다. 그는 자신과 다른 주변 이웃의 삶과 생명의 가치를 보지 못했다. 마치 엄마 주변에 가까이 있어야 안정감을 갖는 아이처럼, 스승과의 관계 설정에 있어서 지나치게 의존적이어서 스승과 거리 유지가 안 되어, 독립적인 주체성을 가진 성숙한 인격으로 발전하지 못했던 것이다. 그는 예수와 자신 그리고 주변 삶에 대한 배려가 하나의 생명 가치로 연결되어 있음을 볼 수 없었던 것이다. 만약 예수와 마리아의 관계처럼, 말씀을 통해 전하고 듣는 관계에서만 사제관계가 성립된다면, 진정한 의미에서의 사제 관계는 설정될 수 없을 것이다. 진정한 의미의 사제관계란 독립적인 주체로서의 자신의 생명에 대한 자각이며, 이와 동시에 스승이 살았던 정신(생명)에 대한 자각에서 성립하는 것이다. 그리고 이러한 자각 곧 스승의 정신에 따라 사는 실천적 삶이 사제관계를 가져오는 것이지, 언어적이고 물리적인 가르침의 관계가 사제 관계를 결성시키는 것이 아니다. 예수를 따르는 사람이 제자인 것이지, 예수의 말씀을 듣는다고 사제 관계가 되는 것은 아니라는 말이다. 이점에서 예수를 아는 것과 실천하는 것 사이에는 이론과 실천의 구분이 없다. 예수를 믿는다는 것(안다는 것)은 곧 예수를 따르는 삶을 산다는 것이다. 이렇게 스승의 정신(얼 나)을 이어갈 때 비로소 사제관계가 되는 것이다. 오늘날의 한국의 신학은 예수의 생명이 모든 생명과 서로 관계되어 있고[23], 서로가 둘이 아니라, 하나로 연결되어 있다는 사실을 자각하지 못하고 있다.

V. 생명 앞에서의 경외

서구 근대인은 자주 다윈의 적자생존 이론을 사회진화론으로 연계시켜, 강자(이성을 가진 자)가 약자(어린이, 여성, 흑인, 제3세계의 토착민)를 지배하는 것을 정당화하고, 자주 자연 질서의 우열을 정당화하는 자연주의의 오류를 범해 왔다. 존재에 서열을 부여하고, 이 서열에 입각하여 지배를 정당화하는 사유 체계는 사람은 물론 생태계 전체를 위협하는 죽음의 사상이라고 할 수 있다. 기독교의 배타주의 또한 생명의 공생 관계보다는 적자생존에 의한 지배관계를 이루려고 한다. 이러한 신학은 정복적으로 타 문화에 자신의 신학과 문화를 이식하려고 하고, 선교라는 이름으로 타문화의 전통과 사람들을 하위 대상sub-ject으로 간주하는 신학이며, 타문화권의 민족에 대한 멸시의 신학이자, 생명에 반하는 죽음의 신학이다. 그래서 이러한 신학은 지구촌을 살리는 신학이 아니라, 지구촌의 생명을 파괴하고 죽이는 죽임의 신학에 가깝다. 죽음의 신학을 넘어서 생명의 신학을 실천해야 할 이유가 바로 여기에서 생긴다. 이정배에 따르면 다석의 신학은 이러한 새로운 신학을 여는데 좋은 본보기가 된다.

이정배는 생태학적 위기 상황가운데 있는 역사적 현실을 현재적 종말의 상황으로 이해한다. 이러한 역사적 현실 앞에서 신학적으로 사유한다

---

23 기독교 신앙과 관련해서는 다음을 참조. Marti, Kurt, *Schoepfungsglaube-die Oekologie Gottes*, (Suttgart, 1983), 48-55. 이정배, 『창조신앙과 생태학』 (서울: 설우사, 1987), 49-55. 모든 것은 모든 것과 관계되어 있다(Alles haengt mit allem zusammen.)라는 말을 하여 언뜻 불교적 연기의 세계관처럼 보이는 견해를 창조 신앙적 관점에서 해석한다.

는 것은 필연적으로 생명 신학적 차원에서 사유한다는 것을 뜻한다. 이정배는 이러한 관점에서 몇 개의 생명신학의 전통을 개괄한다. 그는 가톨릭전통, 개신교 전통 등의 생명 신학 전통을 일별하고 그것의 의미와 한계를 설정한다. 그는 가톨릭 전통에서 우주적 그리스도에 따른 생명 신학적 전망을 읽는다.[24] 여기서 가톨릭의 존재유비에 기초한 신학 원리와 신앙유비에 기초한 개신교 생태 신학적 전망에 주목하면서 또한 JPIC 이후 독일 개신교 평화생태신학의 길의 특징에 대해서 묘사한다. 이정배는 독일개신교의 평화생태신학이 가진 긍정적인 측면을 보면서도 이 신학은 성만찬의 우주 보편적 신비를 지향하는 담론이 되지 못한다는 점에서 한계를 가진다고 보고 있다. 그는 성만찬의 우주 보편적 신비는 다석에게서 비로소 드러난다고 본다. 이정배에 따르면 개신교 생태신학은 가톨릭에 비해 예언자적 에토스는 강하지만, 우주적 그리스도로 전개되지 못했다고 본다.[25] 이정배는 성만찬의 우주 보편적 신비를 다석의 대속(속죄, 贖罪) 개념에서 찾는다. 우리는 흔히 성만찬을 교회 안에서 주어지는 상징적 행위로 이해한다. 그리고 이를 단지 기독교 종교적 차원에서만 해석한다. 하지만 다석에게 있어 성만찬은 그 자체로 대속代贖이며 자속自贖의 행위가 된다. 이정배는 앞에서 위로부터의 성육신을 강조하는 서구 신학을 해체하는 '도구'를 다석의 얼 기독론 곧 아래로부터의 기독론에서 발견한 것과 마찬가지로, 생태신학적 전망 역시 다석의 얼 기독론에서 발견한다. 여기에서 이정배는 다석의 얼 나 체험을 한편으로는 성령 체험으로 다른 한편으로는 생명 체험으로 해석하고 있다.[26] 이러한 체험은 근대 이후의 기독

---

24 이러한 관점에 대한 대표적인 예는 떼이야르 샤르댕의 오메가 포인트로서의 우주적 그리스도론일 것이다. 이에 대해서는 다음을 참조. 서남동, 『전환시대의 신학』(서울: 한국신학연구소, 1986) 311-348. 로버트 패리시/이홍근 옮김, 『떼이야르 드 샤르댕의 신학사상』(서울: 분도출판사, 1983).

25 이정배, 『없이 계신 하느님, 덜 없는 인간』(2009), 277-278.

26 이러한 입장은 이신의 성령에 대한 강조점에도 나타난다. 그는 다음과 같이 말한다. "우리가 주목해야 할 일은 현대의 기성 교회의 영적인 고갈 상태, 이것이 과연 어디서 발생했느냐 하는 것이다. 원래 기독교는 동양적인 것으로서 영적인 것인데, 서구 사람들은 이것을

교 신학의 전통을 비판적으로 해체하는 동시에 생명의 신학을 열 수 있는 근원적 토대이다. 이 점에서 이정배의 다석 해석에 있어 성령 체험과 생명 체험은 얼 나 체험과 동근원성[27]을 갖는다.

서구 전통에서는 인간의 이성을 강조하며 자연 생태계 가운데 인간의 특수한 위치를 강조한다.[28] 마치 인간이 우주의 주인인 듯이 주변 자연을 마음대로 지배하고 다스린다. 근대에는 베이컨과 데카르트에 이르러 인간에 의한 자연과 동물의 죽임은 당연한 것으로 간주되기에 이른다. 이들은 신이 우리에게 일용할 양식을 준다는 사실을 인간 중심적으로 해석한다. 하지만 생태계 차원에서 볼 때, 혹은 생명 앞에서 경외의 시선으로 자연을 바라볼 때, 나의 생명과 우주안의 여러 생명체들은 나만을 위해 존재하는 것이 아니다. 생명체들이 음식물이 되어 말없이 나의 생명을 위해 희생하듯이, 나 또한 다른 생명을 위해 기여하도록 되어 있다. 이것을 자각하는 것이 중요하다. 인간은 이러한 사실을 자각하지 못하고, 자신만 영원히 살 것처럼 생각한다. 즉 인간은 자주 육체적 자아 즉 몸 나에 입각하여 먹고 사는데 집착한다. 그러나 우주 생명 가운데 생명의 목적과 섭리를 깨닫고 자신을 깨달을 수 있는 것이 인간의 일이기도 하다. 인간의 일이란 육체적 자아 즉 먹고 사는데 집착하는 '몸 나'에서 벗어나 진정한 자아 곧 '얼 나'로 거듭나는 것이다.

공연히 분석하고 공연히 논리적으로 캐려고 했기 때문에 하나님의 말씀과 기독교의 역동적인 특성을 다 놓쳐 버리고 말았던 것이다."(이신/이은선·이경 엮음, 『슐리얼리즘과 영靈의 신학』(서울: 동연, 2011), 248).

27 앞에서 다석의 종교적 체험의 회통(會通)에서 동일성의 차원을 비판적으로 언급한바 있는데, 동근원성이란 두 개의 동전이 똑같다는 의미에서의 동일성이 아니라, 근원적인 경험에 따라 볼 때 같은 근원에서 만날 수 있다는 차원의 동일성이다. 이에 대해서는 앞의 각주 22번을 참조.

28 하이데거가 비판적으로 고찰하고 있듯이 근대 이후 철학적 인간학에 대한 논의도 근대적 인간의 성취 가운데서 나타난 인간의 이성에 대한 강조 가운데서 나온 것이라고 볼 수 있다. 근대 이후 일본 사상가들이 자주 '대표적 일본인' 등에 대해서 말하는 것도 같은 맥락이라고 할 수 있다. 이는 서구 열강과 더불어 문명의 성취를 이루었다고 하는 자부심에서 나온 것이라 볼 수 있다.

다석은 이 체험 이후 일일 일식을 실천하면서 생명의 가치를 소중히 하고 생명 앞에서의 경외의 삶을 살고자 하였다. 이정배는 이러한 다석의 삶에서 동학의 이천식천以天食天과 기독교의 성만찬의 동근원성을 읽는다.[29] 밥을 먹고 생명을 유지하는 인간에게 있어서의 삶이란 누군가의 희생 곧 대속을 통해서 이루어지는 것이다. 십자가의 대속이란 생명의 차원에서 보면 역사적으로 존재했던 일회적인 삶이 아니다. 내가 생명의 순환 가운데서 살려는 의지 가운데 있는 살려는 의지임을 자각하고 십자가의 삶 곧 자기희생의 삶을 사는 것이 바로 대속의 삶이자 곧 역사적으로 예수가 살았던 삶의 정신(얼 나)을 이어가는 삶이다. 역사적 예수는 우리와 똑같은 육체적 생명 곧 '몸 나' 가운데 하나이다. 하지만 그가 그리스도가 되었다는 것은 '몸 나'에서 '얼 나'로 거듭났다는 것을 의미하고, 만약 우리 자신이 예수가 살았던 대속의 삶을 산다면, 우리 모두가 예수가 되는 것이다. 이것이 바로 예수를 모범으로 하여 예수를 스승으로 모시고 사는 살아감을 뜻한다. 예수와 나는 위계적으로 다른 차원의 사람이 아니며, 주인과 종의 관계도 아니다. 예수는 결코 '숭배'의 대상이 아니다. 예수를 유일한 대속자로 간주하여 숭배하는 것은 진정한 의미에서 기독교가 아니고, 스스로 대속의 삶을 살아냄으로써 자속自贖을 실천하는 것이 진정 예수를 모시고 사는 기독교인의 삶인 것이다. 이 점에서 기독교인이 된다는 것은 '예수 살기'에 다름 아니다.

정통 기독교나 그리스 이후의 서구 정신사에서는 언제나 인간을 중심에 놓고 사유한다. 이 전통에서는 그리고 신과 인간 세계 사이의 질적 차이를 전제로 하는 이원론적 세계를 바탕으로 사유가 전개된다. 서양의 전통적인 사유는 인과율, 동일률에 기초한 형식논리에 따라 진행된다고 해도 과언이 아니다. 이러한 사유는 서양 근대에 이르러 정점에 이르고, 인류에게 전대미문의 문명을 가져다주었다. 영국에서 시작된 산업혁명 이후 지구상의 많은 국가들이 이러한 발전 모델을 받아들여 자연을 지배하

---

29 이정배, 『없이 계신 하느님, 덜 없는 인간』 (2009), 163.

고 착취해 왔다. 서구인들은 인간의 이성적 능력을 강조하고, 발명하는 인간으로서의 신인류를 예찬하며, 지구 전체의 모든 것을 사고 팔 수 있는 시대로 바꾸어 놓았다.[30] 물론 서양문명이 부정적인 측면만을 가져다 준 것은 아니다. 서양 계몽주의 정신에서 나온 합리적 정신은 인류가 받아들여야 할 공통의 유산이다. 서양 근대 문명은 인간의 인권을 말하며, 새로운 차원으로 인간의 권리를 부각시켰다. 이성적 인간으로서의 인권을 논의하는 것이 여전이 우리에게 절실한 과제이다. 또한 신학에서도 맹목적 신앙에서 벗어나려면 합리적 사유로서의 신학(theo-logos)이 필요하다. 하지만 계몽주의 이성은 언제나 이성적 인간을 중심에 놓고 사유하여 '모든 사람은 양도 할 수 없는 권리를 가진다.'는 평등 선언에서 조차 여성과 흑인의 권리를 배제시켰다. 이 선언의 '모든 사람'에는 백인이외의 다른 사람이 포함되지 않았던 것이다. 이러한 시선이 근대 이후 한국 신학계의 시선으로 오롯이 자리 잡고 있다. 하지만 이러한 인식에 기초한 문명은 이제 더 이상 새로운 시대에 부응하기 어렵다. 지금 인류는 생명 혹은 생태계를 전면에 놓고 사유하는 새로운 '신인류'의 탄생을 간절히 기원한다. 다석의 얼 나 체험은 새로운 생명 시대에 부응하는 인간의 모습 곧 인간의 추구해야 할 모습이라고 할 수 있을 것이다. 이정배는 이러한 다석의 신학에서 토발土發적 신학[31]으로서의 생명 신학 및 지구촌 신학의 가능성을 본다.[32] 개별성과 보편성의 상보적으로 매개되는 지점은 바로 여기에서 라

---

30 마이클 샌델은 이러한 현대의 시장사회의 문제를 불평등과 부패로 나누어 고찰하고 있다. 오늘날 돈으로 더 이상 사고팔아서는 안 되는 것에는 무엇이 있는지 진지하게 논의해야 한다고 강조한다. 다음의 책을 참조. 마이클 샌델/안기순 옮김, 『돈으로 살 수 없는 것들-무엇이 가치를 결정하는가-』(서울: 와이즈베리, 2012).

31 이정배는 토발적 신학과 토착화신학을 구분한다. 토발적 신학은 밖으로부터의 자극을 통해 자생적 토양에서 그것을 능가하는 보편적 담론이 나오는 신학을 뜻하며, 토착화신학은 서구 사조 자체를 완제품으로 여겨 우리 토양에 맞게 뿌리내리기를 일컫는다고 한다. 전자는 안으로부터의 힘과 외부로의 부터의 자극이 이루어져 생명이 탄생하는 줄탁동시(啐啄同時)를 연상시킨다. 이정배, 『없이 계신 하느님, 덜 없는 인간』(2009), 158.

32 이한영은 이정배의 신학을 한국적 생명신학과 수행적 지구촌 신학으로 요약하고 있다. 그는 이 점에서 이정배의 신학을 윤성범과 변선환의 토착화신학적 전통을 계승하면서 새

고 할 수 있을 것이다. 개별자의 체험을 떠난 추상적 보편성이 아니고, 개별적 체험에서만 머무는 독아론적 관점에서도 벗어나 개체성과 보편성을 살릴 수 있는 구체적 보편성의 영역이 확보되는 것은 바로 이러한 얼 나 체험과 우주적 생명체험의 통합적 시각에서라고 할 수 있다.

VI. 신학의 해체, 종교 간의 대화 그리고 생명의 길

지금까지 살펴보았듯이, 이정배는 다석을 세 가지 관점에서 해석하고 있다. 한편으로 그는 기존의 신학과 구별되는 독특한 토발적 신학으로서 다석을 바라보고, 이에 입각하여 다시 전통 신학을 비판적으로 해체하는 방향에서 다석을 이해하고, 또 다른 한편으로는 종교 다원주의 혹은 종교 일원주의 입장에서 다석의 기독교 이해를 유불선 및 한국의 삼재 사상을 아우르는 회통會通적 종교 경험으로 해석하고 있다. 아울러 그는 다석의 신학을 생태신학적 전망 가운데서 해석하고 있다. 이를 도표화 하면 다음 과 같다.

종교	기독교	다석의 기독교	타종교(유불선 및 동학과 삼재사상)	생명 신학적 차원
나(我)의 자각	성령 체험	얼 나(성령=생명)의 자각	구원, 수신(修身), 깨달음	생태학적 자아
수행적 실천	십자가의 삶	(⇐ ① 전통 기독교 신학을 비판적으로 해체하는 방향) 단식(斷食), 단색(斷色)의 삶	종교 간의 대화 (② 타종교와의 접점을 찾는 대화의 방향 ⇒)	이천식천(以天食天)으로서의 성찬의 삶 ③ 보편적 생태학적 얼 나(생명)로 해석하는 방향)

로운 시대에 응답하고자 하는 시도로 본다. 변선환 아키브, 동서신학연구소 편, 『제3세대 토착화신학』 (서울: 모시는 사람들, 2010), 257.

위 표에서 알 수 있듯이 이정배의 다석 해석에는 다석의 얼 나 체험이 그 중심에 있음을 알 수 있다. 이정배의 다석 이해는 이를 바탕으로 기독교를 비판적으로 해체하는 ①의 방향과 타종교와의 동근원적 관계를 설정하는 종교 일원주의적 해석으로 나가는 방향인, ②의 방향 그리고 이와 더불어 생태신학적 차원으로 해석하는 ③의 방향 위에서 전개되고 있다. 이정배의 다석 이해에 있어 다석의 얼 나 체험은 니체의 가치전복Umwertung 선언과 같이 기존의 위에서부터 오는 가치를 전복하고 아래로부터의 가치를 회복할 수 있는 핵심 체험(개념)으로 기능한다고 할 수 있다. 그는 다석의 얼나에서 성/속의 이분법을 해체하는 개념으로 기능하며, 동시에 동양과 서양의 구분을 넘어서고, 과거와 현재의 이분법을 넘어 설 수 있게 하는 경험의 가능성을 읽는다. 얼 나 체험은 또한 신학의 미래와의 관계 설정에 있어 중요한 고리 역할을 한다. 마치 하이데거가 현존재의 실존을 매개로 서구 존재론의 역사를 해체하면서 새로운 존재의 역사를 조망 (Ueber-blick, 眺望)하듯이, 이정배는 다석의 얼 나 개념을 통해 미래의 성령(=생명)의 역사를 조망한다. 따라서 이정배의 다석 이해의 틀인 얼 나 체험은 전통신학의 해체, 종교 간의 대화 그리고 생명신학의 미래와 서로 떼어서 생각할 수 없는 유기적인 관계를 가지는 핵심 개념이라고 할 수 있다.

VII. 나가는 말

미학자 아서 단토는『예술의 종말, 그 이후』라는 책에서 팝아트의 등장과 앤디 워홀의 '브릴로의 상자' 전시를 보면서, 화랑의 등장과 더불어 지속되어 왔던 예술이 이제 더 이상 존재하지 않는다고 선언했다. 예술의 종말을 선언한 것이다. 그는 '브릴로의 상자'에서 일상과 예술 사이의 경계가 소멸 했다고 본 것이다. 그에 따라서 그는 이제 더 이상 예술, 예술가,

예술작품이 존재하지 않고 해체되었다고 선언하였다.33 단토가 이렇게 말할 수 있었던 철학적 배경에는 헤겔의 역사철학이 자리 잡고 있다. 헤겔은 그의『역사철학』에서 독일 게르만족에게서 인류의 역사는 완성된다고 보았다. 그가 이렇게 볼 수 있었던 것은 역사를 자유 확대의 역사로 보았기 때문이었다. 그는 역사가 중국에서 시작하여 독일 게르만족에게서 완성된다고 보았다.34 단토는 헤겔의 이 역사 개념을 예술사의 관점에 적용하여 전통적인 예술을 해체하고자 했다. 이를 통해 그때까지의 서구의 지배적인 예술론에 종지부를 찍고, 전혀 다른 새로운 예술이 등장했음을 선언한 것이다. 단토의 해체 선언 안에 담긴 주요 골자는 이원론의 해체이다. 즉 진짜/가짜, 예술/예술 아닌 것의 경계의 해체이다. 단토는 당시 팝아트의 등장과 '브릴로의 상자'를 보면서 새로운 차원에 접어든 예술을 이해하게 된 것이다.

단토가 팝 아트의 등장과 브릴로의 상자의 전시에서 지나간 시대의 예술을 해체하고, 새로운 시대의 예술을 보는 중요한 토대를 보았고, 헤겔이 자유 사건에서 역사를 새롭게 볼 수 있는 토대를 발견했다고 한다면, 이정배는 다석의 얼 나 체험에서 지금까지의 신학의 역사를 비판적으로 해체하고 새로운 신학 이야기를 쓰는 토대를 발견한다. 이정배는 다석을 해석하면서 서구 신학사조의 종말을 읽는다. 그는 서구 신학의 역사에서 지배적이었던 유일신론, 이원론, 실체론적 사고, 생명이 아닌 죽음의 신학이라고 하는 근대 이후 지배적인 신학을 해체한다. 다시 말해 김동리의『무녀도』에 나오는 무녀의 아들이 가지고 있던 신학적 세계관을 해체한다. 그는 타종교에 대해 배타적이던 기존의 서구 기독교 문법을 해체하면서, 이와 동시에 죽음의 문화로 대변되는 신학의 종말을 선언한다. 그가 이렇게 전통신학의 해체를 선언하고 새로운 시대에서의 수행적 종교의 가능

---

33 이에 대해서는 다음의 책을 참조. 아서 단토/이성훈, 김광우 옮김,『예술의 종말 이후』(서울: 미술문화, 2010).

34 Hegel. G. W. F., *Vorlesungen ueber die Philosophie der Geschichte*, Werke12, (Frankfurt am Main, 1986), 11-141. 참조.

성을 본 것은 다석의 '얼 나' 개념에 대한 독창적인 해석을 통해서이다. 그는 이 '얼 나' 개념을 매개로 기존의 한국의 토착 종교인 유교와 불교는 물론 동학사상이 대화(會通)할 수 있는 가능성과 새로운 생명신학의 가능성을 발견한다.

　이정배의 다석 이해에서 드러나는 신학적 사유의 길에는 이렇게 가치 전복과 해체라고 하는 과제와 더불어 신학 부재의 시대에 증인으로서의 고민과 사유가 담겨 있다. 그의 이러한 신학적 사유의 길에는 서구 학문의 전제인 동일률의 해체, 그리고 동일성에 대한 새로운 이해와 해석이 있고, 선입관이 배제된 해석이 아니라, 선입관을 정당화하는 하이데거, 가다머로 이어지는 해석학적 관점이 깔려 있다.[35] 또한 그의 이러한 시선에는 케리그마kerygma를 중심으로 한 기독론christology 중심의 신학으로부터의 초점 이동이 있는데, 이는 그가 비非케리그마화를 이야기 한 프리츠 부리 Fritz Buri의 신학적 입장에 서서 사유한 결과라고 할 수 있을 것이다. 하이데거가 횔더린의 시에서 궁핍한 시대의 시인을 읽은 것처럼, 이정배는 다석 사상의 신학적 독해를 통해 '한국적 신학' 부재의 시대에 새로운 신학의 가능성을 읽고 있다. 그는 다석의 시선視線을 통해 서구의 일방적 시선과 마주하고 있으며, 대화적 이성을 매개로 앞으로 있어야 할 당위로서의 새로운 생명신학을 증언하고 있다.

---

35 오정숙의 논문은 이러한 해석학적 관점을 잘 소개하고 있다. 오정숙,『다석 유영모의 한국적 기독교』(서울: 미스바, 2005).

참고문헌

김우창,『궁핍한 시대의 시인』, 민음사, 1977.

김흥호/이정배 편,『다석 유영모의 동양사상과 신학- 동양적 기독교 이해』, 솔출판사 2002.

로버트 패리시,『떼이야르 드 샤르댕의 신학사상』, 이홍근 옮김, 분도출판사, 1983.

마이클 샌델,『돈으로 살 수 없는 것들-무엇이 가치를 결정하는가-』안기순 옮김, 와이즈베리, 2012.

변선환 아키브, 동서신학연구소 편,『제3세대 토착화신학』, 모시는 사람들, 2010.

백민정,『정약용의 철학 ─ 주희와 마테오리치를 넘어 새로운 체계로』, 이학사, 2008.

서남동,『전환시대의 신학』, 한국신학연구소, 1986.

아서 단토,『예술의 종말 이후』, 이성훈, 김광우 옮김, 미술문화, 2010.

오정숙 저,『다석 유영모의 한국적 기독교』, 2005.

이부영,『노자와 융-「도덕경」의 분석심리학적 해석』, 한길사, 2013.

_____,『분석심리학 이야기』, 집문당, 2014.

이신,『슐리얼리즘과 영(靈)의 신학』, 이은선, 이경 엮음, 동연, 2011.

이정배,『없이 계신 하느님, 덜 없는 인간-다석 신학의 얼과 틀 그리고 쓰임』, 모시는 사람들, 2009.

이정배 편저,『창조신앙과 생태학』, 설우사, 1987.

윤성범,『윤성범 전집3-효와 종교』, 감신, 1998.

한병철,『피로사회』, 문학과지성사, 2012.

河合集雄,『生と死の接點』, 岩波書店, 1996.

久松眞一,『無神論』, 法藏館, 1981.

森 三樹三郎,『老子/莊子』, 講談社, 2006.

立川武藏,『空の思想史-原始佛敎から 日本近代へ-』, 講談社, 2006.

Arendt, Hannah, *Vita activa oder Vom taetigen Leben*, Muenchen, 1996.

Heidegger, Martin, *Vortraege und Aufsaetze*, Stuttgart, 2000.

Hegel. G. W. F., *Vorlesungen ueber die Philosophie der Geschichte*, Werke12, Frankfurt am Main, 1986.

Kolakowski, Leszek, *Falls es keinen Gott gibt*, Muenchen, 1982.

Luehrmann, Dieter, *Glauben im Fruehen Christentum, Guetersloh*, 1976.

Marti, Kurt, *Schoepfungsglaube−die Oekologie Gottes*, Suttgart, 1983.

Luehrmann, Dieter, *Glauben im Fruehen Christentum*, Guetersloh, 1976.

Strolz, Walter, (Hg.), *Sein und Nichts in der Abendlaendischen Mysik*, Freiburg, 1984.

Schleiermacher, F. D. E., Manfred, Frank(hg.), *Hermeneutik und Kritik*, Frankfurt am
    Main, 1977.

3 부

수행론과 구원론

이정배 대화신학의 변화
: 교리에서 수행과 실천으로

(새길기독사회문화원 원장)

여는 말: 변화 속의 신학

이정배 교수의 신학은 내가 신학생 시절부터 책을 통해 잘 알고 있었지만, 그를 처음 직접 만난 것은 2002년 가을 새길기독사회문화원 신학강좌에서였다. 첫 강의 때 그가 들려준 베르톨트 브레히트의 〈코이너씨 이야기〉가 인상 깊게 오래 남는다. 오랜만에 거리에서 코이너를 만난 어떤 이가 "하나도 안 변하셨군요"라고 의례적 인사말을 하자 그의 얼굴이 창백해지면서 "이런!" 탄식했다는 이야기다. 변화하지 않는 것은 미덕이 아니라 수치라는 뜻이다. 산다는 것은 변화하는 것이다. 살아 있는 모든 것은 변화한다. 학문도 마찬가지다. 오직 죽은 자의 학문만이 변화하지 않는다. 환갑을 맞은 이정배 교수의 신학은 여전히 변화 속에 있다. 환갑은 끝에 이르는 것이 아니라 처음(甲)으로 돌아가는(還) 것이다. 다시 새로 시작하는 것이다. 이 글은 이웃종교에 대한 이정배 교수의 신학이 이웃종교인과의 만남과 대화를 통해 어떻게 변화해 왔는지를 살펴보고자 한다.

'선한 벗들'과의 만남

종교는 대화하지 않는다. 종교인이 대화한다. 이정배 교수는 대화문화
아카데미, 씨튼연구원, 종교인평화회의 등의 종교인 대화 모임들에 그리
스도인 신학자로서 오랫동안 참여해왔다. 그의 종교신학은 추상적 관념
과 이론의 산물이 아니라 이웃종교인과의 구체적이고 직접적이고 지속적
인 관계의 열매라는 점에서 '대화신학'이라고 할 수 있다. 자신의 긴 대화
신학 여정을 돌아보며 이정배 교수는 "종교간 대화란 이론이 아니라 살아
숨 쉬는 사람을 만나는 일에서 시작해야 한다"[1]는 사실을 깨달았다고 고
백한다. 그것은 '종교적 타자'가 '종교적 이웃'이자 '종교적 친구'로 변화되
는 경험이었다.

> [우리는] 같이 음식을 나누었고 함께 여행하였으며, 같은 방에서 밤을 지새
> 웠고 자기 종교내의 아픈 상처도 끄집어내어 동병상련하였고, 서로 다른 종
> 교 의식에 참여하며 그들의 종교성을 체험하는 긴 과정을 통하여 우리는
> 먼저 인간적으로 가까워졌고 정이 들었다. 잦은 만남은 아니었으나 만날 때
> 마다 느끼는 바는 서로 다른 옷을 입었으되 평범한 친구요, 결국 같은 곳을
> 바라보며 살아가는 동료라는 것이었다.[2]

이정배 교수는 "서로를 배려할 줄 알며 자신보다 남을 낮게 여기며 자
신의 종교를 겸손하게 말하는 선한 벗들"을 만날 수 있었던 것을 "은총"이
라고 말한다.[3] 왜 은총인가? 그 만남에서 벗들의 종교를 알고 싶은 마음이
생기고, 동시에 자신의 종교도 새롭게 볼 수 있는 눈을 얻게 되기 때문이다.

---

1 이정배, "종교간 대화를 위한 자기발견적 해석학," 김승혜 외, 『불교와 그리스도교의 수행』
  (서울: 바오로딸, 2005), 236.
2 Ibid.
3 Ibid.

삶과 생각을 나눈 시간이 길어지다 보니, 진심으로 상대방의 종교에 대해 관심이 생겨났다. 함께 웃고 느낄 수 있을 만큼 한국인의 정서를 공유하고 있는 선한 벗들의 삶을 송두리째 사로잡은 그들 종교에 대해 알고 싶은 충동이 마음 깊은 곳에서 일어났다. 지금까지는 내 입장에서 이웃종교를 바라보기만 했지만 상대방의 시각에서 내 종교, 나의 신앙이 어떻게 보일까를 생각하며 오히려 그들 신앙 속으로 나 자신을 던져보고 싶은 충동을 느낀 적이 있을 정도였다.[4]

참된 우애는 상호이해와 변화를 가져온다. 종교적 타자였던 이들과 친구가 되면서, 전에는 알지도 못했고 관심도 없었던 그들의 신앙을 알고 싶은 욕구가 생긴다. 그리고 너무 익숙해서 더 이상 탐구할 게 없을 것만 같았던 자신의 신앙을 친구의 눈으로 새롭게 보게 된다. 칼 융은 "두 인격체가 만나는 것은 두 다른 화학물질이 접촉하는 것과 같다. 어떤 반응이 일어나면 둘 다 변화한다"고 했다. 서로에게 끌려 친구가 되게 하고, 친구와 자신의 신앙을 더 깊고 새롭게 이해하고 싶게 하는 충동이 바로 은총이다.

은총은 예상하거나 계획할 수 있는 것이 아니다. 은총은 예기하지 않은 데서 충동적으로 온다. 선한 종교적 벗들의 대화에서 각자의 선험적 의도나 목적보다 공동으로 경험하는 '과정'이 더 중요한 이유가 여기에 있다. 그래서 이정배 교수는 라이문도 파니카의 '대화적 대화' 개념을 수용하면서 "자기 종교의 인식 틀(진리관)을 선험적으로 전제하기보다는 그것마저도 대화적 과정 속에 맡기는 것이 '대화'의 본질에 충실한 것"[5]이라고 주장한다. 자신의 진리관에 집착하지 않고 대화의 과정에 자신을 내맡길 때, 대화는 예상하지도 계획하지도 않았던 새로운 깨달음의 세계로 선한 벗들을 데려간다.

---

4 Ibid.
5 이정배, "지구화 시대에서의 종교간 대화, 그 현실과 과제," 대화문화아카데미, 『대화문화아카데미와 종교 간의 대화 40년: 오래된 새길을 찾아서』(2005), 106.

차이, 대화의 디딤돌

시몬느 베이유는 "두 친구는 하나가 되는 데 찬성한 것이 아니라 둘이 되는 데 찬성한 것"[6]이라고 한다. 친구가 된다는 것은 서로 같아지는 것이 아니라 서로의 다름을 편안히 받아들이는 것이다. 대화의 은총이 선한 벗들에게 주는 선물은 차이가 사라진 '일치'가 아니라 차이를 통해 깊어지는 '이해'다.

차이는 두려움을 초래할 수도 있고 호기심을 불러일으킬 수도 있다. 두려움에 압도되면 배타적이게 되고 호기심에 매료되면 대화적이게 된다. 불자, 무슬림, 유대인, 힌두가 그리스도인인 나와 생각하고 믿고 사는 방식이 똑같다면 그들을 알고 싶고, 그들과 가까워지고 싶은 우애의 충동이 생기게 될까? 차이는 대화의 걸림돌이 아니라 디딤돌이다. 인간은 대화를 통해 변화하고 성숙한다. 따라서 그리스도교적 언어로 표현한다면 종교적 다양성과 차이는 지양해야 할 장애가 아니라 지향해야 할 하느님의 은총이며 선물이다.

이정배 교수도 종교들의 유사성이나 동일성보다 차이를 더 강조한다. 그가 서구의 일원론적 다원주의 신학자들에 대해 다소 비판적인 것도 그들이 종교들의 차이를 충분히 인식하고 존중하지 않는다고 보기 때문이다. 물론 그는 서구 그리스도교가 '차이'를 이유로 종교적 타자를 '차별'하고 배타해온 것을 더 강하게 비판한다.[7] 그는 동일성을 너무 강조하느라 차이를 존중하지 않는 태도와 차이를 너무 강조하느라 차별에 빠지는 태도 양자를 모두 비판하면서 차이의 존중을 역설한다. 중요한 것은 이 차이가 대화를 방해하는 게 아니라 오히려 촉진한다는 것이다. 이정배 교수는 "차이란 끊임없이 묻고 이해되는 다름"이며, 그 "차이 때문에 대화가 필요한 것"이라고 한다."[8]

---

6 Simone Weil, *Waiting for God* (New York: Capricorn Books, 1959), 205.
7 "종교간 대화를 위한 자기발견적 해석학," 239.
8 Ibid., 244.

그런데 서로의 차이를 존중하더라도 그 차이가 어떤 것인지 분명히 알지 못하면 서로에 대한 이해 대신 오해만 깊어질 수도 있다. 그래서 레너드 스위들러는 〈대화의 십계〉에서 "대화 참가자는 자신에 대해서 분명히 밝힐 수 있어야만 한다"고 주장한다. 참된 이해를 위해서는 대화에 참여하는 종교인들은 먼저 자신의 신앙에 대해 정확히 이해하고 표현해야 할 과제가 있다는 것이다. 이정배 교수도 자신의 그리스도교 신앙에 대한 "이해의 틀"이 넓어지면서부터 이웃종교인에 대한 관심과 이해가 생겨났다고 한다.9 좋은 그리스도인이 좋은 대화자가 될 수 있는 것이다.

교리, 달을 가리키는 손가락

종교간 대화는 크게 지적 대화, 영적 대화, 윤리적 대화 세 영역에서 이루어진다. 그 가운데 종교인들이 서로의 차이를 가장 분명하게 발견하는 영역은 지적 대화다. 특히 종교들의 가르침을 설명하는 '교리'를 중심으로 하는 대화는 종교들의 유사성보다 차이를 더 드러낸다. 이정배 교수는 동양종교, 특히 불교 지식인들과 대화하면서 발견한 교리적 차이를 크게 세 가지로 요약한다. 첫째, "세계 창조 문제와 결부된 신의 인격성과 비인격성 문제," 둘째, "예수 그리스도의 중보 개념과 관계되는 신과 인간 간의 가역성과 불가역성의 물음," 셋째, "세계 내 악의 인식에 대한 질문"이다.10 이는 철저한 윤리적 유일 인격신론과 그리스도 중심주의를 특징으로 하는 그리스도교가 이웃종교를 만날 때 필연적으로 마주치게 되는 문제와 물음들이다.

교리적 차이의 내용은 이 글의 목적이 아니므로 여기에서 상술하지 않겠다. 중요한 것은 '대화적 대화'가 되기 위해서는 그런 교리적 차이를 존

---

9 종교인대화모임, 『세상에서 가장 아름다운 대화』(서울: 운주사, 2010), 221.
10 Ibid., 240-243.

중하고 명확히 이해해야 한다는 것이다. 선한 종교적 벗들이 대화할 때 경계하며 피해야 할 것은 벗의 고유한 신앙을 있는 그대로 이해하지 않고 자신의 관점으로 이해하는 것이다. 그것은 그리스도인들에게서 더 쉽게 발견되는 문제다. 그리스도인들은 이웃종교를 '그리스도교화'하는 경향이 강하다. 이정배 교수는 다원주의 그리스도교 신학자들이 이웃종교를 '신학'의 이름으로 '타자화'하고 남의 것을 '자기화'한다는 종교학자들의 비판을 진지하게 받아들이면서, "상대방의 종교를 있는 그대로 바라보는 것이 [대화의] 선결과제"[11]임을 분명히 한다.

그렇다고 해서 이정배 교수가 보편의 가치를 부정하는 것은 아니다. 차이와 특수를 존중하는 보편주의자인 그는 "세계시민적 의식을 가지고 인류 공동의 정체성의 근거를 찾으려는 노력"[12]이 필요하다는 것을 힘주어 말한다. 그가 생각하는 종교간 대화의 목적도 "지구에 근거된 영성, 곧 전 지구를 총체적 관점에서 염려하는 마음에 기초한 지구신학"을 형성하는 것이다.[13] 그는 보편과 차이의 관계를 대립으로 이해하지 않는다. 그가 추구하는 보편적 지구신학은 차이의 부정을 통해서가 아니라 차이의 '화학적' 반응을 통해서 생성된다.

> 보편성이 개개 종교의 고유한 특성 안에 존재하는 것이기에 종교 간의 대화란 단순히 보편성의 영역을 강화시키는 것만이 아니라 서로의 차이에 대한 깊은 배려에도 목적이 있는 것은 아닐까? … 보편성이라는 것은 개개 종교 내에 자리하고 있는 특정 영역이 아니라 서로의 차이(다름)로 인해 교정되고 수정되며 보완되는 지속적 과정으로 존재한다."[14]

---

11 "지구화 시대에서의 종교간 대화, 그 현실과 과제," 112.
12 이정배, "다원종교세계의 평화과제," 『기독교사상』388 (1991. 04): 69.
13 Ibid. 74. 이정배 교수는 지구화를 "인간 정신이 빚어낸 진화의 꽃"이라고 본다. 하지만 서구의 정치적, 경제적, 문화적, 종교적 제국주의에 지배되는 지구화에는 반대한다. 대신 그는 "대안적 지구화"를 추구한다. 이정배, 『토착화와 세계화』(2007), 134 참조.
14 종교인대화모임, 『세상에서 가장 아름다운 대화』(2010), 221.

이처럼 보편성이 "지속적 과정"이라면, 대화의 처음부터 보편성을 계획하고 목표해서는 안 된다. 보편성은 차이가 대화의 과정에서 이해되고 변화되고 조화될 때 비로소 생겨나는 것이다. 그는 씨튼연구원의 종교인 대화모임에서 다음과 같이 이야기한다. "저도 마지막 순간에 가서는 하나라는 결론에 동의합니다. 하지만 일단 대화를 시작하는 출발 단계에 있어서는 타자성을 철저하게 인정해주는 것이 좋지 않겠는가라는 생각을 갖고 있습니다."15

교리는 종교 창시자들의 인격과 사역과 가르침을 잘 설명하고 조명해주는 수단이라는 점에서 중요하고, 대화에 참여하는 이들은 교리의 차이를 통해 많은 것을 배울 수 있다. 하지만 교리의 차이를 확인하는 데서 대화가 멈춘다면 이정배 교수가 대화적 대화를 통해 추구하는 '지구신학'은 생겨날 수 없을 것이다. 불교의 은유를 빌려 말하면, 교리는 "달을 가리키는 손가락"일 뿐이다. 손가락의 모양새가 다르다는 데 너무 집착하면 달을 볼 수 없다.

침묵의 대화

이정배 교수는 오늘의 시대는 "영성의 시대"이며, "차축시대 이후 각기 다르게 발전된 종교들이 상호 수렴하고 있으며 교리가 아니라 실천과 수행이 종교의 중심이 되고 있다"고 주장한다. 하지만 그는 유대교, 그리스도교, 이슬람과 같은 유일신 종교들이 신관에 따른 배타성 때문에 이러한 변화의 "걸림돌"이 되어 있다고 지적한다.16 역사적으로도 영적 수행은 그리스도교의 취약한 영역이 되어 버렸다. 특히 개신교는 가톨릭과 결별하면서 수도원 전통까지 버림으로써 수도적 영성의 빈곤을 노정해왔다.

---

15 Ibid., 36-37.
16 이정배, 『토착화와 세계화』(2007), 137.

그런 개신교 전통에 속하는 이정배 교수는 이웃종교인과의 대화를 통해 "제도적, 교리적 가르침을 강조하며 성직자 중심의 은총을 말하는 그리스도교의 현실, 그로 인한 개인의 수행 능력의 퇴화 현상을 직시"하게 되었다.[17] 씨튼연구원 대화 모임에서도 그는 그리스도교가 "수신修身에 관한 내용들이 약하다는 점"을 인정한다.[18] 그런데, 이정배 교수가 말하는 그 약함 때문에 영적 대화에서 그리스도인들이 배울 게 더 많게 된다.

종교인들은 대화의 세 영역 가운데 영적 대화에서 다름보다 같음을 더 많이 경험한다. 각 종교 전통의 수행자들은 가장 보편적 언어인 '침묵'을 공통적으로 사용하기 때문이다. 그들은 말없이도 서로의 중심을 알아든는다. 그들의 대화는 언어의 길이 끊어진 곳에서 시작한다. 그런 언어 너머의 영적 대화를 통해서 그리스도인들은 자신의 종교 전통에서 상실되었거나 약화된 수행 전통을 회복할 수 있다. '침묵의 소리'를 다시 들을 수 있는 귀와 가슴을 되찾게 되는 것이다.

그런데 영적 대화는 수도원 울타리 안의 정적과 평화 속에서만 이루어지는 경향이 있다. 수행자의 내적 세계에 대한 관심과 외적 세계에 대한 관심이 반비례할 때가 많기 때문이다. 그럴 때 영적 대화는 '세상을 버린 이들'의 몰역사적 대화가 되기 십상이다. 그 점에서 영적 대화에 대한 이정배 교수의 관점은 특별한 의미를 갖는다. 그는 영성을 신자유주의적 지구화에 대한 저항으로 보기 때문이다. 그는 우선 "지구적 의식을 결여한 지구화는 평등은 없고 자유만 있는 악마적인 것"이라고 경고한다.[19] 그런 악마적 지구화의 현실에서 "종교간 대화는 서구가 만든 거짓된 지구화 담론의 실상을 파헤치고 자신의 근원으로 돌아가 창시자의 영성(종교성), 곧

---

17 "종교간 대화를 위한 자기발견적 해석학," 237. 그런 퇴화 현상의 원인을 이정배 교수는 다음과 같이 제시한다. "현상계와 천상계의 이원적 단절 속에서 인간은 오로지 하느님으로부터 오는 은총에 의거하여 자신의 상황을 타파할 수 있다는 것이 개신교 신학의 요체이다. 다시 말해 아래에서 위로 이르는 아리스토텔레스의 유기체적 세계관이 전무하여 개신교에서는 가톨릭에서 볼 수 있는 수행 전통이 부재하게 되었다는 사실이다." 같은 책.
18 종교인대화모임, 『세상에서 가장 아름다운 대화』, 329.
19 "지구화 시대에서의 종교간 대화, 그 현실과 과제," 120.

초월적 차원의 신비적 원축Arche을 상호 침투시키는 영성의 대화로 진입해야 한다."[20]

한 가지 흥미로운 사실은 이정배 교수가 동양종교와의 영적 대화를 지구화에 대한 저항의 중요한 길로 삼는다는 것이다. 그가 사회적, 정치적 차원이 약하다고 비판 받는 동양 종교의 영성에서 오히려 저항성을 발견하는 까닭은 무엇일까? 그것은 동양종교의 연기적, 관계적 세계관 때문이다. 그는 "지구화 이념을 부추긴 서구 유일신 종교와 달리 수기修己를 토대로 전 인류의 형제 자매됨, 다시 말해 진실한 지구적 의식을 강조한 아시아 종교들을 재발견하는 일은 대안적 세계화를 위해 무엇보다 중요하다"[21]고 주장한다. 동양 영성의 저항성에 대한 그의 이런 인식은 '물질개벽'과 '정신개벽'의 병진을 추구한 한국 근현대 종교 전통의 정신을 계승하고 있는 것으로 보인다.

조금 다르면서도 연결되는 맥락에서 이정배 교수는 '저항을 위한 고독의 영성'을 강조한다. "고독하지 않으면 저항도 없는 법이다. 자신의 내면을 정직하게 성찰치 못했기에 거짓된 사회와 국가 체제를 제도로 보지 못하는 법이다. 그리스도교가 저항의 영성을 잃었고 개신교가 프로테스탄트답지 못한 것 역시도 고독의 부재 탓이다."[22] 그리스도인들이 고독의 영성을 회복하려면 교리보다 수행에 더 집중해온 동양종교의 영성과 대화하며 배워야 한다. 이정배 교수는 더 나아가, 그리스도인이 환상, 곧 하느님 나라 비전을 볼 수 있으려면, 주체적 "자기발견의 눈"과 "영성의 보고寶庫"인 아시아에서 "진리 찾기"를 해야 한다고 주장한다.[23] 심지어 그는 그리스도교 영성이 고통의 지구화 시대에 응답하기 위한 보편성을 획득하려

---

20 여기에서 그가 말하는 영성의 대화란 "함께 경전을 읽고 이웃 종교 의례에 참여하며 벌거벗은 인간으로 만나 개체 종교의 깊은 영성에 이를 수 있는 실천적 대화"다. Ibid. 121.
21 이정배, 『토착화와 세계화』(2007), 140.
22 이정배, "탈세속화 시대 속의 영성신학과 목회: 종교의 붕괴와 영성의 귀환," 성공회대학교 신학연구원, 『2014년 대한성공회 전국성직자 신학연수 자료집』, 14.
23 Ibid. 15.

면 이웃종교와 "혼종"되어야 한다고까지 이야기한다.[24]

이정배 교수는 영적 대화의 중요성을 이론적으로만 강조하는 것을 넘어 스스로 영적 수행을 하고 싶어 하는 바람을 가지고 있다. 그가 한 때 이른 은퇴를 생각했던 것도 "기도와 독서 그리고 노동이 있는 수도원 같은 공간"을 만들고 싶어서였다. 그는 그것이 "수행자 개념이 부족한 개신교의 앞날을 위해" 필요한 일이라고 믿는다.[25] 또한 이정배 교수는 오늘의 그리스도교 영성이 지녀야 할 세 가치를 고독, 저항, 상상(환상)이라고 한다.[26] 그런 영적 가치를 실현하기 위해서라도 이웃종교인과의 영적 대화가 절실하게 필요하다.

'거리의 신학자'

이정배 교수의 대화신학은 교리 → 수행 → 실천으로 순차적으로 변화해오면서 형성된 것이 아니라 대화의 세 차원을 통전적으로 경험하면서 심화된 것이다. 특히, 바로 앞에서 살펴보았듯이, 그는 지구화 시대에 필요한 영적 수행과 사회적 실천을 분리하지 않는다. 고통의 지구화 흐름을 거스르는 한, 영성은 저항적일 수 있고 저항은 영성적일 수 있는 것이다.

이러한 수행과 실천의 통일은 종교간 대화의 사회적 차원을 조명해 준다. 이정배 교수는 복음서의 '선한 사마리아인' 이야기에 기대어 이웃종교인을 '선한 벗'이라고 부른다. "선한 사마리아인의 성서 본문을 읽어가노라면 여기에는 어떤 신조나 교리, 또는 믿음 체계가 언급되어 있지 않다. 강도 만난 이웃에게 선한 벗이 되어주는 것 그 자체가 영원히 사는 길이며

---

24 Ibid. 13.

25 이정배, "'예언'과'환상'을 빼앗긴 기독교: 종교혼합주의를 염려하는 김균진 교수의 글을 읽고," 「기독교사상」668 (2014.08): 156-157.

26 이정배, "하느님을 사랑하는 자, 너는 무엇을 사랑하는가?," 이은선 . 이정배, 『묻는다, 이것이 공동체인가』 (서울: 동연, 2014), 90.

거듭난 인생의 징표가 됨을 가르칠 뿐이다."[27] 그의 말처럼 종교적 영생과 구원의 길이 이 시대 강도 만난 이웃의 곁에 다가가 선한 벗이 되어 주는 것이라면, 종교인들의 만남과 대화가 이루어져야 하는 곳은 사회적 고통의 현장이다.

이 글을 시작하면서 나는 '변화'의 덕목을 이야기했다. 이정배 교수는 어떻게 변화해왔을까? 십 수 년 전에 그를 처음 만난 나의 경험에 비추어 본다면, 그 동안 그의 가장 큰 변화는 그가 신학하는 '장소'가 달라진 데 있다. 오늘 나는 그를 강의실이나 예배당에서보다 '거리'에서 더 자주 만난다. 지난 해 세월호 참사 유가족과 함께 한 어느 기도회에서 설교를 맡은 그는 '거리의 신학자'라는 애칭을 얻었다. 대학과 교회만이 아니라 거리에서도 강의하고 설교하고 기도하고 행동하며 살고 있는 그에게 잘 어울리는 호칭이다. 그 호칭은 신학의 의미를 새롭게 조명해 준다. 거리가 상징하는 사회적 고통의 현장은 신학의 외부와 주변이 아니라 내부이며 중심이다. 엘리 위젤의 말처럼 "고통 받는 이들이 있는 곳이 우주의 중심"이기 때문이다.

신학은 '시대의 징조'를 읽고, 성찰하고, 그것에 응답하는 인간적 활동이다. 오늘의 한국 신학은 연속되고 연결되어 있는 두 가지 거대한 시대적 징조를 직면하고 있다. 바로 세월호와 메르스다. 두 사건은 생명논리를 거부하고 경제논리와 진영논리를 따른 우리 사회 내부로부터 생겨난 재앙이다. 두 재앙은 우리 사회의 공동체적 참회, 곧 삶의 전환을 요구하고 있는 시대적 징조다. 하지만 오늘의 한국 교회와 종교는 그 징조를 못 보거나 외면한다. 이정배 교수는 "시대의 징조를 포착하는 일에 어둡다면, 자기 영역에만 안주한다면, 고통 받는 이들과의 공감력을 상실한다면 우리 교회의 미래는 없다"고 단언한다.[28] 세월호와 메르스를 통해 나타난 시대의 징조는 너무도 뚜렷해서, 그 의미를 해석하는 것이 어렵고 복잡하지

---

27 "종교간 대화를 위한 자기발견적 해석학," 235-236.
28 이정배, "교회의 복음화 없이 세상의 복음화 없다," 『묻는다, 이것이 공동체인가』, 50.

않다. 긴급히 필요한 것은 고통 받는 이들과 공감하고 공명하는 실천이다. 그 실천이 이루어지는 곳이 바로 신학의 장소다.

현대 해방신학의 가장 중요한 방법론적 기여는 실천이 '일차적 행위'이고, 신학은 '이차적 행위'임을 밝힌 것이다. 1970, 80년대, 강단에서 쫓겨난 진보적 그리스도인 신학자들이 거리와 감옥에서 민중과 함께 고통을 겪는 실천을 할 때 민중신학이 꽃피었다. 오늘날 민중신학과 한국 신학의 위기는 일차적 행위인 실천의 약화와 위축에서 온 것이다. 그런 의미에서, '세월호 이후' 거리에서 고통 받는 이와 함께 연대하며 형성되고 있는 이정배 신학을 '21세기 민중신학'이라고 불러도 지나치지 않을 것이다.

광화문 세월호 광장에는 '종교인 천막'이 있다. 같은 고통에 응답하면서 같은 공간에서 만난 종교인들이 자연스럽게 공동의 의례와 실천을 하게 된다. 신학의 장소가 고통의 현장에 있다면, 종교간 대화와 협력, 그리고 종교들의 상호변혁의 장소도 거기에 있을 것이다. 그리고 고통의 세계화 시대에 대화의 장소는 국가, 종교, 문화의 경계를 넘어 지구적 차원으로 확장되어야 한다. 이정배 교수는 오늘의 종교간 대화는 "어느 누구도 눈물 흘리지 않는 대안적(문화적) 지구 공동체를 목적"해야 한다고 주장한다.[29] 내일의 눈물 없는 세계를 위해 오늘 우리는 우는 자가 있는 곳에서 함께 눈물을 흘리며 행동해야 한다. 그 눈물은 침묵의 언어만큼이나 보편적이다. 아브라함 조슈아 헤셸은 "우리가 드리는 기도의 언어는 다르지만 우리가 흘리는 눈물은 같다"[30]고 한다. 우주의 중심인 고통의 현장에서 종교의 차이는 있을 수 없다.

---

29 "지구화 시대에서의 종교간 대화, 그 현실과 과제," 122.

30 Abraham Joshua Heschel, *Insecurity of Freedom: Essays on Human Existence* (New York: First Noonday Press, 1967), 180.

맺는 말: 이정배 신학의 가을

'이정배 대화신학'이라는 표현은 '완결적'이 아니라 '과정적'이다. 그의 대화신학은 선한 종교적 벗들과의 대화적 관계를 통해 과정적으로 형성되며 계속 변화하기 때문이다. 인간의 삶 자체가 과정적이다. 이정배 교수는 "우리 인간은 존재의 항구적 상태에 있는 것이 아니라 생성의 과정 속에 있다"고 한다. 인간만이 아니다. 만물도 "존재라기보다는 오히려 생성"이고, "그 생성은 상호관련성을 통해서 발생한다"고 한다.31 그의 신학도 관계적 생성의 중단 없는 과정 속에 있다. 그렇다면 오늘 그가 지나고 있는 생성의 과정은 어디쯤일까? 그의 계절은 무엇일까?

자연에만 사계四季가 있는 것이 아니라 신학자의 삶과 학문에도 사계가 있다. 봄, 신학자의 창조성은 물오른 봄 나무처럼 약동한다. 여름, 그의 열정은 태양처럼 뜨겁고 강렬하다. 가을, 그의 지혜가 가을 들녘처럼 원숙해진다. 겨울, 평생의 노동을 다 한 노신학자는 모든 것을 내려놓고 자신의 가지에서 움트는 어린 겨울눈을 따뜻한 미소로 바라보며 새로운 봄을 기대한다. 지금, 이정배 교수의 계절은 여름과 가을 사이 어디쯤이다. 이정배 대화신학의 가을은 '오고' 있다. 가을은 가장 풍요롭고 왕성하고 분주한 계절이다. 그의 신학적 가을걷이가 한국 신학과 종교의 선한 벗들에게 "은총"이 되기를!

---

31 "다원종교세계의 평화과제," 68.

참고문헌

이정배. "종교간 대화를 위한 자기발견적 해석학." 김승혜 외.『불교와 그리스도교의 수 행』.
　　　서울: 바오로딸, 2005.

＿＿＿. "지구화 시대에서의 종교간 대화, 그 현실과 과제." 대화문화아카데미.『대화문화 아
　　　카데미와 종교 간의 대화 40년: 오래된 새길을 찾아서』. 대화문화아카데미, 2005.

＿＿＿. "탈세속화 시대 속의 영성신학과 목회: 종교의 붕괴와 영성의 귀환." 성공회대학교
　　　신학연구원.「2014년 대한성공회 전국성직자 신학연수 자료집」.

＿＿＿.『토착화와 세계화: 한국적 신학의 두 과제』. 서울: 한들출판사, 2007.

＿＿＿. "하느님을 사랑하는 자, 너는 무엇을 사랑하는가?" 이은선/이정배.『묻는다, 이것 이
　　　공동체인가』. 서울: 동연, 2014.

종교인대화모임.『세상에서 가장 아름다운 대화』. 서울: 운주사, 2010.

Simone Weil, *Waiting for God*. New York: Capricorn Books, 1959.

Heschel, Abraham Joshua. *Insecurity of Freedom: Essays on Human Existence*. New
　　　York: First Noonday Press, 1967.

이정배. "다원종교세계의 평화과제."「기독교사상」388 (1991. 04).

＿＿＿. "'예언'과'환상'을 빼앗긴 기독교: 종교혼합주의를 염려하는 김균진 교수의 글을 읽
　　　고."「기독교사상」668 (2014.08).

불가역성에서 가역성으로
: 이정배의 수행론 검토와
수행적 종교대화의 한 가능성

최대광 박사

(감리교신학대학교 외래교수)

Ⅰ. 들어가는 말

개신교 안에서 '영성'이라는 말이 유행처럼 번져 나가다 이제는 과거에 사용하던 심령이라는 용어와 신앙의 대체 용어로 자리 잡고 있다. 새로운 용어나 개념이 나올 때마다 토론을 통한 이해가 아닌 유행의 흐름에 경쟁적으로 동참하려 하는 우리들의 경박함을 지적하지 않을 수 없다. 왜냐하면, 영성이라는 용어가 차용 가능하기 위해서는 전통적 기독교의 구원 양식 곧 신의 '일방적' 은총에 의한 구원에 대한 재검토가 이루어져야 하기 때문이다. 또한, 과연 기독교 안에서도 수행 곧 인간의 '노력'이 설 땅이 있는지에 관한 진지한 검토가 선행되어야 한다. 때로는 신의 절대 은총만이 구원에 이른다고 했다가, 때로는 인간과 신의 50대 50의 쌍방통행이 구원의 길이라는 웨슬리 아류의 신학적 응답은 단지 상황에 따라 입장을 바꾸는 또 다른 경박함이라 지적하지 않을 수 없는 것이다. 그렇다면 영성에 대한 논의와 차용에 앞서, 과연 기독교 안에서 수행이 가능한지 아닌지에 대한 검토가 꼭 필요하다 하겠다. 이 글은 이정배의 "기독교 믿음과 동양적 수행, 그 하나의 접점을 찾아서"를 검토하고, 이해하면서, 기독교적 수행의 가능성을 찾고 있다.

이정배의 수행론 하나만도 특별히 그가 가지고 있는 불교를 중심한 동아시아 종교에 대한 이해와 심층심리학에서 논의하는 신화와 기독교 신비주의 그리고 현대 물리학까지 포함하는 방대한 양이다. 화엄의 인드라망의 한 보석과 같이 이 글도 그의 전체 사상을 비추는 투명 구슬이 될 것이다. 그의 글을 검토하면서 특히 기독교의 불가역성과 동아시아 종교의 가역성의 논의를 중심으로 가역성의 세계관을 받아들인 기독교적 수행의 가능성을 논의할 것이다. 또한 가역적 세계관을 받아들인 기독교의 '심층' 곧 신비주의에 관한 논의를 통해 가역적 세계관의 신의 영역 곧 '전체'와 '절대'와의 하나됨Union with God이 논의될 것이다. 그리고 마지막으로, 이런 세계관에 대한 실질적인 '수행'이 어떤 것인지 소개할 것이다. 특별히 불교의 위빠사나와 사마타 곧 집중과 관찰 수행의 관점에서 기독교의 '관상기도'를 바라 볼 것이며, 이런 실천적인 수행의 방식이 어떻게 이정배가 제시한 가역적 세계관을 받아들인 수행적 기독교의 길과 일치하는지 살펴볼 것이다.

II. 몸말

1. 이정배의 수행론 검토

이정배의 논문 "기독교 믿음과 동양적 수행, 그 하나의 접점을 찾아서"에서는, 동서양의 세계관적 차이의 이해하는 틀을 신의 영역과 인간의 영역의 "가역성–수행"이라는 항과 "불가역성–믿음"이라는 항을 대립시키면서, 전자를 동양적(불교와 유교 혹은 도교)까지를, 후자를 기독교에 위치시키고 있다.[1] 동서양의 많은 부분들이 서로 해석학적으로 접근하고 있지만, 특히 이점 곧 "가역성" 대 "비가역성"의 부분은 아직 평행선을 그리고 있다는 것이다. 이정배의 동서 해석학적 구분방식에 의하면, "가역성-수행 = 불교, 유교, 도교, 베단타"가 될 것이고 "불가역성-믿음 = 기독교"가 될 것이다. 가역성이라 함은 보이지 않는 신 혹은 절대의 영역과 눈에 보이는 물질의 세계가 쌍방으로 소통 가능하다는 것이고, 불가역성이란 이 소통이 '일방적'이라는 데 있다. 그래서 가역성의 세계관에 있는 종교의 구원론은 '자력' 구원이고, 불가역성의 세계관에 있는 종교의 구원론은 '타력' 구원이다. 또한, 가역적 세계관 안에 있는 종교는 절대 혹은 비가시적 신의 영역과 상대 혹은 가시적 인간의 영역이 쌍방적으로 소통 가능하고, 불가역적 세계관은 신과 인간의 세계는 '분리'되어 있는데, 특히 기독교의 경우 인간과는 상관없는 신의 일방적 명령이나 발언 혹은 '계시'만이 존재한다. 가역적 세계관에서 신 혹은 공空과 소통하는 방식은 '수행'이다. 그래서 가역적 세계관의 종교에서는 자력 구원이 가능하고, 불가역적 세계관의 종교는 신의 '계시'를 받아들이는 '믿음'이 구원의 핵심이기 때문에, 자력이 아닌 타력이 구원 방식이다. 이정배에 의하면, 이 불가역성의 기원은 기독교의 기원인 유대교가 척박한 사막에서 초월적 인격신을 만났고,[2] 이것이 개념이 되어 서양의 플라톤 철학을 만나 강화된 형태가 기독교이다. 그래서 "신의 자발적 은총(혹은 계시)과 인간의 수동성(혹은 믿음)"이 기독교의 중심이고, 신 은총의 교리적 표현인 그리스도의 대속적 죽음(은총 혹은 계시)이 예식적으로 표현된 것이 예배이다.[3] 반면 수행 혹은 인간의 '자력'적인 동아시아의 종교는 신의 영역과 인간의 영역을 불가역적으로 대립시키지 않았다. "색즉시공色即是空, 이사무애理事無碍를 거쳐 사사무애事事無碍의 이론 하에 초월과 내재를 즉시即時의 관계로 이해하고 있다"[4]

---

1 이정배, "기독교 믿음과 동양적 수행, 그 하나의 접점을 찾아서," 변선환 아키브 편집, 『동서 종교의 만남과 그 미래』(서울: 모시는 사람들, 2007), 74.
2 Ibid., 77. 와쓰지 데쓰로우, 『풍토와 인간』(서울: 장승, 1993), 13-30 재인용
3 Ibid.
4 Ibid.

고 말한다. 이 세상이 불가역적으로 초월적 세계인 이데아에서 투사된 그림자가 아니라, 이 세상(色) 자체가 초월적(空)이며, 세상(事)과 초월 혹은 공(理)이 다르지 않으니(無碍), 가는 곳 마다 초월이요 개달음이다(事事無碍). 동양에서는 이미 있는 초월적 세상을 얻기 위한 자기 수행이 종교의 중심이었다.

그렇다면, 이런 불가역적 세계관을 가지고 있는 서양의 기독교가 동양의 가역적 세계관으로 재구성될 수 있을까? 그래서 믿음의 종교가 아닌, 수행의 종교인 기독교가 될 수 있을까? 후에 보겠지만, 믿음과 수행은 무를 자르듯, 정확하게 분리되지 않는다. 신비주의자들, 에크하르트나 십자가의 성 요한이 말하는 '믿음'이란 비움이나 내려놓음을 뜻하기 때문이다. "마음을 비우는 초탈이 극에 이를 때 하느님이 자신을 우리에게 쏟아 넣는다"[5]고 에크하르트는 말했는데 이 초탈이란 곧 산상수훈 8복의 첫 번째인 "심령의 가난함pure in spirit"이다. 에크하르트에게 있어 믿음이란 완전한 자기 비움이다. 네티, 네티를 통해 절대로 이양해 가려는 베단타의 논리나, 세상이 무상無常과 고苦이고, 결국 무아無我, 나는 없다고 하는 것을 깨닫는 위빠사나의 관찰 방식과 별 차이를 느끼기 힘들다. 물론 이정배도 "믿음 속에 행위가 내포되어 있다"[6]라고 말하고 있다. 그래서 믿음과 수행을 불가역성과 가역성의 대립적 항에 배치시키는 것이 꺼려지는 것이다. 자력과 타력 역시 충분히 그 차이가 해소될 수 있는 것이기도 하다. 여하튼 이정배는 서양의 기독교 문화 안에서 가역성을 찾아내기 위해, 종교로 분화되기 이전의 서양의 신화적 세계관을 소개하고 있다. 왜냐하면, 특별히 서양의 불가역성의 종교적 세계관이 본질적으로 그리 된 것이 아니라, 이들도 역시 가역적 신화세계를 소유했었기 때문이다. 유아사 야쓰오가 재구성한 융의 이론을 받아들이면서, 이정배는 집단무의식 혹은 무층巫層 단계를 제시한다.[7] 이 이론에 의하면, 서양에서도 동양의 법신불인 원형

---

5 Ibid., 100. 길희성, 『마이스터 엑카르트의 영성사상』(서울: 분도, 2004), 171-203. 이정배, 요약 재인용.
6 Ibid., 93.

상과 같이, 자신의 꼬리를 무는 뱀인 우로보노스가 자리 잡고 있었다는 것이다. 우선 이정배가 서양의 종교에 대한 비평을 한 글을 읽어 보도록 하자:

여기서 중요한 것은 신화의 세계에 있어 동서양의 원초적 (우주)경험이 다르지 않다는 사실이다. 이것은 최근 종교간 대화에 있어 실재 (Reality, 神)중심주의 사조와 맥이 닿아 있다. 하지만 미분화된 시원을 말하는 이런 고대신화는 시계열적 분석에 따르면 지모신의 단계를 거쳐 영웅신화의 시기에 이르러 완전히 사라지고 만다. 거룡살해자(Drachentoeter)인 영웅의 출현은 남성신을 알리는 징표인바, 고대인의 심리세계가 여성적인 것을 거쳐 남성적- 부권적으로 변화- 발전해 왔다는 것이다. 더욱이 인류역사가 차축시대에 접어들며 신화적 (여성적) 세계상에 대한 비판적 의식이 강화 되었고 그 결과, 세계와 인간간의 전일적 통일성 (巫層)이 상실된 채 다양한 세계종교들이 생겨났다는 사실이다…. 이런 차축시대의 종교들은 동서양을 막론하고 인간 무의식, 우주의 생명력 그리고 종교적 무층을 제거했고 남성적 에토스를 강조하는 공통성을 보인다.8

이정배는 종교로 분화되기 이전의 신화적 심층의 단계, 혹은 인간 무의식의 가장 깊은 통합적 단계 곧, 집단무의식적 단계를 무층巫層이라 하였고, 신화적으로 영웅이 출현한 이유는 남성 신 혹은 초월 신으로 무층이 이해 혹은 왜곡되는 것이었다. 그런데, 단어의 선택을 주의해야 할 필요가 있다. 종교학적으로 무층이 가장 근원적이라는 생각은 사실 "고대 엑스타시의 기술"이 종교의 원형이라고 생각한 엘리아데에 기대고 있는 생각이다. 그런데 이미 켄 윌버는 샤먼적 층대를 종교의 가장 피상적 영역이라고 규정하고, 심층을 전체 혹은 무경계의식이라고 규정하고 있다. 유아사 야

7 Ibid., 9.
8 Ibid.

쓰오가 사용하는 용어와 종교사적 이해에 약간의 수정을 가함이 바람직할 것이다. 여하튼, 차축 시대는 남성신 혹은 초월신이 의식 안에서 제도화 된 것이고, 이후 차축 시대의 의식은 종교적으로 제도화되게 된다. 이로써, 전체 의식 혹은 무경계 의식은 상실됐고, 원형적 영적 체험 이후에 출현한 남성적 초월신이 의식을 지배하는 시대가 됐다는 것이다. 근원적으로 볼 때에, 동서양이 같은 비시원적 무경계 의식을 소유하고 있었지만, 영웅 신이 지배하는 종교가 주류가 되면서 서양의 종교는 초월적, 불가역적 종교로 제도화 됐다는 것이다.

이런 서양의 종교적 의식 단계와는 달리 "동아시아 종교들은 자신 속에 숨겨진 우주 생명력을 자각함과 동시에 우주만물과 감응하기 위한 방편으로 수행론을 발전시켜왔다. 잊혀진 전체 의식의 재발견을 통해 인간과 신간의 가역적 관계를 성사시키려는 것이다."9 원형 혹은 켄 윌버의 표현을 빌자면 '무경계'의 비시원적 절대를 영웅 혹은 초월적 남성 신으로 왜곡하고 잊어왔던 서양과는 달리, 동양에서는 절대가 나와 상관없는 이데아가 아니고 이미 우리의 근원이며 우리와 함께 있는 것으로 여겨져 왔다. 이정배는 이에 관해 동아시아의 기氣나 역易의 감응적 세계관이 바로 전체의 표현이라고 말한다. "음양오행론은 혼돈으로부터 질서가 나온다는 것이다… 이것은 아름답고 완전한 질서를 지닌 천상계에 비해 혼돈이 지상만물 중에 잠재되어 있다고 보는 플라톤의 입자적 이데아론과는 전혀 다른 맥락이다."10 곧 동아시아에서는, 원형적 무층에서부터 현상계가 출현했으니, 이들은 상호 교통하는 가역성이다. 그렇다면, 인간의 몸은 '전체'가 활동하는 장field이니 수행은 절대의 세계와 상호 교통하는 다리bridge인 것이다. 이에 반해, 영웅신-초월적 인격신-플라토니즘이 결합된 기독교는 불가역적인 세계관에 갇힐 수밖에 없다. 이미 완벽한 이데아의 막연한 '투사'인 천국은 죽어서 가는 곳으로 이해됐다. 불가역적 종교의 필연

---

9 Ibid., 81.
10 Ibid., 84.

적 종착지인 것이다. 동양의 가역적 종교를 통해 수행적 기독교가 출현하기 위해서는 서양의 신화적 세계 안에 존재하는 근원과 전체가 재발견되어야 할 것이다. 이정배는 특별히 가역적 종교의 중심에 불교를 대입하여 설명하고 있다. 서양의 불가역적 종교는 로고스적 논리, 곧 아리스토텔레스의 논리학을 기초로 삼고 있다. 곧 A = A이고 非 A = 非 A이다. A = 非 A가 될 수 없는 것이다. 그러나 동양에서는 A = 非 A의 논리, 긍정과 부정을 통일하는 논리는 경계 없는 '전체'가 일상적 영역 안에 침투하여 있는 것을 파악한 것이다. 이미 언급한 색즉시공色卽是空, 공즉시색空卽是色이 이사무애理事無碍를 거쳐 사사무애事事無碍로 통합되는 논리나, 노장사상의 무위지도無爲之道나 행불행지교行不行之敎와 같은 논리 역시 이와 같다 하겠다. 양자가 통합되는 즉卽의 논리를 이정배는 서양의 로고스적 논리와 다른 렘마의 논리라고 했는데, 기독교적 로고스 논리는 삶과 죽음, 천상과 지상의 불가역적 이분법 속에서 출현했기 때문이다.

그러나 이런 논리 사이사이에, 서구의 주류 종교와는 다른 길을 걸었던 사람들이 있었다. 사실, 수행은 기독교의 비주류인 사막교부들과 수도원 그리고 이 논문에서 언급된 매튜 폭스의 창조영성적 서양 신비주의자들에 의해서 담지되어 왔다. 매튜 폭스는 불가역성을 "타락/구속 전통"이라고 했고, 가역성을 "창조 중심의 영성"이라고 했다. 특히 그의 책 *Original Blessing*의 부록에서 창조 중심의 세계관 곧 가역적 세계관 안에 있었던 신비주의자, 신학자, 음악가와 문학가, 철학자 과학자 등이 언급되어 있다.[11] 다만 이들이 불가역적 세계관에 의해 지배된 교회와 국가(로마)의 권력에 의해 소외되었을 뿐이다. 이정배가 결론적으로 언급한 서양의 대표적 신비주의자 마이스터 에크하르트는 가역적 세계관 안에서 수행 곧 '비움'을 통한 신과의 연합을 표현했다. 불가역적 세계관이 주류인 기독교 안에서 가역적 세계관을 가지고 수행했던 소수의 서양 신비주의자들이 발굴을 기다리고 있는 것이다.

---

11 Fox, Matthew, *Original Blessing* (New York: Jeremy P.Tarcher, 2000), 307-315

한편, 이정배는 성령론을 근거로 불가역적 세계관 안에 있는 기독교를 구출하려고 한다. 동방 기독교를 대표하는 스텐달을 소개하면서 그는 이렇게 말하고 있다:

동방기독교를 대변하는 스텐달은 기독론적 언어보다 영의 언어를 빌어 사유하는 것이 하느님의 실재를 이해하는데 도움이 된다고 말한다. 왜냐하면 초월적 신비인 하느님은 만물에게 우주적 생명을 부여하는 창조적 힘으로서 그 범위가 전 우주에까지 미치는 역동적 에너지(energy for life)로서 기독교 신앙 여부와 관계없이 누구에게나 알려질 수 있기 때문이다. 즉, 성령의 언어는 교회 안에서만 통용되며 구원받은 자들에게만 알려지는 암호와 같은 것이 아니라 우주 속에서 느껴지는 생명력으로서 초월적 신비를 지시하며 바로 이 과정에 대한 이해를 믿음이라 하는 것이다. 12

믿음이란 '이해'이고, 성령은 초월의 영역과 인간의 영역의 불가역성을 극복하게 하는 '생명력'이라는 것이다. 이해는 일종의 '앎'이다. 불가역적 영역을 가역적으로 전환시키는 성령에 대한 깨달음이 곧 믿음이라는 것이다. 위에서 언급한 것과 같이, 믿음과 수행은 상호배타적인 반대항에 위치하는 것이 아니라, 오히려 상호보완적인 것이라고 말하지 않을 수 없다. 특히 이정배는 마이스터 에크하르트를 소개하면서 이렇게 말한다:

인간 영혼의 그저에서 일어나는 신과 인간의 합일, 이것은 분명 이데아론은 물론 존재유비의 사상과도 다르다. 오히려 이것은 동아시아 불교철학의 핵심을 반영한다. 자신이 부처임을 깨치는 돈오는 모든 것을 비우고 초탈하며 -하느님마저 놓아버린 채- 영혼의 근저로 돌파함으로써 자신 속에서 하느님의 아들을 탄생시키는 것과 다르지 않다. 영혼 안에서의 하느님 탄생이란

12 Ibid., 98. Kris Stendahl, Energy for Life, Reflection of the theme 'Come Holy Spirit, Renew the Whole Creation," Geneva: WCC Publication, 1990, Preface 재인용.

은폐 되어 있던 하느님 형상이 드러남으로 가능하다.13

영혼의 근저 혹은 '신성'은 우리가 알고 있는 영웅으로의 남성 신이 아닌 "하느님을 넘어선 하느님"이다. 신성은 곧 절대 혹은 무경계다. 자신을 비운 '믿음' 혹은 수행 안에 하느님은 아들을 낳으시고, 이 아들이 자라나 영적 존재가 되는 것이 "영혼 속에서의 그리스도의 탄생"이다. 스텐달이 말하듯 성령이 중추가 되어 생명력 안에서 신과의 합일을 경험하던, 에크하르트가 말하듯 비움의 믿음 속에 신성으로 돌파하여 영혼 속에서 그리스도가 탄생하던, 모두가 색과 공을 둘로 보지 않고, 니르바나와 삼사라를 이원화시키지 않는 가역성의 세계관 속에서 출현하는 말인 것이다.

이정배는 그의 글을 정리하면서, 수행적 기독교를 위한 다섯 가지 패러다임을 제시하고 있다. "첫째로, 인간을 포함한 우주 자연이 하느님 자체의 형상이자 현현이며, 둘째, 자연은 하느님 계시의 원천이자 원 은총의 영역이고, 셋째, 하느님 자신은 초월적 실체나 인격적 타자가 아니라 우주를 둘러싸는 영과 같이 피조물을 결합하는 존재이고, 넷째 예수는 믿음의 대상redeemer가 아니라 창조적 영성을 환기시키는 존재reminder이고, 마지막으로 구원이란 우주의 큰 생명인 하느님 영에 취해 전 우주와 감응하며 새로운 문화를 일궈낸 예수의 존재양식"14이라고 말하고 있다. 이것은 기독교를 불교화 시키는 것이 아니다. "성령론과 에크하르트 신비주의로 인해 기독교 전통이 무시하고 억압했던 신화적 요소가 되살아났기에 가능한 일이었다"15고 하면서 또한 이 작업을 불교적, 동양적이라고 폄하하기 보다는 오히려 '근원적인 것'으로 이해함이 옳다고 했다. 성령론을 적극적으로 재해석하고 묻혔던 신비주의를 재 발굴한다면, 색즉시공色即是空 공즉시색空即是色의 가역적 세계관을 통해 현재 속에서 신과의 합일Union with God을 체험하고 실천하는 홀론적 기독교가 탄생할 수 있을 것이다. 홀론

---

13 Ibid., 100.
14 Ibid., 101-102.
15 Ibid., 102.

이란 "'전체' 혹은 '온전'을 의미하는 희랍어 'holos'에서 온 것으로 전체와 부분과의 관계를 지칭한다. (중략) 인간은 신이라는 전체 속에 있는 홀론이며, 그 인간 속에는 전체가 내재하고 있다는 것이다."16 영혼 속에 그리스도가 탄생하듯, 내 안에 그리스도의 씨앗이 떨어져 탄생하고 성장하여 내 몸이 신의 장field이 되는 가역적 세계가 열린다. 이로써 성령으로 충만한 한 사람이 모두와 감응하여 새로운 창조를 이루는 것이야 말로, 홀론적 구원론의 본질이라는 것이다.

이상 꽤 긴 시간 동안 축적된 방대한 지식의 분량을 쏟아냈던 이정배의 글 "기독교 믿음과 동양적 수행, 그 하나의 접점을 찾아서"를 정리해 보았다. 다음은 가역성/불가역성의 이항대립적 동서의 종교 이해를 조금 더 심층적으로 이해하기 위한 논의를 하고자 한다. 불가역적 기독교에 신비주의와 성령론을 결합한 것이 불교적 기독교가 아닌 더욱더 '근원적'이라고 말한 데 착안한 것이다. 특히 다음 글은 에크하르트에 관해서 좀 더 심층적으로 접근해 볼 것이다.

2. 홀론적 구원론을 향하여: 근원에 머물기

한국 거사풍 선의 선구자로 알려져 있는 백봉 김기추는 근원적 종교인 불교와 다른 종교 혹은 상대적 종교를 염두에 두며 불교와 타종교는 결코 같지 않다고 하면서 다음과 같이 말하고 있다:

그러나 여기에 일언(一言)을 붙이고자 하는 것은 불교를 세상의 다른 종교와 더불어 혼동하는 축도 있는 모양이나, 다 까마득한 불교의 참 소식을 모르는 데서 오는 알음알이(識)의 소견임을 밝혀둔다. 왜냐하면 이 세간 중에서 이루어지는 종교란 대개가 천신, 지신, 수신, 화신으로부터 심지어는 동물과 식물에까지 나름대로의 상대적인 신령화를 마련해 놓고 신앙의 대상으로

---

16 Ibid., 103.

삼고서 구원을 청하는 행위가 상식적인 현상이라 하겠다. 다시 말하자면 상대성인 세간사는 절대성인 출세간사 위에서 이루어지는 환상계 이런마는, 이 의취를 모르는 사람들은 깜냥대로 환신을 지어놓고 그 신에게 되돌아 의존하는 행위가 인간의 정념에서 우러나오는 종교관인 것이다. 이러므로 여기서는 출발점도 귀착점도 상대적인 차별상 속에서 상대성을 따로 찾아 헤매일 뿐이니, 제 아무리 참회와 용서와 애원으로 평생을 하루같이 매달려 보아도 이것은 한갓 '모습놀이'인지라 절대성인 생사의 뿌리는 캐어내지 못하는 것이다.[17]

신神을 상정해 놓고 신앙의 대상으로 삼는 것은 실제를 대상화시키는 우상일 뿐이며, 그저 인간의 '정념'일 뿐이라는 것이다. 이미 대상을 설정해 놓으니, "차별상 속에서 상대성을 따로 찾아 헤매는" 어리석은 짓, 혹은 불교적 용어를 사용해 보자면, 무명無明 속에서 괴로워하는 것일 것이다. 위의 글에서 그는 '모습놀이'라고 했는데, 모습이란 '시간'을 뜻하는 말이다. 시간 안에 있다는 것은 항시 바뀌는 '모습'이라는 말이다. 왜냐하면 시간은 상대적이기 때문이다: "태양을 비롯하여 태양보다 더 큰 천체나 저 별들까지, 돌이나 나무나 모습 있는 것은 모두 진짜가 아니라는 것만 아세요. (중략) 어떠한 거든지 모습으로서의 물건은 실實다운 것이 아니에요. 모습으로서의 물건은 자꾸 변하고 있어요. 변하면서 있기 때문에 실다운 것이 아니에요. 진짜는 변하지 않고 영원히 그대로 있어야 진짜라 할 수 있는 것 같습니다."[18] 시간이 지나감에 따라, 인간을 포함한 사물의 '모습'이 바뀌는데, 이것이 곧 상대적 세계의 허상을 말하고 있다. 변하는 몸뚱이 역시 모습이 바뀌니 실다운 것이 아니다. 갓난아기적의 '모습'이나 초등학교적의 '모습'은 이미 다 사라졌다. 초상만 치루지 않았을 뿐, 나라고

---

17 김기추, 『금강경강송』 (서울: 운주사, 2012), 19~20.
18 김기추, 안경애 편집, 『이 말 한마디 듣기 위해 이 세상에 왔노라』 (서울: 운주사, 2013), 43.

철석같이 믿고 있던 것이 이미 사라져 없어진 것이다. 그러나 이것을 '지켜보는' 참 나는 과거-현재-미래로 움직이지 않고 있다. 언제나 '현재'에 있고 시간이라는 상대적 모습놀이를 넘어 있는 것이다. 만일, 신이라는 대상을 설정했다면, 곧 실재가 아닌 이원론적 대상을 설정했다면, 이 역시도 '모습놀이'라 할 수 있을 것이다. 시간을 넘어선 절대성의 범주가 아닌, 시간 안의 상대적 범주 안에 신을 대상화시켜 놓고 '놀이'하고 있으니 말이다. 이런 대상적 신은 언제나 이미지가 바뀌어 왔다. 어릴 적에는 하늘 위에 있는 수염 긴 할아버지였다가, 나이가 들어가면서 심판을 하는 공포의 존재로, 때로 무한대로 받아들이는 사랑의 존재로, 때로 질투하는 존재로 … 그러니 대상적 신은 일종의 투사한 '모습'이고 허상이라는 것이다.

그러나 이와는 반대로 '공'은 다함도 없고, 덜함도 없다. 모습이 없으니 시간을 넘어서 있다. 그래서 마음자리를 공空에 놓는다면, 그 자체가 절대다. 노장사상의 무無 역시 있음(有)에 항시 선행하는 것으로 있음을 가능하게 하는 것이지만, 불교의 공은 이런 상대적 영역이라기보다는 '근원적'이라고 표현하는 것이 더 적당할 것이다. 힌두교의 아트만을 아나트만으로 극복하며, 브라흐만과 아트만의 신적 위치에 공空을 대입한 것으로, 힌두교에서 말하는 신의 '이름'까지도 넘어서고 있는 것이다. 이름과 언어는 절대를 대상화 시킬 수 있는 위험이 있기 때문이다. 결국 상대를 만들어내는 절대, 대상을 설정하기 이전의 근원을 다루는 종교가 불교이기 때문에, 김기추는 이를 다른 종교와 혼돈해서는 안 된다고 말하고 있는 것이다. 불교는 대상적 신이 아닌 근원을, 상대가 아닌 절대를 말하며, 수행이란 절대 혹은 '근원'에 머물며 상대적 세계에서 파생되는 고통과 무상함(무상無常,고苦,무아無我)을 벗어나려는(해탈하려는) 것이다.

이정배는 가역적 논리를 통해서 홀론적 구원론을 위한 다섯 가지의 새로운 패러다임을 제시하였다. 요약하자면, "우주와 세상은 신의 현현이고, 예수는 자신의 근원이 신임을 깨달은 존재이며, 우리 모두 신의 아들임을 자각하게 이끄는 스승이다. 그래서 우리 역시 근원이며 전체인 하느님 안에서 사는 삶을 사는 사람들"이다. 김기추가 말하는 절대성의 생사의 뿌리로 되돌아가는 것은 홀론적으로 구원받는 것이다. 생사의 뿌리란 곧 허공성이다. 곧, 불가역성에서 가역성으로 세계관을 정리한 후에는, 대상성이 아닌 근원으로 돌아가 거기에 머무르며 세상을 넘어서는 것이 곧 구원이다. 이정배가 유아사 야쓰오의 신화적 무층巫層 혹은 집단무의식을 원형으로 삼고 이해하는 방식으로 김기추의 설명으로 재구성해 본다면, 불교적 수행은 모든 것의 원형인 공空에 머물러, 색色 혹은 현상계와 공空 혹은 실재계가 다르지 않음을 깨닫는 것이다.

오강남과 성해영은 기복적 신이나 김기추가 비판했던 대상적 모습놀이의 신을 "표층 종교"로 존재의 근원인 신을 "깨닫는" 종교의 한 형태를 심층종교라 칭하고 있다. 신비주의가 가지고 있는 여러 오해를 불식시키기 위해서다. 오강남과 성해영이 대담하여 책으로 엮은『종교, 이제는 깨달음이다』에서는 미국의 심층심리학자인 켄 윌버의 의식지도19를 재구성하여 종교를 표층과 심층으로 나누고 있다. 이들의 대담 중 한 부분을 들어보도록 하자:

> 우선 심층과 대조되는 표층차원의 종교가 가지는 특색 몇 가지를 살펴볼까요. 첫째, 표층종교는 문자주의적입니다. 즉 문자의 표피적 뜻에 집착합니다. 둘째, 모든 것을 지금의 나, 이기적인 나를 중심으로 생각합니다. 종교를 가지는 것도 결국 내가 잘되기 위한 것이라는 의식이지요. 여기에는 단순히 지금 잘되는 것뿐만이 아니라, 죽어서도 좋은 곳에 가야 한다는 것도 포함됩니다. 다석 류영모 선생님의 말을 빌리면 표층종교란 몸나, 제나를 어떻게라도 확대하고 꾸미고 연장하려는 데 관심을 가지고 있는 종교입니다.
>
> 이와 대조적으로 심층차원의 종교는 문자를 넘어서 있는 더 깊은 뜻을 찾으려는 것입니다. 글의 '속내'를 알아차리는 것이지요. 문자는 달을 가리키는

---

19 Wilber, Ken, *A Theory of Everything* (Boston: Shambhala, 2000), 8.

손가락이라는 것을 알고 문자를 통해 문자가 가리키는 그 너머의 것을 보려고 합니다. 더욱이 심층종교는 지금의 나에서 벗어나 참나, 큰나, 얼나로 부활하는 것을 이상으로 삼습니다. 그리고 궁극적으로 이렇게 새롭게 된 참나, 얼나가 바로 내 속에 계신 신성 혹은 불성, 인성에 다름 아니라는 사실을 깨닫는 것입니다.[20]

표층 종교는 문자적이고 피상적이다. 또한 이기적인 나 지금의 나 혹은 에고를 중심으로 사는 것을 뜻한다. 그렇다면 심층 종교는 문자를 넘어서 속내 곧 그 뜻을 아는 것이요, 에고를 벗어나 참나 혹은 얼나를 깨닫는 것이다. 곧 표층 종교란 에고에 갇히는 것이며, 심층 종교란 에고를 뚫고 나와 더 큰 나를 깨닫는 것이다. 위에서 오강남은 다석 유영모에 관해 언급하며 에고를 '제나' 참나를 '얼나'로 소개했는데, 다석에 관한 이정배의 글에서 이에 관한 자세한 설명이 언급되어 있다. 우선 다석의 글을 읽어 보도록 하자:

아주 빈 것을 사모하라. 죽으면 어떻게 되나. 아무것도 없다. 아무 것도 없는 허공이라야 참이 될 수 있다. 무서운 것은 허공이다. 이것이 참이다. 이것이 참 이름이다. 허공 없이 진실이고 실존이고 어디 있는가. 우주가 허공 없이는 어떻게 존재할 수 있는가?[21]

이 글을 풀이하면서 이정배는 또한 다음과 같이 밝히고 있다:

절대공으로서 원일元―은 유영모에게 찾아지는 것이 아니다. 자신 밖에서 대상적으로 구할 수 있는 것이 아니라 본래 그 자신이 가지고 있는 것으로 이해된다. 마치 선불교가 십우도를 통해 인간의 불성은 한 번도 그 자신을

---

20 오강남 · 성해영, 『종교, 이제는 깨달음이다』 (2011), 38-39.
21 이정배, 『없이 계신 하느님, 덜 없는 인간』 (2009), 61.

떠나본 적이 없었다는 사실을 가르치듯이, 유영모도 역시 모든 것의 존재근
거가 되는 절대존재가 인간 속에서 처음부터 함께하고 있음을, 절대 초월의
내재를 말하는 것이다. 바로 이것이 '참나'이고 '얼'인바, 이것이 있음으로써
인간은 하느님, 곧 절대존재가 계심을 믿을 수 있다고 하였다.22

참나란 곧 절대 존재다. 유영모는 이를 허공 곧 공空이라 했다. 그래서
그는 하느님을 "니르바나님"혹은 빈탕이요 없이 계신 분이라 했던 것이
다. 제나를 벗어나 참나로 간다는 것은 에고를 벗어나 신에게 간다는 것이
다. 집착을 벗어나 공으로 간다. 모습놀이 곧 시간 안의 색色의 놀이에서,
시간과 현상의 모습을 있게 한 '근원'인 공空에 자신의 마음을 놓고 색色과
공空 사이를 마음껏 노니는 것이다. 그렇다면 기독교의 심층 종교에서 '근
원'으로 향해 머물러 있다는 것은 어떤 형태일까? 앞서 밝힌 대로, 마이스
터 에크하르트의 글을 통해 추적해 보도록 하자.

순교자 주일의 한 설교에서 마이스터 에크하르트는 이렇게 말하고 있다:

영혼이 죽어서 자신의 참된 뿌리에 도달할 때, 그 영혼은 존재를 얻습니다.
이 뿌리야 말로 우리가 터 잡고 살아가는 곳이며, 생명이 곧 존재가 되는
자리입니다. 영성의 대가는, 이러한 생명의 형식을 지닌 존재에 이르지 못하
도록 우리를 방해하는 것이 있다고 말합니다. 그는 우리가 시간에 매여 있다
고 말합니다. 시간에 매인 것은 무엇이든지 죽게 마련입니다. 영성의 대가는
하늘의 길은 영원하다고 말합니다. 물론 이 시간이 하늘에서 내려온 것은
사실이지만, 이것은 은혜에서 멀어져서 일어나는 것입니다.23

여기서 영혼이란 '정신'곧 마음을 뜻하며, 우리가 알고 있는 영혼 혹은

---

22 Ibid.
23 마이스터 엑카르트, 매튜폭스 편집, 김순현 옮김, 『마이스터엑카르트는 이렇게 말했다』
   (서울: 분도출판사, 2006), 134-135.

'얼'이란 존재다. 마음은 시간 안에 머물러 모습놀이에 따라 일희일비하지만, 영혼은 그 바닥이다. 이 존재와 영혼의 관계, 본질과 현상의 관계를 에크하르트는 다음과 같이 설명하고 있다.

무언가 밖으로 흘러나오되 안에 머무는 것이야말로 놀라운 일입니다. 말은 밖으로 흘러나오되 안에 머뭅니다. 이 얼마나 놀라운 일입니까? 모든 피조물은 밖으로 흘러나오되 안에 머뭅니다. 이 얼마나 놀라운 일입니까? 하느님께서 그것을 주셨고, 주시겠다고 약속하셨으니, 이 얼마나 놀랍고 상상할 수도 없고 믿기 어려운 일입니까! 그럴 수밖에 없을 것입니다. 만일 이해될 수 있고 믿을 수 있다면, 그것이야말로 잘못된 것일 것 입니다. 하느님은 만물 안에 계십니다. 그분께서 사물 안에 계시면 계실수록 그분은 사물의 바깥에 계십니다. 그분은 안에 계시면 계실수록, 바깥에 계십니다… 하느님은 영혼의 가장 내밀한 곳, 영혼의 가장 높은 곳에 거주하십니다. 여기서 "가장 내밀한 곳"은 가장 높은 곳을 뜻하고, "가장 높은 곳"은 영혼의 가장 내밀한 곳을 뜻합니다. 영혼의 가장 내밀한 영역과 가장 높은 영역 - 이 두 영역은 하나입니다. 시간이 결코 틈입하지 못하는 곳에서 이미지가 전혀 이채를 발하지 못하는 곳에서 영혼의 가장 내밀하고 가장 높은 곳에서 하느님은 온 우주를 창조하십니다.[24]

요한복음의 말씀 신학을 재해석한 이 말은, 말씀은 이미 하느님 안에 있다는 것이다. 눈에 대상적으로 보이는 나의 육체와 세상은 근원으로부터 나왔다. 세상은 그 근원이 "드러난" 것이다. 하느님 안은 시간과 공간, 그 모든 이미지를 넘어선 근원이며 절대다. 하느님으로부터 나온 말씀은 시간 안에 있어, 생멸하지만, 그 근원은 시간을 넘어서 있기 때문에, 보탬도 없고 사라짐도 없다. "하느님은 끊임없이 한마디만 하고 계십니다."[25]

---

24 Ibid., 105-106.

하느님은 단지 한마디만 할 뿐이다. 곧 모든 피조물의 근저는 하느님의 말씀이다. 모두 하느님에 그 뿌리를 대고 있는 것이다. 그렇기 때문에, 피조물은 시간을 넘어선 영생에 그 근원을 두고 있다. 이를 알기 위해서, 더더욱 안으로 들어가야 한다. 뿌리 곧 그 근저로 들어가야 한다는 것이다. 아무것도 나누고 대상화 시킬 수 없고 변화하는 상대적 모습이 침투하지 못하는 무경계로 돌파해 들어가야 한다. 그래서 내면으로 들어가면 들어갈수록(사물 안에 계시면 계실수록), 우주를 덮는 하느님을 알게 된다(그분은 사물 바깥에 계십니다). 가장 내밀한 곳으로 들어갈 때, 곧 에고를 상실하여 시공을 넘어선 공空 안에 있을 때, 우리는 가장 높은 곳에 있는 것이다. 그래서 그는 "하느님은 하나이시며 하느님의 바깥에 있는 것은 아무것도 아닙니다"26라고 했다. 하느님 밖에는 아무것도 없다. 존재하는 모든 것의 뿌리는 하느님이라는 것이다. 에크하르트에게 있어서 하느님은 '전체'다. 곧 나눌 수 없는 공空이요 허공虛空이다. 그러나 이를 통해 만물이 탄생하니 어찌 놀랍지 않으랴? 불교에서는 인간의 모든 괴로움은 무명無明에서 온다고 했다. 근원을 몰라 집착의 연기와 윤회 속에 사는 것이다. 마찬가지로 생멸하는 시간 속에서 자신의 근원을 놓칠 때, 곧 '분리'되어 불안해하는 것이 에크하르트적 혹은 가역적 세계관 안에 있는 종교 혹은 영성의 죄다. 자신의 근원이 하느님임을 아는 한 그리고 대상적 이미지 곧 모습을 여의고, 근원에 집중하여 공空과 하나가 될 때 하느님께서는 그리스도를 그 안에 낳아 주신다고 했다. 에크하르트의 말을 들어보자:

> 우리는 이 사랑 [신적 사랑]을 통하여 하느님께서 아들을 영원 전부터 낳으셨고, 지금도 낳고 계시고, 앞으로도 영원히 낳으시리라는 것을 알게 됩니다. 하느님은 몸 푼 여인처럼 분만용 침대 위에 누워 계십니다. 여기서 말하는 분만용 침대는 자기를 중심으로 삼던 태도를 버린 영혼, 곧 내재하시는 하느

---

25 Ibid., 107.
26 Ibid., 286.

님을 받아들인 선한 영혼을 가리킵니다. 이 낳음이야말로, 영원 전에 하느님의 부성애에서 샘솟은 하느님의 자기인식 방법입니다. 하느님의 모든 기쁨이 이 낳음 속에 자리 잡고 있습니다. … 그분은 아들 안에서 모든 기쁨을 누리시고, 아들만을 사랑하시고, 아들 안에서 찾아낸 것은 무엇이든지 사랑하십니다. 아들이야말로 영원 전부터 하느님의 부성애 안에서 활활 타오른 빛이십니다. 거기에 이르기 위해, 우리는 자연의 빛에서, 은혜의 빛으로 솟아오르고 , 그렇게 함으로써 아들 자체인 그 빛으로 자라야 합니다. 거기에 이르러, 우리는 아들 안에서 성령, 곧 사랑과 함께 아버지의 사랑을 받게 될 것입니다. 27

자기를 중심으로 삼던 태도를 버린 영혼, 곧 에고 중심의 영혼에서 뒤돌아 내재하시는 하느님을 받아들인 영혼, 곧 자신의 근거가 하느님으로부터 왔다는 것을 받아들인(믿은) 영혼 안에 아들을 낳아주신다고 했다. 아들은 '빛'이니, 낳은 아들은 창세 이전에서부터 나온 하느님의 빛이 솟아올라야 한다고 했다. 처음에는 자연의 빛, 은혜의 빛, 그리고 아들 자체의 빛으로 자라나야 한다는 것이다. 자연은총에서, 내적인 은총으로, 그리고 작은 예수가 되어야 한다는 말이다. 모습놀이를 넘어선 공空의 자리에 머물지 않고, 다시 밖으로 나오는 것이다.

정리해 보자면, 에크하르트에 의하면 신과 인간은 불가역성의 관계가 아니고 가역성의 관계다. 그래서 시간을 넘어 영원 안에 계신 하느님은 또한 시간 속에 내재하시고, 자신의 뿌리가 하느님이라고 인식하며 근원을 향하는 인간에게 하느님은 아들을 낳으신다. 아들의 빛을 담지한 인간은 그리스도로 자라난다. 결국 불가역성에서 가역성으로 옮아가 기독교의 수행론의 길이 열렸다면, 가역성의 수행은 상대적 세계를 넘어선 실제의 세계 곧 근원에 머무는 것이다. 이 근원을 불교에서는 공이라고 한다

---

27 Ibid., 145-146.

면, 에크하르트는 신성神性 Godhead이라고 했다. 앞서 이정배가 언급했던 무층巫層이나 무경계 혹은 절대와 같은 것이다. 그리고 머물러 끝이 나는 것이 아니라, 자라나야 한다. 영혼 속에 그리스도가 탄생하여 자라나듯이, 소를 여읜 인우구망人牛俱亡에서, 새로운 시작을 의미하는 반본환원返本還元을 거쳐 색色과 공空을 하나로 포섭하여 대자유로 운유하는 입전수수立廛垂手로 "자라나는" 것이다. 그래야 근원과 현상, 세상과 초월의 불가역성이 가역성으로 완성되는 것이다. 그래야 시간 안에 영원이 있고, 영원 안에 시간이 있어, 여여如如한 자유의 삶, 성령께서 함께하시는 생명의 삶, 곧 홀론적 구원의 세계가 열릴 것이다.

이정배가 열어놓은 기독교적 수행론의 가능성과 그 세계관에 따라 불교와 마이스터 에크하르트의 가역적 세계관과 수행에 관해서 논의하였다. 그렇다면, 이와 같은 시각에서 어떻게 기독교적 '수행'을 할 수 있을 것인가? 수행은 이론과 교설의 나열이 아니라 실제적인 실천이기 때문에 그렇다. 이미 에크하르트도 "Isness is God" 곧 "현존이 하느님이다"라고 했다. 곧, 과거(번뇌)와 미래(망상)에 미끄러져 현재를 놓치는 범인凡人들의 삶을 넘어서 흘러가는 모습놀이에서 빠져나와 영원한 '현존' 속에서 영혼의 '근저'인 신성으로 돌파하라 했다. 이를 실천적인 수행 곧 관상으로 변형시키는 작업이 우선되어야 할 것이다. 다음 글 에서는 틱 낫한이 인도하는 사마타와 위빠사나를 통해 현존성을 발견하는 수행의 방법과 토마스 키팅의 센터링 침묵기도와 연결하여 볼 것이다.

3. 수행을 통한 신과의 연합에 대한 실천 — 집중과 관찰을 중심으로

이정배는 수행론을 통해 가역성과 불가역성의 세계관을 소개하면서 불가역적 세계관 안에 놓여 있는 전통적 기독교에 대한 비판을 했고, 가역적 기독교의 가능성을 '수행'을 통해 제시하였다. 이번 꼭지에서는, 이 수행에 관한 좀 더 실천적인practical 영역을 다루어 낼 것이다. 특히 윗 단에서 논의했던 부분, 곧 가역성 안에서 근원에 머무는 실천적 방법에 대해 제시할 것이다.

현존이 곧 하느님이라고 한다면, '현재'는 영원으로 들어가는 문이다. 하느님에게는 과거도 없고 미래도 없이 현재만이 있다는 것이다. 출애굽기 3장 14절에 하느님께서 "나는 곧 나다 Am Who I Am"으로 당신의 현존성을 드러냈듯이, 에크하르트의 Isness는 만물의 근원인 '현존'으로 들어가는 것이다. 과거와 현재와 미래를 직선적으로 보는 흐름 중심의 시간관에서는 현재란 그리스 신들의 아버지인 크로노스와 같이 미래를 삼키고 이들을 과거로 배설하는 현재가 실종된 시간관일 뿐이다. 불교적으로 보면, 과거와 미래의 번뇌와 망상이 뿐이고, 무명 속에서 탐진치貪瞋癡 곧 집착과 분노와 어리석음이 에고를 덧씌워 괴로움이 끊임없이 반복된다. 그래서 이런 직선적 시간은 '모습놀이'에 지나지 않을 뿐이다.

그렇다면 이와 같은 세계관 속에서 '현재'란 무엇일까? 베단타 철학의 전통을 그대로 구현했다고 하는 라마나 마하르쉬는 "'나'를 신체나 감관 또는 마음 작용과 동일화하는 그릇된 생각을 멈추는 방법으로 '나는 누구인가?'를 끊임없이 묻는 가장 간단하면서 직접적인 방법론을 제시했다."[28]

나는 누구인가?

뼈와 살로 이루어진 이 몸은 내가 아니다
시각, 청각, 후각, 미각, 촉각 등의 다섯 가지 감각기관은 내가 아니다
말하고, 움직이고, 붙잡고, 배설하고, 생식하는
다섯 가지 행동기관은 내가 아니다
호흡 등의 다섯 가지 생기는 내가 아니다
생각하는 마음도 내가 아니다

---

28 데이빗 갓맨 편집, 구승준 옮김.『있는 그대로: 침묵의 큰 스승, 마하리시의 가르침』(서울: 한문화, 2015), 9-10.

내면에 잠재되어 있는 무의식도 내가 아니다

이 모든 것이 내가 아니라면, 나는 누구인가?

이 모든 것을 '내가 아니다'라고 부정하는 행위자,

그를 지켜보는 목격자만이 남는다.

그것이 바로 나다.29

이런 관점이 우파니샤드에서 그대로 언급되고 있지만, 지켜보는 자, 혹은 아트만은 찾을 수 없다. 오직 지켜보는 자를 찾을 때, 미래의 걱정과 과거의 후회로 가득 차 집착과 분노와 무지로 헤매는 마음이 가라앉는다고 했다. 그 이유는 몸의 감각과 마음의 생각을 대상으로 "바라볼 때" 그 순간 생각과 자아가 사라지기 때문이다. 이것은 즉卽의 논리인 반야의 지혜이다. 지켜보는 것, 바로 이것을 불교식으로는 위빠사나 곧 '관찰'이라고 한다. 지켜보기 위해서는, 현재를 뜻하는 그 어느 것에 집중해야 한다. 이 집중을 사마타라고 한다. 불교 수행에 있어서는 집중과 관찰 이 두 가지가 전부다. 다양한 형태의 모든 명상의 방법은, 결국 집중과 관찰로 수렴된다. 서양에서 꽤 긴 시간동안 서양인들과 수행을 했던 틱 낫한은 복잡한 불교의 교리가 아닌 '호흡'을 중심으로 과거와 미래에서 나와 현재에 이르는 법을 설명하고 있다. 그의 글을 읽어 보도록 하자:

당신은 지금 과거의 생각과 기억에 사로잡혀 애통함, 후회, 안타까움이란 고통스런 감옥살이를 하고 있습니다. 하지만 생각해 보세요. 당신은 현재에 살고 있지만 과거는 현재에 살 수 없습니다. 과거는 이미 지나가 버렸고 당신 마음이 머물러 있는 곳은 과거의 느낌이나 이미지일 뿐 입니다. 하지만 그것들이 자꾸 떠올라 당신을 괴롭히며 앞으로 나아가지 못하게 합니다… 호흡에 집중하면 당신이 견뎌야 했던 학대와 위협, 고통이 지금 일어나고 있지

---

29 Ibid., 10.

않다는 것을 알게 됩니다. 현재의 당신은 안전합니다. 호흡수행은 지금 당신의 마음에 그려지는 불안이 현실의 것이 아니라는 사실을 깨닫게 합니다…. 걸으면서 하는 명상도 모든 순간마다 현재에 있도록 하는 놀라운 수행법입니다…. 숨을 들이마시며 걸음마다 '나는 도착해 있다. 나는 집에 있다'고 생각해 보세요. 오로지 이 순간만이 실재입니다. 과거나 미래는 당신을 후회와 고통, 걱정과 괴로움 속으로 몰아가는 유령일 뿐 입니다….달리는 것을 멈추세요. 선(禪Zen)에서는 이것을 사마타(Samatha)라고 합니다. 사마타는 멈춤을 의미합니다. 걸음을 옮기면서 당신의 부모와 조상들 모두에게 가장 실제적인 사랑과 믿음, 헌신을 표현할 수 있습니다.

나는 도착해 있다, 나는 집에 있다.
지금, 바로 여기
나는 확신한다, 나는 자유롭다
최상의 상태로 나는 존재한다.[30]

위에서 마하르쉬가 I Am을 탐구하라고 했듯, '내가 있음'의 현존성과 오직 관념과 이미지로만 존재하는 과거와 미래 곧 번뇌와 망상을 잊고, 숨에 집중할 때, 나는 현재라는 집에 있다. 도착해 있다. 바로 여기가 내가 존재하는 자리라고 집중한다. 습관은 끊임없이 과거와 미래를 움직이는 관념 곧 번뇌와 망상의 기억을 머릿속에 저장했기 때문에[31] 현재 세계에 살지 못한다. "이런 머릿속의 세계를 쉽게 지워 버리지 못하는 것은 당신이 이 환상의 세계를 실재하는 세계라고 확신하기 때문입니다. 저장된 의

---

30 틱낫한, 김성희 옮김, 『모든 숨마다 나』 (서울: 아이넷 북스, 2015), 38-41.
31 불교에서는 이를 안이비설신眼耳鼻舌身의 오감에 뜻 곧 意를 결합하여 5감을 통합하는 것을 '뜻'이라 하여 6식이라 표현하고, 제 7식인 말나식은 좋음과 싫음을 통해 의意 곧 6식에서 종합된 오감을 좋은 것과 나쁜 것(혹은 선과 악)으로 분리한다. 이 기억이 쌓인 저장소를 8식 곧 아뢰야식이라고 한다. 제 7식과 8식의 왜곡 때문에, 대상이 왜곡되는 것이다.

식속의 영화는 당신의 꿈속에서도 자주 재생됩니다…. 꿈속에서 당신은 불안, 염려, 사랑, 미움, 기대, 성취, 실망 등을 경험합니다. 당신은 꿈속의 생활이 실제생활이라 생각하며 돌아다닙니다."[32] 이와 같은 마음의 작용을 이해하고, 매 순간 현재에 머무는 것이 사마타이다.

위빠사나는 호흡에 집중하며, 과거와 미래의 생각과 느낌의 움직임을 '관찰'하는 것이다. 앉아 집중하며, 지켜보는 '나'가 떠올리는 생각과 느낌을 관찰하며 알아차리는 것이다. 헤네폴라 구나라타나는 이 알아차림에 대해서 다음과 같이 말하고 있다:

처음 뭔가를 알아차릴 때, 당신은 '휙'하고 지나가는 온전한 자각의 순간을 갖는다. 그것은 당신이 그 사물을 개념화하고, 식별해내기 전에 일어나는 일이다. 이것이 자각 상태다. 이런 상태는 대개 찰나적이다. 그것은 당신의 눈길이 그 사물에 막 모아지고 마음이 막 집중되는 바로 그 때, 당신의 마음이 그것을 대상화하고 짓눌러 나머지 존재들로부터 떼어내기 직전에, 반짝하는 그 한순간이다. 이것은 그것에 대해 생각하기 전에 '아, 개로군' 하고 속으로 말하기 전에 일어난다. 이 흘러가는 순수자각의 부드러운 집중 순간이 바로 알아차림이다. 마음이 잠깐 반짝하는 그 순간에 당신은 그 대상을 대상 아님으로 체험한다. 여타의 실재와 분리되지 않고 그와 잘 맞물린 순수 집중 체험이 부드럽게 흘러가는 순간을 경험하는 것이다.[33]

생각이나 느낌을 개념화시키지 않고, 그 이전 순간적인 떠오름을 있는 그대로 알아차리는 것, 그래서 생각이 따로 올라오는 것이 아니라, 전체 실제에서 자연스럽게 움직이는 유동적 에너지임을 파악하는 것이 위빠사나이다. 이것들이 마음의 저장고에서 싸여져 있는 좋음과 싫음의 가치판단과 탐진치貪瞋癡와 질투와 열등감 그리고 무기력과 결합된 모든 것들을

32 Ibid.,74.
33 헤네폴라 구나라타, 손혜숙 옮김, 『위빠사나 명상』(서울: 아름드리미디어, 2011), 187.

알아차리고, 본래 있는 그대로의 마음상태로 머물러 있는 것이다. 이 모든 것들은 섬광과 같이 지나가니, 결국 모두 '내'가 아니라, 연기된 세상 속에 오감과 뜻이 그냥 그대로 반응하는 것뿐이다. 이 관찰을 계속하면, 결국 "내가 없다"하는 지혜가 생겨난다. 이로써 감각과 개념으로 구성된 유동체가 나라고 생각하는 모든 것이 허상이라는 것을 깨달으며, 결국 수행자는 "지켜봄"에 머문다. 위에서 밝혔듯이, 지켜봄의 그 순간은 개념과 감각에서 자유로운 공空의 상태이므로, 그때 내 안의 공과 밖의 공이 다름이 없다고 하는 전체 의식 혹은 무경계 또는 홀론적 구원이 이루어지는 것이다. 시간 속에서 모습놀이를 하고 있는 육체는 끊임없이 변하기 때문에 실實다운 것이 아니다. 본래 마음은 곧 본래 성품은 허공과 같이 여여如如하다. 변하지 않아 실實다운 것 허공 곧 '전체'와 '무경계'가 곧 절대 평화요 자비심의 영역인 것이다. 결국 불교의 명상이란 집중과 관찰을 통해 끊임없이 반복되는 혹은 윤회되는 고통의 수레를 벗어나는 것이다. 이 수행에 들어가는 방법은 위와 같이 과거와 미래에 의해 움직이는 마음을 밝히 알고, 현재에 집중하고, 특히 현재를 상징하는 호흡에 집중하고, 떠오르는 순간적 느낌 이전, 생각 이전의 에너지를 관찰하고, 개념과 느낌을 대상화하는 것이다. 이로써 자신은 언제나 변하지 않는 공空이며, 타자와 우주와 나눌 수 없는 전체임을 깨닫게 되는 것이다.

그렇다면, 기독교의 관상이란 무엇일까? 토마스 키팅은 관상기도를 대중화한 센터링 침묵 기도, 곧 향심 기도의 중심은 "하느님의 현존 안에서의 쉼"[34]이라고 규정하고 있다. 현존, 곧 현재에 존재하시는 하느님과 함께 있어 그 안에 머무는 것이다. 불교의 전통과 마찬가지로, 과거와 미래의 '관념'들에서 벗어나 현존하는 하느님의 품 안에 있는 것이다. 품 안에 있는 것을 '집중'이라고 한다면, 이 집중이 유지되기 위해서는 수행자의 에고를 통해 나타나는 허상들을 지속적 관찰하는 것이 필요하다. 집중과 관찰에 관해서 좀 더 구체적으로 이해하기 위해 십자가의 성 요한이 제시

---

34 토마스 키팅, 권희순 옮김, 『센터링 침묵기도』(서울: 가톨릭 출판사, 2009), 53.

하는 수행의 길을 살펴보도록 하겠다. 십자가의 성 요한은 가르멜의 산길에서 이렇게 그의 내적 노래를 부르고 있다.

어느 어두운 밤에
사랑에 타 할딱이며
좋을시고 행운이여
알이 없이 나왔노라
내 집은 이미 고요해지고.35

먼저 요한은 "어느 어두운 밤에"라는 표현을 했다. 왜냐하면, 영혼의 완전한 상태 곧 신과의 연합Union with God이 이루어지기 위해서는 "영혼의 씻음 혹은 정화라고 부르는 밤의 두 가지 양상을 먼저 거쳐"36야 하기 때문이다. 십자가의 성 요한은 위의 시에 이런 주석을 넣고 있다:

한 마디로 이 노래에서 영혼은 어느 어둔 밤에, 하느님의 사랑에 불타, 오로지 당신의 사랑 하나 때문에, 당신이 이끌어내 주시는 대로 밖으로 뛰쳐나옴을 말하려는 것이다. 캄캄한 밤… 이것은 다름 아닌 끊음이요, 씻음—세상의 바깥일들, 육에 즐거운 것들, 의지에 맞스러운 모든 것을 끊고 씻어버림이다. 그러기에 "내 집은 이미 고요해지고," 즉 감성적인 것, 말하자면 스스로의 안에 있는 욕欲들과 욕들 안에 있는 스스로가 이미 잠들고 고요해지고 나왔다는 것이다. 제욕諸欲이 약해지고 잠들기까지는, 욕의 뒤곁에 있는 번뇌와 고민에서 벗어나지 못하기 때문이다. 그러기에 "좋을시고 행운이여 알 이 없이 나왔노라" 하는 것이니, "알 이 없이"라 함은 육에 딸린 그 외의 다른 무엇도 헤살부림이 없다는 것이다. 그리고 나온 때가 밤이었다 함은 하느님께서 영혼의 모든 욕을 없애주심이니, 이것이

---

35 십자가의 성 요한, 최민순 옮김, 『가르멜의 산길』(서울: 바오로딸, 1995), 35.
36 Ibid.

바로 영혼에게 밤인 셈이다.[37]

육의 쾌락을 위한 감각을 끊는다 함은 오감의 선악 곧 좋은 것과 나쁜 것을 나누어 좋은 것을 택하려는 마음을 끊는다는 것이다. 감각의 좋은 것을 선택하려는 것이 감성과 결합될 때, 좋은 것을 선택하려는 '욕망'이 만들어진다. 이들이 잠잠해지는 것은 먼저 하느님의 사랑에 불타는 집중할 때이며, 이 욕망慾望을 바라보는 관찰의 때이다. 왜냐하면 이미 성 요한은 오감이 쾌락으로 향하려는 개념과 감성적 욕망을 '알고' 있기 때문이다. 후에 영혼의 어두운 밤의 단계로 올라갈 때, 영혼의 욕망은 "그리스도의 십자가를 지려 하기보다, 영적 위안을 얻으려고 하는 것"[38]이다. 이 역시 '알고' 있기 때문에 관찰이 가능한 것이다. 하느님의 사랑에 헐떡인다는 것은, 영적인 독서 곧 lectio Divina를 뜻하는 말이다. 전통적으로 관상기도는 렉시오 디비나 곧 묵상적 성경읽기의 끝에 존재한다고 말하고 있다.[39] 가르멜 수도회의 경우 기도의 패턴은 7가지 단계가 이었다: "준비, 독서, 묵상, 대화, 감사, 봉헌, 청원"[40]이다. 묵상과 관상기도의 시작은 '준비'부터이고, 독서란 신학과 교리 서적을 읽고, 묵상이란 영적으로 성경의 말씀을 읽는 것이며, 그 다음 대화란 내적 대화 곧 관상기도를 말하는 것이다. 뒷부분 감사와 봉헌과 청원은 공적인 묵상과 관상적 모임에서 하는 것이다. 그러니 결국은 준비, 독서, 묵상, 대화가 핵심이고, 그 중심은 성서를 반복적으로 읽고, 이것이 내게 무슨 말씀을 주는지에 대한 묵상에서 '감동'이 올 때, "사랑에 타 할딱이며" 관상기도에 들어가는 것이다. 이 패턴의 반복은 감각과 영의 밤, 곧 비움 속에 나타난 내적 위기의 상황이

---

37 Ibid., 36-37.
38 토마스 머튼, 서한규 옮김,『십자가의 성 요한과 진리의 산길』(서울: 바오로딸, 2010), 104.
39 토마스 키팅, 권희순 옮김,『센터링 침묵기도』(서울: 가톨릭출판사, 2007), 54.
40 성녀 마리아 막달레나의 가브리엘,『하느님과의 일치: 모든 이들을 위한 십자가의 성 요한의 가르침』(서울: 성바오로, 2014), 123.

반복된다. 결국 이런 과정을 거쳐 나를 버리고 그리스도가 중심이 되는, 에크하르트적 언어로 말하자면 "영혼 속에 그리스도께서 탄생"하는 과정인 것이다. 하느님에 대한 사랑에 헐떡이며 '현재'에 집중하고, 욕망을 관찰하며 감각과 영혼의 밤이 찾아오는 것에 대한 대비를 통해 자신이 완전히 사라졌을 때, 가르멜 산의 정상, 가장 깊고 가장 높은 곳에 도달한다. 십자가의 성 요한이 이를 다음과 같은 도표로 표현하였다:[41]

일단 도표의 형상은 이정배가 언급했던 우라보노스 곧 꼬리에 꼬리를 무는 뱀과 같이 비시원적 형태이다. 동양에서는 법신불의 원형상과 같이 비시원적이다. "모든 것을 맛보기 위해서는 아무것도 맛보려 하지 말라"라는 말이 왼쪽 편에 써 있고, "아무것도 바라지 말라"가 오른편에 써 있다. 온전한 곳에 다다르기 위해서는 내가 원하는 곳에 가지 말라고 했다. 이미 앞서 논의한 바 있지만, 마이스터 에크하르트의 경우 그리고 십자가의 성 요한의 경우 '믿음'이란 곧 '비움'이며, 산상수훈 8복의 첫 번째 복인 "심령의 가난함"이다. 그리고 찾지도 말고 원하지도 않을 때, 천상과 지상의 보화와 소유와 영광과 지식과 위로와 휴식을 비울 때, 바로 이때가 하느님의 영광인 무경계의 상태가 된다. 묵상을 통해 신의 사랑에 불타올라 오감을 지켜보고, 영혼이 원하는 "천상과 지상의 보화, 소유와 영광과 지식과 위로와 휴식"이 어둠 속에 사라지게 할 때, 그리고 산 위에도 무無, 곧 산을 향한 나의 집착도 사라져 철저히 내면이 가난해 질 때, 이때 경계 없는 "신성" 안에 있음을 깨닫게 된다. 원형과 같은 가르멜산이 천상과 지상의 보화를 감싸 안고 있듯, 이미 관상의 길로 접어든 수행자는 신의 현존 속에 있으나, 육체의 오감과 감정이 결합된 욕망의 무명無明 속에 곧 '어둠' 속에 있기 때문에, 그는 신 안에 있음을 깨닫지 못하는 것이다. 결국 십자가의 성 요한의 도형을 보아도, 발길 닿는 곳마다 신 아닌 곳이 없다.

누구나 이미 홀론적 무경계의 전체 의식 안에 있는 것이다. 그가 하느

---

41 Ibid., 315.

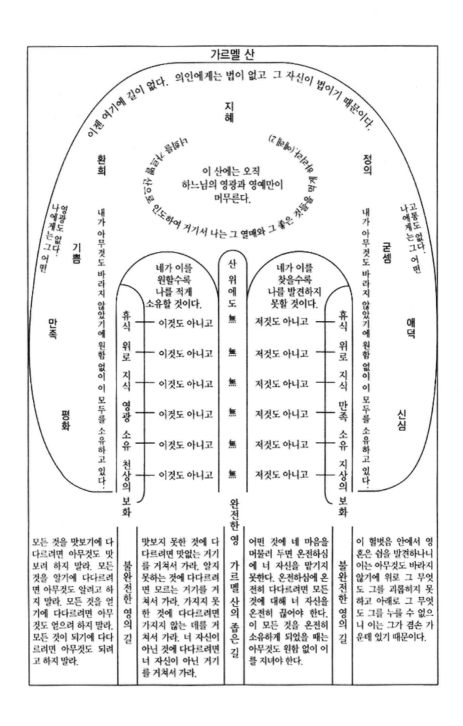

님 안에 있음을 깨닫기 위해서는 가르멜 산으로 올라가거나, 혹은 에크하르트 식으로 말하자면, 가장 깊은 근저로 돌파해 들어가야 하는 것이다.

십자가의 성 요한의 이런 고전적인 집중/관찰의 방법에 관해 토마스 키팅은 이렇게 해설하고 있다:

믿음은 하느님께 자신을 열고 자신을 내어 드리는 것이다. 영적 여정은 다른 어디론가 떠나는 것을 요구하지 않는다. 왜냐하면 하느님께서 이미 우리와 함께 그리고 우리 안에 계시기 때문이다. 그것은 우리가 우리의 일상적 사고들을 의식의 뒤편으로 물러나게 하여, 그것을 의식하지 않고 의식의 강을 따라 떠다니는 동시에 그것들이 떠다니는 강 자체에 주의를 곧바로 집중할 수 있느냐의 문제다. 우리는 강둑에 앉아서 지나가는 배들을 바라보는 사람과 같다. 만약 우리가 우리의 주의를 배들보다는 강 자체에 집중하면서 강둑에 머무른다면, 배와 같은 사고들이 자나갈 때 그것들에게 집중하지 않고 무시할 수 있는 능력이 개발되고 더 깊은 차원의 집중이 나타날 것이다.42

떠오른 생각을 배로 봤을 때, 그 배가 보이는 이유는 그 빈 공간 곧 '강'이 있기 때문이다. 본질은 떠다니는 개념이 아니라 개념을 보게 하는 더 근원적인 '강'이다. 키팅의 말을 더 들어보도록 하자.

하나의 생각이란 의식의 내적 스크린에 비춰지는 어떤 지각(知覺 perception)이다. 이것은 감정, 이미지, 기억, 계획, 외부의 소음, 평화의 느낌, 또는 심지어 영적인 교통(交通, communication)일수도 있다. 다른 말로 하면, 의식의 내적 스크린에 기록되는 것은 그것이 무엇이건 간에 "사고"로 간주된다는 것이다. 센터링 침묵기도의 방법은 기도 중에 일어나는 모든 사고들, 심지어 가장 신앙적 사고들까지도 흘려보내는 것으로 이루어진다.43

---

42 토마스 키팅,『센터링 침묵기도』(2007), 60.
43 Ibid.

키팅은 '강'이라는 말 대신 '스크린'이란 용어를 사용한다. 이 스크린 위에 십자가의 성 요한이 개념화한, 천상/지상의 휴식, 위로, 영광, 소유, 보화까지 다 '흘려보내고' 센터 곧 중심 혹은 근원으로 들어가 혹은 돌파하여 이에 머무는 것이다. 불교의 위빠사나가 개념으로 굳어지기 이전의 것을 관찰하듯, 센터링 기도 역시 떠오르는 모든 것을 흘려보내야 하는 것으로 간주한다. 왜냐하면 본질은 떠오르는 생각이 아닌 생각 이전의 에너지이고, 이미지 이전 그것을 관찰하는 시각이기 때문이다. 그렇다면 관상의 순서는, 관상 이전 렉시오 디비나를 통한 묵상으로 말씀에서 등장하는 거룩한 단어, 곧 하느님, 예수님, 성령님, 아버지, 어머니, 은혜, 아버지 품과 같은 단어를 떠올린다. 이 방법의 목적은 "오로지 당신의 의도를 하느님께 곧바로 향하게 함으로써, 당신의 영적 본질이 이끌리고 있는 더 깊은 의식을 개발하는데 우호적인 분위기를 조성"[44]하기 위함이다. 위빠사나가 호흡에 집중한다면, 센터링 기도는 이 거룩한 단어에 집중하며 관상의 방향을 설정하는 것이다. 그런데 키팅은 "당신이 정신을 고요하게 하기 위한 어떤 육체적, 심리적 방법을 사용한다면, 나는 당신이 그것을 기도의 맥락 안에 넣기를 제안한다"[45]라고 했다. 최근 한국을 방문했던 키팅은 관상기도의 모임에서, 호흡이 움직이는 코끝에 집중하며 들숨과 날숨에 맞춰 거룩한 단어에 집중하라고 했다. 집중과 관찰을 통해 "심층"으로 들어가, 생각이 끊어지는 무아無我 곧 신과의 연합 혹은 홀론적 구원을 체험하며, 영혼 안에 그리스도의 탄생을 통한 "작은 예수"가 되는 길을 찾아낼 수 있을 것이다. 이정배가 그의 글에서 언급했던 가역적 기독교의 다섯 가지 패러다임 "1. 인간을 포함한 우주 자연이 하느님자체의 형상이자 현현이며, 2. 자연은 하느님 계시의 원천이자 원 은총의 영역이고, 3. 하느님 자신은 초월적 실체나 인격적 타자가 아니라 우주를 둘러싸는 영과 같이 피조물

---

44 Ibid., 60.
45 Ibid., 77.

을 결합하는 존재이고, 4. 예수는 믿음의 대상(redeemer)가 아니라 창조적 영성을 환기시키는 존재(reminder)이고, 5. 구원이란 우주의 큰 생명인 하느님 영에 취해 전 우주와 감응하며 새로운 문화를 일궈낸 예수의 존재 양식"은 에크하르트나 십자가의 성 요한의 영성, 키팅의 센터링 기도와 그대로 부합된다. 그렇기 때문에, 관상기도는 동아시아적 명상 전통인 사마타와 위빠사나 그리고 선이나 유교적 수행과 결합하여 관상의 깊이를 위한 실천적 대화를 실험적으로 계속해나가야 할 것이다. 가역성을 통해 근원에 머물며 색色과 공空의 통합을 추구해온 수행과 영성이 아시아에서는 주류였기 때문이다. 기독교는 배우고 또 배워야 할 것이다. 또한, 개념으로의 종교 대화를 넘어, 수행과 체험으로의 종교 대화를 열어나가야 할 것이다. 이런 수행의 대화와 함께 기독교의 주류 전통인 불가역적 세계관 속에 묻혀 있던 가역적 전통인 신비주의와 수행법이 발굴되어 실험된다면, 동서양의 종교간 대화는 물론, 과학과 인문학과의 폭넓은 대화를 통한 홀론적 구원으로 도달하는 길이 열릴 것이다. 이정배가 새로운 차축시대를 이야기했듯이, 매튜 폭스는 "새로운 문명"곧 지구적 문명Global Civilization을 말하고 있다. 홀론적 구원을 향한 수행 혹은 창조영성이 미래의 종교 형태가 될 것이다.

　마지막으로 수행을 통한 자기 절제가 자본주의 문화의 폭력과 물질주의를 넘어선 마을 공동체 문화에 커다란 영적 버팀목이 돼 줄 수 있을 것이다. 바가다드기타를 애독하며 내적 금욕을 실천하고, 비폭력 무저항운동을 이끌며 마을 공동체를 제창하고 실천한 간디의 삶과 자기 비움의 관상적 삶을 사회참여로 승화시킨 토마스 머튼을 볼 때, 관상적 삶이 결코 현실 도피적 비역사 의식이라는 비판과는 상관없다는 것은 분명하다. 오히려 교회가 이익집단이 되어 에고를 충족시키고자 기도하며, 길거리에 나와 데모를 하는 것을 '역사적'이라고 생각하는 근본주의자들에게 가장 필요한 기도의 방법이 관상과 묵상일 것이다. 자아의 욕망을 신성한 기도의 원천이라고 생각하는 그 자체가 자신과 타자를 괴롭히는 출발이 되는 지점이니 말이다.

III. 나가는 말

이 소논문은 이정배의 수행론에 대한 검토를 통해 그의 가역성/불가역성을 설명하였다. 불가역성의 영역 안에 있는 기독교에 대해 특히 서양 기독교에 대해 비판하고, 동양적 기독교 혹은 가역성의 세계관 안에서 기독교가 해석될 수 있는가가 이정배의 관심이었다. 이를 통해 그는 다섯 가지의 홀론적 구원을 향한 패러다임을 제시했다. 이 논문은 가역적 세계관 안에서 재발견된 마이스터 에크하르트와 또한 이 틀 안에서 재구성된 기독교를 통해 신비주의 곧 "심층 종교"로의 이동을 제안했고, 이를 "근원으로 향하고, 근원에 머무는 것"이라고 했다. 특히 마이스터 에크하르트의 '돌파'를 통해 "근원을 향하고, 근원에 머무는 것"이란 신의 '현존'과 함께 있는 것 혹은 근원에 머물러 있는 것이라고 했다.

마지막으로 불교의 사마타와 위빠사나의 집중/관찰 수행의 관점에서 기독교의 관상기도를 이해했고, 이를 위해 십자가의 성 요한과 토마스 키팅의 센터링 침묵 기도가 소개됐다. 그래서 이론적 수행의 대화를 넘어 실제적으로 일상의 침묵 기도 속에 홀론적 구원의 방법을 제시하였다. 개념적 종교간 대화와 함께 수행적 대화를 통한 홀론적 구원의 '심층'으로 들어가는 문이 더 활짝 열리길 기대한다. 마지막으로 아일랜드의 수도사인 윌리암 존스톤이 선방에서 경험한 감동적인 대화를 소개하며 이 글을 마치고자 한다.

"잘 되어 가고 있습니까?"

"다리가 너무 아파서 도무지 견디지 못할 지경입니다"

"다리를 쭉 펴도록 하세요! 쭉 펴세요! 선방에 있는 젊은이에게 미리 일러두

겠습니다. 너무 괴로운 일이 생기게 되면 도중에 포기할 마음이 들게 됩니다. 나는 당신이 계속 수행하길 바랍니다. 지나치게 열심히 할 생각은 마세요. 그건 그렇고 당신이 행하고 있는 禪에 대해서 말해 주겠습니까? 어떻게 하고 있습니까?

"제 생각엔, 당신이 말한 '게도우 젠'(外道禪)을 하고 있습니다."

"아주 좋아요! 많은 그리스도인들이 그렇게 하지요. 하지만 당신이 말하는 '게도우 젠'이란 정확히 말해 무엇이죠?"

"아무런 말이나 생각 없이, 아무것도 상상하지 않고 궁리하지도 않은 채, 하느님의 현존 안에 고요히 앉아 있다는 뜻이지요."

"당신의 하느님은 어느 곳이든지 계십니까?"

"그렇습니다."

"그러면 당신은 하느님께 둘러싸여 있습니까?"

"맞습니다."

"당신이 이를 체험하셨나요?"

"그렇습니다."

"아주 좋습니다! 아주 좋아요! 그런 식으로 계속 하십시오. 계속하기만 하면 됩니다. 그러면 마침내 하느님은 사라지고 단지 존슨 씨만 남아 있다는 것이 발견될 것입니다."

이 말은 내게 충격적이었다. 이 말은 곧 모든 것을 부정하라는 소리처럼 들렸다. 내가 생각했던 거룩함에 대해 또 내가 禪이라고 이름한 것의 한가운데 두었던 모든 것을 부정하라는 말이 아닌가. 선사의 말을 반박해서는 안 되는 줄 알지만 나는 그렇게 했다. 나는『무지의 구름』의 가르침을 떠올리면서, 거기에 등장하는 자기가 온전히 사라지고 오직 하느님만이 남아 있는 신비로운 순간들을 회상하며 미소를 지었다. "하느님께서는 사라지지 않을 겁니다. 존슨은 사라지겠지만, 하느님만이 남을 것입니다"

"그럼요, 그렇지요" 그는 빙그레 웃으며 말했다. "그 말이 그 말이지요. 내가 한 말과 똑 같은 말입니다." (중략) 그 말은 이원론二元論의 부정이었고, 전통적인 서양식과는 다른 방법으로 하느님께 다가가라는 뜻이 숨겨져 있었다.46

---

46 윌리암 존슨, 김규돈 옮김, 『그리스도인의 참선』(서울: 분도출판사, 2006), 17-18.

참고문헌

길희성,『마이스터 엑카르트의 영성사상』서울: 분도, 2004.

김기추,『금강경강송』서울: 운주사, 2012.

------, 안경애 편집,『이 말 한마디 듣기 위해 이 세상에 왔노라』서울: 운주사, 2013.

Wilber, Ken, A Theory of Everything (Boston: Shambhala, 2000).

데이빗 갓맨 편집, 구승준 옮김『있는 그대로: 침묵의 큰 스승, 마하리시의 가르침』서울: 한문
    화, 2015.

마이스터 엑카르트, 매튜폭스 편집, 김순현 역,『마이스터 엑카르트는 이렇게 말했다』서울:
    분도출판사, 2006.

성녀 마리아 막달레나의 가브리엘,『하느님과의 일치: 모든 이들을 위한 십자가의 성 요한의
    가르침』서울: 성바오로, 2014.

십자가의 성 요한, 최민순 옮김,『가르멜의 산길』서울: 바오로딸, 1995.

오강남, 성해영,『종교, 이제는 깨달음이다』서울: 2011.

윌리암 존슨, 김규돈 옮김,『그리스도인의 참선』서울: 분도출판사, 2006.

이정배, "기독교 믿음과 동양적 수행, 그 하나의 접점을 찾아서", 변선환 아키브 편집『동서종
    교의 만남과 그 미래』서울: 모시는 사람들, 2007.

------,『없이 계신 하느님, 덜 없는 인간: 다석신학의 얼과 틀과 그리고 쓰임』서울: 모시는 사
    람들, 2009.

토마스 머튼, 서한규 옮김,『십자가의 성 요한과 진리의 산길』서울: 바오로딸, 2010.

토마스 키팅, 권희순 옮김,『센터링 침묵기도』서울: 가톨릭 출판사, 2009.

틱 낫한, 김성회 옮김,『모든 숨마다 나』서울: 아이넷 북스, 2015.

헤네폴라 구나라타, 손혜숙 옮김,『위빠사나 명상』서울: 아름드리미디어, 2011.

Fox, Matthew, Original Blessing (New York: Jeremy P. Tarcher, 2000).

탈현대의 상황과 불이적 구원론
: 이정배 구원론의 평가와 전망

신익상 박사

(성공회대학교 연구교수)

Ⅰ. 상황: 탈현대

이정배에게 있어서 탈현대라고 하는 상황 인식은 자신의 신학을 전개하는 중요한 전제 중 하나라고 할 수 있다. 이 전제가 이정배의 언어로 명확하게 설명된 것은 1993년의 책『현대이후주의와 기독교』에서다. 이은선과 함께 지은 이 책에서 그는 그리핀D. Griffin을 참고하여 탈현대적 상황을 신 이해, 자연 이해, 인간 이해, 사유 방식이라는 네 가지 방향에서 정리했다.[1]

첫째, 신을 배타적 인격성과 절대적 타자성으로 무장한 전능한 존재라고 보던 힘 중심의 초자연적 인격적 유일신론 논리에서 신을 우주 전체와의 상호적인 관계성을 통해 자신의 의미를 현시하는 존재로 보는 사랑 중심의 범재신론 논리로 신 이해가 옮겨간 것이 탈현대적 상황의 양상이라는 것이다. 그는 이러한 관계적 이해가 "사물의 내적 본성에 따르고자 하는 논리"[2]라고 함으로써 관계성을 만물에 내재하는 본성으로 이해하는 사

---

1 이은선 · 이정배, 『현대이후주의와 기독교』 (서울: 다산글방, 1993), 11-26. 참조.
2 Ibid., 17.

고를 제시하였다. 둘째, 자연을 지배와 착취의 대상인 영혼 없는 물질로 보지 않고 조화로운 관계를 맺어야 할 대상으로 보게 되었다는 것이다. 이는 영혼(신의 형상)의 소유 여부로 인간과 자연을 분리해서 보던 근대적 습관을 거부하고 영혼은 어떤 특정 대상에 배타적으로 포섭될 수 없는 우주적 차원을 갖는다고 하는 생각의 연장이다. 셋째, 자연주의적 환원주의라는 렌즈로 인간상을 규명하려는 근대적 입장과는 달리 다양한 가치에 의해 동기화되며 관계적인 맥락 속에서 움직여가는 인간상을 떠올린다는 것이다. 넷째, 실체론적 사유 방식에서 관계론적 사유 방식으로 옮겨갔다는 것이다. 이로 인해 차이와 다양성을 차별이 아닌 관용과 존중으로 대할 수 있게 된다. 이러한 탈현대 관점 하에서 그는 진정한 종교를 다음과 같이 규정한다.

> 진정한 종교는 … 전체의 선으로부터의 분리를 원치 않는 즉 전체를 느끼는 삶의 태도를 이끌어 가는 것이다. … 종교는 인간이 다양성 속에서 그리고 전체 관계성 속에서 자신과 사회를 조망하도록 도와야 한다.3

탈현대적 관점을 적극적으로 수용하고 있는 그에게 있어서 '전체 관계성'은 인간에게 내재하는 창조성의 역량으로 최근에 이르기까지 지속된다. 2009년의 한 책에서 그는 다음과 같이 탈현대적 정서를 규정하고 있다: "탈현대적 정서는 … 안으로부터 인간을 자극하며 스스로 창조토록 돕는 관계적 존재를 신이라 생각했다. 이에 탈현대는 거룩(힘)보다는 사랑(자비)을 신의 새 속성으로 수용했다."4 인간의 내재적 역량을 전체와의 관계성에서 찾으면서 이를 신이라 명명한 그에게 '전체'는 단지 공시적 개념이 아니라 통시적 개념이기도 하다. 그리하여 절대화된 표준에 대한 거부는 서구와 비서구라는 공간적 차별뿐만 아니라 유일한 목적으로 수렴

---

3 Ibid., 26.
4 이정배, 『없이 계신 하느님, 덜 없는 인간』 (2009), 217-218.

하는 선형적 · 전체주의적 · 종말론적 역사라는 시간적 차별에게도 적용된다.5 인간은 시공을 아우르는 전체와의 관계 속에서 전체와 부분을 동시에 드러낸다. 여기에서 토착화와 세계화가 만날 수 있는 지점이 설정될 수 있다. 토착화는 그것이 약자의 논리인 한, 그것의 범위를 국가로 설정하든 문화권으로 설정하든 약자와 강자의 관계를 정당화하는 논리로서의 세계화를 변혁할 대안적 세계화로서 기능할 수 있다는 것이다.6

　　이러한 관점이 창의적으로 적용된 대표적인 예는 문화 혼종성을 공시적인 관점에서 뿐만 아니라 통시적인 관점에서 바라보며 '교차적 혼종성'으로 도입하고, 이를 바탕으로 한류를 자기 초월적 주체로 해석한 데서 찾을 수 있다. 제국과 식민지라는 공간적 관계뿐만 아니라 전통과 탈현대라는 시간적 관계까지도 고려할 경우, 그리하여 식민지의 전통이 제국발發 탈현대의 메아리와 교차될 경우 "자신의 식민적 공간이 탈영토화되어 과거와 현재 그리고 미래가 얽혀진 혼종적 공간으로 재영토화"7될 수 있다는 것이다. 끌어안는(함含) 관용과 가난한 타자와 함께 느끼며 만나는(접接) 관계 맺기를 통해서 끊임없이 자기 정체성을 허물어가는 열린 종교로서의 기독교를 형성하는 데서 토착화의 의미를 찾는 것에 다름 아니다.8

　　그렇다면 이정배에게 탈현대란 서구적 주체와 그 주체의 문제의식을 자신과 자신을 둘러싼 문제에 적용하는 차원에서 자신의 신학적 고민들에 전제되는 상황이 아니라, 서구적 주체와 그 주체의 문제의식이라는 관계 항들을 중심으로 차려진 논의의 마당 자체를 초월하기 위해 마련된 상황인식이라고 할 수 있다. 제국과 지배담론이 동일한 출발점을 갖는 한,

---

5 Ibid., 219-220. 참조.
6 이정배,『토착화와 세계화』(2007), 123-125. 참조. 여기에서 이정배는 주로 동아시아문화권을 중심으로 대안적 세계화를 논하고 있지만, 약자와 강자의 관계 속에서의 토착화 논의는 그의 이론적 일관성 속에서 그 영역을 언제든 재설정할 가능성이 충분하다. '전체 관계성'은 전체가 어떤 식으로 분할되든 그 분할 속에서 특정 부분이 절대화되는 것을 거부하는 개념이기 때문이다.
7 이정배,『고독하라, 저항하라, 그리고 상상하라』(서울: 동연, 2013), 447.
8 Ibid., 482-483.

탈현대는 토착화와 공간적으로도 시간적으로도 동일한 목소리를 낼 수밖에 없는 것이다.

그러나 일견 그의 탈현대는 전체 관계성이라는 개념으로 수렴함으로써 보편성을 강조하는 반면 토착화는 한국의 역사적 현실이라는 시·공간적 특수성을 강조하는 것처럼 보이며, 따라서 서로 모순 관계에 있을 수밖에 없는 것처럼 보인다. 이 문제를 풀 수 있는 단초는 전체 관계성이 공간은 물론 시간도 아우르는 개념, 즉 변화와 역동성을 야기하는 개념이라는 사실과 토착화는 교차적 혼종성에 의거 문화의 변화하는 추이를 추적하는 것이기에 특정 문화의 시·공간적 특수성을 절대화할 수 없다는 사실에 있다. 전체로도 부분으로도 절대화되지 않는 두 개념은 절대화를 지양하는 방법론을 통해서 서로를 지지하고 있는 것이다. 토착화는 탈현대를 통해 자신의 특수성이 절대화되는 것을 지양하며, 탈현대는 토착화를 통해 전체 관계성의 역동성을 현시한다. 그래서 이정배는 "필자의 관심은 한국 문화의 고유한 원리에 있지 않다. 오히려 한국의 역사적 현실 속에서 문화적 요소 및 원리의 시간적 변형에 흥미를 느낀다. 문화는 변하기 때문이다"[9]라고 말하는 한편, "토착화론의 과제가 바로 전일적 사고방식에 기초한 생명문화의 창조에 있는 것"[10]이라고도 말할 수 있었다.

II. 응답: 대속과 자속의 불이성

이정배는 탈현대적 상황에서 어떻게 예수를 이해해야 하는가를 묻는다. 이에 대한 대답을 그는 처음엔 종교다원주의 이론을 한국적 생명신학이라는 주제에로 연장하는 가운데 찾았으나,[11] 최종적으로 안착한 곳은 생명신학이 새롭게 접속한 다석학파의 사상에서라고 할 수 있다.[12] 그런데 이 과정

---

9 이정배, 『토착화와 세계화』 (2007), 84.
10 이은선·이정배, 『현대이후주의와 기독교』 (1993), 416.
11 Ibid., 403-418. 참조.

에서 일관되게 적용되는 사유방식은 이원론과 물질주의를 극복하고 도달하는 비이원론적 사유다.[13]

그는 교토학파의 즉비卽非 논리나 원효의 일심一心 사상 등을 통해서 동양의 비이원론, 즉 불이론不二論을 소개한다. 특히 야마우치山內得立의 렘마의 논리를 변선환을 경유해서 이해함으로써 불이론의 논리적 사유를 자기화하고, 다른 한편으론 다석학파의 불이론을 신론 및 기독론과 구원론을 통해서 전개한다. 최종적으로는 변선환의 한국적 종교해방신학에 대한 불이론적 해석을 통해 다석의 귀일歸一 사상과 탈 식민주의적 다양성의 신학을 연결하여 이해하는 방식을 보여줌으로써 변선환과 다석학파의 불이적 사유를 상호 관련시킨 바 있다.

하지만 이정배가 예수에 대한 새로운 이해, 즉 탈현대의 기독론을 논구하는 최종적 목표는 단지 예수 그리스도에 대한 신앙고백을 새 시대에 맞게 정당화하는 논리를 발견하려는 것이 아니다. 예수에 대한 이해를 통해 인간 해방, 즉 구원의 가능성을 타진함으로써 자신의 생명신학을 실천적으로 구현하고자 하는 것이다. 단적으로 말해서, 그는 불이적 특성이 "역사적 예수에 근접한 신앙의 진정성을 담아낸 것"으로 이에 따라 "형이상학적 진리가 아니라 수행적 진리performative truth"[14]를 추구할 때라야 기독교 신앙의 미래를 담보할 수 있다고 본다. 예수가 수행적 진리를 살아낸 존재라는 이해는 관계성을 내재적 역량으로 품고 있다는 탈현대적 인간

---

12 이정배가 다석 유영모의 기독론을 논한 것은 1996년으로 거슬러 올라간다. 그러나 이때 그가 관심했던 것은 다석의 '얼 기독론'이 가진 생명신학적 특성, 즉 관계적이고 개방적이며, 비이원적이고 전일론적인 성격을 강조함으로써 한국적 기독론의 가능성을 발굴하는 데 있었지 구원론의 차원에까지 기독론을 발전시키는 데 있지는 않았다; 이정배, 『조직신학으로서의 한국적 생명신학』(1996), 251-331.

13 이은선·이정배, 『현대이후주의와 기독교』(1993), 402, 413; 이정배, 『한국적 생명신학』, 122-134, 278-331; 이정배, 『한국 개신교 전위 토착신학 연구』(2003), 100-104; 이정배, 『간문화 해석학과 신학적 상상력』(2005), 194-211; 이정배, 『토착화와 세계화』(2007), 253-286; 이정배, 『없이 계신 하느님, 덜 없는 인간』(2009), 171-227; 이정배, 『고독하라, 저항하라, 그리고 상상하라』, 416-435.

14 이정배, 『없이 계신 하느님, 덜 없는 인간』(2009), 227.

이해와 만나면서 새로운 기독교 구원론으로 옮겨갈 수 있는 길을 연다. 전통적인 대속代贖 사상을 넘어서 자속自贖을 말할 수 있게 된다는 것이다. 대속과 자속의 관계에 대한 그의 사유를 이해하기 위해서 본고는 두 방향에서 접근하고자 한다. 첫째는, 불이적 논리를 구원론과 관계시키는 그의 방법을 좀 더 상세하게 살펴보는 것이다. 둘째는, 이러한 방법을 다석 유영모의 사상과 연결시킴으로써 구체화한 그의 불이적 구원론을 검토하는 것이다. 둘째 방향에 대한 논의는 다시 두 단계로 나뉘어 진행된다. 우선, 유영모의 구원론이 어떻게 불이적 논리와 접속되는가를 '대자불이 구원론'이라는 개념으로 개관하겠다. 그 다음 이정배가 유영모의 삼재론과 귀일歸— 사상을 통해 불이적 구원론에 도달하는 과정을 숙고하고 이를 '대자불이代自不二 구원론' 개념과 비교함으로써 이정배의 불이적 구원론이 갖는 이론적 정합성을 검토해보고자 한다.

1. 불이적 논리와 구원론

어떻게 불이적 논리가 구원론과 만나고 있는가를 조금 더 자세하게 살펴보기 위해 여기서는 렘마의 논리로서 그가 이해하고 있는 바를 설명하는 것으로 시작해보자. 이 논리는 이른바 서양의 로고스의 논리와 대립하는 논리로 로고스의 논리는 'A라면 非A일 수 없다'는 양자택일의 분별지라면, 렘마의 논리는 'A이기도 하고 非A이기도 하다'는 포용적 직관지라고 할 수 있다. 로고스의 논리는 배중률을 바탕으로 있음과 없음, 긍정과 부정 중 어느 한 가지를 선택하도록 강제하는 반면, 'A=A and ~A'라고 하는 이른바 용중률容中律을 바탕으로 하는 렘마의 논리는 'A도 아니고 ~A도 아니다'(제3의 렘마)라는 절대 부정을 통해 'A이고 ~A이다'(제4의 렘마)라는 절대 긍정에 이르는 관용의 정신에 다름 아니다. "즉 렘마의 논리는 생멸의 세계에서 출발하지 않고 생과 멸 일체를 부정하는 불생불멸(空, Sunjata)의 빛에서 양자를 절대 긍정하는 것이다."15 이정배는 변선환이 이러한 렘마의 논리를 충분히 신학적으로 구체화하지 못했다고 지적하면서, 이를 위해서는 기독론의 핵심인 신과 인간의 가역성/비가역성 문제에 천착해야 한다는 교토학파 신학자들의 문제의식에 공감한다. 그러나 그는 이내 비가역성이 아닌 가역성을 중심으로 하여 "신과 인간 간의 불이적인 공속성共屬性"[16]을 강조함으로써 동양적 기독론을 더욱 철저하게 밀고 가야 한다는 결론에 이르게 된다. 그래서 결국 비가역성을 더욱 강조했던 교토학파 신학자들의 결론과는 반대의 길을 간다.[17]

예수는 단지 믿음의 대상이 아니라 자신이 체험한 영을 우리도 체험할 것을 종용하는 이, "범재신론의 틀 속에서 하느님과 인간을 불이적 관계로 볼 수 있는 여지를 허락"[18]하는 이, 그리하여 유영모가 말하듯 "인간 내면의 아버지(바탈)를 확신시키는 존재"[19]다. 예수의 수행적·실천적 삶은 우리 또한 그러한 삶을 살아냄으로써 같은 길을 갈 수 있다는 잠재성을 호출한다. 이 부름에 응할 때, 대속과 자속의 식별이 불가능해지는 영역으로 인간은 진입하게 된다. 이러한 상황을 이정배는 유영모에 의지하여 다음과 같이 말하고 있다.

예수처럼 제 십자가를 지고 제 길을 감으로써 자기 속사람이 변하여 얼(바탈)나로 변하는 것이 다석이 생각하는 구원이다. 이런 구원관은 예수의 대속적 죽음에 대해 신앙고백을 요구하는 기존 교회의 생각과는 전혀 다르다. 여기서 우리는 대속적 죽음 대신 자속적 구원이란 전혀 새로운 개념을 접한다. 자속이란 수행적(점수적)이란 말과도 의미 상통하는 개념이다. 자속이란 말 그대로 구원을 스스로 이룬다는 의미이다. 하지만 예수가 그랬듯이 스스로 십자가를 지는 일은 또 다른 자속을 가능케 하기에 대속일 수 있다.

---

15 이정배, 『간문화 해석학과 신학적 상상력』(2005), 173.
16 이정배, 『없이 계신 하느님, 덜 없는 인간』(2009), 225.
17 이정배, 『간문화 해석학과 신학적 상상력』(2005), 184-186 참조.
18 이정배, 『없이 계신 하느님, 덜 없는 인간』(2009), 222.
19 Ibid., 223.

예수의 십자가(실천력)는 다석의 삶을 결정지었고 우리의 믿음을 불러일으키기 때문이다. 하여 다석에게 자속/대속의 이분법은 무의미하다. … 서구의 기독교가 믿음을 특화시켜 구원을 인간 개인과 연루시켰으나 미래의 구원은 방식과 내용에 있어 언제든 믿음/수행, 전체/부분을 아우르는 불이적 방식으로 일어날 것이다.[20]

탈현대와 토착화의 빛에서 범재신론의 틀을 세움으로써 신과 세계의 공속성을 긍정하고, 이러한 공속성의 실천력을 예수의 삶에서 찾음으로써 수행적 진리로서의 구원이 인간과 세계의 잠재력으로 되살아난다. 따라서 이정배의 불이적 구원론은 신과 세계 또는 신과 인간의 경계선 속에서 경계선의 효력을 정지시킴으로써 경계 속에서 경계를 넘어서는 잠재성의 이론이다.

2. 유영모의 대자불이(代自不二) 구원론
: 얼 기독론에서 길어 올린 불이적 구원론

이러한 잠재성의 단초를 다석 유영모에게서 찾고자 한다면 그의 얼 기독론을 검토해야 한다. 기독론은 인성과 신성, 유한과 무한이라는 두 극단의 접점을 논하는 것인 바, 유영모가 '얼'이라는 개념으로써 이 접점이 가져오는 모순을 어떻게 해결하고 있는지 살피는 것이 우선해야 하기 때문이다. 이를 통해 신과 세계, 신과 인간의 경계선 내부에서부터 터져 나오는 잠재성의 현실화라는 과제를 불이적 구원론의 형태로 이해할 방법을 모색할 수 있을 것이다.

유영모의 기독론 이해에서 특징적인 것은, 인성과 신성의 관계 문제를 예수와 그리스도의 관계 문제로 접근하지 않고, 예수 그리스도와 그리스도의 관계 문제로 접근한 점이다. 무엇보다, 예수 그리스도의 유일성이

---

20 Ibid., 223-224: 강조는 논자에 의한 것이다.

그리스도의 다양성과 함께 하는 것이 유영모 신앙의 면모다.[21] 그리스도
의 다양성은 그의 하느님 이해에서 이미 그 근거를 갖는다. 그는 말하기
를, "사람은 하늘을 가질 때 자기를 가지게 된다. 하늘이 나이기 때문이다.
한아님이 참나(眞我)이기 때문이다. 하늘의 아들인 그이(君子)는 하늘을
자강自强하는데 쓴다."[22]고 한 바 있다. 하느님은 참나로서 '나'의 근거이자
'나' 안에 내재해 있는 분이며 그리스도는 이 내재성을 드러내는 존재라는
말이다. 유영모는 '참나'를 속알[德]로, 신성神性으로, 인격으로, 아버지의
형상으로 이해한다.[23] 그리고 이 속알이 싹을 틔워 얼로 솟나면 그이가
바로 그리스도다. '얼나'가 곧 그리스도라는 말이다. 다른 한편 유영모는
'몸나'와 얼나를 대비하는데, 그럼으로써 몸으로서의 예수를 비신성화시
킨다.[24] 그렇다고 영육이원론으로 빠지는 것은 아니다. 몸을 바른 정신의
출원지[25]라고 봄으로써 몸 자체를 긍정한다. 다만, 그것은 자기 수양[修
身]의 대상이다. 실로, 몸은 의지대로 움직이기 위해 오랜 시간을 내어주
어야 하는 대상이 아닌가! "인간이 비록 선한 본성을 가지고 태어났다고
하더라도 그것이 인간의 몸을 통해 표현되는 이상, 몸은 언제나 인간에게
자기 수양의 대상이 아닐 수 없"[26]는 것이며 따라서 예수도 인간인 이상
이러한 모습에서 자유로울 수는 없다고 유영모는 말한다. 따라서 그에게
인간 예수 자체는 결코 하느님일 수 없게 된다. 정리하자면, 그리스도는
모든 사람에게 있는 속알이 몸에 온전히 구현된 것을 이르는 것인 바, 얼
나란 바로 이런 뜻에서 하느님의 생명인 얼[하느님의 씨앗]의 존재를 깨달

---

21 이러한 관점에서 유영모의 얼 기독론을 연구한 논문으로는 최인식, "多夕 柳永模의 그리
   스도 이해: 그리스도 유일성과 다원성의 만남," 「종교연구」 11 (1995.12): 213-243.이
   있다.
22 유영모, 『죽음에 생명을, 절망에 희망을: 다석 어록』 (서울: 홍익재, 1993), 126.
23 유영모, 『다석 어록』, 33; 오정숙, 『多夕 유영모의 한국적 기독교』 (서울: 미스바, 2005),
   160.에서 재인용.
24 이정배, 『한국 개신교 전위(前衛) 토착신학 연구』 (2003), 113.
25 Ibid., 114.
26 Ibid.

고 참인간이 된 '나'이므로, 누구에게나 열려있는 것이 그리스도다. 이런 의미에서 유영모에게 그리스도는 다양성/다원성을 가진 뜻이었다고 할 수 있다.

그럼에도 불구하고 예수 그리스도는 유영모에게 유일한 분, 특별한 분이었다. 예수만이 그리스도가 되란 법이 없어진 마당에 어떻게 예수가 더 특별한 분이 될 수 있다는 말일까? "예수만이 혼자 독생자인가. 한아님의 씨를 키워 로고스의 성령이 나라는 것을 깨달아 아는 사람은 누구나 다 얼의 씨로 독생자인 것이다. 모든 사람은 똑같다. 예수 석가 단군 아담도 이 나와 같다."[27]고 유영모는 말하지 않는가. 그러면서도 그는 또한 인자인 예수를 '한 나신 아들[獨生子]'이라고 고백한다.[28] 유영모는 얼로서는 모든 사람이 하나로 통한다고 보지만, 그러나 그것은 어디까지나 정신적인 차원의 이야기다. 이러한 차원에 이르는 실천적인 삶은 동일하지 않다고 그는 보았다. 그래서 그 하나에 이르는 구체적인 구원의 길과 힘에 대하여는 또 다른 차원에서 물을 수 있는 것[29]이고, 유영모는 그 해답을 예수 그리스도에서 찾았다고 할 수 있다. 즉, 구원의 힘을 '체험'하는 차원은 모든 이에 보편적인 그리스도라는 원리적인 고백이 참되게 하는 궁극적인 것이라는 말이다.[30] 즉, 예수 그리스도라는 구원 체험은 그리스도의 다원성을 체득하게 한다는 것이다. "내게 실천력實踐力을 주는 이가 있으면 그가 곧 나의 救主시다."[31]

유영모에게 예수 그리스도의 유일성/특별성 고백은 예수 그리스도가 부자유친父子有親하여 효를 다했다고 하는데서, 또한 그것을 책선責善하는 유일한 스승이 되었다고 하는데서 연유한다고 할 수 있다. 여기서 부자유친은 신인합일神人合一과 상응한다고 할 수 있는데, 아버지와 아들의 관계

---

27 오정숙,『多夕 유영모의 한국적 기독교』(2005), 178.

28 김흥호 편,『다석 류영모 강의록: 제소리』(서울: 솔, 2001), 354-355.

29 오정숙,『多夕 유영모의 한국적 기독교』(2005), 182.

30 Ibid., 183.

31 김흥호 편,『다석 류영모 강의록: 제소리』, (서울: 솔출판사, 2001), 356.

를 신과 인간의 관계로 보고, 몸나에서 얼나의 온전한 구현으로서의 합일을 아버지와 아들 간의 관계 즉 아들이 아버지를 모시는 것으로 본 것이다. 모셔 들이는 것, 그것이 "예수가 인생을 보는 눈이다. … 아버지의 아버지 영원한 한아님의 뜻을 잇는 게 우리의 일이다. 그게 독생자다. … 우리는 한아님의 아들을 맡아있다. 이 씨를 꼭 지켜서 키우자(存心養性)는 게 우리의 일이다."[32]

그리하여 모셔 들이는 것이 곧 솟나는 것이다. 내외가 상통한다. 하강이 곧 상승이다. 이러한 운동이 실천력이 되는 것, 곧 "예수처럼 나의 십자가를 지고 내 길을 감으로 나의 속사람이 변화되고 새사람이 되어서, 얼나로 거듭나"[33]는 것이 유영모가 이해한 구원이다. 이런 의미에서 그는 자속으로서의 구원을 말하고 있다고 할 수 있다. 그렇다면 예수의 의미는, 다시 말해 그 유일성이 구원에 있어서 차지하는 의미는 무엇이란 말일까? 즉 어떻게 예수가 유영모에게 실천력을 주는 구주가 되었다는 말일까? 이는 그가 십자가와 부활을 미학적으로 풀어내는 데서 살펴볼 수 있다. 그는 다음과 같이 말한다.

현재는 '끝, 꽃'이다. 한아님은 알파와 오메가이다. 한아님은 처음과 끝이다. 현재의 현(現)은 꽃처럼 피어나는 것이요, 현재의 재(在)는 한아님의 끝이다. 인생의 끝은 죽음인데 죽음이 곧 끝이요, 꽃이다. 예수가 숨진 십자가를 바라보는 것은 꽃구경을 하는 것이다. 죽음이야말로 엄숙하고 거룩한 것이다. 꽃다운 피, 꽃피를 흘리는 젊은이의 죽음은 더욱 숭고한 꽃을 피우고 있다.[34]

꽃이 지고 열매가 열리는 것이(花落能成實) 십자가와 부활의 뜻일 것이다.

---

32 유영모, 『다석 어록』, 318.
33 오정숙, 『多夕 유영모의 한국적 기독교』(2005), 200.
34 유영모, 『다석 어록』, 204.

예수는 죽음을 꽃이 떨어지는 것으로 생각했다. 꽃이 피는 것은 진리요, 꽃잎이 떨어지는 것은 십자가다. 십자가는 죽음을 넘어서는 진리의 상징이다. 십자가를 믿는 것은 진리를 믿는 것이다. 죽음이 삶에 삼키우는 바 되는 것이다. 이 말은 정신이 육체를 극복한다는 말이다.[35]

꽃은 꽃구경을 불러일으킨다. 그것이 곧 책선이다. 믿음을 요구하는 것이다. 꽃은 스스로가 이미 영원한 생명을 얻는 것이지만, 동시에 꽃구경을 불러일으킴으로써 새로운 꽃을 요구하는 역할을 한다. 그리하여 살신성인이다. 자속은 스스로가 이루는 것이면서도 이미 그 안에 믿음을 불러일으키는 대속을 내포하는 것이다. 즉 자속은 또 다른 자속을 낳는다는 의미에서 곧 대속이기도 하다. 그러나 이러한 구분은 그리스도가 곧 하늘나라라는 동일시에 의해서 무색해진다. "얼에는 나라와 나가 다르지 않다. 얼이란 유일절대이기 때문이다."[36] 얼나로 솟나는 순간, 곧 그리스도가 임하는 순간은 하늘나라와 '나'가 구분되지 않는 종말의 순간이다. 얼나는 곧장 전 우주에로 확장되는 것이다. 따라서 '나'의 구원은 그 자체로 이미 우주의 구원을 담고 있다. 얼이란 것이 이미 한쪽 끝에서는 속알, 즉 하느님의 씨앗이지만 다른 쪽 끝에서는 전 우주에 가득 한 하느님의 영이기 때문이다. 따라서 구원은 언제나 불이적으로 일어난다. 그것이 실재다. 그리고 우리는 이러한 실재를 산다. 유영모는 이러한 실재를 동양적 사유를 통해서 풀어냈다고 할 수 있다. 그러므로 우리는 유영모에게서 다만 자속을 발견하고 그것이 또 다른 자속의 연쇄를 불러일으키는 대속으로서 작용한다고 하는 구분을 넘어서는 불이적 구원론, 대속과 자속의 구분 자체를 비결정의 영역으로 인도하는 구원론을 발견하게 된다. 이러한 구원론을 본고에서는 '대자불이代自不二 구원론'이라고 명명하겠다.

---

35 Ibid., 166.
36 Ibid., 173.

3. 이정배의 자타불이(自他不二) 구원론
: 삼재론과 귀일(歸一)사상에서 읽는 구원의 의미

이정배는 유영모에게서 읽을 수 있는 대자불이 구원론을 '자타불이自他 不二'[37]로 정리한다. 대속과 자속의 불이적 관계를 긍정하면서도 그 강조점을 다르게 읽는 것이다. 유영모의 구원론을 대자불이로 읽을 경우, 여기서 강조되는 것은 하나의 구원 사건 내에서 벌어지는 불이적 양상이다. 이세계 내 사건이 갖는 불이적 양상에 관심을 기울이는 것이다. 반면 유영모의 구원론을 자타불이로 읽는 경우에는, 이 세계 내 구원 사건의 주체 물음에 대한 대답으로서 관계성의 불이적 성격을 강조하는 것이 된다.

이정배가 유영모를 통해 주체의 불이적 관계성을 강조하는 방식은 다음과 같다. 우선 그는 유영모의 예수 이해에 "'자신self'이란 전적 타자인 동시에 주체"[38]라는 생각이 있다고 보고, 이로 인해 예수와 하느님 사이의 역설적 동일성이 존재론적 논의를 넘어서는 '탈자적 실존'의 차원으로 읽혀야 한다고 지적한다. 여기서 '탈자적'은 주체의 불이적 성격을 가리키고, '실존'은 불이적 성격의 현현이 철저하게 이 세계 내적인 사건이라고 하는 사실을 강조하는 것이라고 할 수 있다. 따라서 이정배가 파악하는 유영모의 구원론 이해 구조는 불이적 주체의 내재적 초월이라는 형식을 갖는다. 이러한 형식은 『천부경』의 '삼재론'과 '귀일사상'을 유영모가 창조적으로 재해석한 결과라는 것이 이정배의 생각이다.

하늘[天], 땅[地], 인간[人]의 삼재三才를 각각 계, 예, 긋이라는 순우리말로 표현한 유영모는 '계'를 영원한 '하나'의 세계인 절대계로, '예'를 죽고 소멸하며 변화하는 상대계로, '긋'을 '바탈'로서의 인간 본성으로 설명한다. 여기서 '바탈'이란 불교의 개념으로 표현하자면 여래장如來藏이라고 할 수 있고, 기독교의 개념으로 표현하자면 인성에 녹아 있는 신성, 성육신이

---

37 이정배,『없이 계신 하느님, 덜 없는 인간』(2009), 145; 이정배,『빈탕한데 맞혀 놀이』
　(서울: 동연, 2011), 185-192. 참조.
38 이정배,『빈탕한데 맞혀 놀이』(2011), 186.

라고 할 수 있다. 따라서 삼재론은 불이적 관계가 어떠한 구조로 형성되는 지를 설명한다. 인간의 참된 본성 속에서 절대와 상대, 영원과 시간이 분리불가능하게 관계하고 있다는 것이다. 계와 예는 굿 속에서 불이적인 관계를 형성하고 있다.

이정배는 이러한 삼재론이 유영모의 삼위일체론 해석에 일관되게 적용되고 있음을 체계적으로 읽어낸다. 유영모에게 하느님은 단지 초월적 일자가 아니라 '없이 계신 하느님'이고, 예수는 부자유친을 통해 '없이 있는 이'가 된 존재이며, 성령은 하늘의 '빈탕'을 '바탈'로 갖는 얼[참나]이다.[39] 전통적인 기독교신학에서 성부, 성자, 성령은 원자화된 개인(in-dividual) 차원의 인격들로 상정되어 왔다. 하지만 유영모에게는 신, 예수, 성령이 불이적 사유를 통해서만 드러나는 관계적 주체들이다. 즉, 이들 셋 '각각'이 모두 불이적 관계성의 현현인 것이다. 뿐만 아니라, 이들 셋의 '관계' 또한 삼재론에 의거한 불이적 관계를 맺고 있다는 점을 이정배는 자신의 글 여러 곳에서 지적하고 있다. 다시 말해, 이정배는 유영모의 기독교 이해 구조가 불이적 사유의 중층적 결합으로 되어 있음을 규명한다. 그리고 이 결합 또한 불이적 관계를 맺으며 구성되고 있음을 이정배는 밝혀낸다. 이에 대한 그의 논의를 따라가기 위해서 귀일歸一 사상부터 논의를 시작해야 한다.

'하나'로 돌아간다[歸一]는 말에는 무언가가 그 '하나'로부터 갈라져 나왔다는 전제가 필요하다. 그 전제가 바로 삼재다. 하늘, 땅, 인간은 모두 '하나'로부터 나온 것이며, 따라서 그 본성에 있어서 '하나'와 다르지 않다. 플로티노스Plotinos의 유출과 회귀를 떠올리게 하는 삼재와 '하나'의 관계는 그러나 '하나'의 뜻으로 인해 플로티노스와는 다른 방향으로 전개된다. 잠시 이정배가 소개하는 '하나'의 뜻을 들어보도록 하자.

본래 '하나'는 뭐라 개념화할 수 없는 것, 시작도 끝도 없는 일자一者로서 만물

---

39 Ibid., 177.

을 생성시키는 신비이자 만물이 돌아갈 곳이지만 인간에게서 찾아질 수 있을 뿐이다. 다시 말해 〈천부경〉은 보이지 않는 영적 세계(하나)를 강조했고 그것이 만물 속에 내재해 있다고 보았으며, 인간의 자기 수행을 통해 그에게로 돌아가는 것(歸一)이 가능하다고 생각한 것이다. 多夕은 이를 '밑둥'(本)과 '끝둥'(末)의 관계로 풀었다. 상대계(개체) 없이는 절대(하나)를 볼 수 없다는 것이다. 그렇게 귀일사상은 인간에게 궁신窮神의 길을 가게 했으나 그것은 언제든 자신을 향한 내면의 길이었다. 비서구적 논리체계인 A=비非A의 자각과 실천은 치열한 수행 과정을 통해 획득된 열매란 사실이다.[40]

이 설명에 의하면 '하나'는 존재와 윤리가 교차하는 지점이다. 따라서 초월이기만 한 것이 아니라 내재이기도 하다. 이것을 유영모는 '없이 있음'으로 표현한 것이다. 초월과 내재의 불이적 결합인 것인데, 그렇다면 이 결합은 이정배가 추구하는 불이적 구원론의 성격인 잠재성으로 다시 수렴하게 된다. 에베소서 3장 7절의 말씀처럼 인간은 "그의 능력," 곧 가능성dynamis이 "역사하시는 대로," 즉 현실화energeia함으로써 '없이 있음'을 이룬 일꾼이 된다. 구원이 인간 안에서 가능태dynamis가 현실태energeia로 변용하는 것이라면, 그것은 다름 아닌 잠재성의 실현이다(롬 1:16 참조). 이정배는 이것을 "지금 여기서 절대(歸一)에 이르는 다원적 가능성"[41]이며 "현재(세상)의 삶을 중시하면서도 새로운 육체를 입고 사는 현실태"[42]라고 표현한다.

'하나'의 이러한 성격은 귀일 사상과 다양성을 강조하는 최근의 신학적 사유를 비교함으로써 더욱 선명하게 드러날 수 있다. 이정배가 시도한 것이 바로 이것이다. 그는 귀일 사상과 탈현대·탈 식민적 다양성의 사상이 초월자를 부정신학의 차원에서 신비 내지 알 수 없음으로 이해한다는 점

---

40 Ibid., 176.
41 Ibid., 166.
42 이정배,『고독하라, 저항하라 그리고 상상하라』(서울: 동연, 2013), 374.

에서는 공통점을 지니지만, 귀일 사상은 현상과 초월의 관계를 바탈이라는 이 세계 내적인 초월적 공통분모를 중심으로 구원의 가능성을 떠올리는 반면, 다양성의 사상은 세계 내적인 초월의 다양성·우발성contingency을 근거로 구원을 말한다고 평가한다. 그리하여 귀일 사상을 바탕으로 하는 귀일 신학은 신[실재] 중심적 다원주의의 급진적 보편화의 길을 간다면, 탈현대·탈 식민적 다양성의 사상을 바탕으로 하는 다양성의 신학은 일자—者의 논리에 저항하는 혼종적 상호의존성을 추구한다고 정리한다.43 하지만 이정배의 사유가 여기에서 멈추는 것은 아니다. 그는 바탈의 신비, 바탈의 불이적 성격이 다양성의 사상과 만날 수 있는 가능성을 바탈을 가진 존재들의 관계적 협업에서 찾는다. 그리스도의 현실성은 원자적 인격의 개별적 성숙에 있는 것이 아니라 이러한 인격들의 공동체 속에서 가능하다는 의미에서 언제나 다중多衆 그리스도로 나타난다는 것이다.44

'다중 그리스도'라는 아이디어가 보여주듯, 이정배의 불이적 사유에서는 관계성이 강조되고 있다. 다양성을 포용하는 '하나'를 지탱하는 것은 다름 아닌 차이들 간의 포용적 관계[렘마의 논리]다. 차이들 간의 포용적 관계는 귀일과 삼재론이 불이적으로 엮일 수 있도록 한다. 귀일의 '하나'가 삼재의 한 축[계, 하늘, 절대]을 담당하면서도 동시에 삼재가 돌아갈 본원일 수 있는 것은 '없이 있음'이라는 불이적 속성이 관계 속에서 의미를 갖기 때문이다. 없이 있는 존재는 범재신론이 말하는 신의 수행적 표현이며,45 이에 따라 신, 예수, 성령 각각은 수행적 관계에 있는 관계적 존재인 한에서 불이적 실존들이다. 또한 이들이 구성하는 삼재도 수행적 관계에 있는 관계적 존재인 한에서 불이적 공동체다.

그렇다면 이제 관계적 불이성이라는 개념 하에서 이정배의 자타불이 구원론을 이해할 준비가 된 셈이다. 그는 "예수의 자속이 우리에게도 자속의 길을 가게 함으로 그것이 우리에게 대속이 되고 있"는 것이며, 그런 의

---

43 Ibid., 431-433. 참조.
44 Ibid., 433.
45 이정배, 『빈탕한데 맞혀 놀이』 (2011), 74.

미에서 "자속과 대속이 상생(상보)적 관계로 해명"단다고 말한다.[46] 대속과 자속의 불이성을 '나'와 '너'라는 두 주체들의 수행적·관계적 차원에서 파악함으로써 구원이 주체들의 포용적 상호성에 입각해 있다는 사실을 강조하는 이정배의 구원론이 바로 '자타불이 구원론'인 것이다.

III. 평가와 전망

이상의 논의를 바탕으로 이정배의 구원론이 갖는 의의를 다음과 같이 정리해 볼 수 있다. 첫째, 변선환이 불교와의 대화를 통해서 도입한 불이적 사유를 신론과 기독론, 무엇보다 구원론에 적용함으로써 동양적 사유를 신학적으로 구체화하는데 진일보를 이루었다. 둘째, 이러한 신학적 구체화를 다석학파와의 대화 속에서 진척시킴으로써 선언적으로 끝나고 만 변선환의 한국적 종교해방신학의 내용을 구원론을 중심으로 발전적으로 형성해냈고, 이를 통해 토착화신학과 민중신학의 진정한 만남의 길을 수행적·실천적 차원에서 가능케 하였다. 셋째, 그의 생명신학은 탈현대의 상황인식에 있어서건 이 상황에 대한 토착화신학의 응답에 있어서건 인간과 세계의 잠재성을 긍정하는 신학의 길을 모색할 활로를 열어주었다.

이에 더하여 논자는 다음의 두 가지를 이정배의 신학이 본고에서 논의된 주제―탈현대의 상황 속에서 전개되는 불이적 구원론―에서 앞으로 풀어야할 과제라고 생각하여 제시해 본다. 첫째, 전체 관계성을 이 세계의 내재적 역량으로 보는 그의 관점에는 현실과의 괴리가 여전히 풀어야할 숙제로 남아 있다. 초월의 가능성을 인간과 세계에게 열어놓는다고 하더라도, 더하여 이 가능성이 어느 정도 자연주의적으로 해명될 수 있다고 하더라도, 그 가능성이 현실화하는 것은 또 다른 문제로서 '바른' 관계성의 실현을 어떻게 이끌어낼 것인가에 대한 더 구체적인 고민이 필요하다.

---

46 Ibid., 88.

우리의 가능성은 우리가 가진 악의 현실성과 늘 마주해 있는 것이어서 우리의 가능성을 강조하는 것만으로 저절로 악의 현실성이 해결되는 것은 아니기 때문이다. 악의 현실성은 구체적이고 구조적인 사건들 속에서 주체와 다양한 거리를 두고 드러나는 것이기에 불이적 구원론은 담론의 형태로 선언되기 보다는 고난의 현장이 내는 목소리를 담아내는 사건 자체가 되어야 한다. 그렇지 않다면 관계성이건 자속이건 낭만적인 언어유희에 지나지 않을 수 있다. "죄악으로 터 닦여진" 세월호 이후의 세상을 살면서 하느님의 정의가 세워지는 "그날"의 도래를 기다리며 투쟁하는 이들에게[47] 내적이고 외적인 악의 문제는 여전히 거기에 우뚝 서 있다. "거리의 신학자"로서 고난의 현장과 함께 하는 이정배의 사건적 삶이 바탈을 강조하는 잠재성의 신학과 불이적으로 엮여 세상에 선보여지기를 기대한다.

둘째, 렘마의 논리를 무비판적으로 수용하는 것에는 신중함이 필요하다. 렘마의 논리는 용수龍樹, Nāgārjuna가 『중론Mâdhyamika-śâstra』에서 논한 바 있는 사구四句를 근간으로 한다. 1구인 '있다'와 2구인 '있지 않다'를 형식논리학의 동일률과 모순율로 각각 이해하여 로고스의 논리라고 풀고, 3구인 '있기도 하고 있지 않기도 하다'와 4구인 '있지 않기도 하고 있지 않은 것이 아니기도 하다'를 각각 절대 긍정과 절대 부정으로 풀어서 형식논리학의 배중률을 넘어서는 용중률로 이해하여 렘마의 논리라고 푼다. 이에 더하여 용수가 원래 제시했던 3구와 4구를 도치시켜서 절대 부정이 선행하고 절대 긍정이 후행하도록 한 후, 절대 부정을 통한 절대 긍정이 대승불교가 말하고자 하는 것이라고 주장한다. 이분법을 바탕으로 하는 로고스의 논리가 배타적이라면, 비이분법을 바탕으로 하는 렘마의 논리는 포용적이라는 사실을 강조하는 접근이다.

하지만 이러한 도식적인 설명은 용수가 자신의 글에서 논하고자 했던 본의에서 멀다. 용수는 사구를 모두 부정하기 위해서 제시하였지 어떤 것은 부정하고 어떤 것은 긍정하기 위해서 제시하지 않았다. 그는 사구부정

---

47 이은선 · 이정배, 『묻는다, 이것이 공동체인가』 (2015), 98-99.

을 통해 일체 개념화 작업의 불가능성을 보이고 이를 통해 독단론을 해체하고자 했다. 그에 의하면 렘마의 논리조차도 독단론이다. 물론, 용수의 사구부정이 가진 과격함은 '무-견해'로 빠져버리고 만다는 비판에 처할 수 있다. 이에 따라 원효는 용수의 사구부정을 보완하는 작업을 했다. 그는 세속적인 진리(로고스의 논리)와 탈속적인 진리(렘마의 논리) 모두의 파기와 절대화의 양단을 지양하는 불이중도의 길을 제시한다. 따라서 원효의 해결책은 절대부정과 절대긍정의 양극단을 지양하는 것이었지, 절대부정을 통해 절대긍정에 이르는 것이 아니었다. 불이적 사유는 절대긍정으로 수렴할 수 없기에, 불이적 사유를 자기 소멸을 통한 자기 초월, 즉 하나의 충만한 전체가 되는 것이라고 보거나,[48] 아무리 없이 있는 존재[다중 그리스도]라고 하더라도 그 하나와 일치되는 것[절대긍정]을 추구하는 일은[49] 범아일여梵我一如를 말하는 힌두교적 위계질서로 회귀하는 일이 되고 만다. 위계질서는 범梵이 어떠한가의 여부와 상관없이 그 관계구조 자체에서 발생하는 것이기 때문에, 절대의 모습이 아무리 해체적으로 묘사된다고 하더라도 그 관계구조에 의해 억압이 발생하고 마는 것이다. 우리는 그 대표적인 예를 일망감시체계(pan-optism)에서 찾을 수 있다.

렘마의 논리가 갖는 포용적이고 관계적인 성격은 이정배가 다석 유영모의 귀일 사상에서 길어 올린 자타불이 구원론에도 계승되고 있다는 점에서 그의 불이적 구원론도 그 논리적 구성의 차원에서 좀 더 보완되어야 하지 않을까 한다. 즉, 포용하는 일이 어떻게 또 다른 폭력이 되지 않을 수 있을 것인가에 대한 고민이 필요하다. 이러한 고민이 진전된다면, 차이의 다양성을 존중하려는 탈현대적 시도들이 갇혀버리고 만 신자유주의적 유동성의 질서, 질서를 생산하고 지배하는 주체들을 특정할 수 없도록 얽혀 있는 이 숨 막히도록 아름다운 사법적 질서를 극복할 새로운 가능성을 열어주는 구원론으로 더욱 진전되지 않을까 한다.

---

48 이정배, 『간문화 해석학과 신학적 상상력』 (2005), 211.
49 이정배, 『고독하라, 저항하라, 그리고 상상하라』 (2005), 433.

참고문헌

김홍호 편.『다석 류영모 강의록: 제소리』. 서울: 솔, 2001.

오정숙.『多夕 유영모의 한국적 기독교』. 서울: 미스바, 2005.

유영모.『죽음에 생명을, 절망에 희망을: 다석 어록』. 서울: 홍익재, 1993.

이은선 · 이정배.『묻는다, 이것이 공동체인가』. 서울: 동연, 2015.

_____.『현대이후주의와 기독교』. 서울: 다산글방, 1993.

이정배.『고독하라, 저항하라, 그리고 상상하라』. 서울: 동연, 2013.

_____.『빈탕한데 맞혀 놀이』. 서울: 동연, 2011.

_____.『없이 계신 하느님, 덜 없는 인간』. 서울: 모시는사람들, 2009.

_____.『토착화와 세계화』. 서울: 한들출판사, 2007.

_____.『간문화 해석학과 신학적 상상력: 신학의 아시아적 재이미지화』. 서울: 감리교신학
　　　대학교출판부, 2005.

_____.『한국 개신교 전위 토착신학 연구』. 서울: 대한기독교서회, 2003.

_____.『한국적 생명신학』. 서울: 감신, 1996.

최인식. "多夕 柳永模의 그리스도 이해: 그리스도 유일성과 다원성의 만남."「종교연구」11
　　　(1995.12): 213-243.

4부

생태신학과 한국적 생명신학

이정배의 생태학적 신학
: 통합 학문으로서의 생태신학 연구

장영주 박사

(구세군사관대학원대학교 교수)

들어가는 글
: 이정배 선생과 '생태학적 頓悟'

본 글을 서술하기에 앞서 먼저 필자와 이정배 선생과의 만남의 긴 여정을 짧게나마 서술하려 한다. 1992년 영문학을 전공한 필자는 뜨거운 소명을 가지고 감리교신학대학교 신학대학원을 입학하였다. 그해 3월 감신 교정에서 이덕균 사관을 운명처럼 만났고, 그와 함께 일본어 스터디를 하던 이정배 선생을 처음 대면했다. 이후 선생님은 결혼식 주례를 서 주셨고, 필자의 대학원 석사논문 주심이 되어 주셨다. 당시 필자의 논문 제목은 '융 심리학에 대한 여성신학적 접근-통전적 인간성을 향하여'이었다. 선생님의 권유로 생태학과 관련 있는 여성신학을 처음 접하게 되었고 '통합적 인간성'을 연구함에 필수적인 심리학과 융을 선생님 밑에서 배웠다.

석사 논문을 쓰던 어느 여름날, 연구실에서 만난 선생님은 평소보다 많이 야위어 있었다. 당시 단식을 자주 하셨던 탓이었다. 그 때 단식을 마치고 나오신 선생께 이렇게 물었다. "선생님, 사람이 무엇으로 보이나요?" 선생님의 답변은 이랬다. "똥으로 꽉 찬 존재이지!"

선생의 말씀은 25살 대학원 여학생에게는 충격적인 말이었다. "사람이 똥으로 보인다"는 대답을 들으면서 어렴풋하게 든 생각은 이랬다: '욕망덩어리'인 인간들의 과식을 '똥'으로 빗대신 것이라 여겼다. 이 상황은 필자에게 생태학적 돈오頓悟를 가능케 했다. 선생은 생태적 자아로 거듭나기 위해 스스로 엄격한 훈련을 했던 것이다. 다석多夕의 언어로 말한다면 '몸나'에서 '얼나', 곧 '참나'의 길을 걷고자 한 것이다. 즉 '없이 있는' 하느님(참나)과 하나 되려는 수행이 단식이었음을 알게 된 것이다.

2008년 다시 선생의 지도로 '생태여성주의 시각에 입각한 교감sympathy'을 주제로 박사 논문을 쓰게 되었다. 생태학이란 것이 '여성'과 '교감'이 상호 관련된 주제라 여겼던 탓이다. 이러한 학문적 작업의 결과로 감리교 신학대학에서 생태학과 관련된 과목을 강의하게 되었고, 지금 '이정배의 생태학적 신학'을 주제로 회갑논문을 쓰고 있다. 감사한 것은 선생을 통해 생태학적 돈오頓悟가 가능했다면 그것을 바탕으로 하여 이제는 생태학적 점수漸修가 절실해졌다. 생태학적 돈오頓悟를 생태학적 점수, 곧 수행을 통해 살리려고 싶었던 것이다.

I. 인간 중심주의와 생태의 상호모순
: 단순성(simplicity)과 생명주의(biocentricism)를 지향하며

인류가 처한 생태위기가 '인간 중심주의'라는 이념 탓인 것을 부인하기 어려울 것이다. 인간을 우월하게 보는 서구의 획일적 사유는 종의 다양성을 파괴시켜 만물과의 공생의 관계를 유지시킬 수 없는 것이다. 인간의 사적 욕망을 부추기는 자본주의와 맘몬주의mammonism는 인간 중심주의 일면으로써 생태 환경을 급속도로 오염시켰고, 기후 붕괴의 직접적 원인으로 지목되고 있다. 향후 인류는 식수 부족으로 생존 자체를 위협받을 수 있을 것이다.

2015년 11월 14일 파리에서는 테러로 인해 130명 이상이 사망한 끔찍한 일이 벌어졌다. 이것은 인류에게 가해지는 무차별적인 공격 테러로서, 세계는 '파리를 위한 기도Pray for Paris'라는 슬로건을 내걸고 애도의 물결을 잇고 있다. 사실 전 인류에게 가해진 이런 테러는 동물 및 자연세계에 대한 인간의 폭력과 테러에 비유할 때 그 정도가 심하다고 말 못할 것이다. 인간 호르몬을 돼지에게 주사하여 슈퍼 돼지 6707이라는 돌연변이를 생산하여 인간과 동물의 경계를 무너뜨렸고, 유전자 설계로 복제 동물들을 출현시킴으로써 생명 토대 일체를 위험에 처하게 했던 까닭이다.[1] 생명을 경시하는 '동물 실험'은 반 생태적인 것으로써 지구의 생명 공동체를 심각하게 해체시킬 것이다. 기후 붕괴는 목전의 테러보다 더욱 위험스럽다. IPCC 보고서에서 밝힌 대로 『6도의 악몽』은 지구 온난화로 인한 동토에 묻힌 메탄 폭발로 인해 다시 지상 생물의 멸종을 볼 것이며, 바다의 산소 부족으로 해양 식물 역시 그 생존이 불투명해질 것이다. 이 상태로 지구를 방치 방관하는 경우 지구 온도가 6도 상승하여 결국 생명 부재의 지구를 야기할 수 있다는 것이다. 온난화로 인해 기후 자체 속에 있는 지연 구조built in delay가 질적으로 훼손된 탓이다.[2] 이렇듯 기후붕괴로 인한 최대 희생자들이 가난한 자, 아프리카가 될 것이란 사실은 우리를 가슴 아프게 만들고 궁극적으로 인간 제국주의로 인한 환경과 가난의 문제는 동전의 양면과 같은 것으로써의 생태계 악영향이라 할 것이다. 지금 IS테러가 발생한 프랑스에서 세계기후협의IPCC가 열리고 있다는 사실이 그래서 더 의미 깊다.

이러한 생태 난민의 구조를 위해서는 자연과 인간 간의 관계, 상호 공감적 삶의 방식이 요구된다. '임계점'을 지키기 위함이다. 임계점을 지켜 생명권Biosphere을 살리기 위한 방법으로 개인의 변화뿐 아니라 정치 자체를 바꾸자는 것이다. 그것이 바로 '생명권 정치학'이다. 자국기업의 보호

---

1 이정배, "생명파괴와 생명신학," 「신학과 세계」 (1996, 봄호), 257 이하 참조.
2 이정배, 『생태영성과 기독교의 재주체화』 (동연, 2010), 36, 167 참조.

이정배의 생태학적 신학_ 장영주 | 295

를 위해 군대를 조직했고, 민족국가를 통하여 지구 자원을 약탈했을 뿐 아니라 사람들마저 종속시켰고, 생명 원리를 파괴시켜 왔다. 연구 개발의 70% 이상이 군사 관련 활동에 쓰였던 상황도 부정하기 어렵다. 일본 안보 법안 통과도 이와 결코 무관치 않다. 일체 자연을 소유 대상으로만 여긴 이런 정서 형태를 그간 '지표권 정치학Geopolitics'이라 했던바 '생명권 정치학'은 이와 크게 다를 것이다.3

우리 시대를 대표하는 자본주의 상징으로 '아메리칸 드림'을 말할 수 있겠다. 이것은 계몽주의적 자율성과 자본주의 욕망, 기독교의 개인주의적 종교성을 하나로 묶은 것이라 할 것이다.4 불행하게도 이런 '꿈'은 반생태학적인 것으로 인류를 위해 공헌하기 어렵다. 히브리적인 '어려운 자유difficult freedom' 개념과 상충되는 미국식 자유는 개인에게 주어진 '무한 기회'를 '자율autonomy' 이론의 이름으로 미화시켰다. 이 자율성의 토대 위에 안정을 누리고자 했던 삶의 에토스는 타인에게 의존되지 않는 자유인 탓에 사적 재산을 축적해야만 되었다.5 이러한 현실적 실용주의autonomy가 '아메리칸 드림'의 핵심 요소였던 탓이다. 따라서 '아메리쿰americum'이란 것이 미국적 생활 방식의 대표 신조어가 되었다. 이것은 1인당 국민 소득 5000불을 지닌 인구 3억 5천만 명 집단이 사용하는 에너지 총량을 의미한다. 지구상에는 지금 7-8개의 아메리쿰이 존재하는바 이러한 욕망은 생태계에 악영향을 끼치는 최대의 걸림돌이라 할 것이다.6 이렇듯 소비를 덕목으로 갖던 '아메리칸 드림'과 달리 유러피안 드림이 새로 부각되고 있는데 그 중심 가치가 '교감sympathy'에 있는 바, 그 구체적 실례로써 EU연합의 공동체성, 자연과 인간의 연대, 생물권 의식으로서의 상호소속감을 들 수 있겠다.

이런 상황 속에 한국 기독교와 신학은 여전히 타자 부정성을 기초로

---

3 이정배, "생명파괴와 생명신학," 256-257 이하 참조.
4 이정배, 『생태영성과 기독교의 재주체화』(2010), 24.
5 이정배, "생명파괴와 생명신학," 254 이하 참조.
6 이정배, 『생태영성과 기독교의 재주체화』(2010), 40.

생태맹盲에서 벗어날 줄을 모른다. 타인을 구원을 독점한 자기처럼 만들려는 일에만 몰두한 채 자신들이 뭇 타자와의 공감에 무지하고 인색한 것이다. 이것은 예외적 존재가 되는 것을 기독교의 정체성이라 여긴 탓일 것이다. 우리가 미국을 넘어 유럽의 변화에 주목할 이유는 여기에 있다.

본 글은 생태학적 관점에서 인간 중심주의를 해체시키되 생태영성을 위한 기독교인의 재주체화를 목적으로 한다. '신생대' 끄트머리에서 무임 승차한 인간과 그 끝에 태동한 기독교의 모습을 재주체화 시켜 '생태대'로 그 준거 기반을 옮기고자 함이다. 이것을 위해 이정배 교수가 평생 관심한 생태신학을 소개할 생각이다. 무엇보다 서구 생태신학과 동양 자연관의 접목을 통해 생명 이론에 주목할 것이다. 자연의 '무위'와 홀아키적 인간 이해의 '유위'의 실천을 조화시켰던 탓이다. 이정배는 생태학을 기독교의 재주체화로서의 '생태적 자아'에 근거해 있다.

이정배의 생태적 신학은 인간과 자연의 공동 운명성, 우주생태학적 원리로서 전일성을 토대로 생태학적 공동체를 위한 새로운 인간을 찾고, 인간 행위의 보편성을 모색해 나가는 학문이다.7 이를 위해 생물학과 물리학 등 자연 경험에 근거된 새로운 유기체적 실재관에 대한 이해를 받아들여야 했다. 세계는 계속되는 창조(진화 과정)이며 인간은 이러한 진화의 산물이자 동시에 참여자인 까닭이다. 이런 세계관 속에서 인간과 하느님을 포함한 실재는 과정적이며 관계적일 수밖에 없다. 이러한 자연 경험에 근거된 유기적 실재관은 상호 의존적, 우주 중심적 신학의 토대가 될 수 있다. 더불어 머찬트가 언급했듯이 이렇듯 자연과 조우하는 인간의 근원적 경험 방식이 여성적(어머니)으로 형상화되었음을 주목해야 할 일이다. 세계에 대한 신의 사랑이 전 우주를 포함하는 구원에 대한 통전적 모성 지평을 일컫기 때문이다.8

---

7 이정배, "생태학적 신학의 과제," 「기독교사상」393 (1991.09): 27.
8 C. Merchant, *The Death of Nature:Women, Theology &the Scientific Revolution* (San Francisco, 1983), 1-41. 재인용, 이정배, "생태학적 신학의 과제," 「기독교사상」 393 (1991.09): 32-33.

아울러 21세기 문명은 단순성simplicity에 초점을 두고 있다. 이것은 최소한의 물질로 살려는 정신적 가치이다. 인위를 버리는 '무위자연無爲自然' 즉 '스스로 그러함'의 정신이라 할 것이다. 이것이 바로 인간과 자연의 일체감을 회복시키는 지름길이다. 즉 인간의 유위를 자연의 무위로 방향 전환시켜 인류의 미래를 회복시키려는 것이다. 아무것도 하지 않으면서 하지 않는 것이 없는 자연의 힘은 인간이 이런 자연의 힘에 자신의 힘을 보태야 옳다.9

II. 생태적 신학의 제요들

1. 기독교와 생태학적 신학

작금의 상황에서 생명 공동체를 위한 핵심적 가치로서 세상을 구했던 노아의 감수성을 인지할 필요가 있다. 하느님은 노아와 새로운 계약을 맺으실 때 새로운 두 가지 전제조건을 내걸었다. 첫째는 '사람들 눈에서 억울한 눈물을 흐르지 않게 할 것'과 둘째는 '동물을 피째로 먹지 말라는 것'이었다. 전자는 인간 간의 형평성, 곧 정의의 원리를 말하고 후자는 인간과 동물, 새로운 의미의 가난한 자(new poor)가 되었던 자연과의 생태학적 정의를 뜻한다 하겠다. 10

여기에 필자는 토마스 베리의 생태학적 사고인 기독교 애니미즘을 홀아키적 세계관으로 품어낸 이정배의 생태학적 시각을 살펴 볼 필요가 있다. 애니미즘을 기독교적 방식으로 복원 하려 했던 지구 신학자Geologian 베리는 생태학적 위기 원인으로 성서가 신과 자연의 분리 그리고 인간과

---

9 이정배,『생태영성과 기독교의 재주체화』(2010), 129; 이은선-이정배,『현대이후주의와 기독교』(1993), 44-48 참조.
10 이정배,『생태영성과 기독교의 재주체화』(2010), 58.

자연의 분리에 기초한 자신만의 특수한 신학적 관점을 지나치게 강조한 탓이라 했다. 빅뱅 사건 이후 우주 내 만물이 하나의 동일한 원천으로 흘러 나왔기 때문에 모든 우주 만물과 인간은 처음부터 상호 친족관계에 있었다고 한다. 이것이 현대적 감각을 갖고 기독교 애니미즘을 설명했던 방식이다. 다음으로 베리는 우리들 시대가 인간을 등장 시킨 신생대를 끝내고 생태대Ecozoic로 옮겨 가고 있다고 주장했다. 신생대 무임승차한 인간이 자신을 존재토록 한 뭇 생명체를 파괴하고 있는 것을 불합리하게 여겼고 기독교는 역시 이 일에 큰 책임이 있다는 것이다.

이정배는 기독교적 애니미즘에 대한 베리 신부의 의견에 동조하면서도 전적으로 지지하지는 않는데 성서가 인간과 자연, 인간과 동물간의 무차별적 동일성을 말하지 않기 때문이다. 인간에게 특별한 위치를 준 것 자체를 부정할 수는 없다는 것이다. 따라서 인간을 자연과 동일시하는 것에 무리가 있음을 강조했다. 역사 속에서 오도된 '강한 인간 중심주의' 대신 '약한 인간 중심주의'가 여전히 성서의 기본 시각이라 보았던 탓이다. 이정배의 논리는 켄 윌버의 홀아키적 세계관을 통해 다시 설명되어 졌다. 홀아키적 세계관에서 존재하는 일체가 물질, 생명, 정신, 영혼 등 다양한 층으로 구성되어 있고 그것 모두를 영의 활동의 산물로 보기에 베리가 주장하는 것처럼 애니미즘을 말할 수 있는 여지가 있지만, 그럼에도 불구하고 생명이 물질의 차원으로 환원될 수 없는 불가역적 속성 탓에 애니미즘이란 말로 모든 것을 표현할 수는 없다고 한 것이다. 하위의 존재일수록 기저 가치(헤테라키/넓이적)는 크고 상위의 존재일수록 가역 불가능한 '깊이'로 인해 '내재 가치'(하이라키/깊이적)가 크기에 기저 가치는 자연이 인간보다 크고 많지만 내재 가치는 인간이 자연 생명보다 큼을 인정한 것이다. 이것이 애니미즘과 구별된 홀아키적 인간 이해의 본질일 것이다. 물질은 자체로 전체이긴 하나 생명을 구성하는 부분이고 생명 속에는 물질로 환원될 수 없는 '깊이'가 있기에 양자는 평면적으로 동일시되기 어렵다는 것이다. 신생대로부터 탈출해야 될 생태대는 윌버의 입장에서 인간의 내면적 깊이(좌상상한)를 붕괴시키고 인간의 문화를 성찰치 못한 결과였다. 따라서 이정배는 윌버의 시각에서 생태대의 꿈을 이론화시킬 이 과제를 느꼈다.[11] 그러나 동시에 인간은 자연을 지배하는 지배자가 아니라 청지기임에 틀림없지만 인간만이 자연을 지켜낼 수 있는 존재라 하기 어렵다 했다. 토끼들의 똥, 흰개미들이 내뿜는 메탄 역시 자연 생태계, 우주 생명권을 존속시키는 주체들인 것을 숙지하라고 했다. 따라서 자연 은총으로서 '전체'를 자각하고 상호 의존됨을 깨닫는 것이 생태학적 영성의 핵심이라고 논한다.[12] 이러한 시각에서 이정배가 생각하는 하느님 이해, 자연 이해, 인간 이해를 좀 더 깊게 알아보기로 한다.

먼저 이정배는 '공동체로서의 생태계 영성'을 가능케 하는 '관계적 하느님'으로 이해한다. 이를 위해 하느님의 능력과 역사를 성경 66권에 한정시키는 제사장적 확신에서 벗어날 필요가 있다고 강변했다. 하느님 계시에 대한 열린 시각을 견지해야 한다는 것이다. 현대과학과 이웃 종교와의 만남에서 배운 진리 등을 통해 타자를 새롭게 발견하여 하느님을 개인과 교회 성서로부터 해방시키는 일이 필요하다는 것이다. 이러한 하느님은 '생태학적 경영자'로서(시 114) 생명문화 창출을 위한 존재가 될 것이다. 이는 인권은 물론 생물권과의 공동체성을 성사시키려는 EU의 꿈과 중첩되는바 생태학의 으뜸 공리로서 관계성을 강조하고 '나눔'의 에토스에 근간을 두기에 가능할 수 있을 것이다.[13] 둘째로 이정배는 토마스 베리의 우주적 그리스도의 입장에서 본 삼위일체에 일정부분 동조했다. 성자 하느님은 만물의 다양성의 원리로서 표방하고 있다. 기독론은 만물 자체의 자성自性 원리, 즉 우주 내 모든 존재가 자기 고유한 독특성을 갖고 존재한다는 것으로 이해한다. 이것은 다양성의 원리를 다른 방식으로 표명한 것이다. 다양성은 자성을 근거로만 말해질수 있다는 개념이기 때문이다. 여기에서 이정배는 베리처럼 나사렛 예수 개인에게 집중된 기독론을 넘어서

---

11 Ibid. 105-109.
12 Ibid. 138-139.
13 Ibid. 48-49.

서 우주적 그리스도, 우주적 인격으로서의 예수를 신뢰하였다. 이로 인해 우주적 그리스도가 지구신학의 성서적 토대가 될 수 있었다. 만물이 자성을 갖고 있는 것은 말씀이 만물 속에 내주하고 있다는 말로도 해석될 수 있겠다. 자연을 하느님의 자기표현 공간으로 보는 전통적인 자연신학적 이해와 유사하다. 또한 불교적 세계관, 즉 모든 만물이 불성을 갖고 있음으로서의 연기적 존재와 공명할 수 있다. [14]셋째로 이정배는 '불고 싶은 대로 부는 생명의 영'인 성령에 주목한다. 토마스 베리와의 연관 속에서 성령은 모든 것을 연결시켜 주는 원리로서 조화와 결속 그리고 관계를 이해하였다. 성령은 차이와 다양성은 물론 존재하는 모든 것이 한 우주적 원천으로부터 발원된 친족관계에 있음을 재확인시켜 주는 원리란 것이다. 이러한 성령의 활동은 한국 교회의 타자 부정성과 생태맹의 현실을 구원하는 정신적 가치일 수 있겠다. 차별을 차이로 교정하는 것이야말로 성령의 역할인 탓이다. 성령으로 인해서 여성신학, 종교신학, 생태신학이 출현했고 성령의 역할도 곧 '타자성'과 '연대성'의 신학이 가능했던 것이다. 새 창조의 비전을 향해 나가는 원동력으로서의 성령이야 말로 동일성을 깨뜨리고 차이와 연대를 도모하며 기독교인들의 재주체성을 요구하고 있다.[15]

따라서 이정배는 기후붕괴 이후 시대 대안으로서 보편적 포괄적 도덕성을 통해 자/타, 인간/자연간의 사이를 잇는 교량적 삶을 역설했다. 이것은 '간접적 나쁜 행위Cold evil'에 대한 적극적 인지이자 제3세계를 착취하는 나쁜 소비에 대한 반성으로 이어진다. 즉 나이키 등의 브랜드 선호, 삼림 훼손, 원주민 축출을 부추기는 육류 소비 등 이다. 생태와 가난문제가 동전의 양면처럼 엮어져 있기 때문이다. 예를 들면 미국인 한 사람의 소비량이 케냐인 32명의 분량과 같다는 것은 묵과할 주제가 아니다. 이를 위해 이정배는 서구적 인간들의 자발적 희생을 먼저 요구했다. 녹색 기술의

---

14 Ibid. 98-99.
15 Ibid. 21-23.

실용화 역시 중요하다. 다만 녹색 기술이 자본주의 체제 안에서만 가능한 현실인 까닭에 남북 간 빈부 격차를 심화시킬 수 있다는 고민이 있다. 자연을 지키기 위해 녹색 기술, 전 세계 보급이 필요한 이유이다. 세계 내에 기후 붕괴 현실이 하느님 몸의 붕괴이며 성령의 말할 수 없는 탄식이고, 그리스도의 구속 활동을 무력화시키는 것임을 믿는다면 말이다. 이런 현실에서 생태적 교회가 필요한바, 여기에 중요 경제, 즉 지구 살림살이를 책임져야 마땅하다. 따라서 생태적 교회는 생명문화 창출을 위해 생태적 경제 모델을 준비하고 확산시키되 이것을 공감을 바탕으로 인권과 생물권과의 공동체성을 근거하여 감당해야 할 것이다. 노아의 방주에 인간을 포함한 모든 생명체가 거주함으로 하느님의 새로운 세계를 구축할 수 있었던 것처럼 노아의 감수성으로 세상을 구하려는 지혜라 할 것이다.16

이정배는 J문서의 원 역사를 통해 삶의 거주 공간이었던 자연세계가 인간의 개입과는 상관없이 오직 하느님의 행위와 선물이었던 것을 다시 역설했다. 이런 자연계가 인간의 죄로 인해 고통 중에 있다는 것이 오늘의 현실이다. 흙이 엉겅퀴와 들풀을 내고 있는 상황인 것이다. 하지만 동시에 인간은 하느님의 위임에 따라 자연을 올바르게 다스리고 섬겨야 할 하느님의 형상Imago Dei이기도 했다.17 자연을 구하는 책임이 여전히 인간의 몫이란 사실이다. 이것이 바로 종래의 인간중심주의와 변별된 '약한 인간중심주의'의 핵심이었고 홀아키적 세계관에서의 인간의 '내재 가치'를 자연 생명보다 깊게 통찰해야 될 이유라 할 것이다.

나아가 이정배는 인간을 생태학적 차원에서 이해했다. 우선 생태학적 시편이라 불리는 시편 104편은 인간이 다른 생명체의 삶과 공존하여 인간 지위 역시 다른 생명체보다 우월하지 않고 동물도 인간과 똑같은 삶의 권리가 있다고 표현했다. 생태계 내 피조물과의 관계에서 인간의 위치를 단지 '일꾼'으로 묘사하고 있을 뿐이다. 여기에서 인간 위치는 우주적 생

---

16 Ibid. 44-51.
17 이정배, "기독교의 자연관,"「종교연구」10 (1994.): 41-42.

명의 존속과 동물과의 관계질서 회복을 위하여 책임자의 사명(Dominium Terrae 창세 1: 28)일 것이다. 땅의 회복을 선포하는 희년 법은 역시 윤리생태학적 의식의 표현이었다. 사람, 짐승, 대지, 땅의 소출 등 모두가 전체를 구성하는 그 속에서 인간의 역할인 윤리생태학적 의식이 하나님의 법으로 인식되었던 것이다.[18] 생태학적으로 중요한 공관복음서 안의 예수 선포의 핵심은 '하나님의 지배'라 할 것이다. '참새의 생명까지 주관하는 하느님'(마 6:26)에 대한 이해였다. 나아가 예수는 자연 안에서 자연을 통하여 하느님을 증거 했고, 자연세계 자체는 신을 말하고 직관할 수 있는 토대라 할 것이다. 로마서 8장에서는 타락하고 신음하는 생태계를 위한 구원 가능성으로서 인간 삶의 우주적 변화를 역설하였다.[19] 요한복음서를 포함한 제2 바울서신들은 우주적 그리스도 개념 하에 모든 피조물을 긍정하고 있다. 자연은 결코 인간 노력의 산물이 아니라는 것이다. 은총으로서의 자연이란 이런 은총의 감각을 상실한 인간을 일컬어 무신론자라 했던 것이다. 생태계 법칙은 하느님 살림살이 법칙이기도 한 탓이다.

　동물권에 대한 이해 역시 중요한 부분이다. 바벨론 포로 후기 시대에 기록된 제사 문서는 인간과 자연의 총체적 연대성과 모든 생명의 존속과 복지에 주목하였다. 노아의 방주에 들어가서 구원받은 존재들은 인간은 물론 일체 동물들도 포함되었고 그들 역시 하느님의 구원 대상이었던 것이다. 나아가 인간 중심적 사고에 입각하여 부정한 동물이라 하더라도 생명 가치가 부정되지 않았다. 더불어 인간 손에 동물이 맡겨지더라도 동물 생명을 함부로 할 수 없도록 제한적 단서가 인간에게 요구된 것 역시 신의 배려라 할 것이다.[20] 진화의 영으로서의 하느님은 온 우주를 사랑하며 생물의 다양성은 보존되고 동물권이 회복되는 것 없이 기독교의 구원을 말

18 Ibid. 44-47.
19 Gerhard Friedrich, "생태학과 성서," 이정배 편저, 『생태학과 신학』(서울: 종로서적, 1989), 83-85. 재인용, 이정배, "기독교의 자연관," 51.
20 이정배, "생명파괴와 생명신학," 268 이하 참조; 이정배, 『생태영성과 기독교의 재주체화』(2010), 85-86.

할 수 없는 것이다.

2. 동양 유교의 만물일체관과 생태학적 신학: 神土不二와 身土不二

동양적 영성은 우주 속에서 인간을 보고 인간 속에서 우주를 발견하는 지혜이다. 이것이 이정배가 말하는 신토불이神土不二의 의미이다. 이러한 신토불이神土不二의 영성을 신토불이身土不二적, 즉 동양적 생태 종교로 변화 시키는 일이 한국 기독교에 주요한 과제였다. 불교의 연기설, 진여자성眞 如自性, 유교 성리학의 우주적 인仁, 동학의 이천식천以天食天 및 경물敬物 사상 등이 새로운 의미의 '가난한 자'로 인식되는 '자연'에게 치유 의식을 선사 할 수 있기 때문이다. 불교의 연기론은 자기를 버릴 수 있는 이타적 인간 으로서의 보살적 인간상을 제시한다. 따라서 불교의 생태관은 개체와 개 체, 개체와 자연, 자연과 자연의 연기(不二)를 통해 서로를 상생시키는 동 체대비심에 근거할 수 있다.[21] 유교는 또한 자신 속 선한 본성을 표출시켜 서 만물을 자신의 몸처럼 인식하는 인仁을 가르쳤으며 동학은 '시侍'의 영 성으로써 '세상에 존재하는 모든 것이 관계되지 않는 것이 없다'는 개별아 의 초극으로서의 만물과 감응하는 삶을 제시했다.[22] 이런 신토불이身土不二 적 영성은 '느림의 생활양식'을 요구하며 '침묵의 길'을 제시한다. 자기 소 리(욕망)를 그치고 타인의 소리, 자연의 소리, 하느님의 소리를 들을 수 있게 하는 것이다. 여기서 존재들 모두가 나에게 있어 관계적 타자임을 각인시킨다.

유교 생태학에 관한 언급이 좀 더 필요하다. 이정배의 경우 유교생태학 이 신학적으로 중요하게 수용되었기 때문이다. 생태학적 위기에 직면하 여 기독교는 성령을 근간으로 자연 속에서 하느님의 현존을 말하는 생명 중심주의biocentrism를 표방하였다. 여기서 생명 중심적 성령은 유교 생태

---

21 고영섭, 『연기와 자비의 생태학』, (연기사, 2001), 127.
22 이정배, 『생명의 하느님과 한국적 생명신학』 (새길, 2004), 110.

학의 본질인 기氣와 간주체적으로 만날 수 있다고 본 것이 이정배이다. 하느님 영의 단편들이 전 창조 속에 내주하여 생명이 지속된다는 기독교적 성령론과 존재의 연속성과 만물 일체관을 근거로 피조물과의 내적 감응, 즉 교감을 이루는 기氣의 의미가 상응할 수 있다고 보았던 것이다. 이정배는 유교 사유 속에서 우주의 전일성과 존재의 연속성을 보았고 기氣 개념 속에 함축되어 역동적 생명주의를 강조했으며 만물 일체를 향하는 인간 우주적 세계관을 신학과 연계시켰다. 뿐만 아니라 유교의 자기 수행 Self-cultivation 전통 역시 적극 받아 들였던 것이다. 만물 일체 의식과 천지 만물의 한 몸 됨을 체득하기 위해서이다.23

3. 생태 여성주의와 생태학적 신학

종래의 신학이 관계성보다는 힘을 강조했고 내재성보다는 초월성에 역점을 두어왔다면 생태여성주의에 입각한 생태신학은 관계적 하느님에 초점을 둔다. 특히 샐리 맥페이그는 세계를 '하느님 몸 *The Body of God*'이라는 새로운 하느님 이해를 통해 생태적 인간상을 양육할 수 있다고 봤다. 이정배도 동의하듯이 그녀는 하느님이 세계에 내재하는 탓에 세계와 하느님 관계를 상호 불이不二적 관계로서 자궁 속의 아기 비유로 인식하였다. 어머니 몸속의 아이처럼 하느님이 지구를 돌보고 있음으로 우주가 존속되는 것이라 하였다. 우주 만물에 대한 책임을 인간과 하느님이 함께 공유한다는 것이 하느님 사랑의 표현이자 생태신학의 골자라 할 것이다. 이렇듯 이정배는 유교 및 생태여성주의와의 접목을 통해 속죄의 기독교 대신 피조물의 상호관계성을 통해 생명을 창출하는 창조의 기독교를 선호했다. 아마도 이것을 토마스 베리가 말한 신생대로부터 생태대로의 전이라 해도 좋을 것이다.

---

23 이정배, "유교와 기독교의 대화, 그 한국적 전개-평가와 전망을 중심으로,"「신학과 세계」 49 (2004, 3).

익히 알고 있듯 생태학Oikos은 경제적Economic, 일체적인Ecumenical이란 말의 뿌리를 갖고 있다. 따라서 생태적 인간에 관심한 기독교 신학은 경제학에 관심을 갖고 정의를 실천 과제로 삼는 것이 옳다. 항차 생태적 경제 모델을 만들어 가야 하는 탓이다. 인간 복지를 비롯한 전체의 복지에 대한 관심을 포기할 수 없다는 것이다. 이것이 신학에 있어서 정행正行의 의미라 하겠다. 생태적 인간상에서 볼 때 인간은 언제든 하느님의 조력자, 파트너이다. 인간의 참여 없이는 하느님도 자신의 일을 완성할 수 없다. 여기에서 논의하고픈 것은 우주 만물을 '하느님 몸'이란 은유로 말하는 것 이상으로 '하느님 영의 단편들Fragments'로 보는 것이 지닌 의미이다. 이것은 인간만이 자연을 지키는 힘이 있는 것이 아니라 자연 역시도 인간의 역할 이상으로 생태계를 유지하고 보존하는 자체 능력을 갖고 있음을 말하기 때문이다. 동양에서 자연을 '여여如如'라 하며 그 자체를 부처라 보는 것도 이런 이유에서다. 켄 윌버의 '홀아키Horachy' 개념에서도 같은 이해를 하고 있는 듯 보인다. 내재 가치로는 정신이 자연보다 우월할 수 있지만, 앞의 것들이 없으면 나중 것이 존재할 수 없다는 차원에서 이들 모두가 나뉠 수 없는 전체, 곧 하나님의 영의 진화로서 존재하기 때문이다.[24]

샐리 맥페이그가 말하는 하느님의 은유가 '어머니'이다. 이 은유는 신학의 축을 우주 중심적이고 생명 중심적으로 옮겨야 할 당위를 제시한다. 어머니로서의 은유가 모든 것들과 유기적 관계를 맺는 내재적 사랑의 본질로서 하느님을 상상하게 돕는 탓이다. 또한 신과 세계(우주)가 하나면서 둘이고 둘이면서 하나인 통전적 관계성을 갖는 다는 것을 쉽게 이해할 수 있게 한다. 이런 면에서 범재신론의 종교 영성과 기독교 신학이 접맥되어 생명권 의식을 발현시키는 신학을 재구성할 수 있다.[25]

---

24 이정배, 『생태영성과 기독교의 재주체화』(2010), 180-190.
25 이정배, "생명파괴와 생명신학," 273 이하 참조.

4. 토착화의 시각에서 본 생태적 신학

이정배 신학에서 중요한 다석 유영모는 토착적 기독교 사상가로서 하느님 존재는 '없이 계신 분'으로 생태적 신학 형성에 큰 도움을 주었다. 그에게 생태적 회심이란 없이 계신 분에 상응하여 자신을 없이 있는 존재로 재구성하는 일이었다. 그렇기에 다석 사상의 핵심은 '없이 있다'는 그의 하느님 이해에 있다. '없이 있는 하느님' 소위 '빈탕에 이르는 길'이 그에게는 생태적 자아로의 여정이었다. 없음을 있음보다 우선시 했던 탓에 유위보다 무위의 의미가 강조될 수 있었던 것이다.

이렇듯 다석에게 있어 없이 계신 이와 본래 하나인 '참나'를 찾는 것이 중요했다. 그래서 언제든 '하나로 돌아가는 것'(歸一)에 목숨을 걸었다. 인간 속에서 하늘과 땅이 언제든 하나라는 자각을 갖고서 말이다. 이렇듯 천부경 속의 '인중 천지일人中天地一' 사상은 동학의 '시천주侍天主' 사상을 거쳐 다석의 하느님 이해에 지대한 영향을 미쳤다. 여기에서 귀일의 '하나'는 모든 것을 있게 하는 초월적 근원이자 전체였다. 다석은 '없이 있는 하나'를 인간 속의 '바탈'로 보았고, 이를 통해 인간이 만남이 중요했고, 그 일을 위해 만물의 생성 속에 참여한다고 믿었던 것이다.

따라서 '없이 있는' 하느님(참나)과 '없이 살아야할'(얼나) 인간의 생태적 고행(일식)이 필요했다. 일식을 통한 욕망의 축소가 생태학적 자아의 길이었고 '없이 살아감'으로써 하느님과 하나 되는 '빈탕한테 맞혀 노는 일'이 가능해졌으니 이를 생태학적 회심이라 할 것이다.[26]

또 다른 토착화적 요소로서 풍수지리설 역시 신토불이 정신이 반영된 지리학이다. 풍수지리설의 동기감응론, 형국론, 소주 길흉론을 핵심 원리로 한다. 동기감응론은 인간과 자연의 기운이 살아있을 때나 죽어서도 함께 감응한다는 것으로 땅의 기氣와 인간 간의 상호교감을 강조한다. 형국

---

26 이정배, 『생태영성과 기독교의 재주체화』(2010), 110-122; 이정배, 『빈탕한데 맞혀 놀이』(2011), 210 이하 참조.

론은 자연의 형세에 따라 인간 삶의 방식이 달리 계획되어야 한다는 것이 며 소주 길흉론은 선한 사람이 좋은 땅을 차지 한다는 온유한 자가 땅을 기업으로 받는다는 성서 말씀을 상기시킨다.27

동학의 '지기至氣' 역시 생태신학을 말함에 있어서 빼놓을 수 없는 요소 이다. 시천주 사상과 밀접하게 연관되어 있는 바 그 내용은 내유신령內有神 靈과 외유기화外有氣化로 할 것이다. 전자가 자연으로부터 분리된 인간의 자 아를 자연 속에 통합하려는 인간의 자각적 태도를 의미한다면 후자는 우 주적 생명, 즉 유기체적 관계성으로의 몸의 상태를 말하고 있다. 따라서 이들 두 개념은 전일적이고 유기체적 관계성을 일컫는 근본적인 한국적 표현으로서의 생태학적 세계 인식이라 하겠다.28 즉 '지기至氣'는 사람뿐만 아니라 우주 내의 모든 생명체의 본질, 즉 생명력이라 할 것이다. 이 점에 서 이정배는 모든 것을 '일체범주'로서 이해하는 한국적 범재신론인 '시천 주侍天主'개념이 지구 생태계를 위협하는 세계화 극복을 위해 기독교 전통 과 지평 융합되어 한국적 생명신학의 모습으로 재탄생되기를 기대했다.29

> 만물과 인간 속에 내재할 뿐 아니라 밖으로 충만하게 기화해가는 생성자체
> 로서의 근원적인 기운, 곧 지기가 모든 사물, 모든 생명들 속에서 공경되어야
> 할 살아계신 한울님이 된다.30

이처럼 길거리에 나뒹구는 기왓장 한 조각, 풀 한 포기 에서도 그것을 한울님처럼 모셔야 한다는 시천주의 개념은 우주적 큰 생명인 '지기至氣'와 내 자신의 자각적 연대감과 상호연결성과 만물간의 전일성을 의미했다.

---

27 Ibid. 69.
28 이정배, "생태학적 신학의 과제," 36; 이정배, 『생명의 하느님과 한국적 생명신학』(2004), 121 이하 참조.
29 이정배, "생명파괴와 생명신학," 270 이하 참조.
30 김경재, "최수운의 신개념,"『論學文』, 13; 신인철 외,『동학사상과 동학혁명』(청아출판 사, 1989), 131-135. 재인용; 이정배, "생명파괴와 생명신학," 271.

따라서 민족 고유 영성을 통해 생태적 실천력을 행사하여 전 지구를 구원하는 것을 이정배는 한국적 생명신학의 존재 이유라 하였다.

III. 생태적 신학의 실천적 구상: '생태적 자아'와 '공동체 구성'

생태적 신학으로서의 실천적 해결 방안을 생각해볼 때 먼저 자신을 '생태적 자아'로 변화시키는 것이 급선무이다. 이 말은 인간의 특권까지도 탈脫하여서 자연과 더불어 자신을 재 주체화하는 존재가 되어야 한다는 뜻이다. 이를 위해 자기 기준에 타인을 맞추려 하지 않고 자기 자신을 타자들, 자연을 포함한 뭇 약자처럼 되게 하는 타자성의 인식이 생겨야 할 것이다. 이런 면에서 기독교인의 재주체화는 약자로서의 전 지구적 가난을 자신들의 공통감으로 삼아야 옳다. 재주체화에 따른 이러한 공동체성을 위해 '공감하는 인간'으로서의 호모 엠파티쿠스Homo empathicus가 필요하다.[31] 이런 맥락에서 '인간으로서 산다는 것'은 최대한 사랑으로 인류를 포함한 자연을 이웃으로 끌어안아 공감적 포옹을 확장하는 것을 의미한다.[32] 이것은 신토불이神土不二의 영성이 신토불이身土不二적 토착적인 생태 종교로 변화할 때 더욱 쉽게 가능하며, 그로써 자아와 공동체 모두를 치유할 수 있다. 이 점에서 이정배는 여섯 가지 치유 의식을 제시했다. 첫째로, '속도 늦추기', 느림의 생활양식이 그것이다. 여기에서 말하는 '느림'은 삭히며 발효하는 음식문화가 보여주듯 일체를 온전케 함을 뜻한다. 또한 느림이 빠름을 궁극적으로 이길 수 있다는 역설의 진리를 일컫는다 하겠다. 교회 역시 얍복강변 이후 야곱처럼 '절뚝거리는' '느림'의 생활양식을 창출할 필요가 있다. 둘째, '침묵하기', 자신의 소리로부터 탈脫하여 고통과 비탄으로서의 타자의 소리를 경청하는 이관지관의 경지를 일컫는다. 침묵과 명

---

31 이정배, 『묻는다, 이것이 공동체인가』 (2015), 26.
32 Jeremy Rifkin, *The Empathic Civilization*, 이경남 역, 『공감의 시대』 (민음사, 2010), 269.

상을 통해 여여如如의 세계인 우주 자연을 온전히 만나자는 것이다. 셋째는 '몸비우기'이다. 몸이 비워져야 몸의 자연성이 회복되며 그 오감五感을 가지고 만물과 교감하는 새로운 삶의 방식이 만들어 질 수 있다. 창조적 상상력 역시 이로부터 비롯된 것이다. 넷째, '녹색 은총의 감각을 회복하는 것'이다. 자연과 우주 생명과 교감하는 녹색 감수성을 보유하는 것 자체가 은총이다. 이 은총은 우리의 시선이 자연에 오래 머물수록 여실히 느껴질 것이다. 다섯째, 보살핌의 윤리로서 '마음 다하기'이다. 이를 실천하기 위해서 스스로 '자발적 가난의 영성'이 반드시 동반되어야 한다. 비워질 때 마음이 열리고 그 마음이 다해질 때 고통 받는 이웃과 자연의 탄식이 들려질 수 있기 때문이다. 이것은 자본주의에 영혼을 빼앗긴 종교인들에게 새 차원의 구원의 길을 제시할 수 있겠다. 마지막으로, 이정배는 노동, 즉 손의 창조성을 치유 의식으로 생각했다. 왜냐하면 일은 자기표현의 수단이자 이웃을 이롭게 하고 자연을 보호하고 지키는 도구인 탓이다. 손의 창조력이 없으면 없을수록 필요한 것은 돈뿐이다. 손의 창조력을 통해 살아낸다는 것은 인간이 진정한 하느님의 동반자가 될 수 있기 때문이다. 일상을 신앙적으로 살아낸다는 것은 일이 지닌 창조적 의미와 가치를 발견하는 일일 것이다. 이것이 자신을 존중하고 치유하며 이웃과 자연의 고통을 감싸는 치유와 돌봄의 영성일 수 있겠다.[33]

다음과 같은 '공동체 구성'도 생태신학의 과제가 되었다. 이는 고통을 함께 공유하려는 것으로 교감 능력의 확대에서 비롯한다. 이 점에서 한국교회와 시민간의 연대성을 이정배는 강조했다. 오히려 교회로 하여금 건전한 시민단체에게 자기 예산의 십일조를 지라 할 정도였다. 더불어 도농 공동체 즉 도시와 농촌교회 간의 상호 협력적 공동체를 세우라 했는데, 이것은 정주 목회를 희망하는 농촌교회에게 먹거리를 위해 자급 토지를 제공하고 유기농법을 만들어 내는 일이다. 이를 통해 '마을 살리기'가 가능하며 교회 역시 생태적인 선교를 행할 수 있는 것이다. 수도 공동체로서

---

33 이정배,『생명의 하느님과 한국적 생명신학』(2004), 153-162.

농촌교회의 활성화 역시 중요하다. 농촌교회가 '수도원'으로 활용되어 예배와 노동, 쉼 등의 다양한 프로그램을 마련할 수 있을 것이다.34 이렇듯 생태적 교회는 생명문화 창출을 위한 생태적 경제 모델을 준비하고 확산시켜 나가야만 한다. 이것은 인간과 인간, 인간과 자연 사회 간에서 갑과 을의 관계를 넘어서 '온 생명'35의 지각을 통해 세워지는 공동체의 실행일 것이다.

나가는 글

앞서 말했듯 인간적 유위가 자연의 무위로 방향이 설정 될 때 인류에게 미래가 있을 것이다. 이것은 무위이화無爲而化로서 우주 대자연이 인위나 조작이 없이도 저절로 생명을 이루는 것을 보기 때문이다. 다시 말해 생명의 진화 과정에서 인간 행위의 능동적인 동화가 필요로 한다는 것이다.36 이와 더불어 '수심정기守心正氣, 즉 마음을 지키고 기운을 바르게 하'는 수행이 함께 필요하다. 무위에로의 방향성을 체體로, 유위적 실천을 용用을 삼자는 것이다. 이정배가 켄 윌버의 홀아키론에서 배운 '약한 인간 중심주의'와 동양 사상 간의 조화의 차원이라고도 하겠다. 이정배는 토마스 베리식의 기독교 애니미즘을 동조하지만 전적으로 지지하지 않았다. 왜냐하면 인간과 동물간의 무차별적 동일성이 성서적 세계상이라 볼 수 없었던 탓이다.

이처럼 생태학적 신학을 정립해 나감에 있어서 이정배는 동서양을 비롯하여 과학, 여성주의 등의 다양한 사상들을 접맥시켜 한국적 생명신학을 정립했다. 통합 학문으로서의 생태적 신학은 학문적 차원에서 뿐 아니라 기독교인 자체의 재주체화를 목표로 삼았다. 그것은 '하느님 살림살이'를 돕는 인간에게 생태 영성을 가르칠 때 가능한 일일 것이다.

---

34 이정배, 『생태영성과 기독교의 재주체화』(2010), 29.
35 "온-생명론 (Theory of global life)," 『철학사전』(중원문화, 2009).
36 이정배, "생명파괴와 생명신학," 272 이하 참조.

참고문헌

이은선·이정배.『현대이후주의와 기독교』. 다산글방, 1993.

이정배.『묻는다, 이것이 공동체인가』. 서울: 동연, 2015.

_____.『생명의 하느님과 한국적 생명신학』. 새길, 2004.

_____.『생태영성과 기독교의 재주체화』. 동연, 2010.

_____. 편저.『생태학과 신학』, 종로서적, 1989.

_____.『신학의 생명화, 신학의 영성화』. 서울: 대한기독교서회, 1999.

_____.『없이 계신 하느님, 덜 없는 인간』. 모시는사람들, 2009.

_____. "기독교의 자연관."「종교연구」10 (1994).

_____. "유교와 기독교의 대화, 그 한국적 전개-평가와 전망을 중심으로."「신학과 세계」49
      (2004,3).

_____. "생명파괴와 생명신학."「신학과 세계」(1996, 봄호).

_____. "생태학적 신학의 과제."「기독교사상」393 (1991.09).

Rifkin, Jeremy. 이경남 역.『공감의 시대』 서울: 민음사, 2010.

고영섭.『연기와 자비의 생태학』. 연기사, 2001.

신유학과 동학의 대화에서 본 이정배의 한국적 '생명신학'

최태관 박사

(감리교신학대학교 외래교수)

I. 들어가는 말

이정배 박사가 생명신학에 대한 논의를 시작한지 30년이 흘러간다. 그의 지도 아래 석사학위 논문을 썼던 필자는 그의 생명에 대한 열정을 기억한다. 리프킨의 '생명권 정치학'을 소개하면서 보여준 생명에 대한 그의 신학적 열정은 한국적 신학의 새로운 모색이었다. 간학문적 소통 원리를 강조한 그는 다른 생명담론과의 대화를 해왔다. 또한 그는 대화의 결실들을 자신의 고유한 생명 인식과 접목하여, 생명신학으로 발전시켰다. 일례로, 그는 한국적 신학의 지평을 유럽적 신학의 인격적 범주를 넘어, 생태학적 범주로 확대해야 한다고 주장하고 있으며, 하느님, 인간, 자연의 유기체적 관계를 기독교 신학적 텍스트와 한국 종교의 텍스트와의 상호 텍스트적 관계에서 해명해야 한다고 주장한다. 그에게서 칼 야스퍼스의 '철학적 신앙'과 에른스트 트뢸치의 '문화통합'의 영향을 받은 필자는 그의 생명신학에서 한국적 신학의 새로운 가능성을 발견하게 된다. 왜냐하면 그는 그의 생명신학을 유럽적 신학과 동양종교 사이의 창조적 대화를 통해 '한국적 신학'으로 구체화했기 때문이다. 다른 한편, 그의 생명신학은 한국적 맥락에서 '모든 것이 모든 것과 관계된다는 생태학적 진리-인간과 자연의 관계망-를 구현하기 때문이다.[1] 결과적으로 볼 때, 그의 생명신학은 생명의 문제가 자연세계의 한정된 문제가 아니라, 우리가 살아가고 있는 삶의 현장에 드러나는 구체적인 문제임을 밝히고 있다. 본 논문은 이정배의 한국적 신학으로서 '생명신학'의 가능성을 살펴보는데 목적이 있다.

첫 번째, 필자는 '신유학'과 '기독교 신학'의 만남에서 본 일체범주로서 '태극'의 포괄자적 해명에 대해서 밝히고자 한다. 일체범주는 유기체로서 세계와 신성으로서 '힘'이 합일하고, 그 힘과의 상호관계에서 인간이 자연과 조화를 이루는 공간이다. 인간이 세계와 자연과의 존재론적 연속성을 실현하는 공간으로서 일체범주는 곧 '생명'이다. 신유학과 기독교의 대화에서 촉발된 그의 생명신학은 이웃종교와 기독교 신학에 내재된 일체범주로서 '생명'의 포괄자적 해명과 다른 학문과의 해석학적 만남에서 '지평융합'을 시도한다. 신유학과 기독교 신학이 지닌 공동 문제로서 이원론적 형이상학과 종교적 진리의 '신체성'에 대한 비판과 더불어 극복 방법으로서 태극 사건의 해명의 문제를 알아본다. 두 번째, 생명권 위기의 극복을 위한 대안으로 한국적 신학으로서 생명신학의 문화 주체적 의식으로서 '시천주侍天主'에 대해서 살피고자 한다. 서구의 종획 운동에서 시작된 개발 논리에 의거하여 급격히 자연 파괴를 야기해온 서구 역사를 문명사적으로 비판한 리프킨의 생명권에 대한 인식에서 모든 것이 관계되어 있다는 '생명의 원리'를 파악한 이정배는 인간이 삶의 안정을 위해 삶의 효율성과 자율성을 확보하는 것에 집착한 나머지 상실하게 된 포괄적인 인간의 관계 의식, 즉 '시천주侍天主'를 생명 원리로 규정하려고 한다. 세 번째, 필자는 한국적 주체성의 자기 발전적 원리로서 '지기至氣'에 대해서 살펴본다. 유기체적인 세계 인식에 대한 자각으로서 '시천주侍天主'와 인간과 모든 사물에 내재된 신성으로서 '지기至氣'의 상호관계에서 구현되는 통합적 원리로서 '하느님의 영'의 신학적 의미를 드러낸다. 그 신학적 의미는 유기체

---

1 이정배, "한국 신학의 미래적 과제," 『토착화와 생명문화』(서울: 종로서적, 1991), 124.

적 인식과 수행 과정에서 구체화됨을 드러내고자 한다. 마지막으로 한국적 신학의 입장에서 본 '지기至氣'의 생명신학적 의미를 살펴보고자 한다.

II. 신유학과 개신교의 상호 변혁의 공간으로서 '일체 범주': 태극

이정배의 생명신학은 일체 범주로서 '태극'의 포괄자적 확인에서 시작된다. 포괄자적 확인은 칼 야스퍼스가 주장한 철학적 신앙의 방법이다. 포괄자란 주관만도 아니고 객관만도 아니며, 주객 분열 안에서 그 양측에 나타나는 존재를 말한다.[2] 그 포괄자적 확인은 인식 주체가 객관과 주관이 일치가 되어 현전하고 있는 포괄자에 의해서 충만하게 되는 신앙을 뜻한다. 이정배는 한국 성리학의 전통에서 발전된 존재의 신비로서 '태극'을 포괄자로서 이해한다. 포괄자로서 '태극'은 인간이 유일회적인 방법으로 규명할 수 있는 대상이 아니라, 끊임없이 변하는 사건이기 때문이다. 이정배에 따르면, 이미 주객도식의 사유 구조에서 언표화 된 '태극 자체'는 이미 원근거 자체와 동일시 될 수 없다. 이러한 태극은 대상의 인식에 있어서 포괄자일 뿐이다.[3] 따라서 이정배는 존재의 신비로서 '포괄자'의 해석 가능성을 열어놓는다. 또한 그는 포괄자의 확인을 통해 태극에 대한 절대화되고 고정화 된 대상을 버리고, 새로운 존재 가능성에 주목한다. 왜냐하면 태극에 대한 포괄자 확인은 기독교 신학을 새롭게 변혁시키고, 한국종교로서 '신유학'과의 만남에서 한국적 신학의 가능성을 여는 그의 생명신학적 의도이기 때문이다. 따라서 한국적 신학으로서 생명신학은 유럽적 신학으로부터 비판적 자기 구분을 통해서 드러나며, 동시에 한국적 종교사와 문화적 컨텍스트에서 새롭게 구성되는 문화적 정체성을 표현한다.

첫 번째, 그의 생명신학은 유럽적 신학이 주장해온 기독교의 절대성을

---

2 칼 야스퍼스, 『철학적 신앙』 (서울; 이화문고, 1990), 20.
3 이정배, "신유학과 개신교신학의 만남," 『토착화와 생명문화』 (서울: 종로서적, 1991), 25.

비판하고, 유교와의 관계에서 기독교의 '인격'의 개념을 확장한다. 그에 따르면 "무로부터 창조"의 개념을 가지고 세계를 탈 신성화했던 로마 시대의 기독교 이래로, 지금까지 이 세계는 절대적으로 비인격화되었고, 그로써 이것은 신의 초월적 속성과는 다른 것으로 격하되었다."[4] 특히 그는 유신론적 발전 신앙이 역사와 자연이라는 이분법적 도식을 토대로 하나님과 관계없는 자연에 대한 인간의 지배를 정당하고, 개발 논리에 따라 생태적 위기를 촉발하였다고 본다. 생태적 위기 앞에선 이정배는 트뢸치의 기독교의 절대성을 비판한다. 왜냐하면 트뢸치는 기독교의 절대성을 자연과 인간을 포괄하는 세계가 아니라, 단지 인간 정신 안에 존재하는 신의 현존 가능성에 근거하는 기독교의 '최고 가치'로 이해하기 때문이다. 또한 그는 생명 가치가 배제된 '문화 통합'에 기초한 문화 종교로서 기독교의 규범적 가치를 주장하고 있기 때문이다. 트뢸치의 문화 통합에서 인간의 인격만이 유일하게 하나님의 신성을 담는 곳이다. 그러므로 이정배가 인간 내면에 존재하는 절대적 실재를 보지만, 세계에 현존하는 신의 현존의 가능성을 보지 못하는 트뢸치의 인식 구조를 비판한다.

두 번째, 그의 생명신학은 신유학과 개신교 신학을 비교하고 공동의 문제와 그 해결 가능성을 밝힌다. 그들의 공동의 문제는 포괄적인 생명으로서 태극의 이해 과정에서 드러난 형이상학적 이원론과 종교적 진리의 절대성과 고정성이다. 그는 퇴계의 태극 이해를 헤르만의 심정 윤리와 비교하면서 발견한 형이상학적 이원론을 극복하기 위한 방법으로서 율곡과 트뢸치의 공통적인 입장을 밝힌다. 이기이원론을 주장하는 퇴계의 경우 오직 경敬에서 체험된 하나님의 임재가 태극의 최고 현실성을 일상생활에서 실현한다. 이때 태극은 윤리적으로 인간에게 명령하는 종교적 현실의 본질 규정이다.[5] 헤르만의 심정 윤리와 유비적으로 볼 때, 경敬에 근거한 공동체적 윤리에서 태극은 인仁의 공동체로서 실현됨을 뜻한다.[6] 반면에,

---

4 이정배, "종교다원주의와 현대적 신론," 『토착화와 생명문화』 (1991), 185.
5 이정배, "신유학과 개신교신학의 만남," 『토착화와 생명문화』 (1991), 16.
6 Ibid., 16.

이기일원론을 주장하는 율곡은 퇴계가 주장하듯 '태극'이 최고의 윤리적 실재가 아니라, 실리實理로서 성誠으로 이해한다. 인간이 끊임없이 하늘의 존재론적 현실성으로서 성誠과의 관계에서 격물을 수행하고, 사물의 이치를 발견한다. 그 성이 이 태극의 속성이 된다. 따라서 인간은 스스로 결단하고 그 '성誠'의 상태에서 격물을 수행하고 '태극'의 현실성을 윤리적으로 드러내야 한다. 이 비교에서 이정배는 율곡과 트뢸치가 주장하는 '종교적 선험'이나 유교의 태극의 진리가 절대적이거나 고정적일 수 없고, 시대에 따라 변한다는 점에서 일치하지만, 생명에 대한 존재적이고 역동적 의미를 인식하지 않음을 비판한다.

신유학과 개신교 신학의 공동 문제―진리의 역사적 상대성의 문제―를 극복하기 위해서 그는 '그리스도'의 상징과 인간의 실존 경험의 상호관계에 의존하는 프리츠 부리의 실존 신학의 길을 따른다. 왜냐하면 부리는 형이상학적 진술이 지닌 존재의 신비와 그 진술의 불가해성 앞에서 의미 가능성의 근거인 '그리스도'의 빛에서 자신의 실존을 이해하고, 형이상학적 진술이 지닌 진리의 근원성에 다가가기 때문이다.[7] 이정배도 '태극'에 대한 진술을 '군자' 혹은 그리스도의 빛에서 의미론적으로 해석해야 한다고 본다. 객관적 진술로서 일체 범주를 넘어, 생명의 근원적 현상으로서 태극 사건에 다가감으로써 신유학과 개신교 신학의 상호 변혁의 가능성을 모색할 수 있기 때문이다. 은총의 실존으로서 인간은 실존 신학의 길에서 자신의 초월 관계성을 인지하는 한, 신유학에 대한 실존 경험의 빛에서 드러난 '존재 신비'로서 태극 사건을 진술해야 한다.[8] 일체 범주로서 태극 사건은 신유학과 개신교 신학이 현존재의 의미 근거에 대한 물음을 공통적으로 지시하고, 상호 변혁적으로 자기를 이해하는 상호 텍스트적인 해석학적 공간이 된다. 그 공간에서 인간은 신유학과 개신교 신학의 상호 텍스트의 중심에 서게 된다. 이에 따라 한국적 신학의 토착화는 실존 기독

---

7 Ibid., 25.
8 Ibid., 27.

론적 전제 하에 상호 텍스트적 이해 따른 전통적 기독교에 대한 비판과 새로운 의미 지평으로서 대화의 공간을 확보하는 데에 있다. 따라서 한국적 신학으로서 생명신학의 전제는 한국적 컨텍스트에서 기독교의 인격 범주를 유교적 일체 범주와의 관계에서 역동적으로 재구성하는 일이다.

세 번째, 이정배는 서구적 인격 범주에 대한 보충으로서 '일체 범주'의 개념에 주목한다. 왜냐하면 일체 범주는 유럽적 신학이 간과해온 신에 대한 인간과 자연의 사실적 관계를 주목하기 때문이다. 이정배는 창세기 1:27-31과 중용을 비교하면서, 기독교 신학이 인격성을 보충하고 인격적인 비인격성의 의미 속에서 일체 범주 구조를 생각해야 한다고 보았다. 따라서 그는 일체 범주와 관계하는 포괄적 신관을 구체적으로 표현한다. 왜냐하면 하늘과 땅의 생명을 창조해가는 우주적이며 신비적 힘에 대한 유교적 표현으로서 '인仁'은 하나님의 완전성을 표현하기 때문이다. 하나님의 완전성은 일체 범주로서 인仁의 유기체적 현실을 표현한다. 여기서 일체 범주는 모든 존재양식들의 내적 연결성으로서 '전체성', 모든 만물간의 유기적 상호의존성으로서 '연속성', 자기 발생적인 생명의 과정 안에 즉 자연 속에 내포된 변화와 변형을 위한 잠재력으로서 역본성을 포함한다.[9] "인간이 우주의 역동적 삶과 일체를 이룬다는 것은 인간 정신이 이 자연의 우수한 사물과 더불어 지속적으로 공감적 조화를 이룬다고 하는 것이며, 이러한 감응은 만물간의 고통, 곧 존재의 유기체적 연속성을 실현시키는 신비로운 종교적 사건이 된다."[10] 한국적 신학으로서 생명신학은 유교적 전통과 기독교의 창조 신앙에서 발견한 관계적 사유를 기반으로 우주의 총체성을 해명하는 과제를 가진다.

---

9 이정배, "종교다원주의와 현대적 신론," 189.
10 Ibid., 190.

III. 생명신학의 문화 주체적 자각으로서 시천주侍天主
: 유기체적 의식

리프킨의 생명권 정치학의 영향을 받은 이정배는 서구 개발 이데올로기가 야기한 '생명권 파괴'에 주목한다. 그는 경제적 개발 이데올로기에서 비롯된 인간성의 억압과 환경 파괴를 곧 생명권에 대한 위협으로 규정한 것이다. 생명권에 대한 위기에 직면하여 이정배는 '생명권'에 대한 근본인식과 신과 관계하는 유기체적 생명 인식을 드러내고자 한다. 생명권 의식 앞에서 생명신학은 한국적 신학의 정체성의 문제를 어떻게 확보할 수 있을까? 그는 동학의 '시천주侍天主' 사상과 불교의 불이론不二論과 화쟁론의 해석학적 만남을 통해서 그 문화적 주체적 의식을 구현한다.

이정배는 존 힉으로부터 시작해 데이비드 트레이시에 이르는 신 실재 중심적 해석학을 비판하고, 토착화, 문화 이입, 상황화의 개념을 선호하는 바, 토착문화의 정체성에 비중을 두고 신학적 성찰을 수행해가는 '맥락모델'을 주목한다. 맥락모델은 개인의 주체적 신앙과 문화적 주체성 문제를 신학의 근본적인 조건으로 인정한다. 따라서 맥락 신학은 전통 신학에 비해 더 급진적인 특성을 드러낸다.[11] 맥락 신학적 입장에서 이정배는 한국적 신학의 과제를 '한국 문화'의 주체성, 곧 문화적 주체로서 자기발견적 원리의 추적이 되어야 한다고 주장한다.[12] 그 주체성은 종족 중심적 혹은 민족 중심적 정체성이 아니라, 리프킨이 주장하는바 생명권 의식에 기초한 정체성과 유기체적 몸에 대한 인식이다. 그의 문화적 정체성은 인간이 성서의 말씀, 일상적 사건, 문화적 전통 안에 구현된 가치를 경험하는 곳에 있다.[13] 왜냐하면 인간은 문화와 역사 그리고 성서적 상징체계의 상호 텍스트적 관계에서 본래적 주체를 구현할 수 있기 때문이다. 인간은

---

11 이정배, 『생명신학』, 109.

12 Ibid., 99.

13 Ibid., 119.

특별한 시·공간적 영역 내에서 일어난 자신의 하나님 경험을 개념화할 수 있고, 맥락화된 주체의 활동성을 곧 '토착화신학'으로 규정할 수 있다. 신학은 이론이 아니라, 실천이요, 수행인 것이다.

토착화로서 이정배의 생명신학이 초기에 신유학과 기독교 신학의 관계에서 인식한 비이원론적 역사 이해와 실존 사건으로서 태극 이해에서 시작되었다면, 원효의 '일심론'과의 해석학적 조우에서 동학의 '시천주侍天主'를 한국적 주체적 자각으로 이해한다. 왜냐하면 이정배는 동학의 '시천주侍天主'를 리프킨의 생명권 의식과의 만남에서 언어 속에 존재하는 절대자의 속성과 하늘과 땅, 인간과 자연에 대한 유기체적 의식으로서 해석하기 때문이다. 그 '시천주侍天主'의 자각은 '지기至氣'의 흐름과의 관계에서 비롯된다. 그는 동학의 '지기至氣'를 중국의 지기론과 비교하여 그의 특수한 인식을 드러낸다. 중국적 지기론이 자신의 자연적인 특성을 강조하고 있다면, 동학의 '지기至氣' 개념은 한울님 사상으로 발전한다. 즉 만물과 인간 속에 내재할 뿐만 아니라, 밖으로 충만하게 기화해가는 생성 자체로서 근원적 기운 곧 '지기至氣'가 모든 사물, 모든 생명, 그리고 모든 사물들 속에서 공경되어야 할 한울님이 된다는 것이다.[14] 지기론至氣論에 따르면 인간은 풀 한 포기, 돌멩이 하나 우마육축이라 하더라도 그것을 살아계신 한울님을 자신의 몸에 모시고 실천해야 한다.[15] 그 과정에서 인간은 자신의 내면에 있는 '지기至氣'를 키우게 된다. '지기至氣'의 원리에 따라 생명은 연대적인 성장과 발전을 하고, 인간도 능동적으로 자신을 변화시킨다. 따라서 인간은 그 생명의식을 기반으로 전 우주를 창조적으로 진화하게 하는 우주 생태학적인 생명 공동체에 이를 수 있게 된다.[16] 그 생명 공동체의 궁극적 자각이 바로 '시천주侍天主'의 자각이다. 동학의 '지기至氣'론을 기반으로 하여 이정배는 생명에 대한 유기체적 인식을 '지기至氣'의 구현을 기반으로 하는 '시천주侍天主'의 자각으로 이해한다. 그의 생명신학은 살아계

---

14 이정배, 『하느님의 영은 불고 싶은 대로 분다』 (서울: 한들, 1998), 93.
15 이정배, 『생명신학』, 143.
16 Ibid., 143.

신 하나님으로서 '지기至氣'를 서구 신학이 새롭게 추구하는 어머니 하나님으로 이해할 수 있다. 이로써 그의 한국적 신학으로서 생명신학은 기독교의 신조와 믿음에 제한되지 않고, 비대상적 실재로서 하느님의 영의 실재를 드러내는데 있다. 그 과정에서 이웃종교의 경전 이해는 중요한 과정이 된다. 일례로 그는 그 '불이론'과 '화쟁론'과의 만남에서 타자와 화해하고, 자신의 문화적 정체성을 주체적으로 하느님의 영과의 관계에서 이해한다. 한편으로, 상반된 교리적 갈등을 넘어서고 실체의 집착을 벗어나려는 원효의 일심론을 통해서 그는 적막한 공의 세계가 아닌 생멸을 포괄하는 의미의 세계를 만난다. 다른 한편, 동학의 지기론에서 구체화된 '시천주' 사상과 만남으로써 그는 우주적 큰 생명과 인간 자신의 자각적 연대감, 즉 모든 사물의 전일성과 상호 연관성을 인식한다.[17] 그는 문화 주체적 경험에서 드러난 하나님의 경험을, 유기적 생명체에서 인간이 감당해야 하는 윤리를 명시하는 를 드러내는 일로 이해한다.

따라서 '시천주侍天主'에 대한 그의 인식 지닌 상호 텍스트적 의미는 존재론적 로고스로서 '예수'가 아니라, 우주 만물의 성화를 목적으로 하는 성례전의 전통 맥락에서 하느님의 영의 구체적 실현자로서 '예수'의 의미를 밝히는 일이다.[18] 슐라이어마허의 예수의 모범론과 유비적 관계에서 예수는 우주적 큰 생명인 '지기至氣'를 통해서 자신과 사물의 본성을 실현하고 하늘과 땅의 생명의 창조를 실현한 존재로서 이해할 수 있다. 따라서 "예수는 우주 만물이 자신이 지닌 내적 본성에 따라 진화해갈 수 있도록 인간의 변화를 촉발시키는 영적 역동성이 된다."[19] 이제 그의 생명신학은 한국적 주체성의 자기 발전적 원리로서 '지기至氣'를 해명하는 과제를 가진다.

---

17 Ibid., 133.
18 Ibid., 146.
19 Ibid., 148.

IV. '한국적 주체성'의 자기 발전적 원리로서 '지기至氣'
: 하느님의 영

앞서 살펴본 상호 텍스트적 이해의 지평에서 형성된 한국적 주체성의 자기발전적 원리로서 '지기至氣'는 한국 종교 문화에서 하나님의 경험을 '하느님의 영'의 현실성으로서 재구성하는 원리이다. 이정배는 그 원리를 존재론적 유비나 신앙적 유비로 구현된 '서구의 토착화'와 다르게, 한국적 상황에서 구현하는 토착화의 원리로서 동학의 '지기至氣'를 내세웠다. 왜냐하면 동학의 '지기至氣'는 생명신학의 민족적 주체성의 구현과 하나님의 영에 대한 이해를 함축하기 때문이다.

한국적 신학으로서 그의 생명신학은 민족적 정체성의 문제를 주목한다. 그는 한국 종교라는 특수한 문화 구조에서 복음 해석을 전개해온 1세대 토착화신학과 탈 민족주의자들에 의해 제기된 탈 민족적 담론에 대해서 문화적 민족주의를 제안한다. 그 제안은 그의 '생명신학'을 한국적 상황에서 토착신학의 구체적 모습으로 드러내고자 하는 의도이다. 그 민족주의는 일본 제국주의 시대의 산물로서 '저항 민족주의'나 혹은 서구의 제국주의적 문화 구조에서 드러난 '종족적 민족주의'가 아니라, 한국 종교사에서 자라난 생명 의식과 새로운 사상과의 해석학적 조우를 통한 생명의 발전적 인식에 근거한 문화적 민족주의이다. 그 민족주의는 토착 문화를 주변화 시키는 세계화의 현실에서 민족적 정체성을 강조하되, 민족 내의 다양한 시각을 수용하며, 평화적 공존을 지향하는 '열린 민족주의'이다.[20] 이와 관련해서 이정배가 다루고 있는 동학은 동양 문명의 해체와 서구 제국주의의 침략에 대항해서 민중으로 총칭되는 약자들에 주목하여 '평등사상'을 발전시키고, '주체성'과 '개방성'의 조화를 토대로 동과 서, 인간과 남성, 아이와 어른의 상극적 관계를 극복하고 상생시키는 힘을 제시했다. 또한 평화와 생명 해방을 지향하는 동학은 민족과의 평화적 공존체

---

20 이정배, 『토착화와 세계화』 (서울: 한들 2007), 80.

제와 새로운 문명 구축을 통해서 한국적 주체성의 자기발전적 원리인 '지기至氣'를 구현한다.

비인격적인 생명과 우주적 생명력, 비인격적 절대자로서 '지기至氣'는 우주 생성의 원인자이며 우주를 관통해 흐르는 기운으로서 궁극적 실재이다.[21] '지기至氣'는 유교와 같이 유기체적인 인식 체계를 근간으로 하면서도, 한국 역사 안에서 한국 민족이 상실한 인격신의 지평을 살리고, 생명의 본질을 드러낸다. 왜냐하면 생명의 이법理法으로서 '지기至氣'는 인격신이며 초월적 원인자이자 동시에 우주 만물에 내재하는 우주의 생명이고 하나의 지극한 기운이면서도 동시에 다양한 만물로 현현하는 범재신론의 특성을 갖기 때문이다.[22] 이정배는 '지기至氣'를 성서 전통에서 본 '루아흐'와 유비적 이해 가능성을 내비치면서, 서구 전통이 표현하고 있는 인격성, 비인격성, 범재신론, 범신론, 초월성과 내재성, 역사와 자연, 인간과 신 모두를 아우를 수 있는 포괄적인 힘과 역사를 변혁할 수 있는 힘을 가지고 있다고 본다.[23] 따라서 한국 고유의 신 체험으로서 '지기至氣'는 모든 것을 포괄하는 하느님의 영으로서 표현된다. 하느님의 영은 모시는 존재로서 인간이 자신을 내어맡기고 그와 연합함으로써 하나 되는 존재이고, 그에 따라 모든 사물이 인간과 같은 동일한 존재가 되게 한다. 따라서 하느님의 영은 모든 사물과 인간을 관계시키는 중심이 된다. 하나님의 영에 대한 각성이 곧 시천주이다. 시천주는 천天을 빈 공간으로 둠으로써 '지기至氣'의 공간으로 인식하게 한다. '지기至氣'의 흐름에서 그는 기독교의 성령론과의 만남을 모색한다면, 시천주의 자각의 관점에서 예수 그리스도의 영과의 접촉 가능성을 모색한다.

'지기至氣'의 경험에서 이정배는 인간 존재와 자연을 소외시키고, 파괴하는 폭력적인 사회구조에 저항하는 하느님의 영으로서 생태학적 성령의 사역을 제시한다. 동학의 '지기至氣'의 관점에서 볼 때, 성령의 사역은 비폭

---

21 이정배, 『한국 개신교 전위 토착신학 연구』 (서울: 대한기독교서회 2003), 396.
22 이정배, 『생명의 하느님과 한국적 생명신학』 (서울: 2004, 새길), 121.
23 Ibid., 122.

력적이며 생명 중심적으로 자신의 사역을 드러낸다. 첫 번째, 성령의 사역은 타자의 요구를 수용하는 진리를 드러낸다. 종교적 진리는 타자-생명의 요구에 관심하는 영의 증거를 분별할 수 있는 수행이다. 왜냐하면 "진리의 실천을 가능하게 하고 영에게 자신을 맞춤으로써 타자를 위한 관심이 깊어지고 변형될 수 있기 때문이다."[24] 두 번째, 성령은 인간과 자연을 파괴하는 모든 문화적 경계를 파괴하고, 모든 생명을 위한 비폭력적 관심을 실천하도록 한다. 세 번째, 성령은 자연을 배제하는 인간 중심주의적 문화를 파괴하고 인간과 자연의 가치 서열의 체계를 완전히 수평적 평등 관계로 만드는 녹색 윤리를 가능하게 만든다. "전 창조 세계 안에서 상호의존과 통일성을 위한 신적 대리자로서 생명 중심적 성령. 이러한 성령은 신적 삼위일체의 내적 활동 속에서 뿐만 아니라, 우주 내의 모든 생명체들의 활동 속에서 거주하며 그것들을 지속시키는 사랑의 기반이기 때문이다."[25] 이정배는 생태학적 성령에 대한 인간 사이의 관계를 시천주의 영성의 하나인 내유신령으로서 인간의 참 자아와 외유기화로서 우주적 생명이신 지기의 창조적 흐름 속에서 드러난 하느님의 활동으로 표현한다. 인간과 하느님, 그리고 자연이 상호의존적 관계로부터 벗어날 수 없음이 곧 성서(시편 139)가 증언하는 가르침이고, 그 논리가 곧 '지기至氣'의 이치이다. 모든 것을 감싸며 포월하는 영, 곧 성서의 범재신론을 통해서 그는 인간의 하느님 경험에서 드러난 하느님의 현존에 대한 깨달음과 그에 상응하는 하나님과 관계맺음이 곧 동학에서 말하는 '지기至氣'의 인식과 '시천주侍天主'의 자각을 뜻한다.

시천주侍天主의 자각에서 이정배는 예수 그리스도의 하느님 경험에서 '수행'을 강조한다. 특히 그는 보그의 영기독론적 시각에서 예수 그리스도의 영의 힘의 가능성을 보았고, 그 가능성은 곧 동학의 수행의 관점에서 해명된다. 그는 기독교의 전통적인 은혜의 관점에서 수행 구조로의 전환

---

24 이정배, 『하느님의 영은 불고 싶은 대로 분다』, 130.
25 Ibid., 131.

을 통해서 동학의 수행이 지닌 기독교적 의미를 부각하게 된다. 따라서 동학의 '지기至氣'와 기독교의 성령론과의 만남은 한국적 신학의 가능성이 신조와 믿음이 아니라, 인간의 실질적 수행에서 발견됨을 보여준다. 이정배는 동학의 수행 과정에서 한울님과의 영적 교제가 삼위일체 하나님의 영적 활동으로서 '사랑'으로 구현되고 있음을 보여주기 때문이다. 동학의 수행법에 대한 고찰에서, 그는 한울님에 대한 무적인 종교체험, 심고법心 告法과 경전 연구를 통해서 하나님과 인간 사이의 초분별성의 회복, 우주의 생명이신 한울님과 영적 교제, 한울님에 대한 바른 삶과 지혜의 배움을 강조한다. 동학에 대한 가르침은 인간이 참 자아로써 한울님과 대면하면서 자신과 만물이 하나라는 사실과 한울님을 모신자로서 대자유의 세계를 이 땅에 실현하는 것이다.26 이는 시천주를 자각하면서 인간이 자신의 능동적 자아를 역사 안에 실현하는 수렴점이다. 시천주에 입각한 수행은 하느님의 영의 실재를 깨닫지 못하는 인간이 자신의 완고함을 버리고 하느님의 영의 실재를 인식함으로써 자신의 마음을 부드럽게 만들게 한다. 그 경험의 원초적 상징이 바로 예수 그리스도이다. 시천주의 자각자로서 예수는 하느님의 영이 영적인 세계와 세속의 영역을 매개하기 위하여 유대 종교의 분리적 에토스 일체, 예컨대 유대인/이방인, 의인/죄인, 남자/여자, 신체 온전한 이/장애인 등의 이원적 분리를 정당화해온 거룩의 정치학을 부정했다.27 그가 발견한 영적 체험은 예수 안에서 잊혀졌고 억압되었던, 무巫적인 요소, 여성적 원리 또는 원초적 통일성의 세계이다.28

한국적 신학으로서 생명신학은 기독교의 수행으로서 예배와 기도를 하느님의 영을 체험하는 구체적인 장소로서 새롭게 구현해야 한다. 시천주의 수행과 유사하게, 이정배는 기독교인이 예배를 통하여 세계를 창조하신 하나님, 억압받는 우리를 해방시킨 출애굽의 하나님, 인간을 안식일의 주인으로 만드신 예수의 해방사건, 죽음을 이긴 부활의 신비를 기억하

---

26 이정배, 『한국 개신교 전위 토착신학 연구』, 411.

27 Ibid., 415.

28 Ibid., 415.

고, 찬양함으로써 자신의 삶을 변화시켜야 한다고 주장한다. 그러한 수행은 인간과 세계와 하느님이 하나의 몸임을 구체적으로 드러내기 때문이다. 이제 한국적 신학은 예배의 행위를 통해서 하느님의 현존과 하느님과 인간, 세계의 관계성을 드러내야 한다. 또한 기도가 하느님과의 구체적 관계를 맺고, 하느님의 영에 사로잡히고, 그 영에 따라 살아가게 하는 길이라는 사실을 드러내야 한다.29 따라서 이정배는 믿음의 종교인 기독교가 역사적 예수의 세계, 즉 범재신론적인 영의 표상을 새롭게 발견하고, 그 안에서 하느님의 경험을 직접 배울 수 있다고 본다. 그 배움의 과정이 곧 수행이다.

V. 한국적 신학의 입장에서 본 '동학(東學)'의 생명신학적 의미

위에서 살펴본 바와 같이, 동학의 '시천주侍天主'와 '지기至氣'는 한국적 토착화로서 생명신학의 핵심적 담론이 된다. 동학은 한국적 맥락에서 하느님, 인간, 세계를 유기체적 관계를 자각하고 문화적 민족주의를 구현하는 힘이기 때문이다. 이정배에 따르면, 지구적 차원의 동질화에 대한 저항으로서 문화적 민족주의는 한국적 맥락의 특수성을 고려하게 된다. 예를 들어, 분단의 현실에 대해서 그는 '고난'이 가진 하나님의 뜻을 구체적으로 이해하고 그 상황에 따른 적합한 민족주의를 주장하는 것이다. 한국적 상황을 반성적으로 고찰하는 문화적 민족주의는 '차이'와 '다중'에 관심하고, 궁극적으로 한반도의 평화를 지향한다. 이정배에 따르면, 동학은 서구의 '인격신'과 동양의 기氣를 접목함으로서 생겨난 문화적 민족주의 산물이다. 생명신학은 동학의 담론을 하느님의 영이라는 신학적 상상력을 통하여 신학적으로 재구성된다. 또한 그 신학은 동학과의 상호변혁의 관계에서 자신의 신학적 인식을 한국적으로 전환하고 있는 것이다. 그러므

---

29 Ibid., 422.

로 이정배에게 있어서 종교 간의 대화는 기독교의 정체성의 상실이나 혼합주의로 전락하는 것이 아니라, 한국적 맥락에서 한국 종교의 문제와 기독교의 공동 문제를 비판하면서, 새로운 한국적 기독교를 모색하는 방법이 된다. 중국의 유교가 한국에 유입되면서 율곡의 이기일원론의 성학으로 재구성되었듯이, 기독교도 다양한 종교적 전통과의 관계에서 토착화되기 때문이다. 이정배가 신유학과 개신교의 만남에서 유기체적 현실성의 토대에서 상호 변혁의 공간으로서 '일체 범주'를 인식했다면, 동학에서는 한국의 전통과 기독교가 상호 변혁을 구체화할 수 있는 '시천주'를 인식했다는 점에서 그의 생명신학은 트뢸치가 지향하고 있는 '창조적 통합'의 산물로서 이해할 수 있다. 트뢸치와 같이 발전사적 입장에서 하느님의 영은 다양한 종교적 영성을 포괄해가는 시대에 최적화된 방식으로 자신을 드러낸다.

하지만 생명신학은 동학사상—시천주와 지기—을 절대화 하지 않는다. 한국적 종교사에 볼 때, 어떠한 종교적 사상도 변혁하지 않은 채 지속될 수 없었기 때문이다. 마치 유교가 한국적 맥락에서 끊임없는 논쟁과 함께 새로운 사상으로 발전한 것 같이, 동학은 '시천주'와 '지기' 사상을 기반으로 유·불·선 3대 종교와 기독교와 관계하면서 한국 종교사의 새로운 변혁을 일으켰다. 이와 같이 생명신학은 한국 종교사에서 드러난 생명 사상을 현대적으로 재구성하고 스스로를 변혁하려고 한다. 그 맥락에서 70년대 이후 논의된 한국적 신학의 과제가 전 세계인들의 관심사인 정의, 평화, 생태계의 보존과 부합하다는 그의 주장은 의미가 있다. 한편으로, 이정배는 성서의 창조 신앙이 지닌 모든 존재의 상호 관계성을 주장하고 현실 정황에 대한 책임을 주장한다. 다른 한편, 동양적 사유에서 모든 개별자들이 지닌 관점들의 통일성에 대한 사유, 즉 다양한 의식 현상과 초월적 통일성의 빛에서 한국적 이념의 한계를 인식하고 그에 대한 관용성을 배워야 함을 강조한다. 따라서 그는 우주적 보편 책임성을 일으키는 비상대적인 통일성의 지각에 대한 표현을 '기일원론적 세계관'에서 찾는다. 그 세계관이 기독교의 인격신과 과학문명의 충격적 도전을 비판적으로 흡수한 것이 바로 '시천주侍天主'이다. 다른 한편, 동학은 한국적 신학으로서 생명신학의 책임성을 구체화한다. 시천주는 우주 만물이 자신이 지닌 본성에 따라 진화하고 인간이 우주적 생명을 키워 자라게 해야 한다는 사회적 책임을 인식하게 하는 전거이기 때문이다.[30] 이는 트뢸치의 '문화 통합'을 통한 한국적 기독교의 '개별성'을 드러내는 한국적 신학의 주체적 과제를 의미한다. 이정배는 지속적으로 '탈 배타성'과 '탈 이원성'을 모토로 트뢸치의 유럽적 기독교와 구분되는 한국적 문화 종교로서의 기독교 형성의 과제를 제시한다.

결국 동학사상은 한국 기독교의 미래를 표현하는 해석학적 친구가 된다. 동학의 근본적인 교리의 흐름이 단순히 유·불·선과 기독교를 하나로 통합하는 데에 있는 것이 아니라, 한국 종교의 공동체성을 드러내는 데에 있기 때문이다. 또한 이정배는 동학과 기독교의 창조적 대화에 근거한 생태학적 생명 공동체를 하느님의 창조 세계의 근원성이 드러나는 해석학적 장소로 이해하기 때문이다. 생명 공동체가 구현되는 '지기至氣'의 공간은 허무의 공간으로서 역동적 실재로서의 무한성이 내포되어 있는 곳이고, 그 공간에 참여하는 사람은 그 안에 존재하는 하느님의 영—생명의 영—을 통해서 생명과 연합하는 한 생명—신 인간新人間—이 된다. 이 과정을 통해서 한국인은 형이상학화 된 서구의 인간 중심주의적 병폐를 벗어나 인간과 자연의 무차별적 동일성을 피할 수 있는 '약한 인간 중심주의'의 생태론을 발견할 수 있다고 본다.[31] 더 나아가 한국적 그리스도인은 만물의 상호 관계적 본성에 대한 신뢰를 뒤로하고 무위와 일치하는 우주의 마음을 상실한 채 교리와 신조로 믿음을 대신하고 있는 화석화된 오늘날의 기독교를 반성적으로 살피게 되는 상호 변혁의 과제를 지니게 된다. 그 변혁은 욕망을 벗어나 우주 만물의 본래성을 회복하는 교회 공동체를 지

---

30 이정배, 『하느님의 영은 불고 싶은 대로 분다』, 94.
31 이정배, 『생명의 하느님과 한국적 생명신학』, 128.

향하게 된다. 따라서 인간에게 교회는 인간이 우주 내에서 자신을 발견하고, 우주 그 자체를 발견하는 존재양식으로서 영성의 근원지가 된다. 교회는 하나님 사랑의 수렴점을 지향하는 생태학적 공동체가 된다. 따라서 동학은 그의 생명신학이 한국교회에 변혁을 일으키는 종교간 대화의 파트너인 셈이다.

VI. 이정배의 한국적 생명신학에 대한 비판과 전망

지금까지 한국적 신학으로서 이정배의 생명신학에 대해서 살펴보았다. 그는 자신의 생명신학을 위해서 '탈 배타성'과 '탈 이원론'이라는 근본적인 전제를 내세웠다. 그에 따르면 한국적 신학으로서 그의 생명신학은 서구 신학과 함께 이웃종교에 대한 '배타성'과 '이원론'을 극복해야 한다. 서구 신학은 역사적 종교로서 기독교가 지닌 이웃종교에 대한 배타성을 극복하고, 공동의 진리로 나가야 하는 동반자이기 때문이다. 선구적 토착화신학자들은 한국 종교에 대해 부정적 인식을 지닌 기독교의 배타성을 비판해왔다. 이웃종교에 대한 기독교의 배타적 태도에 따라 한국이라고 하는 지형학적 위치에서 그리스도인이 된다는 것은 자신의 문화적이고 종교적 정체성을 부끄러워해야 하는 상황이었기 때문이다. 하지만 이정배는 이웃종교에 대한 기독교 배타성을 서구 신학과 함께 극복해야 할 공동 문제로 인식하고, 더 나아가 저항적 민족주의와 탈 민족주의에 은폐된 배타성의 구조를 철저하게 고발한다. 한편으로, 저항적 민족주의는 민족적 담론을 견고히 하기 위해서 조선이 문화의 중심국이라는 인식의 틀을 요구하고 단군신화와 같은 한국의 종교사적 산물을 역사적 사실화하면서 소위 문화적 우월성을 주장하는 데에 이른다.[32] 이와 같은 저항적 민족주의는 새로운 배타성의 구조를 산출하는 기제로 작동한다. 특히 저항적 민

---

32 이정배, 『토착화와 세계화』 (서울: 한들 2007), 71.

족주의가 편향적 이념으로 오용되면서 발생한 민족주의적 배타성으로 인해서 한국적 생명신학이 자칫 서구 신학의 전철을 밟을 수 있음을 지적한 것은 적법하다고 본다. 그렇지만 그는 탈 민족주의적 담론과 같이 '민족 개념'의 무익함을 주장하는 것도 아니다. 왜냐하면 탈 민족주의적 담론 안에 내재된 서구 신학적 배타성의 인식 구조가 숨겨져 있기 때문이다.

이정배에 따르면 "탈 민족주의자들은 인간을 어떤 원초적 집단에로 동일화시키는 일체의 환원적 요구를 거부한다. 타민족, 타종교들을 자신의 집단에 종속시키는 배타성과 폭력성을 양성화하기 때문이다. 따라서 근원적 동일성에 근거한 민족적 정체성 대신에 코스모폴리타니즘을 대안으로 제시한다. 영토나 혈연 그리고 언어에 기초한 민족의 허구가 폭로된다. 민족주의는 민족이 없는 곳에서 민족을 발명한다. 민족이란 고대로부터 내려온 원초적 실재가 아니라 근대 자본주의 발전 과정에서 생겨난 역사적 산물이었다는 것이다."[33] 이정배는 민족의 개념이 지닌 배타성의 구조로 인해서 외면되어온 다중적 주체 인식의 재발견을 탈 민족주의의 의미 있는 지점이라고 본다. 그러나 탈 민족주의가 지닌 막연한 세계화의 대한 환상에 대한 그의 비판은 포기할 수 없는 문화민족주의의 의미성에 대한 자각이다. 따라서 그는 역사적 맥락 속에서 자기 정체성을 보존해온 민족 문화에 대한 적극적 이해와 세계화에 편승한 문화적 동질화에 항거하고 민주주의의 역기능을 치유할 수 있는 문화적 힘을 문화적 정체성에서 찾으려는 토착화신학의 지향점과 일치한다고 본다.[34] 근본적으로 "문화적 민족주의는 시민 개인의 사적 가치와 궁극적 공동체성의 통합을 지향한다."는 그의 진술은 새로운 문화적 연대의 과제를 제시한다.[35] 특히 동양 종교와 서구 근대 문명을 비판하면서 서구의 인격 신관과 동양의 기氣사상을 조화롭게 일치시킨 시천주侍天主 이해에서 찾아낸 그의 생명신학적 인식은 서구 신학과 한국적 신학의 만남의 가능성을 분명히 드러내고 있

---

33 Ibid., 70.
34 Ibid., 75.
35 Ibid., 82.

다. 이정배가 자신의 생명 담론을 더 이상 한국적 신학의 과제로만 인식하지 않고, 다른 지역 신학과의 공동의 문제로 인식했다고 하는 점은 대단히 진일보한 토착화신학의 발전으로 인식할 수 있다. 결과적으로 그의 생명신학은 신유학과 기독교 신학이 직면했던 공동 문제로서 인간 중심적 사유의 한계를 극복하고, 일체 범주로서 태극의 포괄적 해명을 통해 생명문화를 지향하는 문화 주체적 의식을 구현하는 한국적 신학의 새로운 모색이다. 한국적 신학으로서 그의 생명신학은 '세계화'와 '토착화'의 이분법적 사유의 구조에서 직면하게 된 숨겨진 배타성의 구조를 철저하게 비판해야 하며 서로에 대한 개방성과 대화적 관계에서 문화 종교적 정체성과 생명의 연대를 추구하는 공동체성을 구현해야 할 것이다.

그럼에도 불구하고 이정배의 생명신학은 서구의 신학자들에게 여전히 배타적으로 보이지 않을까? 동학東學을 알지 못하는 서구 신학자들의 눈에 한국적 신학으로서 생명신학의 전제는 한국이란 특수한 상황에서 비롯된 서구 신학의 아류로서 비춰지는 것은 아닐까? 따라서 그의 생명신학이 문화적 민족주의 한계에 머무르지 않고 다른 문화권의 의미성이 있는 신학으로 소개되기 위해서는 탈 민족주의적 시각의 비판적 수용이 필요하다. 그렇지 않으면 여전히 서구 신학과 한국적 신학으로서 생명신학은 만날 수 없는 유아론적 신학에 머무를 수밖에 없다.

두 번째, 이정배는 그의 생명신학을 전개하면서 서구 신학과 한국적 신학의 공동 지반의 가능성으로서 '태극 사건'을 의미 있게 해명하고 있다. 일체 범주로서 태극의 포괄자적 해명은 서구 신학이 해명하고 있는 존재 근거나 혹은 포괄자로서 신의 현실성을 유비적으로 드러낸다. 이정배는 신과 인간을 포함한 세계 사이의 형이상학적 이원론을 극복하기 위해서 '태극 사건'을 해명하고, 신과 인간과 세계 사이의 불가분의 내재적 관계성을 드러낸다. 따라서 그의 생명신학은 모든 세계의 현실성의 구조에 드러나 있는 신의 현실성을 구체적으로 해명해야 하는 신학적 과제를 분명히 제시한다. 이는 서구 신학이 자신의 신학적 구조에서 인식하고 있는 한계를 다른 문화권의 종교적 상징 해명을 통해서 신을 향해 함께 나아가자고 하는 신학적 울림이다. 특히 동학의 '시천주侍天主' 의식과 '지기至氣'를 통한 통합적 인식은 신학적 인식에 있어서 보충의 역할을 분명히 보여주고 있다. 서구 신학의 인격적 한계를 넘어 생태학적 인식으로서 시侍에 대한 인식은 서구 신학에 있어서 '모심'의 해석학적 의미를 분명히 보여준다. 제레미 리프킨의 생명권적 인식과의 해석학적 조우를 통해서 발견한 유기체적 몸에 대한 인식으로서 '모심'은 나와 세계를 섬기는 것이 곧 하나님을 섬기는 것임을 분명히 드러내고 있다. 또한 수행적 행위로서 하나님을 '모심'은 신의 존재를 재현하는 수단이며 신과의 동일성을 표현하는 방법이다. 따라서 그의 탈 이원론은 동학이 서구 신학과의 관계에서 인식한 초월적 실재를 동양적 '지기至氣'와 연결하면서 분리될 수 없는 일원론적 인식을 바탕으로 한다. 이와 같은 그의 일원론적 인식은 서구 신학의 간과하고 있는 언행일치言行一致로서 수행적 신학의 가능성을 분명히 보여주고 있다.

하지만 그의 생명신학은 '시천주侍天主'와 '지기至氣'에 대한 근본 인식을 세계화하는 과정이 필수적이다. 왜냐하면 동학東學에 대한 전이해 없이는 서구 신학자들이 그의 생명신학을 이해하기가 어려우며, 중국의 '지기至氣' 이해와 구분되는 한국적 이해에 대한 해명이 없이는 그의 생명신학은 출발점부터 한국의 지형적 신학에 제약되고 지역 신학의 한계를 넘어설 수 없다. 따라서 그의 신학이 한국적 생명신학을 넘어 '생명신학'의 영역으로 확장시키기 위해서는 어떻게 서구적 생명신학에 대해서 그 의미성을 드러내야 하는 필연적 과제가 주어져 있다. 그렇지 않으면 여전히 한국적 신학은 서구 신학을 반복하며 그 차이를 드러내는 정도의 머무를 수밖에 없다. 이는 서구 신학자들의 의존성을 극복하려는 이정배가 피하려고 하는 부분일 것이다. 결국 차이가 그 의미성을 드러내기 위해서 세계화의 과제는 필연적이다. 그런 면에서 다양한 한국 사상의 세계화 작업이 선행되어야 한다.

세 번째, 이정배의 생명신학은 다양한 지역 신학의 수렴점으로서 하나님의 영의 개념을 적극적으로 사용하고, 역사적 예수의 의미성을 하나님의 영의 개념에서 찾는다. 그 개념은 그의 생명신학이 한국적 사유의 독특성을 보여주고, 기독교 신학과의 연대적 관계를 보여주는 지점이기 때문이다. 특히 동학의 '시천주侍天主' 사상에 근거하고 있는 그의 하나님의 영의 개념은 한국적 주체성이 결코 인간적 의식에 머무는 것이 아니라, 인간을 포함한 다양한 피조물의 현실성을 포괄하고 하나님의 존재가 드러나는 공간이 된다. 게다가 동학과의 만남에서 구현되는 '지기至氣'의 공간은 하나님의 진리가 세계적으로 구현되는 생성 공간이 된다. 이정배에 따르면, 진리란 더 이상 역사나 혹은 공간에서 고정화 될 수 없고, 무엇보다도 끊임없이 변화하는 특성을 가진다. 따라서 하느님의 영이 구현되는 유기체적 실재가 그 모습을 드러낼 때, 인간과 삼라만상의 모든 실재는 자신의 본래성을 드러낼 수 있다. 오히려 그의 생명신학은 서구의 생성 철학과의 만남에서 그 신학적 의미를 드러낼 수 있다. 따라서 그의 생명 사건의 근거인 태극 사건太極事件은 '시천주侍天主'의 통합적 의식과 '지기至氣'를 함축하는 포괄자적 현실이 된다. 또한 태극 사건은 '없이 계신 하나님'의 생명신학적 현현이 된다. 특히 생명권 파괴에 직면해서 그는 책임적 존재로서 인간의 실존을 이해하고, 신유학, 불교, 동학의 종교적 진리와 대화하는 과정에서 신과 자연과의 상호관계성을 인식할 수 있었다. 따라서 그의 생명신학은 신자유주의적 경제 흐름과 그에 따른 환경, 생명 파괴에 대한 종교적 대안을 제시하고, 그에 대한 종교간 대화와 협력의 당위성을 부여하는 데에 큰 의미가 있다고 생각한다. 왜냐하면 그의 생명신학이 발견한 태극사건의 포괄자적 해명은 한국적 신학이 서구 신학의 이원론적 신학을 극복하는 핵심적 기반이 되기 때문이다.

그럼에도 불구하고 그의 생명신학이 남기고 있는 문제는 그의 수행적 진리 추구가 그의 '교회성'을 드러내는 방식에 관한 문제이다. 전통적으로 교회성 문제는 기독교의 본질 인식과 관련하여 기독교의 존재 의미를 구현하는 과정에서 제기되었다. 동학을 근간으로 하는 서구 신학과 한국적 신학의 통합을 지향하는 그의 생명신학은 하나님의 영을 근간으로 하는 생명 공동체로서 교회의 정체성 구현을 그의 실천적 지향점으로 인식할 수 있다. 그러나 그의 생명신학이 한국교회에 배타성의 구조 안으로 들어가 변혁을 일으킬 수 있을까 하는 의문이 생긴다. 또한 다종교 사회에서 수렴점으로서 하나님의 영이라는 개념이 오히려 기독교의 보편성을 재현하려는 서구 신학의 재현으로 곡해될 수 있는 가능성이 존재한다. 따라서 그의 생명신학은 '정치신학'적 구조로 전환시킬 수 있을까를 진지하게 고민해야 한다. 그렇지 않으면 우리 한국적 신학은 서구 신학의 통치성의 구조를 벗어날 수 없다. 특히 종교간 대화와 시민사회에서 종교의 역할의 발전적 인식을 위해서 그의 생명신학은 이론적 한계를 벗어나 실천적 전개를 진지하게 고민해야 한다. 물론 그의 생명신학은 교회성의 발현의 구조를 지닌다. 예를 들어, 이정배가 인용하고 있는 "도라는 것은 식욕, 성욕, 명예욕을 끊어버린 바 무가 되어야 진리의 세계를 살 수 있고, 진리의 세계에 사는 사람이라야 기독교인이라는"[36] 유영모의 진술은 그의 생명신학이 하나님의 바탈을 지닌 인간이 그의 삶의 구조에서 드러내어야 하는 인간의 본래적 실존으로서 '얼나'의 사회적 의미를 분명하게 보여준다. 또한 수행이 사라지고 율법화되고 신조화된 한국교회에 대한 비판은 예수 그리스도의 얼을 수용하면서 전존재의 변화를 지향하는 생명의 구현을 암시하고 있다. 하지만 그가 지닌 한국교회에 대한 배타성의 구조를 극복하기 위해서 한국교회에 대한 진지한 성찰과 대화의 모색이 필요하다. 그렇지 않으면 그가 끊임없이 극복하려고 했던 배타성과 이원론적 구조에서 벗어날 수 없게 될 것이다.

---

36 이정배, 『토착화와 세계화』 (서울: 한들 2007), 226.

VII. 나오는 말

필자는 지금까지 이정배의 생명신학의 기본적인 토대로서 동학의 '시천주侍天主'와 '지기至氣'의 생명신학적 의미를 살펴보았다. 그의 생명신학은 포괄자적 현실성으로서 '태극 사건'을 해명하고 유·불·선과 서구의 기독교의 통합적 사유하려는 동학과의 해석학적 만남의 결실이었고, 이는 다석 유영모의 '없이 계신 하나님'과 얼 기독론과의 해석학적 교우와 하나님의 영 사상을 기반으로 하는 한국적 생명신학으로 전개되었음을 밝히고자 한다. 논문을 정리하면서 지적하고 싶은 것은 그의 생명신학은 여전히 진행되고 있고, 발전하고 있다는 사실이다. 물론 끊임없이 지적될 수 있는 이론 신학의 한계는 한국적 신학을 구현하려고 하는 모든 신학자들이 직면하고 있는 동일한 경험이다. 그럼에도 불구하고 이정배는 자신의 생명신학을 통해서 종교 간의 대화와 교회 공동체와의 만남을 위한 공간을 지속적으로 제공해야 할 것이다. 그것이 그의 생명신학이 한국적 상황에서 담론화 되고 그의 실천성을 확보하는 길이 될 것이다.

참고문헌

이정배, 『토착화와 생명문화』, 종로서적 1991.

_____, 『조직신학으로서 한국적 생명신학』, 도서출판 감신 1996.

_____, 『종교와 과학의 대화에 근거한 기독교 자연신학』, 대한기독교서회 2005.

_____, 『생태학과 신학』, 종로서적 1989.

_____, 『현대이후주의와 기독교』, 다산글방 1993.

_____, 『현대자유주의 신학사조』, 감리교신학대학출판부 1992.

_____, 『하나님의 영은 불고 싶은 대로 분다』, 한들 1998.

_____, 『토착화와 세계화』, 한들 2007.

_____, 『한국 개신교, 전위 토착신학 연구』, 대한기독교서회 2003.

_____, 『생명의 하느님과 한국적 생명신학』, 새길 2004.

_____, 『생태영성과 기독교의 재주체화』, 동연 2010

제레미 리프킨, 『생명권정치학』, 대화출판사 1996.

5 부

아시아적 관점과 대화의 신학

스즈키 다이세츠鈴木大拙의 "일본적 영성론"과 이정배의 신학
: 대지와 토착화 이해를 중심으로

김진희 박사

(시코쿠학원대학 교수)

들어가는 말

　신학자 이정배의 회갑을 기념하여 그의 신학을 되돌아보고 평가한다는 본서에서 필자에게 지면이 주어졌다는 것은, 그에게 학문뿐만이 아니라 인생의 지도를 받아온 제자로서 영광스러운 일이 아닐 수 없다. 그와 동시에 언제나 그의 뒷모습을 바라보며 학창시절을 보낸 필자로서는, 그의 작업을 되돌아본다 혹은 평가한다는 것이 부담스러운 것도 사실이다. 이것이 적절한 평가가 될 수 있을지, 혹여나 그에게 누累가 되지는 않을지를 생각하지 않을 수 없는 것이다. 이는 그가 토착화신학의 계보를 잇는 한국 신학계의 대표적인 인물인 것을 감안한다면 더욱 마음이 무거워지는 일이기도 하다. 하지만, 필자의 글이 그의 신학을 이해하려는 분들에게 참고가 되는 하나의 시각이 될 수 있다면 하는 바람 속에 여기서는 부족하나마 논의를 전개해 보고자 한다.

　논의를 전개하는 데 있어, 우선 논의의 출발점을 정해 보도록 하자. 이를 위해 필자의 배경을 먼저 밝히겠다. 필자는 감리교 신학의 학문적 풍토

속에서 대학과 대학원을 나오고, 이후 일본 유학을 거쳐 일본의 대학에 재직하고 있다. 이는 필자가 기독교와 아시아의 문화라는 문제의식과 더불어 주된 활동의 대상과 영역이 일본이라는 다소 특수한 상황이며, 이것이 필자의 학문적 한계이기도 하다는 것을 의미한다. 따라서 다양하게 전개된 이정배의 학문을 여러 시각에서 조망해 볼 수 있겠으나, 여기서는 필자의 한계로 인하여 토착화에 관계된 주제를 중심으로 일본이라는 필터를 통하여 이정배의 신학을 바라보도록 하겠다.

이를 위해 본고에서는 먼저 논의의 발판으로 스즈키 다이세츠鈴木大拙를 거론하고자 한다. 물론 단순히 토착화라는 측면에서만 보자면, 일본에서도 1960년대라는 한국과 비슷한 시기에 토착화 논의가 전개되었기에 그 논의에 주목하는 것도 하나의 방법일 수도 있다. 하지만 당시의 한국과 일본이 처한 기독교의 상황에서 나오는 주제가 크게 다르지 않았기에 신학적 논의 그 자체는 그리 신선하지 않다.[1] 오히려 우리의 흥미를 자극하는 것은 서구적인 신학적 방법론에 물들지 않은 그 이전 세대의 작업인데, 그 중의 대표적인 것으로 스즈키 다이세츠를 들 수 있는 것이다.

그 중에서도 특히 본고가 주목하고자 하는 것은 "일본적 영성론"이다. 이를 통하여 스즈키라는 저명한 불교 학자에게 일본이라는 배경 속에서 영성을 말한다는 것이 어떠한 의미가 있었던 것인지, 또 그것이 어떻게 전개되었는지를 검토해 보고, 토착화의 근본적 과제를 확인해보려 한다. 그리고 그로부터 한국의 토착화신학자인 이정배를 되돌아보며 그의 신학의 의의를 생각해 보도록 하겠다.

---

1 물론 이것은 1960년대 한국과 일본의 토착화 논의의 배경이 완전히 일치했다는 의미는 아니다. 일본의 기독교에서는 한국과는 달리 전후의 시대적인 상황 속에서 천황제의 극복이라는 것이 중요한 과제로 부각되고, 이는 토착화 논의에서도 반영되었던 문제이다. 단지 그 논의의 구조나 방법론이 한국의 논의와 유사하였다는 의미이다. 김진희,『타키자와 카츠미 신학연구 : 일본적 신학 형성의 한 단면』모시는사람들, 2014, 4장 참조.

I. 스즈키 다이세츠의 "일본적 영성론"

일반적으로 스즈키 다이세츠는 불교의 선을 대표하는 인물로 잘 알려져 있다. 이는 에리히 프롬의 『서양철학과 선』(2000, 황금두뇌)과 오경능이 저술한 『선의 황금시대』(1986, 경서원)를 통하여 한국에 잘 소개된 바 있다. 이러한 스즈키의 작업은 서구 세계에서 선의 전도사라는 이미지를 형성했으며, 이 이미지는 후일 변선환이 번역하여 잘 알려진 『선과 현대신학』(1996, 대원정사)의 저자인 아베 마사오阿部正雄에게 계승되었다. 이렇게 널리 퍼진 선의 대표자라는 스즈키에 대한 이해는 크게 틀리지 않은 것이나, 여기서 주목하고자 하는 것은 그러한 측면이 아니다. 본고에서는 잘 알려지지는 않았지만, 그의 대표적 저작 중의 하나인 『일본적 영성』(1944, 大東出版社)으로 시작되는 "일본적 영성론"에 주목하고자 한다.

당시 일본이 태평양 전쟁 막바지로 치달으며 패색이 짙어진 상황을 필사적으로 은폐하며, 광신적인 파시즘 가운데 식민지뿐만이 아니라 일본에서도 서민들의 모든 물질적·정신적 자원을 짜내고 있던 1944년, 한 권의 이질적인 책이 출판된다. 그 책이 바로 본고에서 주목하고자 하는 "일본적 영성론"이 전개된 『일본적 영성』이다. 여기서 이질적이라는 것은 후술하게 되겠지만, 그 논의가 당시의 시대적 상황이라는 측면에서도, 선을 중심으로 하였던 스즈키 개인의 측면에서도 이질적인 것이었다. 그리고 스즈키는 그 논의를 보충하는 형식으로 1946년에 『영성적 일본의 재건』(1946, 大東出版社), 1947년에 『일본의 영성화』(1947, 法蔵館)를 각각 출판한다. 이 일련의 출판 연도에서 알 수 있듯이 일본 패전의 전후라는 격동의 시기 속에서 스즈키는 영성이라는 것을 말하고 있는 것이다.

그렇다면 스즈키가 말하는 일본적 영성이라는 것은 도대체 어떤 것일까. 그가 주장하는 일본적 영성이란 용어 그 자체에서 드러나고 있는 것처럼 특수성과 보편성의 결합으로 성립된 단어이다. 즉, 영성이란 어떤 종교나 지역이라는 특수성에 앞서는 인간의 보편적인 요소이고, 그러한 영성이 예를 들어 일본이라는 특수성과 결합된 결과가 일본적 영성이라 이해할 수 있는 것이다. 스즈키는 기본적으로 이러한 커다란 구조 속에서 일본적 영성을 전개하고 있다.[2] 즉, 영성이라는 보편적 요소는 이미 일본에 존재하고 있었고, 어떠한 계기로 인하여 그것이 역사 속에서 구체적으로 드러나게 되었다는 것이다.[3]

하지만, 여기서 그가 말하는 일본적 영성을 정확히 이해하기 위해서는 보다 세심한 주의가 필요하다. 우선, 그가 말하는 일본이란 1944년 당시에 일본에 널리 퍼진 일반적인 이해가 아니었다. 즉, 당시는 메이지 유신 이후 헌법에 천황의 신성함을 천명하며 쌓아올린 천황제를 기반으로 성립된 국가 일본이 국가적 파탄을 눈앞에 두고 극렬하게 달아올라 있었던 시기였다. 이러한 상황 속에서 당시의 일본이라는 것은, 곧 그 핵심이 천황이었으며 대동아 해방 전쟁이라는 명분하에 고무적이고 동원적인 정책을 뒷받침하던 정신적 원동력이었다. 그러한 시대적 상황 속에서 그것과는 다른 일본 이해를 전개되는 것은 경계의 대상이었으며, 이질적인 것이었다고 할 수 있다. 하지만 그렇다고 그가 현대의 논의처럼 민족을 상상의 산물로 이해하며 단순한 지역적 특성만을 전개한 것은 아니다. 그는 불교를 중심으로 하는 문화와 기독교를 중심으로 하는 문화라는, 동양과 서양이라는 대립되는 틀 속에서 일본적 특수성을 이해하려 하였다.[4]

영성에 대해서도 마찬가지이다. 그 당시에는 영성이라는 용어는 그 의미가 분명하지 않은 생소한 말이었다. 즉, 스즈키는 당시에는 생소한 단어를 채용하여 그가 말하는 의미를 담는 용어로 사용하고자 한 것이다. 따라서 그것은 오늘날처럼 탈 구조적인 흐름 속에서 종교적 틀을 벗어난 대안

---

2 스즈키 다이세츠, 『스즈키 다이세츠 전집(鈴木大拙全集)』第八卷, (岩波書店, 1968), 254-255.

3 스즈키 다이세츠, 『일본적 영성(日本的靈性)』(岩波書店, 2004), 20.

4 이것은 스즈키의 저작 전방에 대해서 말 할 수 있는 것이지만, 특히나 이러한 성향이 잘 나타나 있는 것으로『동양적인 시각(東洋的な見方)』(岩波書店, 1997)』을 들 수 있다. 그 중에서도「동양문화의 근본에 있는 것(東洋文化の根底にあるもの)」(『東洋的な見方』, 10-14)에서 보다 명료히 드러나고 있다.

적인 의미의 용어로 사용된 것이 아니다. 스즈키는 불교를 통하여 도달하게 되는 종교적 경지가 불교라는 특수성을 넘어서 있기에, 그러한 궁극적인 진리의 경지를 표현하는 단어로 영성이라는 용어를 채용한다. 하지만, 종교로서는 어디까지는 불교를 상정하고 있으며, 그것을 일본이라는 특수성과 연관시키고 있는 것이다.[5]

여기서 알 수 있듯이, 스즈키는 당시 일본에서의 종교적 현상과 가치를 귀납적으로 추론하여 일본적 영성을 거론한 것이 아니라, 그가 가지고 있던 어떠한 구체적인 이미지와 의미를 표현하기 위해 일본적 영성이란 용어를 선택하고 있는 것이다. 즉, 그가 가정하는 어떠한 진리의 경지가 일본에서 일본적인 문화, 특히나 불교적인 문화 속에서 일본인을 통하여 역사에 드러났다는 것, 이러한 의미에서 보편성과 특수성이 결합된 일본적 영성이 거론되고 있는 것이다.

그렇다면 도대체 그가 말하는 일본적 영성이라는 것은 구체적으로 어떠한 상태이며, 어떠한 경지였던 것일까. 간단하게 말하자면, 그것은 분별적 사고의 구조를 초월한 경지이다. 분별적 사고 속에서는 나와 너, 전체와 부분, 정신과 물질, 원인과 결과, 하늘과 땅, 신과 인간이라는 끊임없이 대립적인 구조가 전개된다. 그러한 대립적 구조가 어떠한 계기로 인하여 돌파되고, 대립과 상호모순을 통합시키는 새로운 통찰을 얻게 되는 것, 이것을 스즈키는 영성에 눈뜨는 것으로 이해하고 그로부터 종교가 성립된다고 주장한다.[6] 보다 구체적으로는 그러한 분별적 사고는 크게 두 가지 측면에서 극복이 가능한데, 하나는 논리적(지성적)인 측면으로 반야의 즉비관即非觀을 통하여, 또 하나는 종교적·신앙적(정서적)인 측면에서 대비大悲를 통하여 극복된다는 것이다.[7] 그리고 이러한 분별적 대립과 상호

---

5 이것은 스즈키가 불교 이외에는 관심이 없었다는 것이 아니라, 일본적 영성에 있어서는 어디까지나 불교를 가정하고 있었다는 의미이다. 영성과 그것에 대한 자각은 어디까지나 보편적인 것으로 이해되었으며, 나중에 기독교와의 비교도 하고 있다. 스즈키 다이세츠, 『스즈키 다이세츠 전집』第九卷, (岩波書店, 1968), 86-91.

6 스즈키 다이세츠, 『일본적 영성』, 19.

모순을 초월하는 영성적 경지는 일본에 있어서 불교, 특히나 선과 정토계 사상을 통해 드러났다고 스즈키는 주장한다.[7]

보다 일반적인 용어를 사용하여 표현해 본다면, 우리가 끝임 없이 나와 다른 이를 나누고, 분열하고, 그로 인해 고뇌하게 되는 분별적 사고는, 나와 너, 하늘과 땅이 서로 다르지 않다는(即非) 깨달음의 지혜, 혹은 사랑 (大悲)의 경험을 통해서 극복할 수 있다는 것이다.[9] 이처럼 즉비와 대비를 통하여, 하늘 즉即 땅, 자아 즉即 초자아라는, '즉即'으로 맺어진 관계성에 눈뜨고, 그 관계성 속에서 존재하는 것이 스즈키가 말하는 일본적 영성의 의미인 것이다.

II. 대지성

스즈키는 위와 같은 영성이 카마쿠라 시대(1185년경-1333)에 일본에 발현되었고, 그 이유로 무사 계급의 등장을 들고 있다. 즉, 그때까지 쿄오 土京都를 중심으로 귀족 계급에 의한 온실과 같은 정치와 문화로부터, 무사 계급이 주도권을 잡는 시대가 됨으로 영성적 발현의 토대가 마련되었다고 하는 것이다. 하지만 여기서 주의할 것은 무사계급 그 자체가 문제가 아니라, 이렇게 무사 계급이 서민과 직접적인 관계를 맺고 있었다는 점으로, 영성의 토대는 어디까지나 서민이었다는 스즈키의 주장이다. 즉, 이전까지의 귀족 문화, 보다 구체적으로는 귀족적이고 추상적, 관념적인 불교로부터 서민과 직접적으로 관계되는 구체적이고 실제적인 불교로 거듭났다는 것이며, 그러한 거듭난 불교가 계기가 되어 일본적 영성의 토대가

---

7 Ibid., 56.

8 Ibid., 20. 스즈키는 결과적으로는 즉비와 대비는 서로 통하는 것으로 이해한다. 스즈키 다이세츠, 『스즈키 다이세츠 전집』第八卷, 250-251.

9 스즈키 다이세츠, 『일본적 영성』, 56; 스즈키 다이세츠, 『선과 일본문화(禅と日本文化)』 (岩波書店, 1940/ 2015), 2.

마련되었다는 것이다. 이 토대 위에 위에서 언급한 '즉'으로 맺어진 관계라는 영성이, 엘리트 무사 계급에게는 선禪으로, 그러한 무사 계급이 배경으로 하던 서민들에게는 정토계 사상으로 침투되고 발현되었다는 것이다.[10] 그리고 그러한 영성을 체현한 대표적인 인물로 정토진종净土真宗을 창시한 신란(親鸞, 1173-1262)을 들고 있다.[11]

이처럼 스즈키에게 있어서 선과 대칭점에 있는 정토종에 방점을 두는 것은 선의 전도사로 알려진 스즈키에게는 이질적이라 할 수 있는데, 물론 여기서 스즈키가 서민 중심의 영성을 이야기하는 의도는 오늘날과 같은 비판적 계급의식으로부터가 아니다. 스즈키가 신란을 이야기하고 서민적인 진종을 이야기하는 이유는, 그것이 그가 가정하는 영성이라는 상태에 부합하는 실제적인 예였기 때문이다. 그리고 그 근거로서 말하고 있는 것이 신란과 서민이 그 삶을 영위하였던 대지大地인 것이다. 즉, 스즈키의 궁극적인 목적은 대지를 말하고자 함이었던 것이다. 다시 말해, 일본에서 영성이 발현되는 것은 카마쿠라의 사회와 구성원들의 중심이 대지에 근거하는 시대가 되었기 때문이고, 신란은 대지성에 근거하여 그러한 영성을 체현한 대표적 인물이라는 것, 그리고 바로 이러한 대지성에 근거한 영성이 사람들에게 경험되고 체현됨을 통하여 하나의 외래 종교에 불과하였던 불교가 일본의 대지와 만나 꽃피고 열매 맺었다고 스즈키는 이해하고 있는 것이다.[12] 여기서 스즈키가 주장하는 일본적 영성의 배경에 존재하는 가장 핵심적인 키워드인 대지가 부상한다.

그렇다면 스즈키가 말하는 대지란 도대체 어떤 것이며, 어떠한 성격을 갖고 있는 것일까. 일차적으로 그것은 우리가 밟고 서있는 눈앞에 실재하는 대지를 가리킨다. 여기서의 대지는 어떠한 상징도 메타포도 아니며, 그냥 말 그대로의 대지인 것이다. 우리가 태어날 때부터 그곳에 있었으며, 우리에게 너무도 익숙하여 생활 속에서 별 생각 없이 지내는 이 대지가,

---

10 스즈키 다이세츠, 『일본적 영성』, 78.
11 Ibid., 101.
12 Ibid., 63-65.

스즈키에 의해 중요한 의미로 부각되고 있는 것이다.

> 인간은 하늘에 대하여 순종을 배울 뿐이다. 만약 하늘의 사랑을 체험할 수
> 있다면, 그것은 대지를 통해서이다.13

> 하늘만으로 종교의식은 깨어나지 않고 대지를 통하지 않으면 안 된다. 대지
> 를 통한다는 것은 대지와 인간의 어울림을 통한다는 것이다. 허공에 떠있는
> 것만으로는 하늘의 은혜가 무엇인지를 알지 못한다. 다리가 대지를 딛고 있
> 으며, 또 자신의 손을 움직이는 것으로 하늘을 체험할 수 있는 것이다.14

이러한 스즈키에 말에서 잘 드러나듯이, 하늘은 저 멀리에 떨어져 있어
인간의 힘으로는 도무지 닿을 수 없는, 추상적이고, 관념적이며, 두려움
과 경외의 대상이다. 그러한 하늘의 존재와 사랑을 느끼는 것은 자신의
존재를 가능케 하는 대지를 통하여, 그 대지에 흘리는 땀과 눈물을 통하여
살아가는 직접적인 체험을 통해서이다.15 여기서 알 수 있듯이, 스즈키에
게 있어서 대지라는 것은, 하늘을 품어내는 곳이다. 즉 하늘과 땅이라는
대립적 구조가, 하늘을 경험하는 장으로서의 대지라는 구조로 해소되고
있는 것이다.

그런데 여기서 주의해야 할 것은, 대립적·상호 모순적 관계를 극복하
고 '즉卽'으로 맺어진 관계가 실현되는 것이, 먼 미래의 어딘가의 정토(천
국)가 아니라, 지금 눈앞에 자신의 발에 놓여 있는「지금 이곳」의 대지라
는 점이다.16

우리의 생각이 대지로부터 유리되어 버린다면, 지옥이라는 것도 극락이라는

---

13 Ibid., 45.
14 Ibid., 45.
15 Ibid., 45.
16 Ibid., 59.

것도 나올지도 모르겠으나, 우리가 대지 그 자체를 깨닫는다면 바로 이곳이 필경정(畢竟浄, 극락의 다른 말)의 세계이다. (중략) 대비가 있는 곳이 극락이고 없으면 지옥이다. 진종의 신앙의 극치는 바로 이것에 있으며 이것이 아니면 안 된다. 바로 여기에 일본의 종교, 신앙적 자각이 있는 것이다.[17]

스즈키가 이러한 영성을 자각하고 체현한 대표적 인물로 신란을 들고 있는 것도 이러한 대지성의 연장선상에서 이해할 수 있다. 신란은 당시 불교의 중심지였던 쿄오토를 떠나, 귀향을 가는 몸으로 지방에 거하며, 그곳에 남아 20년에 가까운 시간을 대지와 함께하는 생활을 보냈다는 것에 스즈키는 주목한다.[18] 그리고, 그러한 대지로부터 나온 것이 "미타의 오겁사상의 근원을 깊이 생각해 보면, 단지 신란 한 사람을 위한 것"[19]이라는 신란의 말에 집약되어 있다고 이해하고 있다. 즉, 자아가 초자아를 품어내어 다시 태어난 것이 바로 이곳의 '신란 한 사람'이라는 이해이다. 이 '한 사람'이라는 깨달음이야 말로, 상호의 대립과 모순을 초월하며 그것이 지금 이곳에 실현되어 있다는 대지성으로부터 나온 것이며, 일본적 영성의 자각이라고 스즈키는 주장한다.

III. 컨텍스트에 대한 비판적 이해

이상의 검토를 통하여, 분별적 사고는 바로 내가 서 있는 지금 이곳의 대지를 통하여 극복되어 있으며, 그것에 근거한 자각, 특히나 불교적 계기를 통해 발현된 자각이야 말로 일본적 영성에 다름 아니라는 스즈키의 주장을 확인할 수 있었다. 또한, 한 종교의 토착화의 문제는 그 종교 자체의

---

17 Ibid., 59.
18 Ibid., 101.
19 Ibid., 86.

영향력이나 규모의 문제, 혹은 사람들의 감정과 욕망의 문제도 관련이 있겠으나, 스즈키에 따르자면 그 종교가 대지의 영성적 경지를 발현하는 계기와 통로로서의 역할을 감당하고 있는가 아닌가라는 문제에 달려 있다고 할 수 있을 것이다. 이러한 스즈키의 주장에서 신학적인 연결고리, 특히나 토착화에 대한 문제의식의 연결고리를 발견하는 것은 어렵지 않다.

주지하다시피 1960년 이후의 주된 신학적 과제 중의 하나는 컨텍스트에 대한 재인식의 문제였다. 그것은 기독교가 서 있는 곳의 정치, 경제, 지역, 문화, 인종, 성의 문제 등, 넓게는 컨텍스트라는 말로 표현되는 것에 대한 진지한 물음이었다고 할 수 있다. 기독교의 토착화의 문제도 이러한 흐름의 하나로 이해할 수 있는데, 그 중심 과제 중 하나는 컨텍스트의 주체성을 어떻게 확보할 것이냐는 문제였다고 이해할 수 있다.[20] 즉, 진리와 복음을 담고 있는 기독교를 진리와 복음이 부재한 곳에 전한다는 기존의 이해를 넘어서, 기독교가 서 있는 컨텍스트야 말로 기독교와 신학의 주된 과제이며 정체성이라는 이해로 연결되는 것이다. 이러한 흐름에서 원리와 적용, 주체와 객체의 관계를 넘어서고자 했던 토착화신학의 다양한 논의와 시도들이 존재해왔던 것이다.[21]

이러한 신학적 흐름을 염두에 둔다면, 우리가 지금까지 주목해 온 스즈키의 주장이 시대는 앞서 있으나 1960년대 이후의 신학의 문제의식과 연결되는 것이라 할 수 있을 것이다. 특히나, 우리가 서 있고, 생활하고, 땀 흘리고, 죽어 돌아가게 될 이 대지야 말로 하늘의 사랑을 체험하는 종교적 자각이 성립하는 근본적인 장이라는 스즈키의 이해는, 컨텍스트의 중요성과 주체성을 진지하게 고민해 온 이들과 공명하는 것이며, 오늘날의 우리에게도 중요한 시각을 제공하고 있는 것이라 하지 않을 수 없다. 이러한 맥락에서 스즈키의 주장을 다시 한 번 곱씹어 본다면, 크게 두 가지의 주목할 만한 요소를 발견해 낼 수 있다.

---

20 이정배, 『하나님 영은 불고 싶은 대로 분다: 성령의 시대, 생명신학』 (서울: 한들, 1998), 249-252.
21 황종렬, 『한국 토착화신학의 구조』 (국태원, 1996), 가.1, 나.5 참조.

첫째로, 컨텍스트의 현실성 문제이다. 컨텍스트의 주체성을 확보하는 문제에 있어서 컨텍스트에 대한 적극적 자기 이해는 중요한 과제이다. 기독교의 입장에서 기독교는 진리를 지니고 있는 가치 있는 것이며, 기독교의 존재 여부는 그 가치의 여부와 연관되는 중요한 기준이 된다. 따라서 한국 혹은 아시아에 기독교가 존재하지 않았다는 점, 그러한 의미에서 진리와 가치가 부재하였으며, 기독교라는 진리의 빛에 의하여 밝혀져야 할 어둠이라는 이해가 형성되었던 것이다. 이러한 이해에서 벗어나, 컨텍스트의 가치에 대한 적극적 이해를 시도할 때, 거기에서는 가치 있는 존재로서의 자기 이해가 불가피하다. 하지만, 거기서 시도하고 있는 자기 이해란 도대체 어떠한 것일까. 그것은 갓을 쓰고 경전을 읽는 고고한 선비인가, 혹은 수려한 자연 속에서 도를 닦는 지혜로운 현자인가, 아니면 하얀 옷을 입는 동방의 예의지국인가.

아침 해가 아직 내리쬐지 않은 작은 집에서 하얀 옷을 입고 단정히 앉아 있는 이가 일본인이고, 분뇨에 손을 더럽히며 들판에서 땀을 흘리는 농부는 일본인이 아닌 것인가. 한쪽은 쌀을 먹는 이, 다른 한쪽은 쌀을 만드는 이가 있다. 먹는 이는 추상적으로 되기 쉬우며, 만드는 이는 언제나 구체적인 사실 속에서 살아간다. 영성은 구체적인 사실 속에서 나온다.[22]

이러한 스즈키의 말에서 잘 드러나고 있듯이, 그는 귀족적인 문화와 예술 속에서, 또는 무사도와 같은 자기 절제 속에서, 혹은 아름답고 낭만적인 곳에서, 대지의 산물을 소비하는 곳에서 일본적 가치를 추구하기 보다는, 대지에 근거하여 땀과 눈물로 열매를 일구는 생산자의 현실에서 그 가치를 찾고 영성과 연결시키고 있다.

되풀이 하지만 이것은 스즈키가 문화적 가치를 부인하거나, 대립적인 계급의식에 기인했다는 의미가 아니다. 스즈키는 동양의 선을 통하여 서

---

22 스즈키 다이세츠, 『일본적 영성』, 131.

구와 대치되는 가치를 주장해온 인물이라는 것을 잊어서는 안 된다. 단지, 당시의 시대와 역사적 상황 속에서 일본의 패전과 재건을 눈앞에 둔 시대적 상황과 문맥 속에서, 천황을 중심으로 한 자기 이해로서의 귀족적이며 권력 중심적인 가치의 일본이 아닌, 대지성과 그것에 근거한 이들을 속에서 일본적 영성을 보려 했던 것이다. 특히나 대지에 거하며 그곳을 자신의 일터로 하는 생산자·노동자로서의 입장과 단지 소비자로서 대지를 접하는 것과는 근본적인 차이가 있다는 스즈키의 주장에는 다시 한 번 귀를 기울일 필요가 있을 것이다.

둘째로 컨텍스트의 근원성 문제이다. 앞서 언급한 것처럼 1960년대 이후 신학의 흐름 속에서, 컨텍스트는 중요한 신학적 주제가 되어왔다. 하지만, 그를 위해서는 자신의 컨텍스트를 어떠한 개념으로든 규정할 필요가 있다. 실제로 현대의 기독교는 아시아나 전통 종교, 노동자, 민중, 여성, 흑인이라는 컨텍스트의 규정과 더불어 비판적이고도 다양한 전개가 이루어진 것이라 할 수 있다. 그런데 주목할 것은 그러한 컨텍스트의 규정은 필연적으로 가치 대립적인 구조를 동반한다는 것이다. 토착화 논의의 예를 든다면, 서구와 비서구, 종자와 밭, 가지와 뿌리와 같은 논의 속에서 그러한 가치 대립적인 구조를 확인하는 것은 어려운 일이 아니다. 오늘날의 기독교와 신학의 다양성은 그러한 대립적인 구조를 통하여 날카로운 비판의식의 날을 세우며 컨텍스트에 근거한 기독교를 추구한 결과라 할 수 있을 것이다.

하지만 종자와 밭, 가지의 접목 등의 비유 속에서 우리는 컨텍스트에 대하여 구체적으로 무엇을 가정해 왔던 것일까. 그것이 언어화 되고 개념화 될 때에는 어쩔 수 없이 추상적이고 관념적인 성격을 갖게 되기는 하지만, 그것은 과연 얼마나 우리의 삶과 떼어 놓을 수 없는 구체적이며, 실재적이고 근원적인 것으로 이해되었던 것일까. 그것은 하늘을 품어내는 땅으로서 내가 딛고 있는 실재적이고 근원적인 장으로 자리하고 있는 것인가. 아니면 또 하나의 추상적 관념으로 자리하고 있는 것인가. 만약 우리가 여전히 기독교와 비기독교, 하나님의 자리와 자신의 삶의 자리, 교회와 세상, 학문적 주장과 자신의 삶이라는 대칭점 사이를 오가는 한, 이러한 실재적 근원성에 대한 물음은 여전히 유효하며 우리의 발이 어디에 놓여 있는 것인가라는 문제는 끊임없이 제기되어야 할 것이다.

이러한 의미에서 스즈키의 주장은 우리가 추구하는 컨텍스트가 열려진 것이어야 할 뿐만 아니라, 그 대립의 구조를 넘어설 필요가 있다는 것을 시사한다. 스즈키에게 있어서 땅은 하늘과 대립적인 관계에 머물러 있지 않는다. 거기서 더 나아가 하늘을 품어 들어내며 눈앞에 대지로서 현존한다. 더구나 그러한 대지에 근거하여 자아가 초자아를 품어낸 '한 사람'으로 거듭난다. 즉, 스즈키에게 있어서 대지란 어디까지나 열려진 것이며, 대립하는 것을 품어내는 것, 더 나아가 그러한 영성을 우리들에게 눈뜨게 하는 근원적인 것으로 이해되고 있는 것이다. 따라서 이러한 스즈키의 대지성은, 우리가 추구하는 콘텍스트가 대립적 구조를 넘어설 근원성을 확보하고 있는가라는 물음으로 이어진다. 즉, 어떠한 추상성도 부정하며 바로 이곳에서 내가 서있는 곳이 바로 하늘을 품는 곳이며 내가 땀 흘리고 현존하는 유일한 자리라는, 그리고 그러한 자리에서만이 영성적인 자각과 체현이 가능하다는 스즈키의 주장을 통하여, 우리가 추구해야할 컨텍스트의 방향성을 엿볼 수 있는 것이다.

IV. 스즈키의 한계와 대안으로서의 이정배의 신학

위와 같이 스즈키의 주장은 컨텍스트의 현실성과 근원성에 대한 신학적 의의를 가지고 있다고 할 수 있지만, 거기에는 하나의 중요한 문제가 도사리고 있다. 이 문제는 지금까지의 논의를 이해해온 독자라면 자연스럽게 떠올리게 되는 바로 다음의 물음이다. 즉, 스즈키는 구체적이고 실재적인 대지성과 그것을 기반으로 하는 영성을 주장하였지만, 과연 현대의 사회에 있어서 그것이 얼마나 의미가 있는 것인가라는 문제이다.

과거에는 대지, 혹은 바다, 강이라는 근원에 거하며 거기에 땀을 흘리며, 즐기며 노는 것은 아주 자연스러운 삶이었다. 그를 통해 하늘의 엄격함과 경외를 체험함과 동시에 땅과 바다, 강을 통하여 그 은혜를 체험하여 왔던 것이다. 그러한 자연스러우면서도 종교성에 가득 찬 삶이, 근대 산업화 이후에 점점 무너져 왔다는 것은 주지의 사실이다. 오히려 오늘날에는 그러한 땅이나 바다에 접하는 삶 자체가 뒤떨어지고 낙오된 삶처럼 생각되는 풍조 속에서, 직업적으로 농업이나 어업에 종사하는 사람을 제외하고는 그러한 삶을 사는 것 자체가 어려운 일이 되어 버렸다. 오히려 흙 한 번 밟지 못하고 사는 도시의 사람들이 대부분이고, 그들을 중심으로 세계가 돌아가며, 포터블 IT 기계로 현실 그 자체로부터의 유리가 가속되어가는 것이 지금의 상황이라 할 수 있다. 대지는 파괴되어가고 있으며, 이전과 같이 풍요롭고 안전한 대지와 자연에 접할 수 있는 사람이 줄어들고 있다. 그리고 그것은 점점 소수에게만 허락 되어진 혜택이 되고 있다.

이러한 상황 속에서 단지 대지를 말하고 그에 근거한 영성을 추구해야 한다는 주장은, 과연 이러한 우리의 현실 속에서 어디까지 유효하며 의미가 있는 것일까. 이것은 농촌으로 돌아가자 라는 말이 의미는 있으나 현실적으로는 공허한 울림이 되는 것과 유사한 문제이다. 스즈키의 주장처럼 대지가 우리의 영성의 토대가 되며 영성적 자각을 불러일으키고, 그러한 자각이 곧 토착화로 연결되는 것이라면, 대지와의 연결을 회복하는 것은 기독교의 토착화라는 측면에서도 아주 중요한 문제라 할 수 있다. 하지만 우리의 현실은 그리 만만하지 않다. 과연 어떻게 이 문제를 해결해야 할 것인가, 아니 해결하지는 못하더라도 어떠한 방향성을 추구해야 하는 것일까. 우리는 이 문제에 대해서 더 이상 1966년에 작고한 스즈키에게 답을 구할 수 없다. 더구나 이 문제는 오늘날을 살아가는 우리들의 문제로서, 특히 우리가 배경으로 하고 있는 기독교의 입장에서 생각하지 않으면 안 되는 것이다.

이 문제에 대해서는 다양한 가능성이 존재한다고 할 수 있으나, 지금까지의 논의를 바탕으로 한다면 크게 두 가지의 방향성을 생각해볼 수 있다. 하나는 대지라는 개념의 현대적 확장으로 필요하다는 것이며, 또 하나는 그러한 확장이 대지의 현실성과 근원성을 잃지 않아야 한다는 것이다. 앞서 언급했듯이 대지와의 직접적인 접촉이 어려워진 지금의 상황에서 단지 대지만을 주장하는 것은 공허한 울림이 되어버린다. 따라서 그러한 대지를 우리의 삶과 연관된 보다 직접적인 개념으로 확장시킬 필요가 있는 것이다. 하지만 혹여나 섣부른 확장이나 대체를 시도한다면 대지의 현실성과 근원성이 상실되어 또 하나의 추상적이고 관념적인 논의가 되지 않을 수 없다. 그러므로 여기서의 과제는, 지금 여기서 우리가 밟고 있는 직접적이고 현실적인 땅임과 동시에, 우리의 존재를 성립시키고 하늘의 사랑을 품어내는 근원적 장이라는 대지성을 유지함과 동시에 신학적 재해석을 통하여 그 의미를 확장해 나아가는 대안을 어떻게 찾을 수 있을 것일까라는 문제라 할 수 있다. 바로 이점에서 본고는 이정배 신학의 가능성을 보고자 하는 것이다.

1. 대지와 이정배의 삶과 신학

앞장에서 확인했듯이 스즈키의 논의와 토착화신학은 컨텍스트의 가치와 의미를 되묻는다는 점에서 서로 맞닿아 있으며, 스즈키가 던진 컨텍스트의 현실성과 근원성으로서의 대지라는 시사는 신학적 의의를 가지는 것이었다. 그리고 대지로부터의 유리라는 현실적 문제는 단순히 스즈키에게 한정되는 것이 아니라 토착화신학의 문제와 연결되는 것이라 하지 않을 수 없다. 따라서 앞서 언급한 대지라는 개념의 현대적 확장과 더불어 그 실재성과 근원성의 확보라는 과제는 토착화신학의 과제로 이어진다. 이러한 의미에서 한국의 토착화신학의 계보를 이어온 이정배의 신학에서 그 대안을 모색해 보는 것은 정당한 시도라 할 수 있을 것이다.

이를 위해 우선 이정배와 대지와의 직접적인 관계를 확인해 보도록 하자. 이정배에 대하여 어느 정도 알고 있는 사람에게는 익숙한 사실이지만, 그는 강원도의 한 산속에 자그마한 공간을 가지고 있으며, 서울에서 먼 거리이지만 시간이 되는 데로 그곳을 찾아 간다. 물론 이것은 아름다운 자연 속에 별장을 지어놓고 여유로운 휴가를 보내는 신선놀음이 아니다. 그곳은 결코 수려한 환경도 아니고, 멋진 별장이 자리하고 있는 것도 아니며, 도로도 제대로 놓이지 않은 적막한 산속의 공간이다. 이것은 그가 번잡하고 어지러운 서울의 한복판에 있으나, 한편으로 그의 한 발을 대지에 두어왔다는 것을 의미한다. 비록 그가 땅을 일구어 직접적인 생산을 하는 농부가 아니라, 글과 강의를 통한 학문을 생산해내는 학자라 하더라도, 그 글들이 대지로부터 나와야 한다는 것을 그의 삶 속에서 지속적으로 실천하고 있었다는 것이다.

이처럼 이정배의 삶과 글이 관념적이고 추상적인 것에 머무는 것이 아니라, 구체적이고 실재적인 대지에 뿌리를 두어 왔다는 것은 지금까지의 논의에 있어서 아주 중요한 사실이다. 즉, 지금부터 확인하게 될 그의 학문적 작업 속에서 대지에 대한 논의가 단지 추상적인 관념이었던 것이 아니라 그의 삶에서의 구체적인 실재였다는 것이며, 스즈키가 비판하듯 단지 열매를 통하여만 대지에 접해 있었던 것이 아니기 때문이다. 이는 적어도 지금의 논의에 있어서 그의 학문적 진정성을 확보하며, 개념적 추상화의 위험성을 덜어주는 것이라 할 수 있다. 그렇다면 이렇게 자신의 한 발을 구체적인 땅에 놓아왔던 그에게 있어서 대지라는 것은 그의 신학 속에서 어떠한 위치와 의미를 가지고 있는 것일까.

방대한 그의 저작들 속에서 대지 혹은 땅이라는 용어는 중심적인 키워드로 자주 등장하는 것은 아니다. 하지만 그의 신학적 중심 키워드가 대지로부터 떨어져 있는 변두리의 관심사였던 것은 아니다. 예를 들어, 그는 한국의 24절기 농경문화를 신학적으로 재해석하며,[23] 풍수지리설을 통

---

23 이정배, 『간문화 해석학과 신학적 상상력』 (서울: 감리교신학대학교출판부, 2005), 255.

하여 기독교가 한국의 대지에 근거해야 됨을 강조하였다.[24] 또한 이러한 그의 대지에 대한 강조점은 하느님의 창조 이해와 연결되고 있다는 것도 확인할 수 있다. 즉, 이정배에게 있어서 대지는 하느님의 창조가 육성되는 곳[25]이며, 믿음이라는 것은 대지를 바탕으로 하는 삶의 태도이다.[26] 그리고 대지를 통해 그리스도의 삶과 부활을 바라보는 것이다.[27] 또한 단지 소비자적인 입장을 비판하고, 땀과 노력을 통하여 대지와 접하는 생산자로서의 입장을 강조하고, 도시화된 현대의 치유를 말하고 있는 것이다.[28] 그리고 이러한 대지의 강조점을 두는 이정배의 신학은 불이不二적 가치관에 도달한다.[29] 이는 다른 말로는 전일全一적, 기일원론氣一元論적, 회통적, 일즉다一卽多의 세계관으로 연결된다.[30] 그리고 이러한 세계관을 한국적인 이해로 연결시키며 이러한 세계관에서 기독교를 이해하는 것이야말로 기독교의 토착화라고 이해하며, 신토불이적 신학이야말로 기독교의 토착화라고 주장하는 것이다.[31]

여기서 알 수 있듯이 대지에 근거한 불이적 가치관을 바라보고 그것을 토착화로 연결시키고 있는 이정배의 신학적 전개는 본고에서 검토해온 스즈키의 이해와 놀랄 만큼 일치하고 있다. 즉, 분별적 사고를 극복하여 '즉卽'으로 엮어진 관계성을 영성의 경지로 지향하고, 대지를 통한 영성적 자각과 발현이 토착화로 연결되는 스즈키의 이해가 이정배에게서도 발견되고 있는 것이다. 이것이 이정배가 현실적인 대지에 한발을 두어 왔던 결과인지는 알 수 없으나, 분명한 것은 본고에서 언급해 왔던 스즈키의

---

24 이정배, 『한국적 생명신학』(도서출판 감신, 1996), 202.

25 이정배, 『간(間)문화 해석학과 신학적 상상력』, 256.

26 이정배, 『한국적 생명신학』(1996), 203.

27 이정배, 『간(間)문화 해석학과 신학적 상상력』(2005), 264-265.

28 Ibid., 272-274.

29 이정배, 『하나님 영은 불고 싶은 대로 분다: 성령의 시대, 생명신학』, 249-252; 이정배, 『토착화와 세계화』(2007), 255-262.

30 이정배, 『토착화와 생명문화』(1991), 277-282; 이정배 『한국적 생명신학』, 89, 133; 이정배, 『선한 벗들과 함께 신학하기』(2000), 237-244.

31 이정배, 『한국적 생명신학』(1996), 84.

대지성을 이정배의 삶과 신학이 담아내고 있다는 것이다.

2. 개념적 확장

하지만, 이정배의 전개는 거기서 멈추지 않는다. 대지와 연관된 그의 학문적 주제는 유사한 개념 군으로 묶여져 있으며, 거기에서 주제적 발전과 확장의 흔적을 읽어낼 수 있다. 예를 들어 이정배의 관심은 대지로부터 창조, 생명, 녹색, 성령, 토착화, 수행으로 확장되어 나아간다. 물론, 이외에도 다양한 주제들이 존재하며, 이러한 나열도 시간적 전개와는 다를 수 있으나, 적어도 이러한 주제들 속에서 일관된 흐름과 전개를 확인하는 것은 어렵지 않은 일이다. 즉, 대지는 눈앞에 공간으로서의 대지로 머무는 것이 아니라, 하나의 우주적 생명체로서 생명권, 생태계, 온생명이라는 거대한 생명의 체계로서 확장되어 가고, 그러한 생명의 체계 속에서의 개개인을 인식하고 체현하는 것으로 이어지는 것이다.[32]

이러한 대지에 대한 해석의 확장과 더불어 그의 신학도 중요한 전환을 주장하게 된다. 즉, 구속사적 이해를 중심으로 하는 피를 상징하는 붉은색으로부터 녹색으로의 전환,[33] 신론이나 그리스도론으로부터 활동을 중심으로 하는 성령론으로 전환[34]을 요구하고 있는 것이다. 이러한 확장과 전환에서 알 수 있듯이, 이정배의 영성은 단지 그 구조와 근원을 밝히는 존재론적 이해에 머무는 것이 아니라, 우리의 결단을 요구하는 윤리적, 실존적 이해로 나아가게 된다. 바로 이점에서 스즈키와 이정배의 방향성은 근본적으로 달라진다.

다시 말해 스즈키와 이정배 모두 '즉(卽)'으로 연결 되는 관계성이라는 영성적 경지를 바라보며, 그 근거로서의 대지에 발을 두려하나, 스즈키는

---

32 이정배, 『한국적 생명신학』(1996), 44-50; 이정배 『한국 개신교 전위(前衛) 토착신학 연구』(2003), 4장 참조.

33 이정배, 『예수가 대답이라면 무엇이 문제인가?』(서울: 성서연구사, 1994), 1부 참조.

34 이정배, 『한국적 생명신학』(1996), Ⅶ장 참조.

어디까지나 그러한 영성을 자각한 존재로서의 '한 사람'이라는 깨달음과 그 장으로서의 대지를 역설하고 그것에 근거한 일본적 영성을 주장한다. 이는 당시 일본에서 천황제를 중심으로 특수성에 대한 혼돈과 편협한 정체성이 난무하고 있었던 상황에서 스즈키의 시대적 사명감과 연결되는 것이라 할 수 있다. 하지만, 이정배는 스즈키와는 다른 시대와 장소를 살았고 다른 사명감을 가지고 있었다. 이정배에게 있어서 대지는 영성의 근원이 될 뿐만이 아니라, 파괴되고 아파하고 있으며, 우리에게 신학적 상상력과 결단을 요청하고 있는 곳인 것이다.

> 눈을 들어 이 지구의 현실을 보라. 십자가에 못 박힌 분이 어찌 예수 한 분뿐인가? 전 우주만물 속에서 유일한 생명 공간인 지구가 지금 십자가에 못 박히고 있는 현실을 보지 못하는가?[35]

이처럼 스즈키의 대지성을 공유하면서도, 개념적 확장을 이루어내고, 우리의 신학적 상상력을 자극하며, 결단과 행동을 요구하는 이정배의 신학은 기독교적으로 오늘날의 대지에 접하는 하나의 대안이 될 수 있을 것이다. 즉, 현대에 들어 우리의 삶의 방식은 대지에 근거하여 영성을 자각하고 삶을 영위하는 대전제로부터 점점 유리되고 있다. 여기에 대지로 돌아가야 한다는 외침은 그 의의에도 불구하고 점점 공허한 외침이 되어간다. 하지만, 대지로부터 유리되어가는 지금의 상황 속에서도 우리는 여전히 생명을 영위하고 있으며, 이 생명은 대지와 더불어 하나의 커다란 우주적 생명의 일부이다. 특히나 이는 오늘날 대지의 파괴와 더불어 우리의 생명이 위협받는 상황 속에서 더욱 절실한 자각이 아닐 수 없다. 따라서 우리는 커다란 생명권 속에서 자신의 생명을 자각함과 동시에 이 생명을 함께 보전해 나아가야 하는 책임을 가지는 것이라 이해할 수 있는 것이다. 우리는 바로 이러한 길이 참된 기독교의 길이며, 한국이라는 대지에 근거

---

35 Ibid., 205.

하는 한국적 기독교에 다름 아니라는 비전을 이정배의 신학을 통해서 얻을 수 있는 것이다.

나가는 말

본고는 지금까지 이정배의 신학을 이해하는 하나의 시각을 얻는다는 목표에 따라 논의를 진행해 왔다. 이를 위해 우선 논의의 출발점으로 스즈키 다이세츠를 거론하였다. 그를 통하여 스즈키가 분별을 넘어서는 통합의 영성의 단계를 지향하며 그것이 대지에 근거함으로 가능하다는 것, 또한 대지에 근거하여 그 영성을 담아내는 것을 통하여 불교가 비로소 일본적 불교로 거듭났다고 주장한 것을 확인할 수 있었다. 또한 본고에서는 그러한 스즈키의 주장이 특히나 컨텍스트 현실성과 근원성에 대한 신학적인 의의를 시사한다는 것을 검토해 보았다. 하지만, 그러한 스즈키의 주장을 오늘의 상황 속에서 생각해볼 때 대지로부터의 유리라는 과제가 존재하며, 그것을 극복하기 위해서는 대지의 현실성과 근원성을 확보하면서도 개념적 확장을 이루어 낼 필요가 있음을 시사하고 그 대안으로서의 이정배의 신학에 주목해 보았다. 특히나 이정배의 신학은 대지의 영성을 담아내면서도 오늘날의 상황에 맞는 개념적 확장을 전개하고 있으며, 우리의 신학적 상상력과 결단을 요청하는 것임을 확인할 수 있었다.

물론 본고의 서두에서 언급한 바와 같이, 이정배가 한국의 신학계에 남긴 족적은 적지 않은 것이기에 그의 신학에 대한 다양한 평가가 가능할 것이다. 본고에서 살펴본 것처럼 하지만 대지와 영성, 토착화로 이어지는 굵은 선은 스즈키에서 확인할 수 있듯이 종교와 문화, 토착화를 생각할 때 염두에 두어야 할 요소라 할 수 있고, 이정배의 신학을 관통하는 핵심적인 흐름이라 하지 않을 수 없다. 이러한 흐름을 염두에 두며, 본고의 잠정적 결론으로 이정배의 신학을 이해해 본다면 다음과 같이 정리해 볼 수 있을 것이다. 즉, 그는 영성과 토착화의 커다란 흐름에 동참하며, 학문적인 관념과 추상에 머물지 않고 구체적인 대지에 근거하여 오늘날의 생명과 사회에 민감하게 응답해 왔던 신학자라 이해할 수 있을 것이다.

참고문헌

김진희.『타키자와 카츠미 신학연구: 일본적 신학형성의 한 단면』. 모시는사람들, 2014.

스즈키 다이세츠.『선과 일본문화(禅と日本文化)』. 岩波書店, 2015.

_____.『스즈키 다이세츠 전집』. 第八卷. 岩波書店, 1968.

_____.『스즈키 다이세츠 전집』. 第九卷. 岩波書店, 1968.

_____.『일본적 영성(日本的靈性)』. 岩波書店, 2004.

이정배.『간(間)문화 해석학과 신학적 상상력』. 감리교신학대학교출판부, 2005.

_____.『선한 벗들과 함께 신학하기』. 한들출판사, 2000.

_____.『예수가 대답이라면 무엇이 문제인가?』. 성서연구사, 1994.

_____.『토착화와 세계화』. 한들출판사, 2007.

_____.『토착화와 생명문화』. 종로서적, 1991.

_____.『하나님 영은 불고 싶은 대로 분다: 성령의 시대, 생명신학』. 한들출판사, 1998.

_____.『한국 개신교 전위 토착신학 연구』. 대한기독교서회, 2003.

_____.『한국적 생명신학』. 도서출판 감신, 1996.

황종렬.『한국 토착화신학의 구조』. 국태원, 1996.

동아시아 토착화신학론
: 율곡의 『순언醇言』에 비추어 본 이정배의 생태영성

이종찬 박사
(새소망교회)

I. 해방이후 세대의 오리엔탈리즘 넘어서기

대한제국이라는 아련한 기억으로 시작되는 근·현대사를 되돌아보면, 격변하는 한반도에서 살아온 우리는 문화적으로 뿌리 뽑힌 디아스포라 diaspora인 셈입니다. 제국주의로 대표되는 강대국들의 침탈에 거대한 중국 문명이 무릎을 꿇었고, 뒤이어 동아시아 문명의 한 축이었던 한반도 역시 급격히 몰락합니다. 그리고 서구 문명이 남겨놓은 부스러기를 주워 먹으며 근근이 목숨을 부지하는 수밖에 없었지요. 게다가 탈아입구脫亞入歐를 외치며 발 빠르게 제국주의의 반열에 올라선 일본의 불장난이 더해지면서, 한민족을 비롯한 아시아의 문화적 정체성은 흔적을 찾기조차 어려운 상황이 되었습니다.

이러한 가운데 근근이 뿌리를 이어온 한글문화만이 성서 번역 등을 통해 실낱같은 생명력을 이어왔을 뿐입니다. 이윽고 일제가 물러가고 해방을 맞이하자 나라 전체는 생존에 급급한 나머지 급격한 서구화의 길로 달려들었고, 때문에 스스로의 정체성을 찾는 일은 우물가에서 숭늉 찾는 꼴이 되어버리고 맙니다. 무엇보다도 학문의 세계에 있어서 이러한 과정은 매우 심각한 상황으로 치닫습니다. 교육과정에서조차 발 빠른 서구화를 앞세우다보니, 기껏 한글전용 정책을 통한 정체성 찾기 수준을 넘어서기 어려웠지요. 이에 따라 전통문화에 대한 관심과 정책은 우선순위에서 멀어질 수밖에 없었습니다. 각급 학교교육과정에서도 고전어 교육은 뒷전이었고, 때문에 오늘날까지 의식 있는 지식인 계층조차 현실적으로 고전을 가까이하기엔 너무 버거운 삶이 앞을 가로막고 있습니다.

이러한 문화적 지평을 고려해볼 때, 우리는 문화적 고아처럼 휑하니 구멍 뚫린 해방 이후 세대의 일정한 한계를 봅니다. 정규교육 체계를 통해 정체성을 담보할 수 있는 고전 교육을 제대로 받지 못한 세대들은, 그저 일방적인 서구 오리엔탈리즘의 틀에 몸을 담는 것으로 지형을 굳힐 수밖에 없었기 때문입니다. 그럼에도 해방 이후 이른바 오리엔탈리즘에 물든 오늘날의 여타 장삼이사張三李四들과는 달리, 동아시아 전통뿐만 아니라 물밀 듯 넘실대는 현대 과학문명을 스스럼없이 넘나드는 이정배 님의 발자취는 단연코 추종을 불허합니다. 그리고 무모하리만큼 치열하고 고지식하게 밀고나가는 독불장군식 통섭의 지평은 이렇듯 뿌리를 잃어버린 고아 내지는 사생아 같은 척박한 동아시아 문화 지평을 단숨에 훌쩍 뛰어넘어버립니다.

이렇듯 헤아릴 수 없는 다독과 다작의 학문 세계는 과연 어디서 비롯되는 것일까요. 논자는 예전에 일아一雅 변선환 연구논문을 쓰면서, 처음 일아를 만났을 때 느낌이 마치 셰익스피어 작품에 나오는 리어왕과 흡사하다고 비유한 적이 있습니다. 거친 광야를 떠돌면서, 자신에게 등을 돌려버렸던 모든 것을 잊으려는 양 처절하게 부르짖던 리어왕 모습이 떠오르기 때문이지요. 새벽 미명, 냉천동 허허벌판에 우뚝 선 웰치 채플에서 하얀 입김을 내뿜으며 총총걸음으로 모여든 신학생들에게 어학과 성경과 신학사상을 목청껏 설파하던 일아一雅의 추억은, 이처럼 포효하는 리어왕의 모습과 겹쳐 오늘도 생생합니다.

그리고 장소와 시간만 바뀌었을 뿐, 이정배 님도 그리 다르지 않습니다. 허허벌판과 같이 휑하니 구멍 뚫린 동아시아 문화 지평을 거침없이 내달을 뿐만 아니라, 교실과 강단 그리고 거리에서 광장까지 가리지 않고 뚜벅뚜벅 헤집고 다니니 말입니다. 거친 사자의 부르짖음으로 부활한 또 다른 일아―雅를 만나는 셈입니다. 일면 후학들이 일정하게 일아를 비판할 수 있는 것처럼, 이정배님의 시대적 한계상황도 일정하게 인식할 수 있을 겁니다. 하지만 황무지와도 같은 한반도의 신학 풍토에 있어 장승처럼 우뚝 서서 가야할 길을 보여주었던 일아처럼, 이정배 님도 21세기 척박한 한반도와 동아시아 문화 지평을 우뚝 딛고서 등대처럼 오늘 뚜렷합니다. 그리고 눈길조차 건넬 틈 없이 빠르게 급변하는 현대사회의 거센 물결과 온 우주 엔트로피 가득한 과학문명의 파도를 헤쳐 나가도록 빛을 밝히며 조금도 흔들림 없이 그렇게 서 있습니다.

논자는 이러한 이정배 님의 지평을 좀 더 잘 들여다보기 위해, 일찍이 16세기 한반도에서 노자를 통해 다원화된 세계의 해석학을 주도적으로 이루어낸 율곡의 발자국을 짚어 보았습니다. 그리고 율곡의 해석학을 나란히 놓고 이를 이정배 님의 생태영성과 견주어보고자 합니다. 이러한 시도를 통해, 앞으로 하늘이 허락하신 남은 시간에도 이정배 님의 발자국이 율곡에 못지않은 21세기 또 다른 이정표로 우뚝하길 빌어마지 않습니다. 그래야 남겨진 후학들도 잰 발걸음으로 바삐 뒤따라 나서며 씩씩하게 버티고 나갈 수 있을 테니 말입니다.

II. 율곡의 노자 이해와 통섭의 해석학

2013년 새해 벽두, 후진타오에게 초강대국 권력을 넘겨받은 시진핑은 신년을 맞이하여 앞으로 중국 정부의 기조를 밝히는 일에 맨 처음으로 노자의 가르침을 앞세웁니다. 이른바 화광동진和光同塵의 세계, 온 세상을 밝히는 햇빛과 자그마한 티끌이 모두 하나 되는 세상 바로 그것입니다. 21세기 세계를 주름잡는 초강대국을 가리켜 미국과 중국이라고 말하지만, 주지하다시피 미국은 지는 해일 수밖에 없습니다. 지나간 수천 년 역사에서도 그러했듯, 바야흐로 중국은 이제 떠오르는 해로서 명실상부 미래 세계를 선도하는 초강대국이 될 것임은 불 보듯 뻔한 일입니다. 그런데 중국은 조금도 나대지 않습니다. 그리곤 자신의 미래상을 그리는 푯대로 노자의 가르침을 지침으로 삼았습니다.

그런데 노자의 가르침에 잇대어 천하를 다스리는 지침을 삼는 전통은 그 뿌리가 한참 거슬러 올라갑니다. 일찍이 세계에서 가장 큰 통일왕국 중 하나였던 진나라의 시황제는 잘 알려진 바대로 한비자의 통치 이론을 기반으로 삼았지요. 그런데 노자의 가르침이 천하를 통치하는데 매우 긴요하다는 점을 재빨리 알아차리고 이를 최초로 주석했던 이가 바로 한비자입니다.[1] 이는, 오늘날 널리 통용되고 있는 왕필의 주석보다 수백 년을 앞서는 뿌리 깊은 통찰이 아닐 수 없습니다. 이후 동아시아 역사에서 노자의 중요성은 아무리 강조해도 지나치지 않을 정도로 국가뿐만 아니라 민중들의 삶에 밀접하게 다가서며 수천 년을 이어갑니다.

이른바 오두미교五斗米敎로 불리는 민중들의 메시아니즘은 노자의 가르침을 민간신앙으로 토착화시켰고, 이는 황건적 운동과 같은 거대한 쓰나미가 되어 동아시아 지각변동의 한 축을 이루기도 합니다. 뿐만 아니라 통일왕국을 형성하고 유지하는데 아주 유용하게 활용되었는데, 당나라를 건국한 당태조 같은 경우는 노자와 자신의 왕조를 일체화시켜 적극적으로 통치에 활용합니다. 이러한 흐름에 힘입어 불교는 급격히 수그러들었고, 시나브로 도교의 국가 이데올로기 정책은 확실히 자리 잡게 됩니다. 그래서인지 오늘 아시아 구석구석을 들여다볼라치면, 산골이나 바닷가 끝자락까지 노자를 모셔놓고 아침저녁으로 집안의 대소사와 천하 평화를 빌곤 합니다.

물론 불교가 곧이곧대로 사그라졌을 리는 만무입니다. 인도에서부터 비롯하여 산전수전 겪어가며 중국 대륙에 똬리 틀었던 불교는, 도교가 그랬던 것처럼 똑같은 방식으로 토착화 과정을 밟아갑니다. 이른바 격의

---

1 김용옥, 『노자와 21세기, 상(上)』, (서울: 통나무, 1999), 93.

格義불교라는 것이 대표적인데, 이는 호랑이를 잡기 위해 호랑이굴에 들어가는 것과 엇비슷합니다. 그러기에 오늘날 선禪불교라 불리며 세계적으로 널리 퍼져나간 동아시아 불교사상은, 알고 보면 사실상 노장사상과 원시 유교의 틀거리를 빌려와 그 뼈대를 만들었다는 얘기가 됩니다.

한반도를 보면, 이미 당나라 영향으로 삼국시대부터 노자를 받아들인 까닭에 그 뿌리가 깊습니다. 그러나 불교가 주류를 이루었던 고려시대였기에 그리 뚜렷하게 드러나지 못했고, 조선시대에 들어서면서 비로소 이 같은 노자의 통치사상을 예리하게 꿰뚫어본 사람이 바로 율곡입니다. 그는 일찍이 과거에서 구도장원九度壯元이라는 전설을 남기며 빼어난 학문으로 이름 높은 인물이었지만, 모친상을 겪으면서 실존적인 삶의 문제를 놓고 씨름하다가 불교에 깊이 관련을 맺기도 합니다.

훗날 이런 행적으로 어려운 일을 겪기도 하지만, 그는 개의치 않고 담담하게 이를 헤쳐 나갈 정도로 조선에서는 보기 드물게 열린 지성이자 걸출한 사상가였습니다. 게다가 율곡은 십만양병설에서 보듯 국제정치에서도 빼어난 균형감을 지녔기 까닭에 통치이론과 실제를 겸비한 사상가이자 정치가입니다. 그래서일까요, '꿩 잡는 것이 매'라는 속담처럼 난세를 다스리기 위한 통치철학으로서 더욱 자연스럽게 노자의 가르침을 받아들였다고 말할 수 있습니다.

더욱 놀라운 것은, 율곡이 남겨놓은 『순언醇言』이 단순히 노자를 주석한 해설서가 아니라는 점입니다. 오히려 오늘날 해석학에서 말하는 편집비평Redaction criticism이라는 단계를 거쳤기 때문입니다. 전통적인 노자 본문에 대해 나름대로 중복된 것을 생략하고 주제별로 재편성하며 강조점을 부각시킨 까닭에, 이를테면 또 하나 노자 판본을 탄생시킨 셈입니다. 그래서인지 『순언醇言』에 나타난 율곡의 노자 이해는, 전통적 성리학의 사유방식뿐만 아니라 고식적인 노자 해석의 범주도 벗어납니다. 찬찬이 짚어 보면, 이러한 방식은 춘추전국시대의 제자백가 및 원시 유교로 거슬러 올라가는 대단히 의미 있는 해석학 작업이라고 말할 수 있습니다. 이러한 가운데서 통치철학으로 풀어내는 노자의 사상이 더욱 뚜렷하게 밝혀질 뿐만 아니라, 신유교는 물론 심지어 공자의 주례周禮 중심주의라는 한계까지도 훌쩍 넘어서니 말입니다.

따라서 율곡의 노자해석은, 제자백가 사상을 꿰뚫어 하늘이 뭇 생명을 내려주셨다는 생명 존중의 동아시아 전통을 회복하는 계기가 되었다고 말해도 조금도 껄끄럽지 않습니다. 문헌학적으로 보아도 이러한 해석학은 매우 중요한 의미를 갖습니다. 예를 들자면, 1993년에 출토된 곽점초묘죽간본郭店楚墓竹簡本은 노자 본문 중에서 가장 오래 거슬러 올라가는 바, 최소 주전 300년경까지라고 연대가 밝혀져 있습니다.[2] 그런데 중요한 사실은, 이 문헌이 독자적으로 나온 것이 아니라 수많은 각종 유가 경전 및 여러 본문들과 함께 한데 어울려 출토되었다는 점입니다. 때문에 이는 노자의 해석학적 위상을 다시 짚어보는 의미심장한 지표가 되었습니다. 이처럼 동아시아 고대 사회에서 있어 노자는 수많은 유교 경전과 서로 동일한 흐름의 전승傳承 과정에서 습합의 과정을 거치고 있었기에, 마치 서구 성서해석학에서 말하는 Q자료와 복음서 관계를 떠올리게 합니다.

한마디로 줄인다면, 노자 사상은 춘추전국시대 당대에 천하를 다스리기 위한 필수교양처럼 밑거름이 되어 식자 계층들에게 광범위하게 통용되었음을 알 수 있습니다. 재미있게도 논어 본문을 들여다보더라도 마찬가지 결론이 나옵니다. 잘 알려진 바대로 공자는 논어의 곳곳에서 자신의 가르침이 주례周禮를 근거로 하여 이루어진 해석학이라는 사실을 분명히 밝힙니다.[3] 그런데 주지하다시피 주례는, 춘추에서도 강조하듯이 천자, 제후, 경대부, 사士, 서庶등의 엄중한 계급hierarchy 제도에 의해 움직이기에

---

2 Ibid., 88 참조

3 누구든 주나라 예를 이어받는다면, 비록 백년이라도 밝히 알 수 있다(其或繼周者 雖百世可知也. [위정]); 주나라는 2대를 거쳐 다듬어졌다. 어디 하나 나무랄 데 없으니, 나는 주나라를 따르겠다(周監於二代 郁郁乎文哉 吾從周. [팔일]); 주나라의 덕은 실로 지극한 덕이라 말할 수 있다(周之德 其可謂至德也已矣. [태백]); 내가 멋진 주나라를 만들어보리라(吾其爲東周乎. [양화]).

공자는 시종일관 예악의 작은 부분조차도 함부로 다루지 않습니다(微言大義). 그런데 논어 후반부에 들어서면 이와는 조금 다른 모습들이 차츰 나타납니다. 예를 들어, 제자 자유가 모든 사람들에게 아무런 차별 없이 예악을 베푸는 것을 보고 한마디 하다가, 곧 자신의 실수를 인정하고 물러서는 공자의 모습은 매우 새삼스러울 수밖에 없습니다.[4]

이처럼 논어에서 왕조 중심적 또는 계급적인 사유가 무너지고 보편적이고 대중적으로 열린 예악관이 등장하고 있다는 사실은 흥미롭기 그지없습니다. 이것은 일반적으로 알려진 공자의 사유와는 분명하게 거리를 둔 변화를 확인시켜주기 때문입니다. 이와 아울러 [헌문]편에서도 왕조나 종묘宗廟 중심적 사고를 벗어나는 모습이 엿보이는데, 이는 관중의 처신에 대한 제자들의 편협한 평가를 일깨우는 장면에서 비롯됩니다.[5]

이러한 맥락에서 논어의 전쟁과 관련된 통치 철학을 들여다보면, 사실상 군주들이 즐겨 휘두르는 무력이라는 것은 흉기에 불과하다는 노자의 가르침과(兵者不祥器, 34장) 거의 차이를 보이지 않습니다. 특히 공자의

---

4 공자가 무성지방에 가니 훌륭한 음악으로 가득했다. 공자가 너털웃음으로 말했다. 닭 잡는데 소 잡는 칼을 쓰는구나. 자유가 정색하며 말했다. 예전에 선생님께 배우기를, 군자가 도를 배우면 백성을 사랑하고 소인이 도를 배우면 일하기 쉽다고 했습니다. 공자가 말했다. 얘들아 자유의 말이 옳구나. 아까 내 말은 우스개였다(子之武城 聞弦歌之聲 夫子 莞爾而笑曰 割鷄 焉用牛刀 子游對曰 昔者 偃也聞諸夫子 曰君子學道 則愛人 小人學道 則易使也 子曰 二三者 偃之言是也 前言戱之耳, 논어 [양화]).

5 자로가 말했다. 환공이 공자 규를 죽이니 소홀도 죽었는데 관중만 홀로 살아남았으니 이는 어긋난 것 아닐까요. 공자가 말했다. 환공은 제후들을 두루 다독거렸다. 힘으로써 밀어붙인 것이 아니라 관중의 도움으로 그런 것이다. 이보다 나을 수 없다. 이보다 나을 수 없다. (子路曰 桓公 殺公子糾 召忽死之 管仲不死 曰未仁乎 子曰 桓公 九合諸侯 不以兵車 管仲之力也 如其仁 如其仁); 자공이 말했다. 관중은 어질지 못한 사람 아닙니까. 환공이 공자 규를 죽였는데, 따라 죽기보다 오히려 마음을 바꾸었습니다. 공자가 말했다. 관중은 환공을 도와 제후를 모으고 천하를 평정하였고, 오늘날 많은 백성들이 그 덕을 입고 있다. 만약 관중이 없었다면 우리는 오랑캐를 벗어나지 못했을 것이다. 어찌 하찮은 인정에 묶여 헛되이 목매달아 죽는 어리석은 짓을 하는가(子貢曰 管仲非仁者與 桓公 殺公子糾 不能死 又相之 子曰 管仲 相桓公覇諸侯 一匡天下 民到于今 受其賜 微管仲 吾其被髮左衽矣 豈若匹夫匹婦之爲諒也 自經於溝瀆而莫之知也).

제자들 가운데 제후들을 섬기던 일련의 리더들이 천하를 평화롭게 다스리는 일에 이바지하는 것보다는 주제넘게도 천하를 어지럽히는 제후들의 앞잡이가 되어가는 모습을 보고, 공자가 심하게 이를 꾸짖는 [계씨]편 첫머리에서 이 같은 점이 잘 나타납니다. '나라는 사분오열 나뉘어 무너지는 판인데, 바로 잡기는 커녕 시끄러운 무기소리만 요란하다'(邦分崩離析而不能守也 而謀動干戈於邦內).

이처럼 춘추전국시대 제자백가들은, 한결 같이 천하를 바로 세우려는 주제를 품고 있습니다. 이는 마치 공자의 여러 제자들 또한 다양한 경향과 색다른 면모를 지니면서도 모두가 잘 어울리고 있는 것과 비슷합니다. 특별한 차이점을 느끼지 못할 정도로 하나의 공동체에서 이루어지는 다양한 현상이라고 인식되기 때문입니다. 한마디로, 동아시아의 다양한 스펙트럼을 폭넓게 수용하는 일련의 통섭 과정을 통해 새로운 문명의 시대정신으로 우뚝 섰다는 얘기입니다.

이러한 전통은 이후 역사에서도 그대로 되풀이됩니다. 무슨 말인고 하면, 천하를 통일한 진시황은 물론이거니와, 곧 이어 그 뒤를 이어받아 중국대륙에 제대로 통일왕국을 건설한 한나라 또한 한결 같이 일종의 사상적 통합작업을 주요한 정책으로 채택하기 때문입니다. 분서갱유焚書坑儒라는 유명한 일화를 남긴 진시황의 정책은 바로 사상의 통합정책이었고, 곧이어 한나라가 유교를 일종의 국가의 주춧돌 삼아 꾸준히 경전화 작업이나 관리 양성 정책에 반영하였던 것은 이 같은 사실을 잘 보여줍니다. 이 과정에서 이른바 현실 참여적인 유생儒生들과 초현실적인 세계를 지향했던 방외지사方外之士들은 자연스레 뒤섞여 구분할 필요가 없게 됩니다. 서로가 광범위한 습합의 형태로 어우러지면서 고대 동아시아의 정신세계의 물줄기를 이끌어 나가니까요.

그래서인지 신라시대 원효 같은 이는 동아시아에서 유교와 불교를 회통하는 대승기신론소라는 가르침으로 당대 선불교뿐만 동아시아 모든 지식인들의 스승으로 우뚝 섭니다. 이런 맥락에서 조선시대 율곡도 마찬가지로, 노장사상 그리고 불교의 가르침을 하나로 엮어내어 유교사상의 새로운 경지를 이루어냅니다. 유교를 국교로 삼았기에 이단에 대해서는 서릿발같이 다그치며 목숨까지 빼앗던 서슬 퍼런 조선왕조 시절을 떠올려 보면 언뜻 실감이 되지 않습니다. 이토록 엄중한 하늘 아래서 진리의 발걸음을 뚜벅뚜벅 내딛는 율곡의 모습에는 절로 옷깃이 여며질 뿐입니다.

III. 『순언醇言』에 나타난 율곡 해석학의 특징
: 회통과 통섭의 생명사상

앞서 살펴보았듯이 율곡이 남겨놓은 노자 주석서 『순언醇言』 40장의 구조는 매우 새로운 시도임에도 불구하고, 사실상 시대와 장소를 뛰어넘어 노자를 가장 잘 이해할 수 있는 아주 좋은 도구라는 사실을 알게 됩니다. 게다가 누가 보아도 깔끔하게 느낄 정도로 간결하면서도 이해하기 쉽도록 서론과 본론 그리고 결론이라는 세 부분으로 나누어 잘 정리되어 있습니다. 이는 아마도 율곡이 성리학이라는 당대 신유교 세계관을 지니고 있기 때문일 겁니다.

우선 노자 본문에 나타난 내용 중에 같은 이야기가 되풀이된다든지 비슷한 내용이나 구절들을 정리하여 한 군데로 모았습니다. 때문에 분량으로 볼 때에도 절반 이상 줄어 난삽한 구석이 없어졌습니다. 아울러 제목에서도 그렇거니와, 자질구레한 내용들을 추려낸 이후에 큰 줄기를 잡아 간결하고도 뚜렷한 형식을 갖추게 됩니다. 그래서일까요. 율곡의 작업을 찬찬히 따라가다 보면 노자에 대한 구구한 이야기라든지 논란이 많은 문제들에 얽혀 끙끙댈 일이 거의 없습니다. 오히려 보통 사람들도 큰 어려움 없이 고개가 끄덕일 정도로 읽어나가는 것이 가능합니다. 이는 앞서 노자에 대한 해석학 문제들을 거론할 때에도 드러난 것처럼, 노자 사상이 본디 나라와 천하를 다스리는 일과 매우 밀접한 관련을 지니기 때문입니다. 그래서 유교에 익숙한 일반인들에게도 그리 낯설지 않은 구조가 되었습니다.

전체적으로 『순언醇言』의 구성을 살펴볼 때, 서론과 결론을 제외한 본론의 대부분은(5-36장) 수기修己와 치인治人이라는 신유교의 사유 구조가 분명하게 드러납니다. 따라서 신유교의 사유 체계를 그대로 노자의 사유와 연결시켜 편집하고 있다는 점에서 『순언』에서는 율곡의 통섭적 사상 체계가 그대로 묻어납니다. 율곡의 일생을 가만히 되돌아보면, 실존적으로도 진리와 삶의 조화로운 방식이 늘 문제가 되었을 겁니다. 때문에 노자 사상을 읽어나가며 자연스럽게 수용하고 회통하는 단계는 율곡에게 필연적인 일이었다고 볼 수 있습니다.

율곡은 여기 『순언』에서 뿐만 아니라, 여타 저술을 통해서도 이러한 입장을 분명하게 피력합니다. 사실 따져본다면 여느 사람들에게는 유교와 도교의 진리를 가려내는 복잡한 일보다는 진득하게 진리를 실천한다는 것이 늘 숙제일 수밖에 없습니다. 변함없이 떠오르는 태양 아래서 하루하루 이어지는 민초들의 삶은 언제나 힘에 버거울 수밖에 없는 씨름이니까요. 이런 점에서 율곡이 사서언해四書諺解를 통해 고전을 한글로 풀어내기도 하고, 게다가 노자의 본문까지 알기 쉽도록 『순언』이라는 체계로 되새김질한 것은 그런 깊은 뜻이 있었다고 생각됩니다.

우선 『순언醇言』의 서론격인 1-3장에는 이른바 본체론적 측면에서 도道의 원리를 풀이하는 구절들이 집중적으로 편집되어 있습니다. 일반적으로 『순언』은 송나라 때 동사정의 노자 주석서 『도덕진경집해』의 내용을 충실하게 따라가는 편입니다. 동사정은 주로 유교에서 말하는 태극의 세계를 도道의 경지에 비교하여 설명하였는데, 율곡도 이러한 점을 받아들여 서론에서부터 도교와 유교가 소통하는 기초로 삼은 셈입니다.

그런데 이런 방식은 일찍이 북송시절 주렴계가 그의 『태극도설太極圖說』에서 무극無極과 태극太極의 관계를 설명하면서 터를 닦아놓은 것이었습니다(無極而太極). 사실, 이러한 상호습합相互習合의 방법론은 그 뿌리가 깊습니다. 일찍이 원시 유교와 도교의 가르침이 어우러지는 과정은, 앞서 진시황 무렵의 방사方士와 유생儒生을 언급하면서 확인한 바 있습니다. 이후에도 위진남북조 시대에는 불교와 현학玄學이 서로 어우러지게 되는데, 이는 이른바 격의 불교가 자리 잡는 형태에서 그 내용이 든든히 다져집니다. 그리고 북송시절에 이르면서 이러한 변증법적 형이상학 과정을 두루 거쳤던 이른바 북송오자北宋五子들이 신유교를 구축하게 되는 숨바꼭질 사연이 있습니다.

까닭에 이러한 과정을 두루 꿰뚫어보았던 율곡은, 자연스레 노자를 읽어내면서 서론에서 이를 압축하여 정리한 셈입니다. 이로써 율곡은 노자를 읽어나가며 기나긴 사상의 흐름을 꿰매어 사상과 사상, 종교와 종교의 경계를 넘어 이른바 본체에로 돌아가는 지평을 열어놓습니다. 예를 들면 이렇습니다. 『순언醇言』 3장은 노자의 '도는 언제나 말이 없지만 이루지 않는 바가 없다(道常無爲 而無不爲)'는 구절로 편집하였는데, 이에 대해 율곡은 전형적인 신유교 형이상학으로서 본체와 현상이라는 이른바 체용體用의 틀을 가지고 풀어냅니다.

게다가 여기에 시경의 [대아]편에 나오는 '하늘의 일은 소리도 없고 냄새도 없다(上天之載 無聲無臭)'는 식으로 원시 유교와 노자의 가르침을 나란하게 풀어내고 그 어우러지는 논리로 뒷받침하고 있습니다. 이러한 방식은 결론 부분을 다룰 때에도 다시 한 번 되풀이되기도 합니다. 『순언』 37장이 그렇습니다. '천지의 도는 다투지 않아도 능히 이기며, 말하지 않아도 절로 이루어지고 부르지 않아도 스스로 다가온다(天地道 不爭而善勝 不言而善應 不召而自來)'는 것이지요.

여기에서 율곡이 주석으로 인용하는 것은 다름 아닌 바로 논어의 [양화]편에 나오는 공자의 가르침입니다. '하늘이 무슨 말을 하던가. 그저 때를 따라 무르익을 뿐이라(天何言哉 四時行焉)'는 것이니 안성맞춤으로 나무랄 데 없는 설명입니다. 이런 식으로 읽다보면 결국 노자가 본문이고 논어가 주석이며, 논어가 주어이고 노자를 동사삼아 술술 풀어나가는 셈입니다. 때문에 『순언』의 지평에서 본다면, 노자와 공자를 구태여 나누어 생각할 필요가 없습니다. 곰곰이 하늘의 뜻을 되새겨본다면,『순언』에서 말하는바 노자와 공자는 서로 어우러지면서 각기 제 생긴 모습 '그 나름대로(各得其所)', '그 방법대로(各得其道)' 흘러갈 뿐입니다. 어떤 경우에는 때를 따르기도 하고 또는 사람을 따르기도 하지만, 그 모두는 이 땅에 하늘의 뜻을 펼쳐 나갈 따름입니다.

그런데 이러한 사유의 배후에는 잘 알려진바 역사적으로 피비린내 나는 과거가 숨겨져 있습니다. 일찍이 진시황의 분서갱유로 희생된 방사方士와 유생儒生들의 흔적이 그렇고, 아울러 기나긴 도교와 불교의 다툼 속에서 일어났던 정치적 흥망성쇠, 비극적인 역사와 희생의 사건도 크게 다르지 않습니다. 그리고 율곡이 살아갔던 조선의 상황은 더욱 그렇습니다. 같은 신유교의 틀 안에서조차 서로 편당을 가르고 정통과 이단을 나누었으며, 이는 그저 손가락질하는 것으로 그치지 않았기 때문입니다. 시시비비를 가린답시고, 온 가족을 노예삼아 뿔뿔이 흩어놓거나 아예 삼족三族을 멸하기도 하는 등 피비린내가 진동합니다.

그러므로 율곡이『순언』에서 뜻하던 바는 분명합니다. 공자와 노자를 넘어서 다시금 하늘의 뜻으로 돌아가야 할 필요가 더욱 절실해졌다는 겁니다. 율곡의 이러한 노자풀이는 금장태 교수의 평가에서도 잘 드러납니다. 그는 "율곡의 도학 정신은 도통의 수호에 초점을 맞추고 있는 것이 아니라 도학이념을 근원적으로 통찰하는데 초점을 두고 있다"고 보았기 때문입니다.[6] 이른바 입법취지立法趣旨를 깊이 헤아린다는 말씀이지요. 물론 이러한 그의 진심어린 노력은 그리 녹록치 않았습니다. 율곡의 가장 가까운 벗이었던 구봉 송익필 같은 노자의 대가조차, 사랑하는 벗의 깊은 뜻을 헤아리기보다는 오히려 가슴 아린 말도 서슴지 않을 정도였으니까요.[7]

그리고『순언』5장에서 36장에 이르는 대부분에서는, 노자의 가르침 중에서 실천적 차원의 수기修己와 치인治人의 지평이 폭넓게 거론되면서 주

---

6 금장태,『한국유학의 노자이해』(서울대학교출판문화원, 2006). 82.
7 Ibid., 81.

요한 단어가 두드러지게 출현하는데, 이는 바로 '색'色이라는 것입니다. 율곡이 이 본문을 계속 되풀이하여 편집한 의도는 분명합니다. 절제하고 근신하라는 노자의 가르침을 유교에서 말하는 경건과 실천의 삶과 연결시키려는 것입니다. 그래서인지 이른바 본연本然의 품성을 회복하는 것과 극기복례克己復禮하여 인仁으로 돌아가라는 주석 또한 계속 되풀이되어 나타납니다.

그런데 이러한 수양이론이 되풀이되는 가운데 유달리 눈에 띄는 부분은 바로 『순언醇言』 23장입니다.[8] 전통적인 신유교 특히 주자학 입장에서 본다면 이러한 관점은 거의 파격에 가깝습니다. 대부분의 경우, 어리석은 백성과 어린이들은 교육의 주된 대상이자 통치의 대상으로 간주되는 것이 보통이기 때문입니다. 그러므로 당대 신유교의 일반적 견해와는 상당한 거리가 있지요. 그런데도 『순언醇言』에서는 머뭇거리지 않고 오히려 이를 더욱 긍정적으로 다루어나갑니다. 그래서 이러한 입장은 다분히 중용에서 말하는 성誠의 해석학적 입장으로 풀어나가는 것이 훨씬 자연스럽습니다.

중용 20장에서 말하듯이 '하늘의 도로서의 성'(誠者天之道也)이라든지 중용 25장에서 말하는 '삼라만상의 처음과 마지막으로서의 성'(誠者物始終也)에 눈높이를 맞추는 것이기 때문입니다. 그러므로 『순언』 24장으로 넘어가면 이에 걸맞게 유교에서 말하는 천명天命에 합당한 가장 이상적인 삶이 그 앞에 펼쳐집니다.[9] 흥미롭게도 성서 또한 비슷한 장면이 많이 등장합니다. 어린아이와 같은 마음으로 거듭나지 않으면 하나님 나라를 도

---

8 덕이 깊은 사람은 마치 어린아이와 같다. 독한 벌레가 쏘지 않으며, 사나운 짐승이 달려들지도 않고, 매서운 새가 움켜잡지 않는다(含德之厚 比於赤子 毒蟲 不螫 猛獸 不據 攫鳥不搏).

9 흔히 말하기를 두루 생명을 잘 보살피는 이는 다닐 때에도 무소와 호랑이를 만나지 않으며, 싸움터에서도 칼과 창을 피할 수 있다고 한다. 무소가 뿔로 들이받을 곳이 없고, 호랑이가 발톱으로 할퀴지 못하며, 창칼조차 날을 들이대지 못하니 도대체 어쩐 일인가. 그 어디나 하늘나라이기 때문이다(蓋聞 善攝生者 陸行不遇虎入于軍不被甲兵 無所投其角虎無所措其瓜 兵無所容其刃 夫何故 以其無死地).

무지 헤아릴 수 없기 때문입니다. 그래서 요한복음 3장에서 밤중에 몰래 찾아온 유대교 지도자 니고데모에게 예수님은 같은 뜻으로 일깨워줍니다. '사람이 거듭나지 아니하면 하나님 나라를 볼 수 없다'(요 3:3)는 겁니다. 가까운 제자들에게도 '진실로 너희에게 이르노니 누구든지 하나님의 나라를 어린 아이와 같이 받들지 않는 자는 결단코 들어가지 못한다'(막 10:15)고 일깨우지요.

일반적으로 『순언醇言』이라는 작품은 율곡이 세상을 떠나기 전, 인생의 후반부에 이르러 남긴 것으로 알려져 있습니다. 송익필의 편지에 의하면, 1580년 무렵 『순언』이 일단의 제자들 및 가까이 지내는 벗들의 손에 건네진 것으로 나타나기 때문입니다.[10] 때문에 율곡의 만년에 이를수록 그 통섭의 지평은 아무런 거침없이 더욱 폭넓게 전개됩니다. 이로써 유교의 본질적 가치에 대한 성찰위에서 여타 다양한 시대사조를 폭넓게 다지고 보편적인 진리의 지평을 열어나가는 시대의 사상가로 우뚝하게 자리매김하고 있음을 알 수 있습니다.[11].

16세기 당시는 동아시아 국제정세 있어서 명, 청의 교체기였고, 일본에서도 권력이 재편되면서 패권주의 기운이 무르익어 동아시아 지형이 들쑥날쑥 흔들리는 커다란 변혁기였습니다. 사회는 전반적으로 성리학 분위기가 무르익으면서도, 조선 건국의 개창기에서 보여주었던 체제 모순이 노출되었고 따라서 개혁과 변혁이 시급히 요청되는 시기였습니다. 일찍이 율곡은 이러한 점을 주시하면서 창업創業과 수성守成으로 나누어볼 때, 조선 사회가 창업의 기운을 되살리지 못하여 무너져 내리는 상태라고 진단합니다.[12]

그리고 창업의 경우는 의외로 단선적인 형태로도 가능하지만, 수성의

---

10 Ibid. 81.
11 공자가 군주뿐만 아니라 모든 이에게 성인의 지평을 열어놓았다고 평가받는 것처럼, 노자는 한 걸음 더 나아가 무지렁이조차 하나님 형상(Imago Dei)을 지니고 있다는 점을 천명한 셈이다.
12 이이, 『율곡전서』, 상권 (성균관대대동문화연구소, 1971), 101.

경우에는 여러 가지 복합적인 요소가 얽혀있는 까닭에 창업보다 더욱 까다롭고 어려운 작업이라고 보았습니다. 여기에서 율곡이 선택한 방법은 단순히 고식적으로 성리학 사유구조에 얽매이는 형태가 아니었습니다. 그래서 서슴없이 나서서 열린 사고로 동아시아 전통을 폭넓게 수용합니다. 그리고 사상적으로도 새로운 세계관으로 산적한 현안들을 풀어나갑니다. 이러한 모습은 마치 원효가 7세기의 동아시아 변혁기에 불교라는 거대한 인류의 정신문화를 폭넓게 받아들여 동아시아를 하나로 품어내는 세계관을 열어놓았던 모습을 떠올리게 합니다.

시대를 거슬러 올라가보면, 춘추전국시대를 살던 공자와 제자백가들의 관심사 또한 이와 거의 다를 바가 없습니다. 실제로 논어 [미자]편에는 은자隱者들과 만나던 공자의 일행에 관한 의미심장한 이야기가 남아 있습니다.13 그리고『순언』에서 만나게 되는 노자의 우주본체론이나 심성론과 실천론 등에서 시종일관 주장하는 자연 회귀와 평화주의의 논리와 다르지 않게, 논어 [선진]에서는 공자가 이상적으로 꿈꾸던 삶의 방식이 이른바 '기수목욕론'등에서 언뜻언뜻 비칩니다.14 이는 노자가 말하는 내용과 별다른 차이를 느낄 수가 없을 정도입니다. 그래서인지 율곡은 노자의 자연주의적 가르침과 공자의 가르침을 회통시키는 절묘한 풀이를 14장에서 남겨줍니다. 여기에는 전쟁과 무력 사용에 관한 노자의 독특한 입장이 담겨있는데, 율곡은 노자의 이른바 자연自然의 논리를 풀어 신유교에서 말하는 당연當然의 세계관으로 주석하여 서로 연결시킵니다.15

---

13 자로가 말했다. 나서지 않으면 의로움이 사라진다. 어른의 예는 폐할 수가 없다. 임금과 신하의 도리를 어찌 외면하겠는가. 제 몸뚱이만 돌보고자 하면 사회는 어지럽게 된다. 군자가 나서는 것은 의를 이루고자 함이다. 세상이 어지러움은 이미 다 아는 바이다(子路曰 不仕無義 長幼之節 不可廢也 君臣之義 如之何其廢之 欲潔其身而亂大倫 君子之仕也 行其義也道之不行 已知之矣).

14 대답하되, 늦은 봄날 새 옷 마련하여, 가까운 사람들과 소년들이 강가에 나아가 목욕하고, 제단에 올라 바람 쐬며 거닐다가 노래하며 돌아오는 것입니다. 공자가 나지막이 탄식하며 말했다. 아, 나도 같은 마음이다(曰莫春者 春服旣成 冠者五六人 童子六七人 浴乎沂 風乎舞雩 詠而歸 夫子 喟然歎曰 吾與點也).

15 사람이 태어남에 부드럽지만, 죽음에 이르면 굳어진다. 풀과 나무가 연하고 파릇파릇하게

여기에 더하여, 논어 [미자]편에서 은둔자와의 긴장관계를 다루는 본문을 읽다보면 노자와의 거리는 더욱 가까워집니다. [미자]편에서는 공자를 비롯한 유교 전통의 뿌리가, 실제적으로는 제자백가의 다양한 사조를 나름대로 흡수하였다는 사실을 보여주기 때문입니다. 물론 세상에 알려진 바로는, 유교사상이 동아시아의 주류로 자리매김하였다는 인상을 받는 것이 일반적입니다. 그런데 논어 본문을 가만히 들여다보면, 유교의 전승과정은 단순히 공자 전통에 애오라지 매달리지는 않습니다. 오히려 노자를 비롯한 다양한 시대사조와 선을 긋지 않고 이를 종합적으로 소화시켜 정신세계의 흐름을 앞장서서 이끌어나가려는 뜻을 내비치고 있기 때문입니다.[16]

즉 논어에서는 초광접여楚狂接輿라든지, 장저長沮, 걸닉桀溺, 바구니노인 장(丈人以杖荷篠)과 같이 노장 계열의 은둔 사상가들이 등장합니다. 여기에 나타난 여러 인물들은 바로 그 커다란 흐름 한가운데 놓여있습니다. 이들은 한결 같이 공자를 깎아내리거나 비판적인 거리를 두고 있는 사람들로 묘사되기에, 언뜻 공자와는 대척점에 있다는 인상을 받는 것이 보통입니다. 그런데도 이러한 본문이 논어 말미에 편집되었다는 사실 자체는 매우 중요한 사실을 알려줍니다. 다시 말해서 유교사상의 지평이란 고대

피어나지만, 죽어 버리면 말라비틀어지게 마련이다. 까닭에 너무 고지식한 이들은 스러지게 마련이고, 너그러운 이들은 살아남는다. 마찬가지로 군대가 강하면 승리할 수가 없고, 나무가 곧으면 베임을 당한다. 까닭에 굳센 것은 차선책이고, 보드는 것이 상책이다. 천하에 부드러운 것으로 물보다 나은 것이 없다. 이에 견고하고 강한 것을 치니 그 무엇도 맞서 이기는 바가 없다. 이것은 바꿀 수 없는 이치이다. 까닭에 부드러움이 딱딱한 것을 무너뜨리고, 물러섬이 강함을 이긴다. 천하가 모르는 바 아니지만 좀처럼 이를 이루지 못한다(人之生也 柔弱 其死也 堅强 草木之生也 柔脆 其死也 枯槁 故堅强者 死之徒 柔弱者 生之徒 是以兵强則不勝 木强則共 故堅强 居下 柔弱 處上 天下柔弱 莫過於水 而攻堅强 莫之能勝 其無以易之 故 柔勝剛 弱勝强 天下莫不知 莫能行).

16 공자가 물끄러미 보며 말했다. 새들과 짐승은 서로 처지가 다를 뿐이다. 내가 이들의 마음과 하나 되지 못한다면 그 누구와 함께 하겠느냐. 천하에 도가 있었다면 나 또한 애써 아등바등 않았으리라(夫子憮然曰 鳥獸不可與同羣 吾非斯人之徒與 而誰與 天下有道 丘不與易也, 논어 [미자]).

다양한 사조들과 가르침을 폭넓게 받아들여 완성된 거대한 산맥이라는 점을 잘 드러내주는 증거이기 때문입니다.

구태여 거리를 둔다면, 앞서 말하였듯이 자연自然의 세계를 추구하는 노자 논리가 한쪽에 놓여있다면 이를 당연當然의 세계관으로 연결시키는 유교 논리가 다른 쪽에 정리되어 나타날 뿐입니다. 그러므로 율곡은 이를 가리켜, 다양성의 세계에서 존재하는 이른바 '나름대로의 해결책'(各得其道)이라 말하는 것입니다. 다만 덧붙여 차이를 말한다면, 14장 본문에서도 지적한 것처럼 그 보편적 지평에 관한 이른바 '길고 짧은 자리'(各得其所)는 언제나 변수로 남아있을 겁니다.17 35장에서의 인간과 신이 '각각 제자리를 찾아 돌아가는'(各得其所) 해석학 또한 주목해서 새겨볼 필요가 있습니다. 이처럼 삼라만상이 각기 제자리를 찾아가는 지평은, 다원화된 오늘 세계의 이념 대립과 신자유주의 시대라는 벼랑끝 자본주의 그리고 현대문명을 만능으로 삼아 살아가는 21세기 우리가 당면한 죽임의 문화를 생명의 문화로 일구어나가는 의미 있는 열쇠라고 보기 때문입니다.

이것은 전통적으로 흔히 거론되는 바, 왕조王朝 중심적 사유를 택하는 현실적인 방법과 사직社稷이 중심 되는 보다 넓은 지평의 긴장관계로 나타나기도 합니다. 제자백가의 경우에서도 나타나는 것처럼, 중생들끼리 부대끼며 질퍽거리게 마련인 현실에서는 언제나 피할 수 없는 해석학의 긴장관계가 맴돌고 있습니다. 은둔 그리고 자연으로의 회귀는 누구나 바라는 가장 이상적인 모습이겠지만, 무지렁이들이 어우러져 살아가야하는 현실에서는 차선책으로 혼란을 막아야하는 임시변통이 언제나 그림자처럼 뒤따라 다니게 마련이니까요. 그렇다면 오늘 21세기판 제자백가의 상황에 놓인 이정배 님은 어떻게 해석학의 숙제와 씨름하고 있을까요.

---

17 그러므로 나라의 온갖 허물을 다독거리면 사직(社稷)의 기둥이 되고, 구석구석 나라의 어려움을 보듬으면 천하의 왕이 된다고 성인이 말하는 것이다(是以聖人 言 受國之垢 是 爲社稷主 受國不祥 是爲天下王).

IV. 21세기 문명과 생태위기 그리고 이정배의 생태영성

이정배 님의 길고 지난한 사상 편력은 일찍이 퇴계와 주자를 중심으로 신유교를 다루었던 박사학위 논문에서 시작됩니다. 그런데 이후 펼쳐지는 이정배 님의 작업은 학위 논문에서 바라보았던 단순한 신유교의 지평에 머물러 있지 않습니다. 왜냐하면 신유교의 지평을 깊이 들여다보았던 사람이라면, 신유교 본래의 입법 취지가 어디에 있는가를 곧 깨달을 수 있기 때문입니다.

그 속에는 격의 불교를 통해 이룩한 형이상학이 오롯이 뼈대를 이루고 있고, 잘 알다시피 격의불교 역시 노장老莊사상의 틀을 빌려와 덧입으며 또 다른 창세기를 열어나갔습니다. 그리고 앞서 지적하였던 바처럼 노장 사상과 제자백가를 비롯한 춘추전국시대 원시 유교조차도, 실상은 서로 가 아무런 구별 없이 어우러지며 때마다 일마다 하늘이 내리신 생명들을 아끼고 보듬어 안고자 끊임없이 이어졌던 살림의 선포였을 뿐입니다. 그래서인지 한 오라기 실낱같은 생명조차도 소홀하지 않으려는 듯, 하늘의 뜻을 되새기는 이들은 시대와 장소를 가리지 않고 불쑥불쑥 드러납니다. 애오라지 하늘만이 진실로 나를 헤아릴 것이라고 말했던 공자가 그랬고, 하늘의 의로운 뜻을 우러르며 거침없이 '폭군제거론'(tyrannycide)을 외쳤던 맹자가 또한 그러합니다. 해골바가지 물을 마시고 비로소 속세의 눈꺼풀을 떼어낸 신라시대의 원효가 대승기신론소를 풀어내면서 마찬가지였고, 조선시대의 율곡이 이단이라는 비난과 험담을 감수하면서까지 『순언』을 풀어내며 생명사상의 소중함을 일깨운 것이 또한 그러합니다.

그리고 이와 마찬가지로, 근대에 들어서 제국주의의 광란이 도깨비불처럼 온 세상을 흔들어놓을 때, 홀연히 서구문명 세계를 떠나 아프리카 척박한 밀림에서 거뭇거뭇한 무지렁이 생명을 자기 몸처럼 보듬어 안았던 슈바이처의 생명 외경 삶이 또한 그렇습니다. 그러므로 감신대에서 가르치던 초기 시절부터 슈바이처의 속내를 그처럼 꼼꼼히 들여다보았던 이정배 님 생태영성의 발자취는 나름대로 깊은 뜻이 있었던 셈입니다.

이렇듯 첫 번째 실마리가 풀려나간 이른바 이정배 님 생태영성의 두 번째 계기는 1990년에 한국에서 열린 JPIC(정의, 평화, 창조질서의 보전) 세계대회를 통해 더욱 폭넓은 물줄기를 이루게 됩니다. 물론 이는 일찍이 슈바이처가 제국주의와 식민주의에 물든 서구 문명을 등지고 아프리카 밀림 속으로 들어가 생명외경의 삶을 보전하려고 했던 바로 그 샘터에 깊숙이 뿌리하고 있습니다.

그런데 두 번째 이정배 님의 발자국을 따라 한 걸음씩 짚어가다 보면, 물질만능의 현대문명과 아울러 패권에 물들은 제국주의 및 브레이크 없는 과학문명이 걷잡을 수 없이 서구세계를 재촉해 만들어놓은 오늘날의 상처투성이 지구가 속속들이 드러나게 됩니다. 지나간 두 번 세계대전의 불구덩이와 오늘도 변함없이 째깍째깍 옥죄어오는 환경 재난 그리고 핵산업으로 대표되는 첨단 과학문명은 덤으로 주어지는 저승사자 선물 바로 그것입니다. 그런데다가 이른바 '나쁜 사마리아 사람'과 '사다리 걷어차기'로 대표되는 서구 중심의 오리엔탈리즘은, 서구 선진국과 후진국의 골을 더 깊게 만듭니다. 서구를 제외한 아시아와 제3세계의 개발을 볼모삼아 말리는 시누이 역할을 되풀이하며 넉살좋게 어깃장을 늘어놓기 일쑤이니까요.

바로 이러한 21세기 첨단 과학문명 그리고 동과 서를 가르는 문명 간의 충돌이 거세게 들이닥치는 가운데 이정배 님은 우뚝 서 있습니다. 그래서일까요. 여기에서 토착화신학의 물음은 세 번째 계기로 더욱 절실하게 다가옵니다. 그렇다면 우리에게 뿌리였던 동은 무엇이고, 거세게 밀려들어온 서는 무엇일까요. 이 해묵은 숙제는 이정배 님이 처음 박사논문에서 다루었던 토착화 문제와 다시 씨름하게 만듭니다. 서구문명은 불장난으로 만신창이가 되어버린 지구를 제대로 보듬어 안지도 못했고, 다른 한편 느지막이 배운 춤바람에 휘둘리다가 뿌리 깊은 영성을 잃은 채 서구보다 더 심각하게 망가지는 아시아와 제3세계가 있습니다. 이런은 참담한 현실은 겹겹이 쌓인 숙제로 우리들 앞에 놓여있습니다. 이는 더 이상 동과 서, 선과 악, 선진국과 후진국, 빈자와 부자의 이분법으로는 해결되지 않는 악순환입니다.

그래서 이제 이정배 님은 이러한 이분법의 벽을 허물어버리고 나갑니다. 바로 우리가 사는 현장에서 이 문제와 씨름하고자 천둥벌거숭이처럼 거침없이 거리로 나서는 프락시스의 계기를 이루기 때문입니다. 사람만을 중심에 놓고 육축을 도구로 삼은 구제역 파동이 그렇거니와, 하나님의 몸인 대자연의 팔과 다리를 잘라내는 대운하사업 또한 강 건너 불구경하지 않습니다. 강대국의 군사적 야욕이 낳은 강정마을 해군기지 건설과 미군기지 오염 그리고 평창올림픽의 환경 파괴 현장, 밀양 송전탑 사건들은 모두 오늘의 갈릴리 마을인 동시에 생생한 신학 교과서입니다.

그렇잖아도 세계를 떠들썩하게 했던 가까운 나라 일본 후쿠시마 원전 사건은 오늘날 현대문명에 앞장 서 살아가고 있는 선진국의 현주소를 적나라하게 보여주는 실상입니다. 매우 역설적으로 일본은 일찌감치 원자력으로 인한 대량 살상의 주인공이었으며, 이로 인하여 그 아픔이나 시련을 지난 세기에 충분히 겪었던 나라였기에 더욱 그 충격이 클 수밖에 없습니다. 이처럼 첨단 과학문명으로 무장한 대량 학살과 환경재난의 역습은, 21세기 문명을 살아가는 삼라만상의 모든 존재들에게 소름끼치도록 무서운 괴물이 되고 말았습니다.

달콤하기 그지없는 선물로 우리에게 다가온 오늘 문명은 마치 트로이 목마처럼 문턱에 도사리고 앉아 죄와 악으로 떠억 자리 잡습니다(창 4:7). 그리곤 어느새 생명을 앗아가는 죽음의 그림자로 삶 깊은 곳까지 스멀스멀 피어오릅니다. 안개처럼 안방에 그득한 가습기는 죽음의 가스가 되고, 아스팔트를 걸을 때에나 문득 잠자다가 일어나 기대어본 아파트의 벽 속에서는 방사선 쓰레기 조각이 우리와 함께 베개하며 잠자리합니다. 이처럼 누구의 생명이든지 가리지 않고 야금야금 갉아먹는 죽음의 현대문명은 섬뜩하기 이를 데 없습니다.

이처럼 우리 삶을 풍요롭게 만들어주는 도깨비방망이로 우리에게 다가왔지만, 가면을 벗어던지는 순간 현대문명은 어느새 암처럼 불쑥불쑥 자라나 그 커다란 입으로 우리 삶을 삼켜버립니다. 그런데 내 속에 도사린 이 암세포는 다름 아닌 우리들 몸에서 비롯되었습니다. 그래서 노자는 신과 인간 그리고 삼라만상 본래의 자리를 돌아보라는 것이고, 존재의 의미를 회복하기 위해 성서는 각자 '제 집으로 돌아가라'(막 5:19)는 예언을 선포하는 것이며, 이정배 님은 삼라만상을 낳은 어머니 지구의 생태영성을 끊임없이 일깨우는 것이겠지요.

21세기 우리 삶을 위협하는 판도라 상자는 이미 열려졌습니다. 그리고 우리가 그렇게 추구하며 노력하는 과학기술문명과 자본주의적 삶의 양식, 패권적이고 제국주의적 삶의 양식이 그 안에 도사리고 있습니다. 그래서 이제 이정배 님은 암癌적인 문화에서 생태영성(靈) 문화로의 회복을 선포합니다(이정배의『생명과 종교이야기』, 54면). 16세기 사회 속에서 어그러져 있던 현실을 깊이 고뇌하고 씨름하며 나온 흔적이 오롯이 담겨 있는 율곡의『순언醇言』에서처럼, 이정배 님이 말하는 생태영성 또한 오리엔탈리즘에 물든 제국주의와 식민주의 그리고 오늘 신자유시대에 얽매여 살아가는 한계에 머무르기보다는 시대의 사조를 깊이 꿰뚫어보며 진지하고도 실존적인 마음씨를 보여줍니다.

일찍이 16세기 교조적인 가르침에서 조금만 엇나가도 이단으로 몰거나 당파 싸움으로 피비린내가 그치지 않던 서슬 퍼런 그런 엄중한 시절을 헤쳐 나가며, 율곡은 결코 진리에 대한 열정을 포기하지 않습니다. 열려진 마음과 시대를 꿰뚫어보는 통찰력으로 씨름을 하며 일종의 예언자적 사명의 끈을 끝까지 놓지 않았고, 게다가 덤으로 노자까지 주석하여 후세에 선물로 남겨놓았습니다. 이처럼 율곡의 사상은, 성리학 너머 유교의 다양다기한 흐름은 물론이거니와 천도책에서 보이다시피 불교와 노장사상까지 두루 섭렵하는 일종의 구도자로서 발자국이 뚜렷합니다.

그 옛적 율곡이 그러했던 것처럼, 21세기의 이정배 님은 폭넓은 다독과 다작을 바탕으로 하여 '인간과 자연'의 공존, '종교와 종교 간의 대화' '과학문명과 신학'의 세계가 잘 어우러지는 세계상을 적나라하게 비춰주는 일을 결코 포기하지 않습니다. 그러므로 하늘과 땅 그리고 사람이 한결같이 삼라만상 각각의 본성을 회복하는 '신인각득기소'의 구성형식을 지니는 율곡의 『순언醇言』 이해는, 자연과 인간의 조화, 인간과 인간의 조화, 신과 인간의 조화를 꿈꾸는 오늘 21세기 지구별에서 살림의 지평을 열어가는 주요한 출발점이 될 수 있을 겁니다.

오늘도 우리가 사는 이 대지는, 아벨의 피를 묻힌 가인이 정처 없이 떠돌면서 남겨놓은 삶의 유산으로 가득합니다. 뉴욕과 런던과 파리 도심 한가운데서 터지는 자살테러의 폭음소리 그리고 벌거벗은 아시아와 아프리카 뒷골목 울부짖는 소리로 이 지구의 신음소리가 하늘에 계신 하나님의 눈과 귀에 사무치고 있습니다(출 3:7). 밤새 안녕하시냐는 물음은 이제 온 인류의 공통된 인사말로 자리 잡았습니다. 첨단 과학문명과 전쟁, 대국의 팽창주의와 대량살상무기 그리고 이에 꿈틀하는 약소국들의 자살폭탄의 악순환은 꼬리에 꼬리를 물고 세월을 잊은 채 끊임없이 이어집니다.

이렇듯 삼라만상을 품은 지구별을 순식간에 죽음의 공포로 몰아가는 세계현실 속에서, 이정배 님이 뚜벅뚜벅 걸어가는 생명살림의 발걸음은 21세기 『순언醇言』처럼 우리가 찾아가야할 본향과 본가의 주소를 다시 한번 들여다보게 해주는 이정표로 우뚝하리라 믿어 의심치 않습니다. 감리회라는 껍데기보다 감리회가 지향하는 복음의 삶을 귀하게 여긴 웨슬리의 유언을 기억하면서, 부디 감신 만세하소서, 이정배 님 생태영성 만만세하소서.

참고문헌

『論語』

『中庸』

『栗谷全書』. 上. 서울: 성균관대대동문화연구소, 1971.

금장태.『한국유학의 노자이해』. 서울대학교출판문화원, 2006.

김용옥.『노자와 21세기』. 상. 서울: 통나무, 1999.

이정배.『생명과 종교이야기』. 서울: 모시는사람들, 2013.

6 부

의미와 비평 사이

동양과 서양, 수행과 영성, 종교와 과학, 여성성과 여성신학
: 충연재 이정배 신학, 비평적 읽기

이한영 박사

(감리교신학대학교 외래교수)

I. 들어가는 말

이 글은 지난 30년 간 학자의 길을 걸어온 이정배 교수의 학문적 업적을 되돌아보고 평가하며 또한 생산적인 미래를 그려보고자 하는 여러 논문들 중에 하나이다. 각자의 생각과 선호하는 방식에 따라 글을 쓰겠지만, 이 글은 이정배 교수의 학문적 발자취를 전반적으로 되돌아보면서 그 의미를 부여하고 비평하는 작업을 해보려고 한다.

필자는 이미 이와 같은 논문 2편을 집필한 바 있다. 하나는 감리교 토착화신학의 흐름이라는 맥락에서 쓴 글이고,[1] 다른 하나는 방법론을 통하여 사상적 흐름을 분석한 글이다.[2]

전자는 토착화신학의 역사와 과제를 짚어가면서 스승과 제자로 이어

---

1 이한영, "토착화신학의 흐름과 재고: 윤성범, 변선환, 이정배를 중심으로,"「신학사상」147 (2009, 겨울): 105-137. 이 글은 2009년 여름 변선환 아키브에서 발표되었고, 약간의 수정을 거쳐, 이듬해『제 3세대 토착화신학』(모시는사람들, 2010)으로 출판되었다. 신학사상의 게재된 논문은 축약, 수정본이다.
2 이한영, "방법론으로부터 본 이정배의 신학,"「문화와 신학」15 (2010.07): 33-70.

지는 신학 전승의 맥이라고 하는 관점에서 윤성범, 변선환, 이정배 세 분의 사상에 대해 논하였다. 이 글에서 필자는 윤성범의 신학이 '문화적 아프리오리'를 근간으로 하는 토착화신학과 '성誠'을 근간으로 하는 '한국적 신학'을 중심으로 전개되었다고 평가한 바 있다. 또한 변선환의 신학은 토착화신학과 한국적 신학의 의미를 종교신학과 다원주의 신학의 입장에서 계승하면서 세계의 신학, 만종의 신학의 지평으로 넓혀나갔으며, 이 땅에서의 시급한 한국 신학의 과제를 비신화화의 신학, 인간해방의 신학, 종교해방신학에서 찾았다고 평가하였다. 그리고 필자는 이정배의 신학이 이 두 스승의 신학을 계승하고 비판하면서 생명 신학과 수행 신학의 관점에서 재해석되고 재창조되었다고 해석한 바 있다.

두 번째 논문은 방법론을 통해서 이정배 교수의 신학사상에 대해 분석하고 비평한 글이다. 이 논문에서 필자는 그의 방법론을 ① '주체로부터 세계로의 방법론,' ② '아래로부터 위로의 방법론,' ③ '상상력의 방법론,' ④ '모형변이'로 분류하여 제시한 바 있다. ①은 토착화, 한국화라고 하는 주체적 입장을 보편적이고 세계적인 담론으로 이끌어내려는 방법론의 사례로부터 규정한 것이며, ②는 그의 수행 신학, 즉 인간의 경험과 종교체험의 방법론적인 구조로부터 이끌어내어 규정한 것이다. ③은 이미 정답이 정해져 있는 신학이 아니라 인간의 상상력을 통해 적재적소에 맞게 새롭게 신학을 재구성하려고 하는 시도로부터 규정한 것이며, ④는 신과학이나 토마스 쿤 등의 패러다임의 변화를 신학의 모형변이로 해석했던 그의 신학적 이해로부터 규정한 것이다. 그리고 이 논문은 이러한 방법론의 테두리 안에서 이정배의 신학이 무엇을 말해왔는가 하는 사상적 내용에 대해 논술하였다.

필자의 이전의 논문들은 이정배 교수의 신학사상을 토착화신학의 흐름 안에서의 의미나 신학 방법론을 통해 논평한 글들이었다. 하지만 그의 신학이 어떠한 주제들을 다루어 왔으며, 또한 그 의미와 한계는 무엇인가 하는 것에 대한 이해와 비판이 다소 약했던 것이 사실이다. 따라서 이번 글에서는 이정배 교수의 신학사상을 각 주제별로 생각해보면서 그의 신학이 걸어왔던 길을 뒤따라가며 숙고해보고자 한다.

II. 간학문적, 통합 학문적 자기발견의 신학

1. 동서양의 대화

이정배 교수는 동서양의 최신의 신학적 담론에 귀를 기울였고, 유교 · 동학(천도교) · 원불교 · 선仙 · 풍수지리 등 한국의 전통종교와 문화와의 대화에도 힘을 썼다. 이러한 학문적 관심은 서양의 다원주의 신학 및 종교 간 대화의 맥락과 아시아 및 한국의 종교신학, 토착화신학, 한국적 신학 등의 맥락에서 형성된 것이었다. 이 과정 속에는 수많은 동 · 서양의 사상가들과의 만남이 있었다.

영향을 미친 주요한 서양의 대화파트너들로는 임마누엘 칸트, 마테오 리치, 알베르토 슈바이처, 한스 요나스, 헤르만, 에른스트 트뢸치, 루돌프 불트만, 칼 야스퍼스, 프리츠 부리, 칼 바르트, 위르겐 몰트만, 존 힉, 존 캅, 폴 니터, 고든 카우프만 등이 있었다.

동양에 있어서는 퇴계 이황, 율곡 이이, 다산 정약용, 수운 최제우, 해월 최시형, 단재 신채호, 탁사 최병헌, 은재 신석구, 시무언 이용도, 다석 유영모, 신천옹 함석헌, 현재 김홍호, 소금 유동식, 심원 안병무, 죽재 서남동, 노겸 김지하, 해천 윤성범, 일아 변선환, 김상일, 레이문도 파니카, 알로이우스 피에리스, 송천성 등을 꼽을 수 있다.

이를 통해서도 알 수 있듯이, 비서구화에서 출발한 토착화신학이나 한국적 신학의 전통은 애초부터 서구를 배제한 특정 지역만의, 특정 민족만의, 특정 국가만의 신학이 아니었다. 그는 한국적 신학의 두 과제를 '토착화와 세계화'라고 천명한 바 있다.3 또한 '저항적 민족주의' 대신 '문화민족주의'의 개념을 제시한 바도 있다.4 따라서 그의 신학을 토착화와 세계화가 함께 어우러짐을 목표로 하는 '토발 신학5으로서의 자기발견의 해석학'이었다고도 평가할 수도 있겠다. 그렇기에 슈바이처, 야스퍼스, 부리, 맥페이그, 카우프만의 신학에 빚을 지고 있어도, 퇴계, 다산, 수운, 다석의 사상 속에서 자발적이며 토발적인 한국적 사상을 발견하여 이를 신학적인 측면에서 해석하는 길을 걸어왔다고 생각한다. 이는 또한 '신학의 실학화'를 주장했던 이정배 교수의 지론에 다름 아닐 것이다.

그러나 그의 한국적 신학과 토착화신학이 동서양의 사상적 만남, 토착화와 세계화, 문화민족주의를 천명했다고 할지라도 여전히 논란의 여지는 있으며, 또한 응답해야 할 길도 많이 남아 있다.

토착화신학의 맥을 잇게 하고자 하는 의도에서 선생의 주도 하에 계획된 프로젝트였음에도 불구하고, 이미 2009년에 행해진 심포지엄과 이후의 수정작업을 걸쳐 2010년에 출판된 책 안에서의 제자 학자들 대다수는 탈 민족적, 탈 한국적 신학의 색채를 강하게 드러낸 바 있다.6 실제로 제자들의 진정성은 토착화신학의 의미에 맞추어 새롭게 수정되고 보완되어 출판된 저서보다는, 수정되기 이전의 심포지엄에서 발표된 원고 초안들의 내용에 있었다고 할 수 있을 것이다. 더군다나 오늘날의 학문적 성향은 강한 탈 민족적 성향을 띠고 있다. 식민지 시대와 민주화 시대를 거치며 강력한 힘을 발휘했던 민족의 개념이 오늘과 같은 다문화사회, 글로벌 사회에서도 여전히 유효한 것인가 하는 물음이 끊임없이 던져지고 있는 것이다. 즉 문화 민족주의가 이에 대한 적절한 응답인가 하는 것에 대한 물

---

3 이정배, 『토착화와 세계화』 (2007).

4 이정배, "저항적 민족주의에서 문화적 민족주의에로," Ibid., 67-97. 특히, 78 이하. 원문은 「한국조직신학논총」 18 (2007.06): 35-64.

5 이정배 교수는 수업시간을 통해서 '토착(土着)'이 아닌 '토발(土發)'이라는 개념에 대해 종종 언급하곤 했다.

6 변선환아키브·동서신학연구소 편, 『제3세대 토착화』 (서울: 모시는사람들, 2010). 신기하게도, 제자들 사이에서의 민족에 대한 이해는 국내-아시아파와 서양유학파 사이의 입장이 서로 갈려 있다.

음인 것이다. 더군다나 현재 중국에서 사용하고 있는 문화 민족주의라는 개념은 대단히 국수적이고 민족적인 개념으로 사용되고 있다는 점도 참조해야 할 대목이다.

또한 이정배 교수의 글에는 아직 한 사회에서 일어나고 있는 다문화 가정의 문제라든지, 국가의 안팎에서 일어나고 있는 인종이나 민족의 차별 문제 등에 대한 언급이 부족하다. 그가 문화 민족주의를 설명하면서 '소수자나 소수 인종을 보호하며 종의 다양성을 보존하는 의미에서의 열린 민족주의'라고 주장하고 있다고 할지라도, 문화 민족주의를 천명하기 위해 언급하고 있는 '시천주,' '인내천' 등 동학의 개념들, 함석헌의 '씨알' 사상 등이 어떻게 민족 개념을 넘어서 보편적 가치를 획득할 수 있는가에 대한 보다 적극적인 설명과 구체적인 사례들이 더해져야 할 것이라고 본다.[7] 더군다나 현 우리 사회의 공동체의 일원이 된 타민족 출신의 사람들의 문제의식을 공유할 수 있는 것으로까지 나아가야 하지 않을까 생각한다.

필자는 민족과 탈 민족의 개념을 서로 배타적인 개념으로 보지 않고, 홀라키적인 초월과 포함의 관계 속에서 보려는 입장에 서 있다. 나, 가족, 민족, 국가, 세계, 우주의 관계가 서로 홀론적인 관계, 홀라키적 구도 속에서 함께 존재하며 함께 활동하고 있다는 입장으로 해석하고자 하는 것이다. 이렇게 본다면, 토착화와 세계화, 한국적과 세계적, 민족과 세계인 등의 개념이 서로를 배척하지 않고 서로 공존하고 협력하는 관계로 이해되지 않을까 싶다. 켄 윌버에 대한 이해가 깊은 선생의 입장이라면, 오히려 이런 측면에서 생각을 발전시켜나가는 것이 어떠했을까 하는 생각이 든다.

2. 수행과 영성

수행과 영성에 대한 분야야말로 이정배 신학을 일관되게 꿰뚫고 있는 알파요 오메가였다고 생각한다. 수행적 영성에 대한 관심은 수행자로서

---

7 이정배, "저항적 민족주의에서 문화적 민족주의에로," 81, 83-84.

의 삶을 꿈꿨던 그의 삶의 자리와 학문적 자리에 늘 함께 있었던 연구과제였다.

그의 수행적 관심은 퇴계로부터 시작하여 유영모로 귀결되었다. 즉 지금까지의 그의 수행 신학은 퇴계에서 시작하여 다석에 이르렀던 과정이라고 보아도 무방하다. 그리고 이 과정 속에 임마누엘 칸트, 프리드리히 슐라이에르마허, 루돌프 오토, 마이스트 에크하르트, 떼이야르 드 샤르댕, 켄 윌버 등으로 이어지는 서양의 인식론 철학자들, 서양의 신비주의 영성가들, 동양의 수행자들이 자리 잡고 있었다.

이정배 교수가 학자로서의 첫걸음을 내딛었던 박사학위 논문의 주요 주제 중 하나는 '경敬'이었다. 이는 그의 스승 윤성범 교수의 '성誠'의 신학에 응하여, '경敬'의 신학을 주창하려 했던 것으로 보인다.8 경敬은 유교의 핵심적인 수행 개념이다. 즉 스승인 윤성범 교수가 성誠의 존재론적, 본질론적 의미에 치중했던 것에 대하여,9 제자인 이정배 교수는 경敬의 인식론적, 수행론적 관점에 의미를 두고 학문의 여정을 시작했던 것이었으며, 이것이 이정배 신학의 수행론의 요체가 되었다고 보아도 무방하지 않을까 한다. 그리고 이것은 그의 신학이 갖고 있는 인간학적 관심이었다고도 생각된다.

스승 윤성범으로부터 '한국적 신학'을 물려받은 이정배의 신학은 바로 이런 점에서 그의 스승과 결정적인 차이점을 갖고 있다. 존재론적으로 정적靜的이며 최상最上의 위치를 차지하고 있는 성誠의 본질적인 성격이 아니라, 아래로부터 위로의 성誠을 향한 동적動的인 방향성을 가진 경험적인 방

---

8 또한 첫 아들 이름을 '경성(敬誠)'이라고 한 것도 아마도 이러한 의미에서가 아니었나 추측해본다.

9 필자가 윤성범의 신학이 존재론에 치중해 있다고 보는 이유를 몇 가지만 들면, 다음과 같다. ① 성(誠)을 '말씀'과 일치시키며, 이것을 유개념, 보편개념의 관점에서 바라본다(22-23). ② 존재론적 신비주의 철학자 하이데거의 '언어는 존재의 집'이라는 말을 빌려, '말씀은 존재의 집'이며 '하느님의 본질'이라고 주장했다. 그리고 이를 통해 〈지성여신(至誠如神)〉의 의미를 풀고 있다. 윤성범, 『윤성범 전집2: 한국유교와 한국적 신학』(서울: 22-24. 감신, 1998), 22-24.

법론을 바로 경敬에서 찾고 있는 것이다. 그리고 이러한 아래로부터 위로의 방법론은 그의 신학의 가장 핵심적인 방법론 중 하나로 자리매김했다. 그리고 이는 이후 퇴계의 〈경〉과 더불어 폴킹혼의 〈Bottom Up Thinking〉, 윌버의 〈홀라키〉 등 아래로부터 위로의 방법론을 택하고 있는 사상가들이 그의 신학사상 안에서 중요한 위치를 차지하고 있는 원천으로 작용하고 있다.[10] 그리고 이러한 방법론적 특성은 본질보다는 체험, 말씀보다는 지혜, 타력보다는 자력, 내재보다는 초월, 영성보다는 수행[11]이 더 강조되는 그의 신학적 내용의 특성을 이루게 하는 바탕이라고 보아야 할 것이다.

아래로부터 위로의 수행은 결국 인간으로부터 신, 인간으로부터 하늘, 인간으로부터 영을 지향하고 있다. 그는 퇴계의 경 사상을 토착화신학의 관점에서 해석하는 글에서, 퇴계의 심학心學을 천인합일天人合一 구조에서 해명하려 한 바 있다.[12] 즉 선생의 관심은 천天, 도道, 무無, 성誠 자체보다는 하늘과 인간의 관계성, 인간의 자기초월에 더 큰 관심을 두는 수행론적 관심에 더 큰 방점이 찍혀 있었다고 하겠다. 이러한 방식은 에크하르트, 샤르댕, 윌버, 유영모 등 다른 영성수행가들의 사상을 다룰 때에도 크게 다르지 않다.

수행, 즉 인간의 자기초월을 왜 중요하게 생각했을까? 그 단초는 동학의 수행적 진리를 '영'의 원리로 해명하고 있는 그의 다음과 같은 말에서 찾아볼 수 있다:

"불연기연의 원리는 하느님을 파악불가능한 수행적 진리로서 '영'으로 부르는 신학적 논리와 일치하며, 이런 구조 하에서 유한과 무한이 하나가 되고,

---

10 이한영, "방법론을 통해 본 이정배의 신학사상"의 41-52.
11 물론 이분법적이란 말은 아니다. "**수행**이란 세계 내에서의 인간의 자기초월적 과정을 지시하는 것으로서, 초월과 내재의 이원성을 근간으로 하는 서구적 영성과는 그 세계관적 이해를 달리 하는" 것이다. 이정배. "토착화신학의 영성 탐구: 퇴계의 '敬' 사상과 '창조영성'의 만남," 「한국조직신학논총」 7: 233.
12 Ibid., 234-245.

'오심즉여심', 즉 내 마음이 한울의 마음이 될 수 있는 것이다."[13]

필자가 보기에, 이정배 교수는 '닫힌 정신'을 '열린 정신'으로, '자기폐쇄적인 정신'을 '보편적인 정신'으로 확장시켜줄 수 있는 힘이 수행적 인식에 있다고 본 것 같다. 즉 자아 중심의 사고를 넘어서 세계 정신, 더 나아가 우주 정신으로 나아갈 수 있는 힘은 A와 ~A가 동시에 있을 수 없는 동일률에 바탕을 둔 서양적 사고 또는 신과 인간을 분리하여 넘어설 수 없는 벽을 만든 서양적 사고가 아니라, A와 ~A가 동시에 존재할 수 있으며 상즉상입相卽相入할 수 있는 동양적 사고에 있다고 말이다.

그의 신학에서는 종교, 과학, 생태, 영성의 문제가 수행론으로 연결되어 있다. 어떻게 그게 가능할까? 어떻게 서로에게 낯설고 거리가 멀게 보이는 이 사상들이 수행론을 통해 연결되고 해석될 수 있을까? 이런 생각을 하는 사람들에게 위와 같은 지론은 수행론을 통해 현대 사회의 위기, 생태의 위기, 과학문명의 위기를 돌파하고자 했던 이정배의 신학을 이해할 수 있는 열쇠를 제공한다. 즉 그의 사상을 이해할 수 있는 키포인트가 바로 여기에 있는 것이다. 즉 그의 신학은 종교와 종교, 종교와 과학, 신과 인간, 인간과 자연의 이분법을 극복하는 힘을 비논리의 논리인 수행적 사고에서 찾았던 것이다. 인간의 자기초월의 방법은 보다 넓은 인식 지평의 세계관을 갖는 것에 다름 아닌 것이다. 자아에서 타자로, 타자에서 사회로, 사회에서 세계로, 세계에서 우주로, 우주에서 여여如如한 실재로 말이다.

그럼에도 불구하고, 수행론적 신학은 실천적 신학인가 묻지 않을 수 없다. 수행가들에게 실천實踐 practice은 수행修行 practice의 영역을 좀처럼 벗어나기 어렵다. 수행가들에게 실천의 의미는 고행하고 수련하고 명상하는 행위일 경우가 많다. 여기에 사회의 문제, 악의 문제, 정의의 문제는 요원하다. 수행가들에게 늘 따라다니는 꼬리표는 사회성과 역사성이다.

---

13 이정배, 『생명의 하느님과 한국적 신학: 하느님의 살림살이를 위한 신학』 (서울: 새길, 2004), 129.

일찍이 변선환 교수는 불교와 대화하고 교토학파와 대화하면서도 이 점을 늘 지적하곤 했다. 즉 신비주의 영성이나 동양적 수행의 빛을 바라보며, 인간 해방과 우주적 그리스도의 빛을 바라보면서도, 언제나 일관성을 가지고 통렬한 비판을 가하곤 했던 그 기준은 바로 역사적, 실천적, 사회적 지평이었다.14 아무리 고상하고 숭고한 지혜라고 할지라도, 고통 받는 사람들을 향한 실천의 몸짓, 해방의 몸짓이 없다면, 그것은 학문도 종교도 아니라고 하는 일침이 있었다고 할 것이다. 또한 선불교 교토학파 학자들이 태평양 전쟁을 방조하거나 협력했고, 군벌에 굴복했다고 하는 사실을 보노라면, 수행자, 지혜자들이 도대체 무엇을 깨닫고 무엇을 추구하고 있는가 하는 문제를 다시 한 번 생각해보게 한다.

스승 윤성범의 성의 신학에 대해, 이정배 교수의 신학은 경의 신학으로부터 출발하고 발전해왔다. 그런데 경敬 사상은 원래 수도적, 율법적, 규범적, 제도적 철학이다. 퇴계의 『성학십도聖學十圖』가 잘 보여주고 있듯이 말이다. 이에 비해 성誠을 기반으로 하고 있는 그의 제자 율곡 이이의 사상은 사회적이다.15 위를 향한 수행론에 바탕을 두고 있는 경의 신학이 아래를 향한 사회참여적인 동력이 약할 수 있다는 말이다. 그런데 아이러니하게도, 성의 신학을 주창했던 윤성범의 신학은 외려 가치중립적이고 정치 분리적이다: "교회의 앞날은 단순한 보수도 안 되고, 단순한 혁신도 안 된다." 심지어는 교회의 사회참여를 부정적으로 보기까지 했다: "교회가 폴

---

14 이한영. "종교해방신학의 여정에서 본 불교와 기독교의 대화: 일아(一雅) 신학과 오늘," 변선환아키브 엮음,『하느님, 당신은 누구십니까』(서울: 동연, 2015). 이 논문은 변선환의 불교관련 논문(14편)을 모두 분석해낸 글이다. 필자는 이 작업을 통해 '역사성'이 존재 신비주의로 빠지기 쉬운 수행신학, 영성신학에 대한 변선환의 특별한 방법론적 비평학이 었다는 것을 밝혔다.

15 물론, 퇴계가 주리론, 이이가 주기론의 입장에 서 있다는 점을 함께 고려해야만 한다. (주 리론과 주기론이란 용어를 반대하는 관점도 있지만, 여기서는 통설을 따른다). 그러나 여기서 주의할 점은 이이가 기일원론자가 아니라는 점이다. 어디까지나 이기론(理氣論)의 논쟁 안에서 벌어지는 입장의 차이일 뿐이다. 그러한 면에서 율곡의 정치철학도 기껏해야 제도권 안에 놓여 있을 뿐이다.

래카드를 들고 나가기보다는 정신적으로 빛을 발해야 되지 않을까 생각합니다."16 왜 그런 것일까? 윤성범 교수는 이렇게 말했다: "성의 선험성 또는 초월성을 강조해야 할 단계에 이르렀다고 본다. 성(誠)은 하늘의 도요, 오직 하늘의 도가 있기 때문에 인간이 이것을 힘입어 성을 생각할 수 있고, 성을 따를 수 있는 것이다."17

『중용』의 구절을 인용한 것이며, 새겨들을 말이다. 하지만 이것을 선험성과 초월성으로만 해석한다면, 인간사에 대해 이야기할 수 없다. 즉 윤성범 신학의 최대의 장점이자 단점은 선험성과 초월성에 있다. 그러나 적어도 誠을 말씀Logos으로 해석하려 했다면, 초월적이며 선험적인 하늘의 도에 머물러서는 안 되었다. 오히려, 誠의 의미를 보다 철저하게 해석하여, 인간의 도道로 육화肉化해야 했다. 이에 비해 변선환의 신학은 매우 정치적이고 역사적이다. 그 이유는 존재의 신비주의, 초월적 신비주의로의 탈주를 경계하고 역사성, 실존, 인간학을 강조했기 때문이다. 그래서 변선환은 말법 신앙, 민중 불교, 실천 불교에 관심을 기울였다.

그러나 이정배의 신학이 퇴계의 경敬을 출발점으로 하고 있다고 하더라도, 스승 윤성범의 신학과 다른 점이 있다. 그것은 그의 유교적 신학 안에서 중요한 역할을 수행하고 있는 사상 중에 양명학陽明學이 있다고 하는 사실이며, 또한 사상적으로 리理보다는 기氣를 더 선호하는 경향이 있기 때문이다. 지행의 합일을 강조하는 양명 사상과 기의 활동성을 강조하는 기철학 사상이 그의 사상 안에 있기에 이러한 점에서 아래로부터의 위로의 방법론에 더해, 위로부터 아래로의 방법론이 함께 행해진다면, 윤성범과 달리 사회참여적이고 현실참여적인 신학을 전개할 가능성을 담지하고 있는 것이라고 볼 수 있다.

윤성범 교수는 선험성과 초월성에 머물렀다. 제자 이정배 교수는 후험적 경험의 선험적 자각을 통해 초월성으로 돌파하고 초탈하려 했다. 그러

---

16 윤성범, 『한국사회와 한국교회의 과제』(서울: 감신, 1998), 164. 173. 이밖에도 "교회는 정치적인 사명과 일치시킬 수 없는 것"이라고도 했다(201).
17 윤성범. 『한국유교와 한국적 신학』, 105.

나 그렇게 얻은 초월성의 힘은 다시 내재화되어야 하지 않을까? 또한 그러한 동력이 필요하지 않을까? 그래서 필자는 그의 수행적 신학이 '아래-위-위-아래의 신학'으로서의 역할을 다하기 위해서는 리프킨의 생명권 정치학의 선언에서 보는 바와 같은 정치학적 의미를 보다 더 극대화해 나가야 하지 않을까 생각한다. 단지 생물학적 생명만을 뜻하는 것이 아니라, 무정無情과 유정有情을 아우르는 범생명권의 유린에 맞서는 신학 말이다. 범생명권이란 말은 단지 물질 우주만이 아니라, 물질-생물-마음-혼-영이 홀론적 관계를 이루고 있는 켄 윌버의 온우주Kosmos란 말과 뜻이 통하는 말이다. 하지만 윌버의 홀라키 사상에는 생명권 유린이란 사고가 없다. 수행적 신학과 생명권 정치학의 조우. 그렇게 된다면, 구획과 소유를 점유한 세력들에 의해 유린당하고 있는 생명권에 저항과 변혁의 정신으로 재탄생된 수행적 신학으로 새롭게 태어나지 않을까? 그러나 그것은 리프킨 시대의 담론이 아니라 이 시대의 담론으로 새롭게 구성되고 재창조되어야 할 것임은 물론이다.

3. 종교와 과학의 대화

이정배 교수는 종교와 과학의 문제에 일찍 눈을 뜨고 이 문제에 대한 관심을 기울였다. 이 분야에서 문헌상으로 게재된 최초의 논문은 1990년 기독교 사상에 게재한 "현대과학의 도전을 받는 기독교"였다. 이는 지구를 자기조절의 항상성을 지닌 하나의 살아 있는 생명체로 바라보는 가이아 설의 도전에 직면하여, 기계론적 세계관, 인간중심적 세계관을 극복하는 한편 참다운 기독교 자연신학을 복원할 것을 주창한 논문이었다.[18]

---

18 이정배, "현대과학의 도전을 받는 기독교: 가이아학설과 기독교세계관,"「기독교사상」374 (1990.02): 22-23. 그런데, 이 글에 의하면, 그의 가이아 설에 대한 관심을 보여주는 것은 이보다 1년 앞서 번역된『자연, 그 동서양적 이해』에서 소개하고 있는 린 마굴리스와 도리언 세이건 모자(母子)의 '가이아와 철학'이란 글이다. L. 루너 편저, 이정배·이은선 공역,『자연, 그 동서양적 이해』(서울: 종로서적, 1989).

신과학은 서양세계에서는 대략 70-80년대에 유행하고, 우리나라에서는 80년대 중후반에서 90년대를 휩쓸고 지나간 하나의 시대적 풍조였다. 이 당시의 신과학의 영향은 지대한 것이어서 당대의 내로라하는 과학자, 철학자, 사상가들 중에서 이에 대해 공부하고 논하지 않은 사람들이 드물 정도였다. 필자의 경우에도, 대학생이었던 80년대 말, 프리초프 카프라의 『현대물리학과 동양사상』을 읽고 심취했던 기억이 있다.[19]

그런데 이 당시 그의 관심은 물리학보다는 생물학이나 진화론에 더 관심을 갖고 있었던 것으로 보인다. 그 이유는 무얼까? 그것은 초창기부터 선생의 학문적 관심의 대상이었던 생명, 생태, 환경에 대한 문제의식 때문일 것이라고 생각한다. 이 영역은 생물학의 영역이다. 이러한 추측은 박사학위 논문을 근간으로 하여 발표한 논문들을 제외한 초창기 논문들이 거의 모두 '창조, 생태, 생명'을 주제로 한 논문들이었으며,[20] 최초의 편저서인 『창조신학과 생태학』과 최초의 번역서인 『시간이 촉박하다』가 지구환경, 기후, 생태, 창조 신학에 대한 것들이었다는 사실 등을 근거로 추정해볼 수 있다.[21] 그렇기에 신과학에 대한 그의 관심은 가이아 설의 창시자 제임스 러브록, 공생진화설의 개척자 린 마굴리스와 세이건, 동물들의 행태를 통해 형태공명설을 주장했던 루퍼트 셸드레이크, 과학과 히브리 창조론의 조화를 이야기한 제랄드 슈뢰더 등에 있었으며, 이후 신학적으로는 가이아 설에 바탕을 둔 여성생태신학자 로즈마리 류터 등에 대한 관심으로 이어진 것은 당연한 결과였다고 볼 수 있다.[22] 이로 미루어볼 때, 이

---

19 프리초프 카프라 저, 이성범·김용정 역, 『현대 물리학과 동양사상』 (서울: 범양사출판부, 1989).

20 이정배, "창조에 대한 신학적 이해," 「기독교사상」 31 (1987.06). 이정배, "생태계의 위기 상황과 자연의 신학적 장소교정에 대한 논의," 『공동체 신학의 모색』 (서울: 대화출판사, 1988). 이정배, "생명문화에 대한 신학적 이해," 「기독교사상」 33 (1989.01). 이 외에도 무수히 많다.

21 이정배, 『창조신학과 생태학』 (서울: 설우사, 1987); 칼 폰 바이젝커, 『시간이 촉박하다』 (서울: 대한기독교서회, 1987).

22 참고할 서적: 제임스 러브록 저, 홍욱희 역, 『가이아: 살아 있는 생명체로서의 지구』 (서울: 갈라파고스, 2004). 루퍼트 셸드레이크 저, 박준원 옮김, 『세상을 바꿀 일곱 가지 실험들』

때의 선생이 신과학에 관심을 가진 것은 자연 파괴적이고 물질문명적인 세계관을 극복할 수 있는 새로운 기독교 자연신학을 세우는 일이었으며, 신과학을 그 대안을 위한 파트너로 삼았던 것이었다고 판단된다.

그러던 것이 1998년의 글들을 기점으로 변화가 생겨났다. 신과학에 대한 관심도 여전했지만, 소위 정상과학과의 대화가 시작되었던 것이다. 이때 과학과 신학을 모두 전공한 영국의 신학자 존 폴킹혼이 현대 물리학과 비판적 실재론의 입장에서 신학의 주제를 다룬『과학시대의 신론』, 초대교회 시대부터 현대에 이르는 신학과 과학의 역사를 다룬 데이비드 린드버그와 로널드 넘버스 공저『신과 자연』을 번역, 출간했다.[23] 이후 철학을 매개로 종교와 과학의 대화를 추구했던 판넨베르크의 자연신학에 대한 논문이나 크리스챤 링크의 자연신학에 대한 논문, 그리고 진화론을 신학의 종말론적 신학의 체계 안에서 수용했던 희망의 신학자 몰트만 신학에 대한 논문들은 모두 이러한 맥락의 연장선상에 있다고 보면 될 것이다.[24] (98년 이후에는 생명공학이나 생명복제 등 현대 과학기술에 대한 관심도 드러나 있다.)[25]

1998년 무렵 게재된 논문들의 또 다른 특색으로는 종교와 과학의 관계에 대한 주제를 다루고 있다는 점을 수 있다.[26] 그런데 그 면면을 들여다

(서울: 양문, 1999). 제랄드 쉬뢰더 저, 이정배 옮김,『신의 과학: 과학과 히브리 창조론의 조화』(범양사 출판부, 2000). 로즈마리 레드퍼드 류터 저, 전현식 역,『가이아와 하느님: 지구치유를 위한 생태여성신학』(서울: 이대출판부, 2000).

23 존 폴킹혼 저, 이정배 역,『과학시대의 신론』(서울: 동명사, 1998). 데이비드 린드버그·로널드 넘버스 공저. 이정배·박우석 옮김.『신과 자연: 기독교와 과학, 그 만남의 역사』(서울: 이화여자대학교 출판부, 1998).

24 이정배, "판넨베르그의 자연신학," (대우학술회의 발표, 2001). 이정배, "링크의 기독론중심의 자연신학: 자연과 역사의 통합의 장,"「신학과 세계」46 (2003.06). 이정배, "폴킹혼의 공명론과 유신론적 자연신학 연구,"「한국조직신학논총」9 (2003.10). 이정배, "메시아적 종말론과 진화론: 몰트만의 자연신학 연구,"「조직신학연구」12 (2005.03).

25 이정배, "생명과 영성: 생명공학에 대한 신학적 이해,"「협성신학논단」(1998). 이정배, "생명공학의 세계관과 생명신학," (성공회대학 사회문제연구소, 2000). 이정배, "생명복제에 대한 신학적 이해,"「문화와 종교」6 (2001).

26 이정배, "신학과 영성: 신과학시대의 기독교 영성,"「미래교회연구원」(1998). 이정배,

보면, 이정배 교수의 신학이 추구했던 종교와 과학의 대화의 핵심 코드가 무엇이었는가를 알아낼 수 있다. 그것은 바로 종교와 과학의 문제를 '생명' 과 '영성'의 관점에서 접근하고 있다는 점이다. 그리고 이러한 그의 학문적 동향은 2000년까지 이어졌다.[27]

종교와 과학의 관계에 대한 이정배 교수의 관심은 기실 서양의 과학신학자들의 영향이 컸다. 이안 바버는 이 관계 유형을 갈등, 독립, 대화, 통합으로 분류한 바 있고, 존 호트는 이것을 갈등, 분리, 접촉, 지지로 분류한 바 있다.[28] 이정배 교수는 이안 바버의 유형분류법을 통해서 종교와 과학의 통합에 대한 착상을 얻은 것 같다.[29] 즉 종교와 과학에 대한 여러가지 유형이 있지만, 신학이 현대 과학으로부터 배척받고 무시당하지 않고, 오늘의 문제를 해결하기 위해서는 최신 과학의 성과로부터 새로운 신학의 모티브를 찾아야 한다고 생각하지 않았을까?

그리고 이때 중요한 역할을 수행한 것이 켄 윌버의 통합 사상Integral Theory이다. 윌버의 홀라키적 우주관은 이 세계가 단지 물질 우주로만 구성된 것이 아니라, 물질-생명-마음-혼-영의 중층 우주로 구성되어 있으며, 이것이 아래로부터 위로의 초월하면서 포함하는 홀론적 관계를 이루고 있다고 하는 우주관이기에, 물질을 탐구하는 과학과 영성을 탐구하는 종교가 서로 분리, 갈등, 독립하지 않고, 온전한 통합적 관계를 이룰 수 있게 해주는 우주관이라 할 수 있다. 이러한 점은 이정배 교수가 일생 추

"다시 새롭게 만나야 할 과학과 종교,"「기독교사상」43 (1999.01): 30-41. 이정배, "종교와 과학의 간학문적 대화와 한국적 생명신학," 호남신학대학교 편,『생태학과 기독교신학의 미래』(서울: 한들출판사, 1999).

27 이정배, "우주의 시작과 인간 및 생명,"「과학사상」30 (1999.08). 이정배, "자연생태계를 위한 과학종교,"「사목연구」8 (가톨릭대학교 사목연구소, 2000). 이정배, "자연은총의 재발견: 영성과 생명의 지름길,"「기독교사상」504 (2000.12).

28 이안 바버 저, 이철우 옮김,『과학이 종교를 만날 때』(서울: 김영사, 2002), 제 1장.
  존 호트 저, 구자현 옮김,『과학과 종교, 상생의 길을 가다』(서울: 코기토, 2003), 제1장.

29 이정배 교수는 윌버의 통합 사상을 '동화론(assimilation)'으로 해석하고 있는데, 이는 생물학에서의 '동화작용'과 '이화작용'에서 기인한 말이다. 하지만 필자는 윌버의 홀라키적 구조, 홀론적 관계, 초월하면서 포함한다는 개념에 비추어 보아 이에 동의하지 않는다.

구해온 통합 사상과도 너무나도 잘 부합한다. 따라서 이정배 교수는 윌버의 통합적 세계관을 바탕으로 한 통합신학을 향한 논문을 집필했으며, 그 결과물을 통해『켄 윌버와 신학』이라는 책을 출판하기도 했다.30 무엇보다도 윌버의 사상은 과학신학자들의 작업과는 달리, 종교와 과학의 관계를 영성수행에 관점에서 바라보게 해준다고 하는 점에서 이정배 교수의 수행적 신학과 잘 맞는다. 따라서 종교와 과학을 향한 그의 신학적 작업의 최종점은 윌버의 통합적 사상을 향해 있다. 2005년, 이정배 교수는 이러한 종교와 과학 분야에서의 신학적 작업의 결과물들을 모아서『기독교자연신학』이란 책을 출판했다.31 학자 초기에 꿈꾸었던 새로운 기독교 자연신학의 복원을 향한 꿈이 2005년에 하나의 결과물로 세상에 드러났던 순간이라고 평가할 수 있다.32

2000년대 중후반에 이르러서는 선생의 관심은 정통 과학 내에서의 진화론과의 대화로 그 영역을 넓혀갔다. 현대 진화론의 양대 산맥을 대표할 수 있는 영국 옥스퍼드대학교 분자생물학자 리차드 도킨스, 하버드 대학의 고생물학자 스티븐 제이 굴드 및 국내·외의 진화론자, 과학신학자들과의 대화를 통해 그 학문적 지평을 넓혀가고 있다.

이정배 교수는 왜 종교와 과학의 문제에 지대한 관심을 가졌는가? 이제까지 검토한 바를 토대로 하면 다음과 같이 생각해볼 수 있다. 그것은 바로 현대의 위기를 극복하고자 하는 것이었다. 현대의 위기 중에서도 가장 시급한 것이 근대의 인간 중심적 세계관, 자연 정복적 세계관, 물질 문명적 세계관, 기계론적 세계관, 과학 지상주의가 가져온 생태의 위기, 지구 환경의 위기, 생명의 위기라는 점이었다. 그렇기에 이를 극복하기 위해

---

30 이정배, "켄 윌버의 홀아키적 우주론과 과학과 종교통합론,"「신학과 세계」42 (,2001.02): 242-265. 이정배,『켄 윌버와 신학: 홀아키적 우주론과 기독교의 만남』(서울: 시와진실, 2008).

31 이정배,『-종교와 과학의 대화에 근거한- 기독교자연신학』, 대한기독교서회, 2005.

32 저자의 말에 언급되지 않은 경우도 있지만, 기실 2001년부터 2005년 사이에 출판된 책들은 모두 필자의 손에 의해 교정되고 편집되었다고 해도 과언이 아니다.

서는 새로운 세계관이 필요했다. 처음에 이정배 교수는 그것을 신과학의 세계관에서 찾았다. 신과학이 위와 같은 근대적 세계관을 극복할 수 있는 새로운 패러다임, 모형변이를 가져다 줄 수 있으리라고 보았기 때문이다. 그리고 이후의 과정을 통해 이정배 교수는 그 대안을 다양한 곳에서 찾았다. 정상과학의 범주 안에 있는 현대 물리학자들, 현대 진화론자들 그리고 이들과 대화하는 신학자들이 그들이었다. 그러나 무엇보다도 수행적 진리 속에서 이 모든 것을 극복할 수 있는 의식이 있다고 하는 믿음이 있었기에 켄 윌버의 통합 사상을 통해 그 새로운 대안을 모색해나갔던 것이라고 말이다.

이상과 같은 이정배의 신학적 작업은 매우 창의적이다. 물론 이 과정 속에 너무나도 많은 사람들의 영향을 받은 것도 틀림이 없으나, 종교와 과학의 문제, 현대 생태 위기의 문제를 신유학, 동학 등 한국 사상을 통해서 그리고 '한국적 신학'이라는 틀 안에서 새롭게 적용하고 발굴해나갔다고 하는 것은 다른 사람들에게서는 찾아보기 힘든 독특한 신학적 작업이었다고 인정해야 할 것이다.

하지만 그럼에도 불구하고 짚고 넘어가야 할 점들도 있다. 신과학은 당대의 지성인들도 피해갈 수 없었던 광풍狂風이었다. 그 내용도 너무나도 흥미롭고 신선하며 유쾌하고 심지어는 재미있기까지 하다. 더욱이 신과학이 우리 세계에 가져다 준 선언은 결코 무시할 수 없는 중요한 메시지들을 담고 있다. 신과학은 특별히 근대의 세계관을 극복하는 것, 기계적 우주관을 통해 잃어버린 생명성을 회복하는 것, 자타를 분리하는 이분법적 세계관을 극복하는 것, 자연과 분리된 세계관을 극복하고 온 세계를 하나의 전일적 세계관으로 바라보게 해주는 것, 세계를 유일무이한 절대성이 아니라 다원적이고 상대적이며 범우주적인 세계로 바라보게 하는 것 등에 대한 강한 호소력을 갖고 있었다.

그러나 신과학을 과학이라고 부를 수 있을까? 세계관이 가져다주는 장점이 그 세계관을 지지해주는 과학적 사실마저 뒷받침해주는 것은 아닐 것이다. 신과학이 갖고 있는 범신론적 세계관이나 저급한 신비주의에 대해서도 진지한 숙고를 요구해야 한다. 한때 신과학을 열렬히 신봉하고 지지했던 지성인들이 하나둘 그 지지를 철회했다는 사실도 눈여겨보아야 하며, 이제는 신과학에 대한 날카로운 비판의 목소리에도 귀를 기울여야 한다고 생각한다.[33] 긍정적인 것은 위에서도 본 것처럼, 현재는 정상 과학과의 대화를 통해 보다 진지한 대화를 추구해나가고 있다는 점이다.

또한 여러 논문이나 글 안에서, 윌버의 사상을 논함에 있어서 제4기 이후의 '홀라키' 개념을 '존재의 대연쇄Great Chain of Being' 개념과 혼동하고 있는 점을 볼 수가 있다. 이는 '존재의 대겹둥지Great Nest of Being'[34]라고 해야 맞다. 이렇게 혼동하는 이유는 제1기에서 제5기에 이르는 윌버의 사상을 전체적으로 치밀하게 연구 분석할 기회와 과정이 없었기 때문이라고 본다. 이러한 점에 대해서는 이정배 교수 역시 『켄 윌버와 신학』에서 본인 스스로 명확히 밝힌 바가 있다.[35] 존재의 대연쇄 개념은 위로부터 아래로의 계급적 억압적 세계관이며, 홀라키 개념은 이를 역전시킨 아래로부터 위로의 중층적 세계관이다. 또한 전자는 위로부터 아래로 내려가면서 완전성이 점차로 결여되면서 존재의 등급이 낮아지는 구조를 말하는 것이며, 후자는 아래로부터 위로 초월하면서 포함해나가는 겹둥지 모양의 홀론의 관계 구조를 말하는 것이다. 물론 이정배 교수가 홀론과 홀라키의 의미를 잘 알고 있으며, 논문의 내용들이 이 점을 충분히 반영하고 있어 전체적인 의미를 심각하게 훼손하고 있지는 않다. 하지만, 문제는 이 두 개념을 동일한 것으로 여기는 잘못된 정보가 독자들에게 계속적으로 전달될 것이라는 염려다. 그렇기에 추후의 논문을 통해서 이 점을 인정한다면, 이는 그의 '실失'이 아니라 오히려 '득得', '과過'가 아니라 '공功'이 될 것이라고 생각한다.

---

33 강건일, 『신과학 바로알기』 (서울: 가람기획, 1999).
34 또는 존재의 대홀라키(Great Holarchy of Being)라고도 한다. 예를 들어, Ken Wilber, *A Brief History of Everything* (Boston: Shanmbhala, 2000), 320의 색인을 참조.
35 이정배, 『켄 윌버와 신학』 (2008), 6.

또한 이정배 교수의 신학 안에는 서로 어울리지 않거나 대립적인 사상들이 함께 다루어지고 있는 경우들을 종종 보게 된다. 아마도 이것은 켄 윌버 등 통합 사상가들이 갖고 있는 장점이자 단점일 것이다. 이정배 교수의 신학 안에는 신과학과 정통과학이 아무런 갈등, 대립, 충돌이 없이 공존한다. 또한 보수 정통 신학의 아류라고 할 수 있는 폴킹혼의 신학이 종교 간의 통합적 비전을 제시하고 있는 윌버의 사상과 함께 공존한다. 이 양자 사이에는 아무런 대화도 없고 대립도 없으며 갈등도 없다.

4. 여성성과 여성신학

사실 이 주제를 다루어야 할까 고민이 되었다. 인용하고 다룰만한 내용이 많지 않았기 때문이다. 그럼에도 불구하고 이 이야기를 제외하긴 어려웠다. 그 이유는 이정배 교수의 신학에 있어서의 빼놓을 수 없는 특징이며, 이정배 교수의 신학 형성에 있어서의 중요한 파트너였던 이은선 교수의 역할을 이야기하지 않을 수 없다고 생각했기 때문이다.

여기서 말하는 여성성은 생물학적으로 타고난 성차별적인 의미나 문화적으로 형성된 이미지를 여성에게 강요하는 의미에서의 여성성이라는 개념이 아니다. 오히려 그 반대의 의미에서 해석될 수 있는 고유하고도 특유한 여성적 성정을 의미한다.

다양한 종교 간의 대화를 시도했지만, 이정배의 신학은 유교적 신학이 그 근간을 이루고 있다. 그러나 윤성범의 신학과 달리 그의 신학에는 여성성이 배어 있다. 그는 일찍이 자신의 신학이 "부친의 유교적 영향력으로부터 어머니의 무교적 생명력에 대한 재평가, 곧 남성적 신학에서 여성적 신학에로의 모형변이를 뜻한다"고 밝힌 바 있다.[36]

유교적 토착화신학자였던 그의 스승 윤성범의 신학은 남성적인 색채가 강했다. 윤성범의 신학은 아버지와 아들이 강조된 '부자유친父子有親'의

---

36 이정배,『한국적 생명신학』(1996), 22.

신학이었다.37 또 다른 스승 변선환은 종교해방신학자였으며, 불교적 대화신학자였다. 변선환 신학에서는 윤성범처럼 남성적 색채가 강하게 풍겨나지 않는다. 무無를 추구하는 불교를 대화 파트너로 삼아서 인지는 몰라도, 생물학적 성별sex이나 사회적 성차gender의 의미가 무색無色하다. 변선환은 처음부터 끝까지 시종일관 '인간화'와 '인간 해방'을 주장했던 인간해방 신학자이기도 했다. 그에게 성性은 인간人間이라는 이름 아래 공空하다.

이에 비해 이정배의 신학에는 한나 아렌트, 줄리아 칭, 샐리 맥페이그, 로즈마리 류터 등 여성 신학자 및 여성철학자 등이 곧잘 등장한다. 한나 아렌트를 통해서는 정치학적 의미, 줄리아 칭을 통해서는 양명학자의 안목과 대화했으며, 맥페이그와 류터를 통해서는 여성생태신학 특유의 해석과 대화해 나갔다. 특히, 이정배 교수는 맥페이그의 '은유 신학'과 그녀의 방법론인 '자기발견적 해석학'을 한국적 신학 및 간학문적 해석학의 가장 중요한 방법론으로 탈바꿈시켰다. 토착화신학자로서, 한국 신학자로서 그리고 생명신학자로서 그는 여성성에 주목했다.

이정배 교수의 신학에 있어서의 여성성의 발견은 그의 학자 초기의 관심에서도 찾아볼 수 있다. 종교와 과학에 대한 서술에서도 다룬 바 있듯이, 이정배 교수의 초기 논문에는 신과학의 가이아설이 종종 등장한다. 가이아는 그리스 신화에 나오는 대지의 여신이다. 그런데 이 여신은 하늘과 땅이 갈라진 이후에 형성된 하늘 아버지 땅 어머니의 의미를 가진 대지의 여신이 아니다. 이 대지의 여신은 하늘과 땅이 형성되기 이전의 원초적인 땅으로서의 어머니이다. 하늘도 땅도 모두 이 원초적 땅의 자손들이다. 그 신화적 의미야 어떻든, 생명을 낳고 생명을 보존하는 어머니로서의 상징은 언제나 유효하다.

이후의 대화파트너였던 여성생태신학자 로즈마리 류터의 신학은 이 가이아설을 바탕으로 형성된 신학이다. 류터는 여성과 자연을 지배의 대

---

37 윤성범, 『윤성범 전집 3: 효와 종교』(서울: 감신, 1998), 32, 33. "하늘 아버지의 뜻을 따르는 것이 효의 극치," "성부와 성자의 유친(有親)함을 말하는 것"; Ibid., 37. "진정한 인격적 대화는 부자간의 대화다."

상으로 삼는 전통 신학의 가부장적 체제에 맞서며 성, 계급, 인종을 초월하는 생태적 정의의 실현과 어머니의 여성성이 가진 감성을 통한 지구적 차원의 치유가 필요함을 주장했다.[38] 이렇듯 그의 신학에는 여성성의 흔적들이 산재해 있다. 그러나 보다 적극적인 대화에 있어서는 부족한 감을 느끼게 되는 것도 사실이다. 그의 신학에는 스승 윤성범의 부자유친父子有親의 신학이 여전히 중요하며, 또한 스승 예수를 모범으로 삼았던 유영모처럼 사제유친師弟有親의 신학적 성향이 강하다.

무엇보다도 그의 신학에 있어서의 여성적 관점의 반영에는 그의 아내이자 학문적 동료였던 이은선 교수와의 삶의 자리가 무엇보다도 중요한 기여를 했음에 틀림이 없다고 할 것이다.

필자가 보기에, 지금까지 걸어 온 이은선 교수의 신학적 핵심 개념은 단연코 '성성성聖性誠'이 아닐까 생각한다.[39] 단순히 생각할 수 있는 '거룩함, 여성, 참으로 그러함'이라고 하는 기본적인 개념 이외에도 이 세 가지 개념은 많은 해석을 가능케 한다. 특히, 가운데에 있는 성性이란 단어는 이은선 교수가 평생 학문의 과업으로 삼았던 유교의 성性을 떠올리게도 하고, 또한 남성과 여성이라는 의미에서의 성性을 떠올리게도 한다. 여성 신학자로서의 특유한 감각과 시선을 엿볼 수 있는 대목이다.

2011년에 나온 책을 보면, 이은선 교수는 '생명生命'이란 말 대신에 '생물生物'이란 말을 사용하기 시작했음을 볼 수 있다. 이 말은 원래 『중용』에서 천지가 만물을 낳는다는 표현인 '천지생물天地生物'에서 착안한 것으로, 이은선 교수는 이 말을 생명生命보다도 더 넓은 포괄적 개념으로 사용하고 있다.[40] 기존에 사용되고 있는 생물이라는 개념이 생명이라는 개념보다

---

38 로즈마리 래드퍼드 류터 저, 전현식 역, 『가이아와 하느님: 지구치유를 위한 생태여성신학』(서울: 이화여대출판부, 2000), 15-26. 서론.

39 이은선, 『한국 여성조직신학 탐구: 성성성의 여성신학』(서울: 대한기독교서회, 2004), 5-7.

40 이은선, 『한국생물여성영성의 신학: 종교·여성·정치의 한몸짜기』(서울: 모시는사람들, 2011), 15.

협소하다는 점에서 오해의 여지가 있으나, 생명 안에서의 여성성의 역할을 생각한다면 그 뜻과 취지를 이해 못할 것도 없을 것이다. 로즈마리 류터는 대지의 어머니 가이아 신화에서 서양 신학적 착상을 얻었다. 그러면 한국적 신학, 유교적 신학을 평생의 과업으로 삼았던 여성신학자는 어떠한 것에서 소재와 착상을 얻을 수 있을까? 이러한 맥락에서 볼 때, 만물을 낳는 '생물'이라는 개념을 통해 신학적 개념을 제시한 것은 무엇보다도 남성 위주의 유교적 세계에서 여성신학자만이 가질 수 있는 특유의 감각이었으며, 또한 유교학자로서의 정체성을 십분 보여준 것이었다고 할 수 있다. 그리고 이러한 감각과 한국적 여성 생명신학자라는 삶의 자리가 있었기에, '한국여성생물영성신학'이란 개념을 세상을 향해 제시할 수 있었던 것이라고 평가할 수 있을 것이다.

이정배 신학에 있어서의 여성신학적 감수성은 한나 아렌트, 도르트 죌레, 줄리아 칭, 샐리 맥페이그, 로즈마리 류터 등과의 학문적 대화를 통해 형성되었다. 그러나 그 감수성은 어머니로부터 시작하여, 아내 이은선 교수를 통해 형성되어 왔던 길 위에 있었음도 틀림없는 사실일 것이다.

III. 나가는 말

통합학문의 기치를 들고 지금껏 걸어온 것을 보아서도 알 수 있듯이, 이정배의 신학은 신학, 종교, 철학, 과학, 신과학, 수행, 영성 등 폭넓고 다양했다. 단순히 기독교 신학 안에 갇혀 있지 않고, 그 지평을 다양한 분야로 넓혔다. 종교와 종교, 종교와 철학, 종교와 과학, 종교와 수행 등 그 학문적 성격은 '간학문적이고 통합학문적인' 방법을 통한 '자기발견의 해석학'이라고 할 수 있다. 이 글은 이러한 의미에서 그 신학적 의미를 평가하고 비평하고자 하였다. 그리고 그것은 특별히, 동양과 서양, 종교와 과학, 여성성과 여성신학이라고 하는 네 가지 주제를 통해 접근하는 방법을 채택하였다.

동서양의 대화라는 주제는 그가 평생 추구해왔던 토착화신학, 한국적 신학, 종교간 대화가 추구해왔던 주제였다. 끊임없이 서구 신학을 공부하고 영향을 받았으나 거기에 머물지 않고, 그것을 비판적으로 수용하여 한국적 상황 속에서 의미를 재발견하고자 했다. 또한 거기에 머물지 않고 자발적이고 토발적인 한국 사상가들을 발굴하여 서구의 신학자들에 못지 않은 사상가들이 우리 안에 있음을 보여주고자 했다. 그럼에도 불구하고, 그가 제시한 문화 민족주의나 한국적 신학의 여러 개념들이 과연 현 시대의 여러 비판적 담론을 수용할 수 있는가를 물었으며, 또한 그 개념들이 세계 신학을 향한 보편적 담론으로 어떻게 작용할 수 있는가 하는 점에 대한 물음을 던졌다. 또한 진정한 세계 신학을 위해서는 타민족 출신의 한국인들, 세계 곳곳에서 멀어지고 있는 국제적인 인권 탄압, 가난, 전쟁, 민족 갈등 등의 문제에 보다 적극적으로 나서야 할 것임을 제안하기도 하였다.

수행과 영성이라고 하는 주제는 퇴계 이황으로부터 시작하여 다석 유영모로 귀결되어 온 그의 학문적 관심에 대해 다루었다. 초월적, 선험론적, 본질론적, 존재론적 관심을 가졌던 윤성범의 신학과의 비교를 통해서 그의 신학이 아래로부터 위로의 경험론적, 수행론적, 인간학적 문제에 더 큰 비중을 둔 신학으로 전개되어 왔다고 적시하였다. 무엇보다도 그의 신학이 현 세계의 위기, 생명권 유린의 절박한 위기를 극복할 수 있는 힘을 수행적 진리에서 찾았다고 하는 점을 밝혔다. 하지만 이러한 장점에도 불구하고, 수행 신학이 지향하고 있는 실천적 의미는 어디에 있는가 하는 점을 또한 물었다.

종교와 과학이라는 주제에서는 일찍이 신과학과 대화하면서 새로운 의미에서의 기독교 자연신학을 세우려고 했던 그의 학문적 여정의 의미와 한계에 대해서 서술하였다. 따라서 신과학에 있어서는 기계론적, 인간 중심적, 자연 정복적 사고관 등 근대성의 위기를 극복할 수 있는 새로운 패러다임의 대화 파트너라고 하는 의미에서 중요한 가치를 인정하였다. 하지만 신과학이 갖고 있는 과학적 사실이나 종교적 세계관의 한계에 대해 묻기도 했다. 그리고 정상 과학에 있어서는 서양 과학 신학의 영향을 통해 그들과 대화하면서 신학을 재구성하려 했으며, 더 나아가 진화론과의 대화로까지 성큼 나아갔던 노력과 업적에 대해 의미를 부여했다. 또한 새로운 기독교 자연신학의 구성이라고 하는 목적 하에서 행해진 윌버의 통합 사상을 통한 종교와 과학의 통합적 의미 구성에 대해서도 평가했다. 하지만 서로 다른 사상 간의 무비판적 수용이라고 하는 통합 사상 자체가 갖고 있는 비판적 사고의 한계에 대해서 묻기도 했다.

이 글은 이정배 교수의 회갑에 즈음하여, 그리고 30년을 걸어온 학자로서의 한 꼭지점을 마무리하는 의미에서, 그의 신학 사상의 의미를 되돌아보고자 하였다. 그러나 한 사람의 인생이나 사상을 기승전결로 마무리할 수 있을까? 정해진 틀 안에 사상을 이입함으로써 마무리하기보다는 현명한 독자들에게 판단을 맡기는 것은 어떠할까?

요즘의 선생님은 명분과 실리를 중요하게 생각하시는 것 같다. 투쟁할 것도 싸울 것도 많으시다. 세울 것도 이어나갈 것도 많으시다. 오랜 기간 선생님 곁을 지키며 보아 온 필자로서는 요즘의 선생님을 바라보며, 그분의 평생 학문이 지향한 수행적 삶의 가치들을 다시 한 번 생각해보곤 한다. 또한 선생님의 학문적 귀착점이 된 다석 유영모 선생님의 '없이 계신 하나님, 덜 없는 인간'이란 말을 생각해본다. 최근 들어, 선생님의 사회를 향한, 거리를 향한 행보가 부쩍 잦아졌다. 그러나 그것이 명예나 업적이 되어서는 안 된다고 생각한다. 그것은 깨달음이 가르쳐준 지혜의 발걸음이어야 할 것이라고 생각한다.

우리는 한 사람을 선생님으로 모시고 다사다난한 길을 굽이굽이 걸어왔다. 그리고 이 길 위에서 많은 일들이 있었다. 가르침과 배움, 정견과 편견, 사랑과 존경, 협력과 배신, 폭력과 화해, 선망과 질시, 희망과 좌절, 이해와 오해, 도움과 이용 등. 그것도 또한 인생이라면 인생이다. 그러나

또한 길 위에서 길을 묻는다. 우리는 어떠한 길을 걷고 있느냐고? 선생님
은 또한 선생님의 길을 갈 것이요, 우리는 또한 우리들 각자의 길을 걸어
갈 것이다. 하지만 이 모든 것을 뒤로 한 채, 모두가 수고했고 모두가 애썼
다는 말을 하고 싶다. 그리고 어떠한 길을 걸어가든 모두의 앞날을 축복하
고 축하하고 싶다. 떳떳하고 당당하게 자신의 길을 걸어가기를 바라면서
….

참고문헌

〈논문, 저서〉

변선환아키브 · 동서신학연구소 편.『제 3세대 토착화』. 서울: 모시는사람들, 2010.

윤성범.『윤성범 전집2: 한국유교와 한국적 신학』서울: 감신, 1998.

_____.『윤성범 전집6: 한국사회와 한국교회의 과제』서울: 감신, 1998.

_____.『윤성범 전집3: 효와 종교』서울: 감신, 1998.

이은선.『한국 여성조직신학 탐구: 성성성의 여성신학』. 서울: 대한기독교서회, 2004.

_____.『한국생물여성영성의 신학: 종교· 여성· 정치의 한몸짜기』. 서울: 모시는사람들, 2011.

이정배.『기독교 자연신학』. 서울: 대한기독교서회, 2005.

_____. "다시 새롭게 만나야 할 과학과 종교."「기독교사상」43 (1999.01): 30-41.

_____. "링크의 기독론중심의 자연신학: 자연과 역사의 통합의 장."「신학과 세계」46 (2003.06): 273-293.

_____. "메시아적 종말론과 진화론: 몰트만의 자연신학 연구."「조직신학연구」12 (2005.03): 117-147.

_____.『생명의 하느님과 한국적 생명신학: 하느님의 살림살이를 위한 신학』. 서울: 새길, 2004.

_____. "생명문화에 대한 신학적 이해."「기독교사상」33 (1989.01): 14-25.

_____. "생태계의 위기상황과 자연의 신학적 장소교정에 대한 논의."『공동체 신학의 모색』. 서울: 대화출판사, 1988.

_____.『켄 윌버와 신학』. 서울: 시와 진실, 2008.

_____.『토착화와 세계화: 한국적 신학의 두 가지 과제』. 서울: 한들출판사, 2007.

_____. "토착화신학의 영성 탐구: 퇴계의 '敬' 사상과 '창조영성'의 만남."「한국조직신학논총」7: 232-253.

_____. "저항적 민족주의에서 문화적 민족주의로."『한국조직신학논총』18 (2007.06): 35-64.

_____. "종교와 과학의 간학문적 대화와 한국적 생명신학." 호남신학대학교 편.『생태학과 기독교신학의 미래』. 서울: 한들출판사, 1999.

_____. "창조에 대한 신학적 이해."「기독교사상」31 (1987.06):14-27.

_____. "켄 윌버(Ken Wilber)의 홀아키적 우주론과 과학과 종교의 통합론."「신학과 세계」42 (2001.6): 242-265.

_____. "폴킹혼의 공명론과 유신론적 자연신학 연구."「한국조직신학논총」9 (2003.10):

33-64.

_____. "현대과학의 도전을 받는 기독교: 가이아학설과 기독교세계관." 「기독교사상」 374 (1990.02): 22-30.

이정배 편저. 『창조신학과 생태학』. 서울: 설우사, 1987.

이한영. "감리교토착화신학의 흐름과 전망: 윤성범, 변선환, 이정배를 중심으로." 변선환아키브 · 동서신학연구소 편. 『제3세대 토착화신학』. 서울: 모시는사람들, 2010.

_____. "방법론을 통해 본 이정배의 신학사상." 「문화와 신학」 6 (2010.07): 33-70.

_____. "종교해방신학의 여정에서 본 불교와 기독교의 대화: 일아(一雅) 신학과 오늘." 변선환아키브 엮음. 『하느님, 당신은 누구십니까』. 서울: 동연, 2015.

_____. "토착화신학의 흐름과 재고: 윤성범, 변선환, 이정배를 중심으로." 「신학사상」 147 (2009, 겨울): 105-135.

〈역서, 외서〉

린드버그, 데이비드· 넘버스, 로널드 공저. 이정배· 박우석 공역. 『신과 자연: 기독교와 과학, 그 만남의 역사』. 서울: 이화여자대학교 출판부, 1998.

바버, 이안 저. 이철우 역. 『과학이 종교를 만날 때』. 서울: 김영사, 2002.

바이첵커, 칼 저. 이정배 역. 『시간이 촉박하다』. 서울: 대한기독교서회, 1987.

쉬뢰더, 제랄드 저. 이정배 역. 『신의 과학: 과학과 히브리 창조론의 조화』. 범양사 출판부, 2000.

쉘드레이크, 루퍼트 저. 박준원 역. 『세상을 바꿀 일곱가지 실험들』. 서울: 양문, 1999.

러브룩, 제임스 저. 홍욱희 역. 『가이아: 살아 있는 생명체로서의 지구』. 서울: 갈라파고스, 2004.

루너, L. 편저. 이정배 · 이은선 공역. 『자연, 그 동서양적 이해』. 서울: 종로서적, 1989.

카프라, 프리초프 저. 이성범 · 김용정 역. 『현대 물리학과 동양사상』. 서울: 범양사출판부, 1989.

류터, 로즈마리 레드퍼드 저. 전현식 역. 『가이아와 하느님: 지구치유를 위한 생태여성신학』. 서울: 이대출판부, 2000.

폴킹혼, 존 저. 이정배 역. 『과학시대의 신론』. 서울: 동명사, 1998.

호트, 존 저. 구자현 역. 『과학과 종교, 상생의 길을 가다』. 서울: 코기토, 2003.

Wilber, Ken. *A Brief History of Everything*. Boston: Shambhala, 1996/2000.

이정배 교수의 '저항하는' 신학을 고민해 봄
— '생존'을 위해 분투하는 청년들을 생각하며

최순양 박사
(감리교신학대학교 외래교수)

I. 들어가는 말

이정배 교수는 그의 책『고독하라, 저항하라, 그리고 상상하라』에서 "차이의 축제를 벌였던 포스트모던 시대를 지나, … 새로운 보편성을 추구하는 신학이 대세가 되었음"[1]을 알리며, 기독교가 자신만의 특수한 획일성에 함몰되지 않으면서, "세상과 소통하는 보편적 종교(신학)으로 재구성"되어야 한다고 주장한다. 이 중에서 필자는 세상과 소통하는 보편성을 꾀하고 "세상 안에 있되 세상 밖을 살라"는 주장에 해당하는 세 편의 논문을 읽었다. 하나는 1부에 있는 "한국교회를 향한 돌들의 소리들: 고독하라(키에르케고르), 저항하라(본회퍼) 그리고 상상하라(이신)"라는 논문과 "한국교회에 있어 포스트모더니즘의 공과 화 — 차이를 넘어 새로운 보편으로"라는 논문이고, 다른 하나는 "상상하라"에 해당하는 4부 중에 있는 "한류와 K-Christianity"라는 논문이다. 이 두 논문 속에는 오늘 날 신학이 무엇을 이야기하고 누구를 증거할 것인가에 해당되는 주체와 정체성의 문제가 드러나 있고, 어떻게 '저항하며' 어떠한 주제를 가지고 신

---

1 이정배,『고독하라, 저항하라 그리고 상상하라』, 5.

학을 이야기할 것인가(상상하라)의 내용이 있다.

이정배 교수님이 제기해 주신 신학의 저항적 성격과 상상의 기능을 공감하면서도, 다음 세대를 신학하는 제자의 입장이기에 달라진 한국 상황에 대한 고민과 문제제기를 담아서 몇 가지 문제들을 글로 구성해 보고자 한다. 하나는 '포스트모더니즘'을 어떻게 이해하며 오늘 날 자본주의 사회에 '저항할 수 있는' 중요한 담론으로 적용할 수 있을 것인가의 문제를 다룰 것이고, 두 번째는 한국 사회의 문화를 읽을 수 있는 틀로 이정배 교수님이 제시해 주신 '한류신학 혹은 K Christianity'를 한국의 주류 문화로 —특별히 젊은 세대의 문화를 읽어내는 방식으로— 읽는 것이 타당할 지의 문제와 그에 사용되는 개념 이해들이 어떠한 점에서 필자와 차이가 있는 지의 논거들을 정리해 보고자 한다. 마지막으로 이정배 교수님의 논의와 필자의 논의를 종합 보충해 보면서, 토착화신학자이신 이정배 교수님의 신학을 이어받은 제자로 그러면서도 기존의 방식으로 삶과 현실을 이야기하기엔 너무도 절박해진 현실을 살아가는 청년들의 삶을 보면서 필자가 생각하게 되는 새로운 주체 개념인 '잉여'라는 용어를 통해 어떻게 한국사회를 이해할 것인가에 대한 신학적 고민을 적어보고자 한다.

II. 차이를 넘어 새로운 보편으로
: 포스트모더니즘의 재해석

포스트모더니즘은 서구의 전유물로 여겨졌던 '이성'과 '인간 중심주의'를 해체시켰다. 그리고 이정배 교수는 이러한 포스트모더니즘을 상대주의로 부정적으로 평가하기 보다는 '차이의 축제'로 긍정적으로 평가한다.[2] 또 하나 이정배 교수가 주목하는 포스트모더니즘의 장점은 진리를 구체화, 현실화 하였다는 것이다. 거대담론 보다는 독특성과 개개인의 현실적

---

2 이정배, "한국교회에 있어 포스트모더니즘의 공과 화," 145.

이야기가 더 주목받게 된 것을 매우 고무적으로 여긴다. 또한 데리다식 "종교 없는 종교"와 '타자'에로의 열려져 있음3 또한 종교와 정의를 연결 짓는 중요한 포스트모더니즘의 특징으로 간주한다.

그러나 긍정적으로만 고려하는 것은 아닌데, 이정배 교수가 가장 우려하는 것은 "자본주의 사회에서 태동된 포스트모더니즘의 태생적 한계, 즉 몰 역사성과 탈 공동체성의 위험"4이다. 몰 역사성에 관해서는 데리다식 종교를 그 예로 들고 있는 바, 데리다가 강조하는 '메시야' 혹은 '전적 타자'에 대한 강조가 자칫 제도로서의 종교 혹은 역사성을 가지고 있는 종교에 대한 전적 부정으로 귀결될 수 있다고 해석하였다. 필자는 이에 대해서, 이해를 달리하는 바, 데리다식 해체는 필연적으로 이미 정해져 있는 것—그것이 법이든, 종교적 교리이든—에 대한 해체로 읽어야 한다. 다시 말해, 우리가 확립시켜 놓은, 닫아 놓은 교리와 신학에 대해서 그 통로를 열어 놓아야 하는 부름으로 늘 우리를 초대한다고 생각한다.

마치 부정 신학에서 강조하는 '머무를 수 없음', '한 곳에 안주할 수 없음'에 대한 요청이기에 그 과정과 몸짓 자체는 이미 우리가 경험한 것, 이미 우리가 결정해 놓은 것에 '대한' 사유와 비판 그리고 문제제기일 수밖에 없다. 다시 말해, 늘 역사화 되고 있고, 늘 현실화되고 있는 우리의 신학에 대한 돋보기로서 데리다의 사유를 고민해야 한다고 생각한다. 따라서 데리다의 해체철학이 "결코 육화될 수 없다" 혹은 "몰역사적이라"5는 것에 대해 동의하지 않는다. 데리다에게 있어 '타자'는 늘 이미 확립된, 그래서 차별과 배제를 낳는 시스템을 비판할 수 있는 근거가 된다. '메시아 성'의 구현은 늘 정치적이고 현실적인 것에 '기반을 두어' 한 사람의 '타자'라도 지켜내야 한다는 목적 하에 추구되어 왔다.

이러한 데리다의 '타자'를 향한 열려있음이 더 구체적으로 역사성과 현실성을 띠게 되는 것이 탈식민지 지식인 '가야트리 스피박Gayatri C. Spivak'

---

3 Ibid., 153.
4 Ibid., 160.
5 Ibid., 162.

에게 있어서이다. 스피박은 '서발턴Subaltern'이라고 하는 구체적이면서도 닫혀있지 않는 개념을 통해, 지구화, 신자유주의 그리고 신제국주의 시스템에서 고통 받고 침묵당하는 존재들의 삶이 배제되고 알려지지 않게 되는 경로들을 구체적으로 고발한다. 영국 제국주의와 인도 민족주의자들이 표상한 저 나름대로의 해방 지향적 관점이 사실은 자신들이 보고 싶은 것만을 보는 논리에 의거한다는 것을 지적한다.6 다시 말해 지식인들이 자신들의 학문적 논리를 만들기 위해서 사실은 그들이 주목하는 서발턴의 현실과 목소리에는 정작 귀 기울이지 않고 허황된 허구적 존재(허위주체)를 만들어내고 있다는 것을 알려낸다. 데리다가 '타자'를 배제시키면서 형성되는 기존 담론들의 폐쇄성을 드러냈다고 한다면, 스피박은 지식인이 자신들의 경험과 논리에 갇혀버리고 마는 한계를 적나라하게 고발하고 있다고 하겠다.

이정배 교수의 논의 중 주목할 점이 있는데, 논문의 후반부에서 제안한 포스트모더니즘은 자본주의에 대한 보다 더 구체적 해체 내지 비판으로 이어져야 한다는 것이다. "국가 주권마저 무력화시키며 지구적 가난을 가중시키는 자본주의와 맞서는 열정으로 이해하는 보편적인 탈 식민적 관점이 우리에게 요구된다."7고 주장한다. 즉 자본주의에 대한 저항은 탈식민담론에서 찾을 수 있다고 보았는데, 그것은 포스트모더니즘이 추상적 서구 형이상학에 대한 비판이라고 한다면, 탈식민담론은 '제국주의'나 '지구화Globalism' 논의에 대한 보다 구체적 비판과 해체를 적용할 수 있기 때문일 것이다.

그러나 필자는 포스트모던은 탈 역사적이고 탈정치적인 반면, 탈식민

---

6 예를 들어, 인도독립운동시기에 자살을 한 '바두리'라는 여성의 삶을 놓고, 제국주의자들은 사티(순장제도)에 의해 희생당했다고 해석하고, 인도민족주의자들은 신성한 의무를 달성하고, 구원받기 위해 남자를 따라 죽음을 선택했다고 해석한다. 그러나 정작 그녀는 결혼도 하지 않았고, 어떤 남자와 관계되었던 여인도 아니며, 독립운동을 하던 여성이었다. (이것을 밝혀내기 위해 생리중인 시기에 자살하였다.)
7 Ibid., 164.

담론은 역사적이고 정치적이라고 하는 구분에는 동의하지 않는다. 그리고 혼종성과 차이가 제국의 지배를 옹호하는 포스트모던적 특징이라고 간주하는 것도 무리가 있다.8 탈식민담론 역시 포스트모던이 제기한 이분법에 대한 해체에 근거하지 않는다면 더 더욱 탈 역사적이고 탈정치적일수 있기 때문이다. 즉, 주체와 타자의 구분에 있어서 엄격한 이분화나 '대상화' '재현representation'의 문제가 해결되지 않는다면, 여전히 탈식민담론에서도 '타자'와 '서발턴'의 목소리는 침묵하게 된다. 예를 들어, '지구적 가난'을 가중시키는 제국주의의 한계에 대해서 비판을 한다고 해도, 그것이 여전히 지식인의 복잡화된 담론으로 이야기한다면, 그것은 진정 서발턴을 위한 신학일 수 있을까라는 질문을 제기해 볼 수 있다. 가령, '한국신학', '토착화신학'이라고 우리가 이를 때, 한국적 주체와 토착화를 하는 주체가 누구의 문제인가라는 질문에 대해서, 한국의 전통 문화를 잘 알고 있고 실천하고 있는 사람들이 한국적 주체라는 전제에서 출발한다면, 많은 부분 한국에서 신학하고 있는 사람들을 '소외'시키는 현상이 발생할 것이다. 차라리 한국에서 신학을 하고 있지만, 이미 서구적 사상의 영향을 많이 받았고, 어느 것이 순수한 한국적 신학인 지를 구분할 수 없는 것이 현실임을 발견하고, 거기서부터 오늘날 한국에서 진지하게 물어야 할 고민들을 묻는 것이 더 현실적이고 정치적일 수 있을 것이다.

이정배 교수는 이러한 문제제기를 안고서 네그리의 '다중' 개념이 전 세계적 가난과 생태파괴를 대항할 수 있는 개념이라고 분석한다. "다중이란 다양성을 계급적 차원에서 통일성으로 환원시킨 민중 개념과 다르고, 그 구성원들의 내적 차이를 고려치 않는 무차별적 대중과도 구별되는 것으로서, 각자의 노동형태는 다르나 궁극적으로는 제국에 맞서 가난의 극복이라는 공통감을 모색하는 존재라 하겠다"라고 쓰고 있다. 그러나 필자가 질문하고 싶은 것은 '제국에 맞서는' 공통성을 지닌 '다중'이 어떻게 공

---

8 이정배 교수는 "제국을 위계와 경계를 가로지르는 혼종성, 혹은 잡종성으로 규정하는 포스트모더니즘의 특징"은 "보편성의 새로운 이름인 제국으로부터의 해방은커녕 그것을 유지시키는 보수성을 벗기조차 어렵다."라고 포스트모던과 혼종성을 비판했다(이정배, 164).

통된 힘으로 모일 수 있는가에 관한 것이다. 제국에 맞서기 위해서는 필수불가결하게, 공통성으로 묶을 수 없는 차이를 "껴안는"—묶어내고, 공통화 시키려고 하는 노력이 없이— 작업이 필요하다.

역설적이게도, 경우에 따라서는 네그리의 '다중'이 데리다식 '타자' 분석 보다 더 폭력적일 수 있다. 데리다의 '타자'는 나의 선입견과 상식을 넘어서는 존재이지만, '다중'은 '제국'이라고 하는 보편성에 대항하기 위한 작위적 공통 개념이 되기 쉽기 때문이다. 만약, 네그리의 '다중'이 지식인에 의해 '본질화'되고 '정형화'된다면 그 또한 서구식 허구 주체에 의해 그려진 허구적 다중이 될 수도 있다고 보기 때문이다.

따라서 필자는 정체성을 이분법적으로 혹은 본질적으로essentialized 이해하는 것이 더욱더 억압과 차별을 공고히 할 수 있다는 것을 이정배 교수의 포스트모더니즘에 대한 경계와 '더불어' 제안하고 싶은 바이다.

3. '한국적' 정체성과 '한류'에 대한 논의
   — "한류와 K-Christianity"에서

오늘날 한류 문화는 자본주의의 상품화 전략과 맥을 같이 한다. 이정배 교수는 따라서, 자칫, 자신의 성장을 선교라는 이름하에 각국에 전달하는 한국교회의 모습이 문제적이면서 한류와 닮아있음을 지적한다. 그럼에도 불구하고, 한류는 "서구 중심적 지구화의 대안으로 발전"9할 가능성도 있다고 보았다. 그 이유는 한류를 수동적 수용으로 혹은 백지 상태의 한국적 정체성에 덧입혀진 문화로만 읽어낼 수는 없기 때문이다. 이정배 교수는 "한류의 전달자와 수용자간의 상호 호혜적 관계가 성립"10하는 것이 이상적이라고 보았다. 비록 자본의 힘을 통해 한류가 형성되었기는 해도 그 과정에 있어서 '자본'만이 한류를 있게 한 유일한 요소는 아니기 때문에,

---

9 이정배, "한류와 K-Christianity", 『고독하라, 저항하라, 그리고 상상하라』 (동연, 2013) 437.

10 이정배, "한류와 K-Christianity", 437.

자본 외적인 요소들에도 주목할 필요가 있다고 주장한다. 따라서 그는 "한류를 비판하되 한류 자체를 부정할 이유가 없고, 한류의 국수(민족)적 특성을 지적하되 그의 무국적성을 편들 이유도 없"[11]다고 한다. 이러한 목적 하에 한류 자체를 부정하지도 않으면서 그렇다고 맹목적으로 한류를 지지하지도 않을 수 있는 방법은 이정배 교수에 따르면, 그 담론 자체에 내재되어 있는 이분법적 도식―"민족/탈민족, 본질주의/해체주의, 자본주의/정의 등"[12]―을 극복하면서 담론 자체의 가능성을 탐구해 나가는 것이다. 이러한 논의에는 백분 동감하지만, 필자가 생각하기엔 그럼에도 불구하고 이정배 교수님은 위의 이분법 중 한 측에 속하는(민족주의와 보편주의) 입장을 견지하고 계시는 것은 아닌가하는 의문을 가지게 된다.

'한류'를 하나의 문화적 특성으로 이해하기 위해서 '민족성' 혹은 '공동체성' 등의 한국 사람들이 공유하고 있는 어떤 공통성으로 파악하려고 하는 것은 자연스러울 수 있다. 그러나 이러한 시도가 자칫 한국의 현실을 대변하는 것도 아닌, 그렇다고 한류 자체의 특성을 파악하는 것도 아닌 현상을 낳을 수 있다. 다시 말해, 한국에서 '한국적 문화와 정치 속에서 고통 받고 있는 사람들을 설명하는 도구로 쓰이지도 않으면서 그렇다고 '한류'가 가지고 있는 적절성과 한계를 정확히 파악하는 게 아닐 수도 있다는 말이다. 따라서 이러한 문제의식을 가지고 필자가 염두에 두고 있는 논의들을 개념 중심으로 생각해 보고자 한다. 앞서 언급한 한류 담론에 대한 작업을 위해서 이정배 교수가 시작하는 첫 번째 개념은 '혼종성'의 문제인데 이정배 교수는 '혼종성'이 지니고 있는 가능성보다는 부정적인 측면을 좀 더 우려하고 있다고 보인다.

"탈근대적인 혼종성이 자국의 문화적 정체성을 무화시킬 수 있듯이 호미 바버의 양가적 혼종성 역시 자국의 부정적 현실을 자양분 삼아 태어났기에

---

11 Ibid., 439.
12 Ibid.

그 한계가 분명하다. 물론 탈식민주의 이론을 말하지 않을 수 없을 만큼 종속적 현실이 지배적인 탓에 혼종성이 지닌 저항력은 반드시 필요하다. 하지만 자국의 문화가 근본적으로 서구적 근대성에 못 미친 결과라 여기는 것은 문제가 있다."13

필자가 이해하기에는 혼종성은 자국에 대해서 혹은 자신의 문화에 대해 부정적으로 인식한다기 보다는 오히려 여태까지 주류 혹은 주체로 여겨진 집단(예를 들어, 서구)의 정체성과 문화를 '균열'로 혹은 순수하지 않음으로 읽어내는 것이다. 바바에게 있어서 '혼종성' 혹은 그에 기반한 '흉내내기'란 식민지인들이 만들어 낸 담론에 균열을 내고, 결국 '불확실성'을 만들어낸다. 그리고, "이러한 불확실성은 식민 주체를 '부분적인' 존재로 고정시킨다."14 호미바바의 혼종성은 따라서 식민주체와 피식민주체들 간의 주종관계와 긍정과 부정 등의 이분법을 무력화시키는 데 그 목적이 있다고 할 수 있다. 예를 들어, 백색이라고 하는 색깔이 사실은 흑색, 황색 등의 다른 색깔과의 대비 관계 속에서 마치 '순수한' 자신들만 구별되는 절대 색깔인 줄 알았던 기존의 생각들을 사실은 '백색'도 다른 색깔과의 관계성속에서 정의 내려진 것이라는 것을 발견했을 때, 그 권위를 상실하게 되는 효과가 바로 '혼종성'의 저항성인 것이다. 호미 바바에 따르면 그러므로, '혼종성'은 이러한 이분법적 구분이나 순수한 정체성에 대한 믿음을 곤고히 하는 것이 아니라 그 자체가 이미 모순되고 섞여있고, 잡종이며 균열되어 있다는 것을 드러냄으로써 기존까지 '주류'로 기능해 온 정체성과 담론에 대한 저항적 해체를 할 수 있게 한다.

바바는 "자아와 타자, 주인과 하인, 자국 문화와 타 문화의 구분이 아니라 '경계선상borderline' 혹은 '사이 속in-between' 공간을 강조하며, 이는 "지배와 피지배의 이분법적 구분을 넘어서"15 새로운 공간(어쩌면 저항의 공

---

13 Ibid., 447.
14 데이비드 허다트 지음, 조만성 옮김, 『호미 바바의 탈식민적 정체성』 (앨피, 2006), 112.

간)을 창조할 수 있다고 보았다.

이런 점에서 본다면 이정배 교수가 논의한 대로 "자국의 문화가 근본적으로 서구적 근대성에 못 미친 결과라 여기는" 생각이 '혼종성'에 녹아 있다기 보다는 오히려 "서구적 근대성" 자체도 공고하게 정립된 문화와 정체성이 아니라는 것을 보여줌으로 비서구적 존재자들이 자국의 문화에 대한 새로운 시각—어차피 너희들의 기반도 진짜가 아니었다!—을 갖게한다. 그리고 이 새로운 시각 속에서 오히려 제국주의와 식민주의의 환상을 허물고 해체-저항할 가능성이 생겨날 수 있는 것이다. 그러므로 필자는 한국의 문화를 읽어냄에 있어 '혼종성'을 전제로 읽어내는 것이 더 현실지향적일 수 있고, 한국의 상황에서 '생존'하기 위해 애쓰는 젊은 세대들의 목소리를 들을 수 있다고 생각된다. 그 이유는 한국의 청년들은 자신들을 '한국'이나 '민족적 동질성' 속에서 자리매김하기 보다는 취직하기도 어렵고, 계급적 한계를 벗어나기도 어려운 '혼종적'이고 어정쩡한 존재들로 이해하는 경향이 더 많기 때문이다.

두 번째로 이정배 교수는 한류의 문화가 우리민족의 '풍류'와 연결되는 지점이 있음을 설명한다. 현묘지도의 '함술'이 그 논거가 되는 데, '함술'은 한국적 통섭론으로서 이는 "존재 자체가 실체적이지 않고 소금과 물이 섞인 소금물처럼 있다."[16] 즉 정체성이 전혀 변하지 않는 것은 아니지만, 그리고 본래의 문화가 그 정체성을 불변의 것으로 유지하는 것은 아니지만, 소금과 물이 섞이듯이 혼재하게 되는 것을 말한다. 그러나 그렇다고, 그 정체를 완전히 잃는 것은 아니다. 즉, "소금의 실체가 탈해졌음에도 그 맛이 실종되지 않고 다른 형태로 유지-보존된다."는 것이다.[17] 따라서, 이정배 교수는 풍류가 함과 접을 통해 유·불·선 3교를 품으면서도 넘어섰듯이, 오늘 날의 한류문화도 자신을 잃지 않으면서도 타문화를 수용-변화되기를 기대한다고 하였다. 그러나 필자가 묻고 싶은 질문은 이렇게 자국

---

15 박종성 "탈식민주의에 대한 성찰: 푸코, 파농, 사이드, 바바, 스피박," (살림, 2006).
16 Ibid., 452.
17 이정배, "한류와 'k-Christianity'", 452.

의 문화적 특성을 잃지 않은 상태에서 타문화를 수용하거나 혹은 자신의 문화에 맞게 취사선택할 수 있다고 하는 전제는 과연 '그 정체성을 혹은 실체를 탈한' 상태라고 할 수 있을 것인가? 의 질문과 함께, 이렇듯이 한류를 '모든 것을 품는' 생명 신비의 원리로 받아들일 수 있을 만큼 '한류'는 상생의 문화인가라는 질문이다. 앞서 이정배 교수는 자본 외적인 요소를 통해 한류를 분석하는 것도 가능하다고 하였지만, 그럼에도 불구하고 '한류'는 자본주의의 논리를 떼어놓고 말할 수 있는 문화가 아니라는 생각이 강하게 든다. 문화현상을 만들어 놓고 전파할 때, 누구에게 이득이 되고, 누구의 돈을 끌어 올 것인가의 계산 관계를 배제하고 과연 '상생'의 문화가 나올 수 있을 것인 지를 좀 더 깊이 생각해 보아야 할 것 같다. 이런 의미에서 한류와 관련하여 "한류의 문화콘텐츠가 현재 세계를 지배하는 자본과 권력과 소비문화의 잘못된 문명 질서를 '정의로움'의 이름으로 분노하는 저항적 열정을 가지고 있는가?"18 를 물어야 한다고 주장한 김경재 교수의 질문을 동의하며 생각해 본다. 이정배 교수가 풍류도로부터 논의한 함과 접의 원리와 자본주의 혹은 글로벌리즘에 대한 반자본주의 저항문화는 어떻게 연결되어야 하는 지에 대해서도 물어야 할 것이다.

또 하나 생각해 보게 되는 것은 시간적 흐름을 거슬러 올라가서 이정배 교수는 이러한 문화적 '함'의 현상은 유 · 불 · 선 사상을 융합할 수 있었던 전통적 한국 문화 속에서 일어난 혼종성과도 통한다고 보았는데, 과연 그 당시 가지고 있던 자국 문화에 대한 인식과 오늘날 한류 문화를 접하는 젊은 세대들의 자국 문화에 대한 인식이 과연 연결될 수 있을 것인가에 대해서도 묻고 싶다. 예컨대, 이정배 교수는 아이돌 스타들의 '집단적 군무'나 드라마 "대장금", "겨울연가" 등이 나타내고 있는 집단성, "가족 공동체성"이 "할리우드 중심의 서양 문화"19를 대체할 대안 문화로 그 역할을 발휘할 수 있다고 보았는데, 대장금은 과거 한국의 역사를 재현한 것이니

---

18 김경재, "한류에 대한 문화신학적 조명," 『한류로 신학하기』 (동연, 2013), 89.
19 Ibid., 468.

한국적 에토스를 담고 있다고 볼 수 있지만, 아이돌들의 '집단적 군무'나 '겨울연가' '넝쿨째 굴러들어 온 당신'에서 묘사하고 있는 한국 문화가 한국의 집단적, 공동체적 정서를 표상한다고 말하기에는 현실을 살아가는 한국 사람들의 실생활과 너무나 큰 괴리가 있다는 것을 짚고 넘어가야 할 것 같다. 특별히 '넝쿨당'에서 보여 지는 여성의 모습은 사실 슈퍼우먼의 모습이다. 바깥에서나 안에서나 아내로서, 직장 여성으로서의 삶을 완벽하게 살아가는 여성을 부추기는 의도가 들어있기 때문이다. 더구나 이러한 아내로서의 여성을 부각시키는 드라마가 최근 큰 위기를 겪고 있는 한국의 가족 해체 현상에 대해서 어떤 대안이 될 수 있을지 물어야 한다. 그리고 가족 이데올로기가 생산해 내는 바람직한 아내로서의 이미지들이 여성들에게 주는 영향과 급격히 결혼에 대한 긍정적 관점이 줄어들고 있는 여성들의 삶의 현실[20]에 대해 무슨 의미를 줄 것인지도 생각해 보아야 한다. 이러한 문제의식에 바탕을 두고 무엇이 '한국적'이고 '서구에 대한 대안 문화'인가를 세심하게 물어야 한다는 생각이 든다.

논문의 후반부에서 이정배 교수는 한류의 공시共時성으로 들 수 있는

---

20 20-30대 여성의 생각과 50대 이상 여성 두 집단에게 물었는데, '결혼을 반드시 해야 한다'라는 항목에 있어 50대 이상 여성들은 36.7%가 그렇다고 대답한 반면, 20-30대 여성들은 9.9%만이 그렇다고 대답하였고, '결혼 없이 동거할 수 있다'에 대해서는, 50대 이상 여성들은 25.1%가 동의했고, 20-30대 여성들은 52.6%가 동의하였다. 여성들의 가족에 대한 의식이 달라지고 있음을 말해주는 데, 이것은 그 여성이 '여성의식'이 있느냐 없느냐와 상관없이 어머니의 삶을 관찰해 보거나, 자신보다 먼저 결혼한 여성들의 삶을 간접적으로 경험하게 되면서 갖게 되는 의식이라고 할 수 있다. 〈중앙일보〉, 2010.07.05, 이혜숙, "여성과 사회"(知&you 2010), 89에서 재인용. 이렇게 결혼에 대한 의식은 젊은 여성과 나이든 여성에게서만 나타나는 것이 아니라, 남녀 간에도 차이를 보인다. 결혼의 필요성에 관한 한 남성들은 여성에 비해 동의의 정도가 높게 나타나고 있는데, 흥미로운 것은 곧 결혼의 당사자로 등장할 미혼남녀의 차이가 두드러지고 있음이다. 즉 미혼 남자의 62.6%가 동의하고 있음에 비해, 미혼여자의 경우에는 '결혼을 반드시 해야 한다'는 응답은 46.8%에 머물고 있었다. "가족관련 가치 및 의식의 변화와 가족의 미래," 〈여성정책연구원 2012 연구보고서〉, 85. 이에 덧붙여 한국 사회의 저출산율과 높아지는 이혼율을 살펴 볼 때, 한국여성들의 의식변화와 가족에 대한 거부감이 왜 늘어나고 있는 지에 대해서 심각하고 진지하게 물어야 한다.

것으로 '홍, 정 그리고 한'이라고 하는 개념을 소개한다. 이 세 가지 개념으로부터 우리는 "나와 만물이 한 몸을 이룬다."[21]라는 것과, '한국 민족은 낙관적이고 즐길 수 있는 정서를 가지고 있다' 등의 긍정적 에토스를 이끌어낼 수 있다. 그러나 이러한 한국(민족)만이 가지고 있는 특성들은 한국적인 것을 드러내기도 하지만 '은폐'하거나 '왜곡'할 수도 있다는 것을 생각해 볼 수 있다. 예를 들어, 정情과 한恨의 개념이 가지고 있는 '자기희생'이 긍정적으로만 평가되기 어려운 면이 있는 데, 영화 〈서편제〉에서 그러한 문제제기를 가지게 된다. 득음을 위해 딸을 '희생'시킨 아버지의 행동은 한국의 가부장제―아들보다는 딸을 희생시키는 것이 윤리에 어긋나지 않는다―와 '한'의 문화에 대한 일종의 '오리엔탈리즘'적 성격이 있다고 해석할 수 있다. 〈서편제〉에는 '한국의 문화에는 여성의 희생이 자연스럽게 미화되어도 된다'라고 하는 이데올로기를 보편화하려는 오리엔탈리즘적 고정관념이 존재한다. 이에, 한류 문화 속에서 여과되지 않고 보인(재현된 represented) 한류 문화를 개별성을 띠면서 보편성을 지향하는 긍정성으로도 해석될 수 있지만, 서구가 규정하고 바라보는 관점을 더 공고히 하고 확인하는 그래서 이분법적 틀에 다시 가두는 '정형화' 혹은 '오리엔탈리즘'을 생산하고 있음 또한 면밀히 살펴볼 필요가 있다.

이정배 교수님이 언급한대로 "오늘의 한류는 시공간적 혼종성의 산물로서 서구적 자산을 창조적으로 재구성하여, 동북아는 물론 세계와 소통하는 보편적 생명력을 잉태할 책임과 사명이 있다"는 것에 깊게 동의한다. 이것은 한류가 혹은 새롭게 형성될 기독교(K-christianity)가 신자유주의의 결과물로서 자본의 논리를 수동적으로 따르는 문화 현상에 그치지 않고, 한국적 저항 에토스(문화 창조력)를 만들 수 있는 힘이 되기를 바라는 마음에서 제안했으리라 본다. 이런 의미에서 볼 때, 한류 속에 흐르는 한국 고유의 문화적 특성을 파악하는 것도 중요하지만, 거기에 담긴 저항적 에토스를 찾아내고, 구체적으로 그 저항적 에토스는 어떻게 제시되어야

---

21 Ibid., 457.

하는가의 문제도 한류를 신학적으로 연구함에 있어 절실히 요구되는 문제라고 생각한다.

III. 저항적 신학
— '잉여'로 표현되는 젊은 세대들을 생각하며

21세기를 살아가고 있는 사람들이, 특히 젊은 세대들이 경험하는 혼종성에서 그 어느 것이 특별히 '한국적'인 것이고, 민족 주체적인 것이라고 말할 수 있을까? 말할 수 있다고 해도 그것이 통시적으로 이어지는 '한국적' 문화와 어떻게 맥을 잇고 있을 것인가? 그리고 과연 우리가 '한국적'이라고 바람직하게 제시하는 정체성과 문화적 특성들이 오늘날 '헬조선'이라 불리는 한국을 살아가는 청년들에게 용기를 주고 저항성을 북돋는 그런 이름들일 수 있을까?

소영현은 그의 글 "한국사회와 청년들"[22]에서 1980년대와 1990년대(사실 90년대부터 대학생은 '선택받은 자'(?)들로서의 정체성을 잃기 시작했다)를 거치면서 발전된 청년들의 '저항문화'는 21세기에 접어들면서 심각한 위기에 봉착했다고 설명한다. 그 이유는 "21세기 첫 10년 동안 청년문화라고 할 만한 것은 더 이상 존속할 수 없어졌으며 모두가 생존의 최전선에 내몰렸"[23]기 때문이다. 그 전 만큼 조금만 노력하면 성공할 수 있는 확률도 점점 더 줄어들고 있으며(계층 간 격차는 점점 더 확고해졌으며), 개체들 간의 차이가 집단들 사이의 차이보다 커졌다고 할 수 있을 만큼 어떤 공통적인 저항 에토스를 정의 내리기가 어려워 진 것이 현실이다. 게다가 그들을 정의내리는 정체성조차 이전의 "대학-학생-청년"등의 공통분모로 묶어내기가 불가능해졌다. 어떤 이들은 "사회의 일원이 되지 못한 사회 부적

---

22 소영현, "한국사회와 청년들"『속물과 잉여』(지식공작소, 2014), 218.
23 Ibid., 219.

응자"[24]로, 기존 체제를 거부하던 이들은 복지의 혜택을 받지 못하는 비정규직으로 분류되기도 하며, 이도 저도 아닌 그야말로 사이에 낀 존재들이 더 늘어가고 있다. 비정규직과 '88만원 세대' 등의 문제를 살펴보자면, 강남과 강북, 좌파와 우파, 진보와 보수 등의 대립으로 분석하기 보다는 몇 해 전 뉴욕에서 있었던 스트라이크처럼 '1%와 99%'의 대립으로 보는 것이 더 현실적일 수 있다. 문화적 차이보다 계급적 차이가 더 절실해 지고 있으며, 세대 간 차이보다 같은 세대 안에서의 경제적 차이와 괴리가 더 늘어가고 있다 해도 과언이 아니다.

이런 현실을 감안해 본다면, 이정배 교수님의 방식대로 한류에서 나올 수 있는 저항의 에토스를 찾아낼 수 있는 방법은 문화적 동질성 혹은 공동체성에 있다기보다는, 혹은 기성세대가 가지고 있었던 특징들을 살펴보면서 그에 기반을 둔 관계성을 찾기 보다는 "계층적" "경제적" 현실에서 찾아내는 것이 더 바람직할 것이다. 이러한 관점이 오히려 이정배 교수가 "한국교회에 있어 포스트모더니즘의 공과 화"라는 논문에서 제기한 전지구화에 대해 경제적 저항의 에토스로 문화적 정체성을 살펴보아야 한다고 하는 관점과 합치되는 것이 아닐까 생각한다.

한국의 문화 속에서 저항적 목소리를 찾기 위해서는 지금 젊은 세대들이 무슨 문제를 가지고 고민하고 있는 지, 기성세대에게는 '공동체성', '민족', '한국', '한민족' 등등의 집단 대표성 단어가 희망과 결집력을 주었더라도 왜 현 세대의 젊은이들은 그 의미체계에 대해서 희망을 발견하지 못하는 지에 대해서 살펴볼 필요가 있다. 한류 문화라든가, 한국적 신학을 추구하는 토착화신학의 노력은 어쩌면 '고급 문화'에 속할 지도 모른다. 그러나 문화신학은 적어도 문화적으로 구성원들의 관심이 어디에 있는 지를 살펴야 한다는 것을 기억해 볼 때, 현재의 청년들이 어떤 문화적 기운들을 형성하고 있는 지를 관심 가져야 한다.

1996년 8월 20일 한총련이 정부의 원천 봉쇄 진압에 항거해 연세대

---

24 Ibid., 221.

종합관 건물에 피신을 하여 10여 일을 저항하다 대규모 병력이 투입되고, 결국 건물에 화재가 발생했다. 이 사건을 계기로 청년은 세대적 동질성을 잃게 되었고, 사회에 대한 저항세력으로서의 성격도 상실하게 되었다. 대학 구성원들이 바라보는 학생운동의 부정적 인상은 '때 되면 친한 척 한다, 행동보다 말이 앞선다, 목적을 위해 수단과 방법을 가리지 않는다, 정치인들(국회의원)들과 비슷하다'식의 표현도 있었다.[25]

이처럼 대표성을 띤 형태로 청년 저항문화를 읽는 방식은 서서히 실패 괘도에 오르고 있다는 것을 인정해야 한다. 문화 연구가들은 "한류와 오타쿠 사이를 오가면서 소비문화 방식으로 동향 분석"[26]을 하는 동안 오히려 계급적으로 소외되는 청년들의 문화를 읽는 방식을 놓쳐버렸다고 평가한다. 이들은 이전처럼 '확연하게' 저항적이지도 않고, 그렇다고 다른 사람에 대한 지배 방식을 세련되게 포장하는 기성세대들처럼 행동하지도 않는다. 소위 '잉여'라고 불리는 청년들은 고등학교부터 과도한 경쟁 구도를 뚫고 대학을 향해 달려왔지만, 대학을 졸업하면서 더 심화된 경쟁의 상황을 통과해야 하는 그런 시절을 살아간다. 기성세대가 가르쳐 준 방식으로 살아왔지만 그것은 기성세대에게만 통하는 이야기였고, 이들은 전혀 다른 현실, 노력하거나 스펙을 쌓았다고 해도 실패자가 될 수밖에 없는 구조에 끼여 있다.

이러한 상황이 신학교를 졸업하는 예비 목회자들에게도 비슷한 구도로 적용된다. 교회의 숫자는 줄어들고, 서울 내에 있는 담임목회자가 되기란 하늘의 별따기임에도 불구하고 '믿음'을 가지고 목회 현장으로 뛰어들라고 격려하지만, 소위 지방 교회나 '개척'교회를 담임하는 목회자들은 사실 '최저생계비'도 보장되지 않은 목회를 감당해야 한다. 교회나 사회나 부모로부터 물려받은 재산, 부모가 목회자인 경우에 누릴 수 있는 특권은 소수의 특정한 사람들에게만 부여되어 있고, 대부분의 청년들은 특권과

---

25 이원재, "학생운동 위기(!) 대학문화의 가능성(?)," 청년문화잡지「일탈기록」창간호 (문화과학사, 2000): 39.『속물과 잉여』, 225에서 재인용.
26 소영현, "한국사회와 청년들,"『속물과 잉여』(지식공작소, 2014), 227-228.

무관하다. 1명의 승자와 99명의 패자를 낳는다는 말이 그렇게 과장된 표현이 아닌 듯하다. 그렇기 때문에 '누구는 금수저를 물고 태어났고, 누구는 흙수저를 물고 태어났다'라는 자소 섞인 말들이 나오는 것이 아니겠는가!

사실 이러한 '잉여'라고 하는 용어는 청년들에게만 해당되는 용어라고 할 수는 없다. 자본으로부터 소외되었다는 측면에서 계급적이지만 계급을 넘어 선 문화적 요소들 까지도 포함한다. "일을 할수록 가난해지는 워킹푸어, 근로빈곤층," 비정규직(지식)노동자들, 파트 타임 노동자들에 이르기까지 세대와 지역, 계급, 성차를 넘어서 사실 "국민의 잉여화"에 이르고 있다고 해도 과언이 아니다.27 그럼에도 불구하고, 특별히 청년들을 '잉여 문화'를 통해 바라보려 하는 것은 기성세대가 만들어 놓은 한계와 모순을 온몸으로 겪으며 살아가야 하는 세대이기 때문일 것이다. 힘차게 달려왔지만 주어지는 것이 없고 '노오력'을 해도 변화가 없는 이런 '잉여' 혹은 '루저'의 청년들이 사회에게 던지는 반응은 기성세대들이 파악하는 것처럼 그렇게 '저항적'일 수가 없다. 우리 사회의 모순—소수에게만 특혜가 주어지는 현상—을 가장 극명하게 살아가는 세대가 20대라고 해도 과언이 아니다. 그럼에도 여전히 기성세대에게는 '게으르다' 혹은 '주체적'이 되지 못한다는 부정적 평가를 받는다. 따라서 현재적으로 보자면 기성세대의 관점으로 보자면 '속물'이지만, 절박한 현실에서 '생존'을 걱정하는 '잉여'라는 해명적 입장에서 그들을 이해하는 것은 가능할 수 있다.28

'잉여' 중에는 기성세대의 방식을 충실히 따라오다가, 부품처럼 맡겨진 일들을 순응적으로 잘 해 내다가 어느 날 '자살'을 선택해 사회의 모순을 증거하는 이들도 있다. 또 한편으로는 사회를 풍자하는 웹툰과 가요 등과 같은 문화콘텐츠를 만들어내면서 나름의 목소리를 통해 사회에 저항하는 이들도 있다. 실제로 sns에서 의견을 교환하는 일들을 통해 '도가니'의 실제 사건을 고소하고 가해자를 처벌하라는 요구들을 만들어 내기도 했다.

---

27 김상민, "잉여 미학," 『속물과 잉여』, 88-89.
28 소영현, "한국사회와 청년들," 232.

또한 이들은 기성세대의 입장에서는 '생산'과 '노동'이라고 불릴 수 없는 '인터넷 문화'를 점유하고 있는 경우가 많은데, 어떤 이들은 이 현상을 '탈정치화' 혹은 '비주체화'라고 하지만 사실 그들은 미디어를 통해 나름의 방식으로 정치와 사회현상에 개입하고 있는 셈이다. "잉여적 주체는 대중이라는 거대한 흐름 속으로 희미하게 사라지는 존재인 동시에 그 흐름 속에서" 여전히 문제의식을 가지고 "사유하는 개인으로 솟아오르는 그런 주체다."29

이정배 교수는 논문 "한국교회를 향한 돌들의 소리들"에서 본회퍼를 소개하면서 "동시성"을 주목했다. 본회퍼는 "신이 사라진 세속 세계 속에서 하느님을 말할 수 있는 새 길을 모색하면서 종래의 신학적 형이상학을 포기"30하였다고 했다. 이미 우리가 익히 알고 있는 방법론을 통해 신과 구원을 말하는 것이 아니라, 교회 바깥에서 어떻게 신을 이해하고 있는지를 고민하고, 타자의 현실을 통해서 구원과 희망을 이야기한다는 게 무엇인지를 물어보라는 것이리라. '세상 안에 있되 세상 밖을 사는 사람'이 되기 위해서, '불고 싶은 대로 부는 하느님의 영'을 신앙하기 위해서 "한 건물 안에 몇 개의 교회들이 경쟁적으로 간판을 내걸고 있는"31 자본주의화된 교회에 '아니'라고 말하기 위해서 우리는 저항해야 한다. 이정배 교수는 자본주의가 이제 현대 사회를 첨예하게 침투하고 있지만, 교회가 이를 따르는 것은 옳지 않으며, 오히려 하나님 나라의 넉넉한 사랑과 풍성함을 증거해야 한다고 했다. 또한 토착화신학자들의 신학적 고민들을 이어받아 한국 고유의 신학을 고민해야 한다고 주장한다.32

필자는 '상상하고', '고독'할 뿐 아니라 '저항해야' 하는 신학자들이 해야 하는 고민들은 무엇보다 성공과 성취를 위해서가 아니라, '생존'과 '버티기'로 살아가야 하는 이 땅의 '잉여들'과 같은 사람들의 삶을 공감하는 것

---

29 김상민, "잉여 미학," 116.
30 이정배, 『고독하라 저항하라 상상하라』, 76.
31 Ibid. 88-89.
32 Ibid, 92.

이라고 생각한다. 그러나 기존의 주체 이해 방식과 저항 방식으로 그들에게 똑같은 패턴의 저항을 하라고 할 수 없다는 것을 인식해야 한다. 기성세대가 보여준 여러 방식의 충고와 희망 고문은 그들에게는 더 이상 의미가 없다는 것, 그리고 오히려 무력할 수밖에 없다는 것을 인정해야 한다. 그리고 여기서 새로운 방식의 '저항'을 달라진 방식의 비판적 신학을 세우는 일에 전력을 기울여야 할 것이다. 필자는 이것이 토착화신학을 하던 선생님들과 '잉여들'로 한국 사회를 살아가야만 하는 젊은 세대를 연결할 수 있는 끼인 세대가 해야만 하는 일이라고 생각한다. 그 일의 시작은 어쩌면 기존의 방식이, 기성세대가 제시한 대안이 청년들에게 이제 더 이상 위로와 희망이 되지 못할 수도 있다는 '위기의식'을 자각함으로 출발할 수 있을 것이라고 본다.

참고문헌

이정배. "한류와 K-Christianity."『고독하라, 저항하라, 그리고 상상하라』. 서울: 동연, 2013.
_____. "한국교회에 있어 포스트모더니즘의 공과 화."『고독하라, 저항하라, 그리고 상상하라』. 서울: 동연, 2013.
_____. "한국교회를 향한 돌들의 소리: 고독하라 저항하라 상상하라."『고독하라, 저항하라, 그리고 상상하라』. 서울: 동연, 2013.
_____. 『빈탕한데 맞혀 놀이』. 서울: 동연, 2011.
김경재. "한류에 대한 문화신학적 조명."『한류로 신학하기』. 동연, 2013.
김상민. "잉여 미학".『속물과 잉여』. 서울: 지식공작소, 2013.
박종성.『탈식민주의에 대한 성찰: 푸코, 파농, 사이드, 바바, 스피박』. 서울: 살림, 2006.
소영현. "한국사회와 청년들."『속물과 잉여』. 서울: 지식공작소, 2013.
엄기호.『이것은 왜 청춘이 아니란 말인가』. 푸른숲, 2010.
이원재. "학생운동위기(!) 대학문화의 가능성(?)"『속물과 잉여』.서울: 지식공작소, 2013.
이혜숙.『여성과 사회』. 서울: 知&you, 2010.
한국여성정책 연구원. "가족관련 가치 및 의식의 변화와 가족의 미래." 여성정책연구원 2012 연구보고서, 2012.
데이비드 허다트 지음. 조만성 옮김.『호미 바바의 탈식민적 정체성』. 서울: 앨피, 2006.
로절린드 c. 모리스 엮음. 태혜숙 옮김.『서발턴은 말할 수 있는가? 서발턴 개념의 역사에 관한 성찰들』. 그린비, 2013.
스티븐 모튼 지음. 이운경 옮김.『스피박 넘기』. 앨피, 2003.
클레이 서키. 이충호 역.『많아지면 달라진다』. 갤리온, 2011.
Derrida, Jacques. *On the Name*. Standford University Press, 1995.
bhabha, homi K. *The location of culture*. Routledge, 1994.
Shirky, Clay. *Cognitive Surplus: Creativity and Generosity in a Connected Age*. The Penguine Press: 2010.

이정배 교수 저서 목록

단행본

그래, 결국 한 사람이다 (동연, 2016)

차라리, 한 마리 길 잃은 양이 되라 (동연, 2016)

신학, 타자의 텍스트를 읽다 (모시는사람들, 2015).

이정배의 생명과 종교 이야기 (모시는사람들, 2013).

고독하라, 저항하라 그리고 상상하라 : 2017년 종교개혁 500해를 앞둔 한국교회를 향한 돌의 소리들 (동연, 2013).

이웃종교인을 위한 한 신학자의 기독교 이야기 : 한국적, 생명적 기독교를 말하다 (동연, 2013).

빈탕한데 맞혀놀이 : 多夕으로 세상을 읽다 (동연, 2011).

생태 영성과 기독교의 재주체화 (동연, 2010).

없이 계신 하느님, 덜 없는 인간 : 多夕신학의 얼과 틀 그리고 쓰임 (모시는사람들, 2009).

켄 윌버와 신학 : 홀아키적 우주론과 기독교의 만남 (시와 진실, 2008).

토착화와 세계화 : 한국적 신학의 두 과제 (한들, 2007).

종교와 과학의 대화에 근거한 기독교 자연신학 (대한기독교서회, 2005).

간(間)문화 해석학과 신학적 상상력 : 신학의 아시아적 재(再)이미지화 (감리교신학대학교, 2005).

생명의 하느님과 한국적 생명신학 : 하느님의 살림살이를 위한 신학 (새길, 2004).

한국 개신교 전위 토착신학 연구 (대한기독교서회, 2003).

평신도와 함께 하는 생명신학 (기독교대한감리회 홍보출판국, 2001).

해석의 힘. 차이의 축제 : 신학의 실학화를 위하여 (쉼, 2001).

선한 벗들과 함께 신학하기 : 철학·과학·종교 간의 間학문적 대화 (한들, 2000).

신학의 생명화, 신학의 영성화 (대한기독교서회, 1999).

하느님 영은 불고 싶은 대로 분다 : 성령의 시대, 생명신학 (한들, 1998).

조직신학으로서의 한국적 생명신학 (감신, 1996).

예수가 대답이라면 무엇이 문제인가? (성서연구사, 1994)

피조물을 위한 큰 약속 (나단, 1994).

생태학과 신학 (종로서적, 1993).

현대 자유주의 신학사조 (감리교신학대학 출판부, 1992).

토착화와 생명 문화 (종로서적, 1991).

眞理에 이르기까지 (雲友社, 1989).

창조신앙과 생태학 (雪友社, 1987).

공저

남겨진 자들의 신학 : 세월호의 기억과 분노 그리고 그 이후 (동연, 2015).

묻는다, 이것이 공동체인가 : 눈먼 국가 귀먹은 교회, 세월호 以後의 우리 (동연, 2015).

세월호 이후 신학 : 우는 자들과 함께 울라 (모시는사람들, 2015).

왜 눈떠야 할까: 신앙을 축제로 이끄는 열여섯 마당 (신앙과지성사, 2015).

축의 시대와 종교 간 대화 (모시는사람들, 2014).

곁에 머물다: 그 봄을 기억하는 사람들의 겨울 편지 (대한기독교서회, 2014).

YMCA 인물 콘서트 (한국기독교역사연구소 2014).

불교와 그리스도교의 생태 영성 (운주사, 2013).

생명과 평화를 여는 정의의 신학 (동연, 2013).

한류(韓流)로 신학하기 (동연, 2013).

생태적 삶을 추구하는 영성 (동연, 2011).

나는 왜 + 어떻게 신학을 하는가?: 신학, 고통과 아름다움의 여정 (대화문화아카데미, 2011).

하루를 일생처럼: 다석 류영모 선생 귀천 30주기 추모 문집 (두레, 2011).

한국철학사전 (동방의 빛, 2011)

그리스도론 (대한기독교서회, 2011).

생각하는 백성이라야 산다 (나녹, 2010).

신학의 저항과 탈주: 다윈 진화론과의 비판적 대화를 중심으로 (모시는사람들, 2010).

현대 생태사상과 그리스도교 (바오로딸, 2010).

제3세대 토착화신학 (모시는사람들, 2010).

생명과 화쟁 (동연, 2010).

모색: 씨[알]철학과 공공철학의 대화 (나녹, 2010).

기후붕괴시대, 아주 불편한 진실 조금 불편한 삶 (동연, 2010).

한국 신학, 이것이다 (한들, 2008).

씨알 생명 평화: 함석헌의 철학과 사상 (한길사, 2007).

위로하라 내 백성을: 대강절. 성탄절 설교집 (한국학술정보, 2007).

동서 종교의 만남과 그 미래 (모시는사람들, 2007).

인류의 스승으로서 붓다와 예수 (동연, 2006).

현대 생태신학자의 신학과 윤리 (대한기독교서회, 2006).

변선환 신학 새로 보기 (대한기독교서회, 2005).

몰트만과 그의 신학: 희망과 희망 사이 (한들출판사, 2005).

종교대화 강좌 불교와 그리스도교의 수행 : 한국종교와 대화문화 (바오로딸, 2005).

한국에 기독교문화는 있는가 (한들, 2005).

지구촌 시대 상생의 윤리와 철학 (백산서당, 2004).

생명의 영성 (대한기독교서회, 2004).

과학과 신학의 대화 (대한기독교서회, 2003).

갈등 화해 축제와 문화신학 (한들출판사, 2003).

다석 유영모의 동양사상과 신학 : 동양적 기독교 이해 (솔출판사, 2002).

과학 · 종교 · 윤리의 대화 (궁리, 2002).

조직신학 속의 영성 (대한기독교서회, 2002).

이용도의 생애 · 신학 · 영성 (한들, 2001).

생태계의 위기와 기독교의 대응 (한국기독교연구소, 2000).

평화공동체 (대화출판사, 2000).

밀레니엄과 종말론 (한국신학연구소, 1999).

생태학과 기독교 신학의 미래 (한들출판사, 1999).

IMF시대의 목회와 설교 (한국기독교연구소, 1998).

한국적 선교학의 모색 (성서연구사, 1998).

환경과 종교 (민음사, 1997).

생명의 신학과 윤리 (열린문화, 1997).

한국 종교문화와 그리스도 (한들, 1996).

신학하며 사랑하며: 한국 기독교의 거듭남을 위하여 (문학과지성사, 1996).

신관의 토착화: 토착화 연구 자료집 (한국천주교중앙협의회, 1995).

현대이후 주의와 기독교 (다산글방, 1993).

한국의 문화와 신학 (대한기독교서회, 1992).

한국교회와 에큐메니칼 운동 (대한기독교서회, 1992).

신학(神學)—어떻게 할 것인가? (아멘출판사, 1992).

복음과 문화 (대한기독교서회, 1991).

宗敎多元主義와 神學의 未來: 邊鮮煥博士華甲紀念論文集 (종로서적, 1989).

편저

경전으로 본 세계종교(전통문화연구원 2015)

다석 유영모의 동양사상과 신학 — 동양적 기독교 이해(도서출판 솔 2002)

생태학과 신학-생태학적 정의를 향하여(종로서적 1989)

번역서

몸의 우주성: 동서양의 고전을 통해 읽는 몸 이야기 (모시는사람들, 2013).

과학시대의 신론 (동명사, 2009).

진리를 찾아서: 과학과 기독교신앙을 토대로 한 사순절 명상들 (kmc, 2003).

나는 주 너희의 하나님이다: 십계명의 현대적 이해 (다산글방, 2000).

신의 과학: 과학과 히브리 창조론의 조화 (범양사, 2000).

神과 자연: 기독교와 과학, 그 만남의 역사, 1.2 (이화여자대학교 출판부, 1999).

창조, 어둠 그리고 영혼과의 대화(동명사, 1998).

생명권 정치학 (대화출판사, 1996).

조직 신학 입문 (나단, 1994).

노동의 미래-미래의 노동(한국신학연구소, 1993).

신학입문: 주요 신학개념 해설 (대한기독교서회, 1992).

하늘과 사람은 하나다 : 中國的 神學의 礎石 (분도출판사, 1991).

자연 — 그 동서양적 이해 (종로서적, 1989).

신학입문: 주요 신학개념 해설, 1.2 (대한기독교서회, 1989).

자연: 그 동양적 이해 (종로서적, 1989).

선교신학 (컨콜디아사, 1988).

시간이 촉박하다(기독교서회 1987)

논문

의미 없이 사라지는 자들에 대한 기억, 그를 신학적으로 사유하기, 연세대학교 신과대
　　　학(연합신학대학원), 2015.

교회 복음화 없이 세상의 복음화 없다, 감리교신학대학교, 2015.

새로운 보편성을 추구하는 '유물론적 신학', 감리교신학대학교, 2014.

장공 김재준 박사의 '우주적 사랑의 공동체', 한신대학교 한신신학연구소, 2014.

자본주의시대의 기독교 신학과 영성, 한신대학교 한신신학연구소, 2014.

하느님을 사랑하는 자, 과연 무엇을 사랑하는가?, 대한기독교서회, 2014.

탈세속화 시대 속의 영성신학과 목회, 성공회대학교 신학연구원, 2014.

이웃종교를 보는 세계교회협의회(WCC)의 시각, 감리교신학대학교, 2013.

한류(韓流)와 정의평화생명, 한국신학연구소, 2013.

한국 교회를 향한 돌의 소리들: 고독하라, 저항하라 그리고 상상하라, 한국신학연구소,
　　　2012.

지역에서의 종교 간 대화, 그 절실한 의미, 본질과 현상, 2012.

탈(脫)세속화 시대의 디아코니아, 그 向方, 연세대학교 신과대학, 2011.

생명담론의 한국적 실상, 인제대학교 인간환경미래연구원, 2011.

기후붕괴와 종(種) 멸종 시대의 신학과 윤리 E. 윌슨의 "생명의 편지"에 대한 한 답신 ,
　　　한국조직신학회, 2011.

多夕 신학 속의 유교, 감리교신학대학교, 2011.

핵에너지에 대한 신학적 성찰, 한국여신학자협의회, 2011.

민족과 탈(脫)민족 논쟁의 시각에서 본 토착화신학, 한국신학연구소, 2010.

진화론과 우주적 그리스도 그리고 "없이 계신 하느님", 감리교신학대학교, 2010.

기독교인의 재(再)주체성을 위한 고민 -생태적 자아를 향한 여정- , 21세기기독교사회
　　　문화아카데미, 2010.

죽음과 생명의 통전 — 多夕 사상과의 대화의 빛에서, 연세대학교 신과대학, 2009.

개신교 신학자가 본 김수환 추기경의 에큐메니칼 신학, 한국신학연구소, 2009.

자연은 초월의 빛이다, 서강대학교 비교사상연구원, 2009.

미국적 해석학의 한 주제로서 "자연과 성서", 감리교신학대학교, 2009.

제사와 예배 — 조상 제례의 신학적 재구성, 한국문화신학회, 2008.

함석헌의 탈민족, 탈기독교적 평화신학 연구:《뜻으로 본 한국역사》를 중심으로, 한국

문화신학회, 2008.

天符經을 통해서 본 東學과 多夕의 기독교 이해, 한국신학연구소, 2008.

켄 월버의 사상한(四象限)(four quadrants)에서 본 기독교적 죽음이해, 東洋哲學硏究會, 2008.

너희는 나를 누구라 하느냐, 한국문화신학회, 2008.

다석 학파의 기독교 이해와 한국 문화신학의 미래, 한국기독교학회, 2007.

저항적 민족주의에서 문화적 민족주의로: 한일 역사 치유를 위한 아시아 신학 모색: 토착화신학의 관점에서 , 한국조직신학회, 2007.

꿈의 사람 이호운의 목원(牧園)신학연구, 감리교신학대학교, 2007.

토착화의 시각에서 본 에큐메니칼 선교, 한국신학연구소, 2007.

J.B. 멕다니엘의 생태신학 연구 — 탈가부장주의와 불교와의 대화를 바탕하여, 한국신학연구소, 2006.

함석헌의 『뜻으로 본 한국역사』 속에 나타난 "민족" 개념의 신학적 고찰, 감리교신학대학교, 2006.

대안적 세계화를 위한 동아시아 종교문화의 역할과 제안, 연세대학교 신과대학 , 2006.

기독교와 탈민족주의 ―성서에 나타난 신명(神名)을 통해서 본―, 본질과현상사, 2006.

대안적 세계화를 위한 동아시아 종교문화의 역할과 제안, 연세대학교 신과대학, 2006.

불교적 유교에서 기독교적 유교에로, 감리교신학대학교, 2005.

기독교문화는 존재하는가?: 기독교 문화의 본질과 그 드러냄을 위하여, 한국문화신학회, 2005

피조물을 위한 큰 약속, 인천가톨릭대학교 출판부, 2005.

메시아적 종말론과 진화론-몰트만의 자연신학 연구, 한국조직신학회, 2005.

통합학문의 주제로서 '생명'과 생명신학 연구, 한국신학연구소, 2004.

생명의 영성 : 통합 학문의 주제로서 "생명"과 기독교 생명신학, 한국조직신학회, 2004.

유교와 기독교의 대화 그 한국적 전개, 감리교신학대학교, 2004.

Ch. 링크의 기독론 중심의 자연신학, 감리교신학대학교, 2003.

유동식의 풍류적 영성과 한국신학, 한국문화신학회, 2003.

一家 김용기 장로 '복민주의'의 생명신학적 이해, 한국종교학회, 2003.

한국문화신학회 약사, 한국문화신학회, 2003.

마태오 릿치와 탁사 최병헌의 보유론(補儒論)적 기독교 이해의 차이와 한계, 한국신학연구소, 2003.

플킹혼(J. Polkinghorne)의 공명론과 유신론적 자연신학 연구, 한국조직신학회, 2003.

토착화신학의 영성 탐구, 한국조직신학회, 2002.

여가문화와 신앙생활, 한국신학연구소, 2002.

판넨베르그의 자연신학 연구, 한국신학연구소, 2002.

20세기 한국인의 종교경험: 동양적 영성과 "조선적 기독교"의 모색 -이용도와 김교신, 그 신학적 지평의 차이와 융합, 이화여자대학교 한국문화연구원, 2002.

생명공학의 폭력성과 우주론, 한국여신학자협의회, 2002.

동양적 영성과 '조선적 기독교'의 모색, 이화여자대학교 한국문화연구원, 2002.

그리스도교 내의 대화원리 모색, 西江大學校 宗敎硏究所, 2002.

李信의 예술신학연구, 감리교신학대학교, 2002.

한글과 기독교 — 문화신학의 과제로서 한글로 신학하기, 한국기독교학회, 2001.

이용도와 김교신의 '조선적 기독교', 이화여자대학교 한국문화연구원, 2001.

하느님 은총, 그 생태학적 발견, 서강대학교 생명문화연구원, 2001.

켄 윌버(Ken Wilber)의 홀아키적 우주론과 과학과 종교의 통합론, 감리교신학대학교, 2001.

하느님 은총, 그 생태학적 발견, 서강대학교 생명문화연구원, 2001.

생명공학의 세계관과 기독교 문화 — 생명복제에 대한 신학적 평가, 한국문화신학회, 2001.

이용도 연구사의 비판적 분석과 묵시문학적인 한 조명, 감리교신학대학교, 2000.

자연 생태계를 위한 과학과 종교, 가톨릭대학교 사목연구소, 2000.

간(間) 문화해석학으로서의 종교신학, 한국조직신학회, 1999.

문명충돌론과 세계화, 감리교신학대학교, 1999

유교적 자연관과 생태학적 신학, 감리교신학대학교, 1998.

한국종교철학의 현황과 과제, 한국종교학회, 1998.

토착화신학이란 무엇인가 — '하느님의 영'의 활동으로서의 토착화, 한국문화신학회, 1998.

생태학적 신학과 한국 신학의 과제, 한국신학연구소, 1998.

현대 이후적 상황과 신학의 재구성 그리고 설교, 감리교신학대학교, 1997.

한 개신교 신학자가 본 한국 천주교회, 한국천주교중앙협의회(사목), 1997.

한국적 생명신학의 모색 : 생명파괴구조와 시천주의 (侍天主) 생명의식, 숭실대학교 기독교사회연구소, 1997.

생태학적 성령론과 생명문화, 한국신학연구소, 1997.

개신교 내의 신자 재교육 현황, 한국천주교중앙협의회(사목), 1996.

기독론의 한국적 이해, 한국조직신학회, 1996.

韓國 基督教의 受容形態와 土着化論, 한국종교사학회, 1996.

생명파괴와 생명신학, 감리교신학대학교, 1996.

한국 문화신학에 대한 평가와 전망, 한국문화신학회, 1996.

수신(修身) 개념의 현대적, 신학적 이해, 한국조직신학회, 1995.

감리교 교육과정을 위한 신학적 기초, 감리교신학대학교, 1995.

기독교의 자연관, 한국종교학회, 1994.

기독교 인간이해에 대한 한국적 성찰, 감리교신학대학교, 1994.

'한국적 신학'어떻게 할 것인가? — 그 방법과 내용에 관하여, 한국신학연구소, 1993.

성령론과 현대신학, 감리교신학대학교, 1993.

풍수지리설과 생태학, 한국천주교중앙협의회(사목), 1992.

한국개신교 신학과 신앙의 현실, 감리교신학대학교, 1992.

개신교 신학의 토착화 시론, 한국천주교중앙협의회(사목), 1992.

철저종말론 학파의 기독교이해, 감리교신학대학교, 1991.

다원주의 기독론과 토착화신학, 한국기독교학회, 1991.

타종교인이 보는 한국 천주교회, 한국천주교중앙협의회(사목), 1991.

생태학적 신학에서 본 현대 과학 기술의 문제, 한국신학연구소, 1991.

창조보전의 과제와 생태학적 노동신학 — 노동의 세계관적, 생태학적 의미규정을 위한
        시도, 한국신학연구소, 1990.

노동신학의 이론적 고찰, 감리교신학대학교, 1990.

토착화신학과 민중신학의 제문제, 한국종교학회, 1990.

종교다원주의(종교간의 대화)와 현대적 신론, 감리교신학대학교, 1989.

한국문화신학에 대한 평가와 전망, 한국신학연구소, 1989.

슐라이에르마하와 칸트 (리츨신학)의 새로운 종합: 빌헬름 헤르만의 윤리적 신학, 감리
        교신학대학교, 1988.

슐라이에르마하의 종교적 감정의 변증법, 한국신학연구소, 1987.

에버하르트 융엘(Eberhard Jungel)의 神論에 대한 비판적 연구, 감리교신학대학교,
        1987.

〈정리: 김광현_ 감리교신학대학교 박사과정〉

글쓴이 소개 (가나다 순)

김기석
현직: 성공회대학교 신학과 교수
학력: 2004년, Ph. D. 영국 버밍엄대학교(University of Birmingham)
경력: (1993~96 한국기독교교회협의회 근무)
논문: "우주론의 패러다임 전환과 신학적 함축성 연구(2015)." "'4대강 사업'에 대한 생
　　　태신학적 고찰: 생명의 강으로의 부활을 고대하며(2014)."
저서: 『종의 기원 vs. 신의 기원』등.

김선하
현직: 감리교신학대학교 외래교수
학력: 감리교신학대학교 종교철학과. 경북대학교 철학과 철학박사
경력: 경북대동서사상연구소 연구교수
논문: "무덤과 글쓰기: 리쾨르의 죽음이해- 기억, 역사, 망각을 중심으로(2013)." "퍼스
　　　기호론에 대한 고찰(2014)."
공저: 『종교와 철학사이』(2013) 등.

김오성
현직: 한국살렘영성훈련원 디렉터
학력: 한양대학교 공과대학. 감리교신학대학교 신학대학원
경력: (사) 한국기독교사회문제연구원 연구원. 한국기독학생회총연맹(KSCF) 총무
논문: "생활신앙운동: 성찰, 참여, 소통 ver1.5." "길을 묻는 세대와 더불어 길을 묻다
　　　(2011)." "문에서 새어드는 햇빛만 봐도 부끄러웠다- 한국 최초의 기독교 수도공
　　　동체 동광원 (2015)." "하나님에게 이끌려 길목에 서있는 공동체- 한국적 새로운
　　　수도원 운동으로써의 씨알공동체 (2015)" 등.

김영호
현직: 도서출판 동연 대표
학력: 연세대학교 신학과

김장생

현직: 연세대학교 교수

학력: 감리교신학대학교 종교철학과. 에모리 대학교 석사. 프랑크푸르트 대학 박사

저·역서: 『빈곤의 사회과학』. 존 힉 『신과 인간 그리고 악의 종교철학적 이해』(역서). 칼 바르트 『이해를 추구하는 인간』(역서). 주데이흐 『혼돈 앞에 선 인간 철학을 잉태하다』(역서) 등.

김진희

현직: 시코쿠학원대학(四国學園大學) 부교수

학력: 감리교신학대학교. 감리교신학대학교 대학원. 동지사대학(同志社大學) 박사

경력: 캇스이여대(活水女子大學), 나가사키국제대학(長崎國際大學) 강사

논문: "종교 간의 대회를 지향하는 현대 기독론의 문제점: 예수 그리스도의 신성과 인성의 구별과 통일에 있어서(『論集』143, 四国学院大学文化学会, 2014)." "제3세대의 토착화신학에 있어서의 종교간 대화의 과제와 전망: 변선환의 종교간 대화를 중심으로 (2010)."

저서: 『타키자와 카츠미 신학연구: 일본적 신학 형성의 한 단면』(2014) 등.

박상언

현직: 한국종교문화연구소 연구원

학력: 감리교신학대학교. 연세대학교 연합신학대학원. 한국학중앙연구원 철학박사

경력: 서강대학교, 경북대학교 연구교수 역임

저서: 『종교와 동물, 그리고 윤리적 성찰』(공저), 『신자유주의 사회의 종교를 묻다』(공저), 『정직한 이삭줍기 ─소전 정진홍 교수 연구의 지평』(공저)

논문: "자본과 한국 개신교의 친화력, 그리고 신학의 소거", "근대 미국사회의 종교와 의학의 상호간섭 현상에 관한 연구" 등.

배성권

현직: 중부연회 파주지방 한사랑감리교회 담임목사

학력: 감리교신학대학교. 감리교신학대학교 대학원

경력: 충북연회 진천지방 가산감리교회(95-97)

목회철학: 1. 억지를 쓰지 않는다, 2 돈을 사랑하지 않는다, 3. 약자 편에 선다.

서동은

현직: 경희대학교 후마니타스칼리지 교수

학력: 감리교신학대학교. 독일 도르트문트(Dortmund)대학교 철학박사
경력: 한국하이데거 학회 편집위원. 한국 해석학회 학술이사
저·역서:『하이데거와 가다머의 예술이해』.『곡해된 애덤 스미스의 자유경제–세월호,
    메르스, 공감의 경제학』.『세상을 바꾼 철학자들』(공저).『제3세대 토착화신학』
    (공저).『종교와 철학 사이』(공저).『몸의 철학』(역서).『시간의 개념』(역서) 등.

신익상
현직: 성공회대학교 신학연구원 연구교수. 한마음감리교회 부목사
학력: 서울대학교 물리학과. 감리교신학대학교 박사
경력: 한국기독교학회 행정간사. KCRP 종교간대화위원회 위원
논문: "종교해방과 존재 해명: 그 불이적임(2013)." "시간과 영원의 관계에 대한 소고
    (2012)." "세계 창조에 관한 세 가지 유형들(2012)."
저·역서:『이제 누가 용기를 낼 것인가?』(2015).『변선환 신학 연구』(2012).『한국 신
    학의 선구자들』(공저, 2014).『과학으로 신학하기』(역서, 2015) 등.

염창선
현직: 호서대학교 교수
학력: 감리교신학대학원(신학석사), 독일 마브륵 필립스 대학교(신학박사)
논문: "아타나시우스의 재판과정에 나타난 국가와 교회" (2015)
저·역서:『성령의 본질과 의미』(2008).『후기 교부들의 기독론』(공역, 2011).

이성덕
현직: 배재대학교 복지신학과 교수. 교목실장
학력: 서울대학교 독어독문과(B. A.). 감리교신학대학교 대학원(Th. M). 독일 뮌스터
    대학교(Dr. theol.)
경력: 전국기독교대학 교목회 총무(현)
저서: *Der deutsche Pietismus und John Wesley*.『종교개혁이야기』.『이야기 교회사: 교양
    인을 위한 13가지 기독교신앙 이야기』.『경건과 실천: 독일경건주의와 A. H. 프랑
    케 연구』.『기독교역사의 전환점들』등.

이익주
현직: 한신대학교 正祖교양대학 조교수
학력: 감리교신학대학교. 성균관대학교 동양철학과. 고려대학교 철학과. 프랑스 몽펠리
    에 3(폴 발레리)대학교 석사(Maîtrise)와 Master 2. 파리 1(팡테온–소르본)대

학교 박사(예술학, 영상미학)

경력: 계원예술대학, 감리교신학대학교, 고려대학교 외래교수. 고려대학교 연구교수

논문: "풍경의 상실 혹은 회귀." "시작과 끝으로서 섬의 풍경." "감각의 장소로서의 영화적 풍경." "풍경과 내러티브: 읽는 이미지와 보는 이미지의 경계" 등

역서: 자크 랑시에르 『영화의 틈들』 (출간예정, 이음출판사)

저서: *Paysage européen et Mondialisation* (공저, 프랑스 출판)

『종교속의 철학, 철학속의 종교』 (공저).

이종찬

현직: 새소망교회 부담임목사

학력: 감리교신학대학교 박사

경력: 육군군목. 강남대, 서울대, 한세대, 협성대 외래교수. 감신대 겸임교수. 문암교회 담임

저·역서: 『목사님 신학공부 어떻게 할까요』. 『성서로 만나는 중용의 세계』. 『성서로 만나는 노자의 세계』. 『세계의 종교』 (역서) 등.

이찬석

현직: 협성대학교 신학대학 조직신학교수. 상동교회 소속목사

학력: 감리교신학대학교 및 대학원, Drew Univerisity 석사 및 박사(Ph.D.)

경력: 감신대, 협성대 외래교수. 남서울대학교 교양학부 교수

논문: "탈식민지론과 아시아신학(2008)." "존 웨슬리와 에큐메니즘-그리스도교 다원주의를 향하여(2013)." "글로벌 그리스도교에서 글로컬 그리스도교로(2014)."

저서: *The Christological Perspectives of Panikkar and Byungmu Ahn*(2008). 『글로컬 시대의 기독교 신학』(2013). 『감리교는 무엇을 믿는가?』(2014) 등.

이한영

현직: 감리교신학대학교 외래교수. 「농촌과 선교」 편집장

학력: 건국대학교 철학과. 감리교신학대학교 박사

경력: 교토(京都)대학 문학연구과 초빙외국인학자. 연세대학교 한국기독교문화연구소 전문연구원. 세종대, 연세대, 협성대, 감신대 외래교수. KCRP 종교간대화위원회 위원

논문: "요한복음과 예수의 영성: 지혜와 사회변혁(2011)." "인격성과 비인격성의 문제를 통해 본 탁사 최병헌의 신관 연구(2015)."

저·역서: 『융과 그리스도교』(역서, 2011), 『몸의 우주성』(역서, 2013), 『앎과 영적 성

장』(2013),『논리 사고 논술: 형식논리와 논리적 사고』(2015) 등.

임종수
현직: 성균관대학교 동아시아학술원 유교문화연구소 책임연구원
학력: 감리교신학대학교 종교철학과. 민족문화추진회 국역연수원(한국고전번역원). 성균관대학교 대학원. 동 대학교 동아시아학술원 박사(동양철학)
경력: 성균관대학교 동아시아학술원 BK21 박사후 연구원. 도서출판 문사철의 기획위원. 성균관대, 감신대, 경희사이버대 외래교수
논문: "임조은(林兆恩)의 도일교삼론(道一教三論)," "임조은의 종교사상 연구: 삼교합일론을 중심으로," "『적송자중계경(赤松子中戒經)』에 나타난 조명(造命)의 의미" 등
저서: 『종교 속의 철학, 철학 속의 종교』(공저). 『문명이 낳은 철학, 철학이 바꾼 역사 1: 네오르네상스를 위하여』(공저). 『논어쓰기論語筆寫』(편저).

장영주
현직: 구세군대학원대학교 조교수. 구세군 강동교회 목양담당 사관
학력: 건국대 영문과. 감리교신학대학교 대학원. 감리교신학대학교 박사
경력: 감리교 신학대학교 강사
논문: "캐서린 부스의 '교감신학(Theology of Sympathy)' 이해(2014)."
공저: Leanneuthven Ed., Hidden Treasure, *The Salvation Army Australia Southern Territory* (2014).

전현식
현직: 연세대학교 신과대학 교수
학력: 연세대학교 문헌정보학과. 감리교신학대학교 신학과 및 동대학교 대학원. SMU (M.Div.). Northwestern University 박사(Ph.D.)
경력: 연세대학교 신과대학 학과장 겸 부학장, 연세대학교 연합신학대학원 부원장
저·역서: 『인간생태학과 자연철학』(2003). 『에코페미니즘과 신학』(2003). 생태신학강의 (2006). 『현대생태 신학자의 신학과 윤리』(공저, 2006). 『동서종교의 만남과 그 미래』(공저, 2007), 『가이아와 하느님』(역서, 2000) 등.

정경일
현직: 새길기독사회문화원 원장. 평신도 신학자
학력: 한신대 신학대학원. 서강대 대학원 종교학. 뉴욕 유니온 신학대학원 박사

논문: "사랑의 십자가와 지혜의 보리수." "붓다의 땅에서 다시 만난 예수." "Just-Peace: A Buddhist-Christian Path to Liberation." "Blood and Benevolence: A Comparative Study of Buddhist and Christian Mysticism and Nonviolence." "Liberating Zen: A Christian Experience." "사랑, 지혜를 만나다: 한 그리스도인의 참여불교 탐구."

저 · 역서: 『사회적 영성』(공저). 『붓다 없이 나는 그리스도인일 수 없었다』(공역)

최순양
현직: 이화여자대학교, 감리교신학대학교 외래교수
학력: 이화여대 기독교학과. 감리교신학대학교 대학원 석사. Drew대 박사(Ph.D.)
경력: 이화여대, 감리교신학대학교 외래교수
논문: "스피박의 서발턴(하위주체)의 관점에서 바라 본 아시아 여성신학과 민중신학적 담론에 대한 문제제기(2013)." "한국 개신교의 가족강화 신앙교육과 여성(2015)."
공저: 『한국신학의 선구자들』(2014). 『21세기 세계 여성신학의 동향』(2014).

최대광
현직: 정동제일교회 부목사. 감리교신학대학교 외래교수
학력: 감리교신학대학교. 미국 Pacific School of Religion M.Div / M.A. 영국 Lancaster University 종교학 Ph.D.
경력: 감신대 협성대 강사. KCRP 종교대화위원, 〈종교와 평화〉 편집위원
논문: "창조영성과 영성에 대한 학문적 연구." "마이스터 엑카르트의 성육신적 영성연구." "현대종교의 이해와 종교해방신학." "기독교의 관용과 신비적 체험을 향한 영성다원주의."
공저: 『종교 근본주의』. 『한류로 신학하기』. 『올꾼이 선생님 변선환』.

최태관
현직: 감리교신학대학교 외래교수, 기독교대한감리회 평동교회 부목사
학력: 감리교신학대학교 신학과. 동대학원 석사. 독일 요한네스 구텐베르크 마인츠 대학교 박사
논문: "한국의 다종교상황에서 에큐메니칼 신학 형성을 위한 슈뵈벨의 삼위일체론 연구(2013)." "다종교 상황에서 본 트뢸치의 문화통합의 의미, 존재론연구 (2013)." "종교사적 시각에서 본 신의 자기묘사로서 슐라이어마허의 절대의존의 감정이해(2014)."

하태혁

현직: 단해감리교회 담임목사

학력: 한남대 기독교학과. 감리교신학대학교 신학대학원

경력: 한남대 강사

논문: "홀라키적 진화의 신학적 비전,"『신학의 저항과 탈주』(공저, 2010)

비전: 가능성의 가능성, 창조적 사랑의 가능성의 실천. 삶의 수행자이자 살림의 예술가
　　　로서 아름다운 혁명 창조.